中国网络问政长效机制研究
——基于网络问政行为偏好的实证分析

□ 刘西平 连 旭 著

A study on the
Long Term
Mechanism of
China's Online
Governance

中国传媒大学出版社
·北京·

目录 CONTENTS

引 言 / 1

第一章　网络问政的内涵、本质与功能再认识 / 1
一、网络问政的内涵 / 1
二、我国网络问政本质与功能分析 / 4

第二章　我国网络问政回顾 / 19
一、我国互联网发展历程回顾 / 19
二、网民问政回眸 / 21
三、政府问政"网事" / 25

第三章　我国网络问政的现存问题 / 37
一、我国网络问政运行过程中存在的不足 / 38
二、我国网络问政长效机制亟待健全 / 42
三、坚持几大原则，科学构建网络问政长效机制 / 42

第四章　建构网络问政长效机制的理论基础 / 45
一、从参与式民主视角认识网络问政的政治定位 / 45
二、群众路线理论为网络问政提供方法论指导 / 51
三、以新公共管理理论指导网络问政长效机制的构建理念 / 57
四、生态学理论提供网络问政长效机制的分析框架 / 61

第五章 网络问政主体行为偏好的实证研究 / 64

一、多元视角聚焦网络问政长效机制 / 64

二、从政府门户网站"政民互动"频道看政府问政的行为偏好 / 66

三、我国地方政务微博行为偏好分析（以江西省政务微博为例）/ 78

四、江苏省网民问政行为偏好的实证分析 / 94

第六章 网络问政长效机制的总体构想 / 148

一、几个基本概念 / 148

二、国内外关于网络问政长效机制对策研究的内容综述 / 149

三、基于生态学的网络问政长效机制理论构想 / 155

四、基于生态平衡论的网络问政长效机制结构分析 / 158

第七章 优化网络问政平台建设与管理机制 / 165

一、平台建设处于网络问政长效机制中的核心地位 / 165

二、我国网络问政平台的多样形态 / 167

三、当前网络问政平台存在的问题 / 176

四、网络问政平台问题背后的原因分析 / 179

五、网络问政平台建设与管理的顶层设计 / 182

第八章 我国网络问政的程序机制研究 / 210

一、网络舆情的回应与治理机制 / 211

二、公共政策中的网民参与机制研究 / 236

第九章 网络问政保障救济机制研究 / 264

一、网络问政考核问责机制研究 / 264

二、网络问政主体问政素养与培育机制研究 / 279

三、网络问政主体的权利救济机制研究 / 298

参考文献 / 305

致 谢 / 309

引 言

"我们已经无法想象,没有互联网的世界,会是怎样。或许就像突然间断了电一样?"①

有这样一个故事,许炫是佛山某国有企业员工,来佛山工作几年了,一次参加朋友聚会时把钱包丢了,里面有身份证、银行卡等,许炫只好一一打电话挂失。接下来,许炫连续接到好几个来自师兄、师姐、师弟、师妹的"慰问",居然都在问"是不是丢了钱包"。原来,钱包被某区法制局某负责人捡到,交给该局名叫"王学堂"的工作人员处理。而从事法律工作的王学堂是点击过百万的知名法律博客"法律学堂"博主,熟悉互联网搜索的王学堂根据许炫身份证上的信息进行"人肉"搜索。接着各色人等参与其中。大家提供的各种信息相互佐证,发现许炫在华南理工大学法律系就读本科,后被保送至中山大学继续深造。② 这与未来学家克莱·舍基的《未来是湿的》中记述的关于伊凡娜丢手机的故事何其相似。更夸张的是,因拾到者不还手机,在美国引发了一场全民网络大搜索运动,甚至惊动了《纽约时报》、CNN和纽约警察局,上演了一出网络轻喜剧。

从伊凡娜的"奇遇"到许炫的"惊喜",都是人类信息化生活的缩影。信息技术与网络联结正在改变我们的思维方式、生活方式。从没有一个时代的人们像我们,没有信息,就没有生活;从没有一种社会形态如当下,没有网络,就没有内容。我们正

---

① 新京报编:《大变局:全球互联新未来》,中央编译出版社2015年版。
② 黄琪晨:《信息化生活:将梦想照进现实》,《南方日报》2010年9月28日。

处在一个前所未有的时代,又是一个急遽变革的时代。我们生活的空间都被信息的"迷雾"所"笼罩",人们呼吸的都是信息的"味道"。在这个以信息为物质和能量的社会中,人们逐渐淡忘物质短缺时代的"饥饿记忆",取而代之的是普遍的"信息饥渴"。"手机控""微博控""微信控"成为当下新人类的共同素描。"网络综合征"对我们而言,已经不是一种"病态",而是一种常态。因为人们对信息的渴求已经达到无以复加的地步。从亲情沟通到社交,从娱乐消遣到公共互动,人们追逐着信息,消费着信息,信息俨然已经成为世界的主宰。

民主可以达成信息的对称性

将民主与信息挂钩是一种新的尝试。因此,有必要对"民主"和"信息对称性"进行解释。民主一词博大精深,古往今来,无数学者、政治家都有自己的看法,我们很难用几句话来概括。首先,民主是作为一种制度的存在。古希腊的城邦就开始了直接民主制的尝试,当时由年满18岁的公民组成的民主大会对国家大事有最终的决定权,可以选举执行官。现代民主制度是近代资产阶级的创造物,它是在自然法、社会契约和天赋人权等原则上形成的民主代议制度。[①] 而马克思主义的民主制来源于资本主义民主制,又更高于代议制民主。马克思主义民主制主张以生产资料的平等为基础,建立由人民直接参与和政府管理相结合的议行合一的民主制度。我国的人民民主制度就是这种理论与中国实践相结合的产物。其次,民主是一种权利和价值观,它是支撑民主制度的价值核心。古希腊的直接民主,就是指多数人的统治。[②] 由于没有解决好多数人和少数人的矛盾,最终以苏格拉底的殉葬而告终。而代议制民主观强调人民的权利,主张人民主权,多数人的统治。当然,约翰·密尔在《代议制政府》中提出,为了防止多数人的平庸,民主需要精英的治理。而孟德斯鸠则主张,多数人的权利应实行分权和制约。约瑟夫·熊彼得提出了选举民主的核心价值,民主是一种形成政治决定的制度安排,在这种安排之下,个人通过竞争性的方式争取人民的选票来获得决策

[①] 蔡定剑:《民主是一种现代生活》,社会科学文献出版社2010年版,第4页。
[②] 荣剑、蔡逢春:《民主论》,上海人民出版社1989年版,第17页。

的权利。① 因此,公平、自由和竞争的选举是衡量民主的核心指标。随着代议制民主制度弊端的日益显现,理论家们也在探索民主的新内涵。20世纪70年代以来,多元民主观念被提出,罗伯特·达尔在《现代政治分析》中提出民主是多种利益集团相互作用的产物,公民的广泛参与才是民主的核心。他将个人权利和自由价值引入民主制中。而卡尔·科恩则进一步完善了公民参与的民主理论,他认为民主就是人民参与政治决策。受这一思想的影响,协商性民主观甚为流行。协商性民主②是指,公共事务的决策是通过协商而不是通过金钱和权力进行的,协商决策的参与度应该尽可能平等和广泛。协商应通过社会价值规范、传统和语言实现社会协调,以市民社会为制度核心。协商性民主强调的是民主的协商性,协商的平等性、公开性和责任性。

此外,有学者提出,"民主已不仅是一种国家制度的形态,而且成了一种社会的形态和广大公民的生活方式,是一种现代生活。"③对此,我们是否可以这样理解,民主是一种价值观念,是人类对自身权利与权力的认识,以及基于这种观念形成的价值标准、意识形态和行为规范等;民主更是一种在相应民主观念基础上形成的民主制度安排,各种相关制度的安排都是以对公民的权利划分与权利体现为基础的,以保障相应权利格局得以实现,相应的安排就形成了对应的国家治理和社会管理体制。因此,民主不只是一成不变的选举式民主制度。随着民主制度的不断发展和完善,在每种民主制度安排之下的人类社会,都会有对应的社会表现形态和公民生存状态。这种形态或状态的水平可以称为民主水平。换言之,民主又成为社会文明程度的一个具体衡量尺度。

民主是专制的相对存在。无论怎样的民主,都是人类对社会制度探索的一种进步,是对文明价值的追求。民主已经成为近代政治文明的伟大成果,是不同国家、不同意识形态达成共识的政治哲学(蔡定剑,2010)。中国近代历史进程也是以孙中山为首的革命党人和以毛泽东为核心的共产党人探索民主道路,并寻求建立中国民主制度的历程。与西方资产阶级精英的努力和探索不同,中国共产党人在马列主义指引下,经过几十年艰苦卓绝的

---

① 约瑟夫·熊彼得:《资本主义、社会主义和民主》,吴良健译,商务印书馆1999年版,第395页。
② 马克·华伦:《协商性民主》,孙亮译,《浙江社会科学》2005年第1期。
③ 蔡定剑:《民主是一种现代生活》,社会科学文献出版社2010年版,第8页。

努力,终于探索出一套具有中国特色的人民民主制度,建立了人民当家做主的社会主义社会。1946年7月,毛泽东与黄炎培在延安有一次著名的谈话。黄炎培说:我生六十多年,耳闻的不说,所亲眼看到的,真所谓"其兴也勃焉,其亡也忽焉",一人,一家,一团体,一地方,乃至一国,不少单位都没有跳出这周期率的支配力。毛泽东回答道:我们已经找到新路,我们能跳出这周期率。这条新路,就是民主。只有让人民来监督政府,政府才不敢松懈。只有人人起来负责,才不会人亡政息。在黄炎培看来,这话是对的,因为只有把每一地方的事,公之于每一地方的人,才能使地地得人,人人得事。用民主来打破这周期率,怕是有效的。①

当然,中国的民主道路与西方资本主义以"选举民主""自由民主"为核心理念的民主制根本不同。我国的人民民主制度是以人民当家做主为宗旨,以人民代表大会制度为实践形式的社会主义民主。无论从理论上,还是实践上看,我们的人民民主制度理应优于西方民主制度。

民主的存在形式多种多样,那么,民主的优越性往往成为人们关心的问题。比较参数当然有许多,我们认为,其中政治信息的公开程度是直接而简单的评判标准。当信息的控制端和需求端达成的对称度越高,民主的水平就越高。

信息对称度来源于信息不对称理论。所谓信息不对称理论(Asymmetric information theory),是指在市场经济活动中,各类人员对有关信息的了解是有差异的;掌握信息比较充分的人员,往往处于比较有利的地位,而信息贫乏的人员,则处于比较不利的地位。这一理论有关信息市场的定义,有关信息管理的观点,对我们把握市场规律,规避市场风险,进行市场管理都有着重要的指导意义。同时,信息不对称问题的存在说明了信息传递的重要性。因为交易中存在信息不完整和信息不对称,所以人与人之间需要沟通与对话。只有相互传递信息,交易双方才能取得交易的成功,从而有效发挥自由市场机制的作用,防止出现市场失灵。约瑟夫·斯蒂格利茨、乔治·阿克尔洛夫和迈克尔·斯彭斯三位美国经济学家因为20世纪70年代开始的研究成果,获得2001年诺贝尔经济学奖。

信息不对称问题的存在,可能造成信息占有优势一方经常会做出"败德

---

① 黄方毅:《黄炎培与毛泽东周期率对话——忆父文集》,人民出版社2012年版。

行为",信息占有劣势一方则面临交易中的"逆向选择"(如柠檬市场次品驱逐优质品的现象),这两种现象的直接后果是扭曲了市场机制的作用,误导了市场信息,造成市场失灵。信息不对称理论指出了信息对市场经济的重要影响,揭示了市场体系中的缺陷,指出完全的市场经济并不是天然合理的,完全靠自由市场机制不一定会给市场经济带来最佳效果。因此,必须设计最优的市场体制方案来防止信息不对称问题带来的"市场失灵",而政府在其中就充当了重要的角色。如加强信息市场的建设,设计合理的契约,加强诚信建设与管理,培育合格的交易市场,等等。

将信息不对称理论运用于政治领域也有相类似的发现。如果将政治体系看做是一个信息市场,统治者和被统治者之间历来就存在着信息不对称问题。在民主社会以前的社会,统治者除了掌握国家机器,还靠垄断信息(知识和真理)来维护统治地位。如中世纪的欧洲,教会垄断了《圣经》的出版权和解释权,被统治者只能听从。在中国,历朝的封建统治者也是靠垄断意识形态进行愚民统治的。后欧洲文艺复兴运动的兴起,相当程度上是因为印刷术推广带来的文化与知识的传播与普及。人民在文化的悄然接受中找到了失落的主体性,因此,复兴运动要复兴的是人性,更是对自身权利的发现。

民主是社会权利的分配机制,也是一种信息发现和自由传播机制。当多数人不可能同时执政时,那就要靠以选举为手段的代议制度推选出精英代理执政。为什么多数人认可精英执政?是因为人民—议会之间的委托—代理关系是以信息的公平交易为前提的。委托人基于信息的透明,不仅可以通过代理人来体现自身的意愿,还可以掌握代理人的执政行为(信息),确保其不存在"败德行为"。当然,政治市场中的信息失灵现象也是客观存在的。作为代理执政方的精英集团,往往因其占据信息的优势,经常出于小集团利益的考虑,利用民主制度的天然缺陷而故意隐匿信息,做出"败德行为"。信息不占优的公民一方,因政治信息市场的不对称,也会做出"逆向选择"。因此,民主制度也不是一成不变的,西方的民主制度经历了议会民主到街头民主的历程,进而发展出公民参与式的民主和协商民主等形式。公民参与式的民主和协商民主的理论与相关制度的出现,就是为保护政治中的"少数人",或是为信息不占优的公民提供一个直接参与政治的途径。从这层意义上讲,执政者对政治信息公开秉持的态度关乎执政者的政治形象和执政基础,以及社会对执政者的信心。一个公开、公正、透明的政治信息市场是民主制度得以正常运转的前提,充分保障社会对政治信息的知情权,才能保证社会对政治系统的监督权和建议权。同样,社会各阶层、各利益团体,甚至是个人,也应在这套体制中有自己意愿(利益信息)公开表达的途径和渠道。如果社会与公民的信息不能自由表达,或者信息传递受阻,不能影响政策议程,那么,执政者的执政行为就不能代表社会中的"多数人"。换言之,一个非"多数人的统治"根本不能体现人民主权。因此,信息的沟通在民主制度中不仅重要,而且信息传播与沟通是否顺畅更关乎民主质量和效率。这样说来,民主就是为消弭政治信息市场中的信息不对称现象,达成信息沟通双方的信息对称状态。

网络问政丰富了我国民主的实践形式

当民主思想萌发之时,那些怀揣着民主理想的人们绝对想象不到民主与互联网相遇的图景。民主依托信息技术的高效和网络平台天然具备的开放、平等和互动特性,真正实现了民主政治信息的自由、透明而高效的传播和流动。这为正苦于突破现实民主困境,进行民主制度创新的人们提供了一个绝佳的方式与手段。在电子世界中,理论上,信息的流通可以不受任何人为因素的阻隔。各种网络途径,如网站及社交新媒体促进了交流双方平等、便捷而广泛的表达,海量的民主政治信息的快速传播打破了信息垄断,促进了言论自由,推动了政治事务的公开和透明,进而使集权和专制让位于分权和民主,极大地丰富了民主内容,创新了民主形式。美国学者马克·斯劳卡(Mark Slouka,1995)最早将这种以网络为媒介的民主、在民主中渗入网络成分的民主形式定义为网络民主,认为它是继报刊书籍、广播电视后出现的依托网络信息技术实现的一种新型的"电子民主"或"数字民主"。[①]

在我国,官方并没有"网络民主"一说,正式的官方文本中大量出现的是"网络问政"一词。从语义角度解释,"网络"是问政的途径和手段,网络的工具性功能是我国人民普遍接受的。但不管如何,尽管网络问政走进我国政治生活的时间不长,但网络给中国民主制度和民主实现带来的创新意义是

[①] 马克·斯劳卡:《大冲击——赛博空间和高科技对现实的威胁》,汪明杰等译,江西教育出版社1999年版。

显而易见的。网络民主的互动性、平等性、直接性不仅改善了民主参与的技术手段，使公民从最初被动参与选举的间接民主向网络问政的主动参与民主转变，提高民主参与质量，丰富民主参与途径；还能克服击鼓问政、电话问政、电视问政的封闭性、单向性和不平等性，较好地激发群众政治参与的热情，提高民主参与的功效；更能充分发挥媒体监督作用，把党内监督、法律监督、舆论监督、群众监督借助网络有机地结合起来，更好地保障公民权利，制约政府权力，推动现实民主进步。①

关于网络问政的定性，学界多认可"工具说"，认为其是现实政治在虚拟空间的投射，是为现实民主服务的。如有人认为，"信息技术只能是政治手段，改变不了政治实质，技术再好，只要现实政治问题产生的根源不解决，民主永远是幻象。"②"网络民主不是一种独立的民主形态，实质是信息网络技术提供了一种新型的参与手段，只能推动现实政治的发展，而不能替代现实民主。"③就本书来看，网络问政虽然没有发展到成为当前我国民主制度中一个成熟的形式或组成部分，但是已经远远超出了工具和手段性的功能范畴，影响着我国民主实现的成效，丰富着人民民主的内涵，践行"人民当家做主"的民主理念，成为公民直接、广泛参与政治的途径。具体表现在，它开创了网络时代政府与民众信息沟通的新机制，为人民参政议政提供了一种全新的表达途径。它既扩大了公民的知情权、参与权、表达权和监督权，增强了公民参与政策决策的宽度、广度、透明度，强化了人民对政府工作进行民主监督的权利；同时，这一沟通机制也加强了政府利用网络媒体了解民情、汇聚民智，推进政府决策民主化和科学化的力度，对推动渐进式政治体制改革，约束政府公权力运行，强化群众监督，坚持民主执政有着重大意义。这些功能和意义已经获得了党和政府层面的高度认可和积极回应。从2006年国办颁发〔2006〕104号文，2008年《政府信息公开条例》颁布实施，2013年10月1日国办发布〔2013〕100号文，以及各地方政府相继出台网络问政管理办法等政府行为看，网络问政已经逐步成为我国行政管理体制中重要的管理抓手和制度创新方法，也说明党和政府十分珍惜网络问政在培育、提高民众政治素质，打造平等的民主精神，构建人民监督权利，落实人民当家做

---

① 严炜、毛莉莉：《政治网络民主发展探析》，《社会主义研究》2013年第2版，第71—77页。
② 严耕：《网络悖论——网络的文化反思》，国防科技大学出版社1998年版。
③ 严炜、毛莉莉：《政治网络民主发展探析》，《社会主义研究》2013年第2版，第71—77页。

主的民主新机制中的作用。

尽管网络问政当前还没有作为一种独立的民主形式出现在政治体制中,但是作为公民直接参政的途径,它不仅已经成为我国人民民主制中各民主形式实现的辅助手段,促进了民主的落实,也补充了现有人民代表大会代议制度、人民政协政治协商制度、民族自治和基础民主制度交叉覆盖中的"空隙",为公民直接参政打开了一扇窗户,成为我国参与式民主发育的雏形。

网络问政运行成效需一套完善的保障机制

从信息对称论的观点来看,我国网络民主的发育和发展已经取得了长足进步。我们有足够多的网络问政渠道,包括政府按科层级别设立的网络问政平台、新闻媒体开设的大量的第三方网络问政平台和海量的民间网络空间。我国信息高速路建设飞速,公民上网普及率大大提高,据第35次《中国互联网络发展状况统计报告》显示,截至2014年12月,我国网民规模达6.49亿,互联网普及率达47.9%。而"网络问政"平台的海量数据中,有相当多是网民问政的信息。也就是说,人民通过网络表达意愿的渠道相对畅通,表达权得到了保障。同时,政府已有足够多的开门纳建的勇气和主动精神,通过主动公开信息,主动问政于民,推进了决策科学化和民主化进程。

网络问政又是严重依赖网络技术和信息技术来实现的信息传播活动。在信息传播过程中某些技术性因素极有可能被滥用,并因此形成各种"网络陷阱",进而成为某些别有用心的人用来垄断信息、误导网络舆论的手段,甚至成为破坏民主的工具。同样,在推进网络问政过程中,政府网络问政平台也会因政府个别工作人员的懒政、惰政而导致其不能发挥应有的沟通功能,网民的合理诉求得不到及时的表达,甚至严重影响到政府形象与政府管理服务绩效。其他如网络平台建设不到位、相关制度建设不完善、问政主体的问政素养不高以及数字鸿沟现象不同程度的存在等原因也会影响我国网络问政的健康发展与民主建设水平。因此,为推进我国网络问政事业与政治民主建设的协调发展,充分发挥中国特色的网络民主功能,有必要多措并举,建立和健全网络问政的长效机制。

近年来,围绕网络问政长效机制建设,有关主管部门多次举办相关主题论坛；业界人士通过总结运营"网络问政"平台的亲身经验，编辑出版了多部著作，如邓兆安、张涛编著的《中国式网络问政："胶东在线"的标本意义》(2010年10月)，南都报系网络问政团队出版的《网络问政》(2010年11月)，南方民间智库编著的《政能量：惠州网络问政行与思》(2013年1月)等；学界精英也纷纷从学科角度出发，或运用相关理论进行演绎推论，或运用实证研究方法释疑答惑，为我国网络问政长效机制建设积累了大量数据、经验和理论。本书站在前辈的肩膀上，在汲取同仁研究精华的同时，结合自身的观察和独立思考，在充分论证的基础上提出自己的主张。

本书有两大创新之处：一是研究方法的创新。本书虽然运用的是基于调查的实证方法，但与现有研究的不同之处在于，调查研究的角度不同，调查的范围更宽。基于对网络问政内涵和本质的深刻认识，本书认为，网络问政发展水平与网络问政平台上政民互动双方的问政行为特征有紧密关联。因此，本书抓住网络问政两大主体在问政过程中的行为偏好进行深入调查研究，并运用数理统计方法与手段，从中找出网络问政平台建设、运营管理问题和问政主体素养等方面的影响因子，分析其背后的深层原因，进而提出有针对性的解决方案。同时，本书在研究对象的选择上比现有研究更广泛。我们不仅以科学的方法抽样出55个地市级政府的"网络问政"平台作为政府问政主体的调查样本，研究政府问政的行为偏好，同时，还选择了微博问政水平处于全国中位的江西省全体加V政务微博作为调查样本，研究了新媒体背景下政府问政的行为特征。此外，我们还选择了网络问政整体发展水平较好的江苏省为研究对象，从江苏网民中抽样出大样本量的样本，进行网民问政行为偏好研究。一次普查调查和两次抽样调查科学合理，数据翔实，为本书论证奠定了坚实的基础。

二是本书总结性地提出了网络问政长效机制的"1+6"模型架构，严谨又不失新颖。其中"1"指的是建立健全一套完整、要素完备、规则清晰、运行有序，且各子机制间相互联结又相互作用的网络问政长效机制体系；"6"是指网络问政长效机制的6大子机制，包括网络平台建设与管理机制、网络舆情回应与治理机制、公共政策网民参与机制、网络问政的效能考核与问责机制、网络问政主体的素质教育与培养机制和问政主体权利救济机制。

本书概要

本书分三大模块,共九章。其中,第一部分为背景模块,共四章;第二部分为实证分析模块,共一章;第三部分为问题解决模块,共四章。

第一部分主要阐述了与我国网络问政长效机制建设相关的背景。

第一章从文献研究的角度,对网络问政的定义、内涵、形式和特征进行了阐述,重点讨论了网络问政的本质与意义,提出了几点基本看法。

第二章是中国网络问政发展简史。先简单回顾了中国互联网发展历程,接着从两个方向分析了我国网络问政的发展背景和早期形态。我国网络问政在发展早期一直处于双轨发展的状态。本章先梳理了网民的网络言论、网络行为在民间网络空间中的轨迹,认为网络舆论就是网络问政的雏形。通过探寻政府网络执政的历史,本章分析了政府运用互联网的几个阶段,勾勒了政府网络问政一步步走向制度化、常态化运作的过程。同时,本章还简单介绍了新闻媒体参与网络问政的历程。

第三章主要阐述了本书提出建立和健全网络问政长效机制这一中心论题的背景,重点分析了我国网络问政运行管理中存在的几点突出问题,指出论题提出的必要性。同时,也简单论述了建立和完善我国网络问政长效机制时应遵循的三大原则。

第四章概述本书论证所依据的理论基础,分别阐述了人民民主理论、参与式民主理论、群众路线理论和新公共管理理论的理论概要,并就它们对研究网络问政长效机制的理论支撑进行了分析。

第二部分为实证分析模块,由第五章独立构成。

第五章运用实证的研究方法,从两个不同的角度,分三个小节对网络问政过程中两个问政主体的问政行为偏好进行了研究。研究结论既为本书的立论提供了依据,也为论证提供了翔实充分的论据。

第三部分为问题解决模块,共四章。

第六章为本书的核心部分。本章以生态学理论为出发点,从网络问政生态系统的整体性和平衡性特征推导出我国网络问政生态系统理论架构,并提出了"1+6"网络问政长效机制体系模型。

第七章对我国"网络问政"平台建设与管理机制进行了研究,讨论了从政府顶层设计层面进行网络平台重新规划建设的必要性,提出了对现有的网络问政平台进行技术整合的方案,并就提高网络问政运行效率进行了管理机制的创新构想。

第八章阐述了几个基本概念,如网络舆情、网络舆论、公共政策、网络参与和程序正义等。本章论述了"网民问事于官"与"政府问政于民"程序机制建设的必要性和紧迫性,并分别对网络舆情回应与治理机制和公共政策中的网民参与机制进行分析论证,提出了相应的对策。

第九章分三大部分:一是论证了健全网络问政效能考核与问责机制的重要性和必要性,提出了相关的制度建设建议;二是分析了网络问政主体素养与能力培养机制,对网民问政主体和政府问政主体分别进行了有针对性的素质教育与培训机制研究,提出了相应对策;三是围绕问政主体在行使问政权利时遭遇到的制度性和人为侵害,从法制和行政制度背景下分析其深层次原因,并从司法救济和行政救济两个方面提出了健全相应权利救济制度的方式和途径。

第一章　网络问政的内涵、本质与功能再认识

有人这样认为,"连接了中国亿万民众的网络,正在给中国带来不可估量的变革,甚至可能超过火药曾经给欧洲带来的变革。"确实,谁都没有想到,互联网技术,这项来自西方国家的发明,在短短的时间内,竟然成为了中国社会巨变最主要的力量之一。而中国这个东方国度,从来没有像今天这样,被一个技术上的革新紧紧连接在一起。网络不断冲击着中国社会的固有状态,让各种信息与思潮迅速地传播,并不断影响越来越多的人。透过富豪榜的瞬间变迁,人们在不断惊叹互联网的神奇;通过网络,人们还原事件真相,对比善恶美丑,寻找未来的方向。

当下,"互联网＋"业已成为中国最热门的关键词。在这场"互联网＋"的热潮中,本书要关心的是"互联网＋政治"。是的,像许许多多"互联网＋"行业那样,当互联网与中国的民主相遇时,中国的公共空间也发生了翻天覆地的变化,并悄然影响着我国社会民主建设的进程。随着网络普及率不断提高,网民迅速成为中国网络社会中的新生力量,网络已成为公民表达的捷径。每每有重大事件发生,总是先在互联网上听到网民的声音,有些甚至是在网民的直接推动下才得以最终解决。一幅别开生面的网络政治图景在我们面前徐徐展开。

经历十余年的磨合,如今,网络民意已越来越受到重视,网络参与也成为政府鼓励下公民参与的主要形式,网络民主也正被纳入民主建设的轨道。在我国,网络问政已经走过了导入期,步入成长阶段,正逐步成为政民互动的必备手段。眼下,政府应如何规范网络问政及有效地实施网络问政,如何构建一个和谐有序的网络问政空间显得尤为重要。

一、网络问政的内涵

应如何定义网络问政?这是研究网络问政本质价值的关键所在,也是研究

建立和完善网络问政长效机制的前提。

从文献研究的角度看,学界对网络问政的定义大致分三类:第一类可以归纳为网民问政说。如郑锐(2010)认为,在某个公共事件或议题中,公民通过网络表达自己的观点或看法,叫做网络问政,这个过程中既包括信息接收,也包括意见发表。① 这种观点侧重于从公众主体的角度来定义网络问政,往往强调公众作为社会的一员,向政府提出建议意见,表达民意,问责并监督政府公权力运行过程中的各种行为,即网民问事于政。如王水兴在《网络问政:本质、意义及实现途径》中认为:"网络问政本质上是公众通过网络表达诉求、实现参政议政的新型民主形式。"②

笔者认为,在国内对网络问政做理论专题研究之前,尤其是2003年前后,自网络走近寻常百姓后,网民在网络舆论中扮演着越来越重要的角色。作为呼应,理论界也开始对以网络参政、网络议政、网络舆论和网络舆情等为关键词的网络政治相关议题进行广泛而深入的研究。在这些研究中,学者多以网民为主体视角来关注网络对政治、民主、社会治理等方面的意义及影响。从某种意义上看,这些研究议题所涉及的问题、探讨的解决策略等与后来的网络问政研究有着紧密的联系,甚至就是直接继承了它所研究的一部分内容。因此,以公众为主体视角来定义网络问政,其实是有一定的历史背景和强调的意味,它抓住了网络问政的主体意义。

第二类观点是政府问政说。该观点是将政府作为行动主体来定义网络问政的。有人认为,所谓网络问政,一方面指政府通过互联网做宣传、做决策,了解民情、汇聚民智,以达到取之于民、用之于民,从而实现科学决策、民主决策,真正做到全心全意为人民服务,也即政府问计于民;另一方面指普通网民作为社会的一分子向政府官员献言献策,表达民意,问责、监督政府施政过程中的各种行为,从某种意义上说网络问政也是网络政治参与的一种表达方式,即网民问事于政。③ 曹文博在《网络问政:民主与和谐媒介生态的构建》中提出,"所谓网络问政,就是各级党政机关尤其是领导干部运用和依靠网络问政于民、问情于民、问计于民,行使其管理职能,实行民主、科学、依法执政。"④ 网络问政就是政府通过互联网宣传自己的政策和主张,从而了解民情、汇聚民智,在此基础上

---

① 郑锐:《要用好网络问政"双刃剑"》,《成都商报》2010年3月14日,第2版。
② 王水兴:《网络问政:本质、意义及实现途径》,《廉政文化研究》2010年第9期,第25页。
③ 郭芙蓉:《论网络问政的兴起及其理性限度》,《中国青年研究》2010年第9期。
④ 曹文博:《网络问政:民主与和谐媒介生态的构建》,《今传媒》2010年第1期。

形成新的决策,以达到取之于民、用之于民,从而实现科学决策、民主决策。①

第三类观点是互动说。如张尚仁在《网络问政——公共管理的创新形式》中界定的网络问政含义是"指通过网络这种新的技术形式,进行党政机关和民间的平等对话,在网络中显现公民民主需求的政治手段和行为。"②以网络为媒介和载体、以虚拟空间中的交流互动为主要方式、以关注和参与公共事务为核心的新的政治参与方式,是群众问事于政府和政府问计于人民的有机统一。③

正如有的学者总结的,"网络问政"是网络时代产生的特有的借助互联网平台,以政府和网民为主体进行的涉及政治、社会、公共利益等各个方面的双向互动行为,是政府了解民情、汇聚民智,从而实现科学决策、民主决策、依法行政,真正做到全心全意为人民服务的一种新的执政方式。它包含着两层含义,即群众"问事于政府"和政府"问计于人民"。从一般的政民网络互动,到一些公共舆论事件、公共突发事件的网络应对及管理等,都可以归于网络问政的范畴。④

此外,一些网络组织和业界精英也给出了自己的看法。如湖南"红网"给出的定义是,"网络问政,就是政府通过互联网做宣传、做决策,了解民情、汇聚民智,以达到取之于民、用之于民。从而实现科学决策、民主决策,真正做到全心全意为人民服务"⑤。而深圳奥一网认为"智慧与真知蕴于民间,通过网络技术平台,草根原生态的舆论和智慧可以被集纳和传播,也包括政治民主。"⑥但从他们给出的定义来看,可以将其归纳到上述三种看法中的一种。

总结来看,网络问政是自互联网进入中国以来,我国政治生活和社会公共生活中的一种特殊的网络信息传播现象,是政府与网民之间围绕政事展开的互动交流活动。具体来讲,包括政府问计于民和网民问事于官两方面的网络沟通行为。政府问计于民指的是,政府通过互联网做宣传、做决策,了解民情、汇聚

---

① 王令飞:《"网络问政"开启执政新风》,《上海信息化》2011年第9期。
② 张尚仁:《网络问政——公共管理的创新形式》,《云南社会科学》2010年第3期。
③ 张见伟、冯国建:《网络问政——推进中国政治文明建设的新尝试》,《中国石油大学胜利学院学报》2011年第2期,第56—58页。
④ 付振河:《对"网络问政"概念及其特征的再认识》,人民网,http://theory.people.com.cn/GB/40537/15936063.html,2011年10月21日。
⑤ 尹深:《陈里谈"网络问政"的作用有助建设服务型政府》,中国林业网,http://www.forestry.gov.cn/xxb/2519/content-605263.html,2013年5月29日。
⑥ 孙立明:《网络问政与地方政府管理创新〈中国电子政务发展报告(2011)〉》,社会科学文献出版社2011年版,第8页。

民智,解决实际问题、接受群众监督,从而实现政府科学决策、民主决策的目的;网民问事于官指的是,社会公民以网民的身份通过互联网表达民意、建言献策,并监督政府行政行为,藉此行使公民的知情权、参与权、表达权、监督权的网络行为。但是,政府问计于民和网民问事于官并不是完全割裂的两个部分,无论是政府问计于民,还是网民问事于官,两者都是同一个政治民主活动的两个方面,在双向互动中有机统一。

二、我国网络问政本质与功能分析

上述对网络问政的定义只是对网络问政内涵及其意义的简洁表述,要真正了解其内涵和外延,只有从多维视角审视"网络问政",才能揭示其本质意义。

(一)我国网络问政本质再认识

网络问政是探索社会主义民主政治的一种新途径,开创了信息时代民主政治的新形式,是中国社会主义民主政治大众化的新形式。从民主政治技术的角度看,网络问政是民主政治的技术创新。网络问政开辟了中国公众参与政治的新渠道,并为"协商性民主"或"参与式民主"进入中国的日常政治生活提供了一种可能。从民主政治运行的角度看,网络问政是民主政治的机制创新。面对多元化的利益主体、多样性的利益表达,网络问政要求政府作出及时有效的回应,以满足网络政治生活有效、有序和稳定运行的需要,这也是实现经济社会又好又快发展的重要保障。从民主政治制度建设的角度看,网络问政是民主政治的制度创新。科学化、常态化、制度化的网络问政是畅通民众表达渠道、提高政府执政能力、保持社会和谐稳定的重要前提和保障,也是网络民主未来发展的方向。[①]

从治理理论看,网络问政是国家治理的有机组成部分,互动畅通、治理高效的网络问政是促进和完善权威的国家决策系统、加强社会管理体系的重要途径,也是落实党的十八大关于"推进国家治理体系和治理能力现代化"的应有之义。

进入20世纪90年代后,随着志愿团体、慈善组织、社区组织、民间互助组织等社会自治组织力量的不断壮大,它们对公共生活的影响日益重要,理论界

---

① 江胜尧:《网络问政的政治学原则》,《中国社会科学报》2011年第6期,第27页。

开始重新反思政府与市场、政府与社会的关系问题。如果说新公共管理运动主要关注公共部门对市场机制和企业管理技术的引进,治理理论的兴起则进一步拓展了政府改革的视角。它对现实问题的处理涉及政治、经济、社会、文化等诸多领域,成为引领公共管理未来发展的潮流。[①] 从学术理论的渊源来看,治理理论是以社会中心论为出发点的,强调从社会的诉求出发来规制国家和政府的职责和作为。后来的研究者将其运用到国家、政党、政府、社会、经济等多个领域。其中,国家治理概念强调了转型社会国家发挥主导作用的重要性,同时也考虑到了治理理念所强调的社会诉求,应该是一个更为均衡和客观的理论视角。现代国家除需要有强大的国防、军事来保护国家领土免受外来入侵外,更要将维护国家的基本秩序和稳定、发展国民经济作为内政的主要任务,要为社会提供法律框架,保证法律和秩序的实施,调控宏观经济,直接规范和管理经济活动,抽取社会资源,实施再分配,为民众提供公共服务,不断提高全民的社会福祉。为此,国家就需要有相应的治理能力。学者将国家治理结构分为六个相互依存的部分,即核心价值体系、权威决策体系、行政执行系统、经济发展体系、社会保证体系和政治互动机制。[②] 国家治理是一个结构性的动态均衡的调试过程。面对社会经济结构性变化和对传统国家治理能力的重大挑战,需要在保障国家治理结构基本稳定和改革国家治理体系不相适应的部分之间保持一种有机的均衡,需要加强国家治理能力的建设,对不适应国家发展和社会与经济进步的结构性的治理理念、治理方法和治理手段进行必要的调整和改革。正是基于国际政治与经济变化的大环境和国内面临的重大的社会与经济转型压力,党的十八大提出"推进国家治理体系和治理能力现代化",以推进实现我国更高层面的国家发展目标和价值追求。

网络问政作为社会主义民主大众化的新形式、"参与式民主"的新方式、治国理政的新手段,在我国当下完善国家治理体系和推进治理能力现代化建设中可以扮演重要的角色。在当前政治体制改革和民主法治建设大背景下,通过网络问政的形式和途径,可以逐步建立高效、有序的政治参与机制和良性的政治互动氛围,维护和完善权威的决策系统,促进社会管理的和谐进步和良性发展。

[①] 陈广胜:《走向善治》,浙江大学出版社2007年版,第95页。
[②] 徐湘林:《"国家治理"的理论内涵》,《人民论坛》2014年4月(上)。

(二)我国网络问政的功能分析

1.从民主政治建设的角度看网络问政的功能

(1)网络问政促进我国民主政治的发展,有利于开辟新的社会主义民主政治新模式。马歇尔·麦克卢汉在20世纪曾经预言:"随着信息运动的增加,政治变化的趋向是逐渐偏离选民代表政治,走向全民立即卷入中央决策行为的政治。"[1]网络政治空间里新型公民政治参与方式的出现,弥补了现实政治生活中公民政治参与方式的不足。政治参与的扩大是现代社会的普遍现象。伴随着经济的增长、民众生活水平的提高、教育以及社会信息流通水平的提高,民众的政治主体意识必然得到空前发展,他们对政治系统的期望也不断提高。[2] 民主的政治参与可以在国家和社会之间稳妥地矫正政府的行动同公民的意愿与选择之间的矛盾。[3] 互联网的迅猛发展带来了信息运动的增加,中国民众开拓出全新的政治参与空间,借助网络问政加强社会舆论的监督,政府则从网络了解民情民意,化解社会矛盾,努力打造阳光、透明政府,从而推动中国民主政治的发展。

十七大报告提出,要健全民主制度,丰富民主形式,拓宽民主渠道,依法实行民主选举、民主决策、民主管理、民主监督,保障人民的知情权、参与权、表达权、监督权。十八大更明确提出,政治体制改革是我国全面改革的重要组成部分。必须继续积极稳妥地推进政治体制改革,发展更加广泛、更加充分、更加健全的人民民主。以调动人民积极性为目标,扩大社会主义民主,加快建设社会主义法治国家,发展社会主义政治文明。网络问政是官民双向良性互动的过程,网民借助网络平台变被动为主动接收信息,从传统的选民代表政治转向全民直接参与的新模式,大大拓展了网民的参与权、表达权和监督权。网络问政成为践行人民民主的一条全新渠道。因为网络问政创新了我国政治沟通的方式,网络环境促使传统的科层制沟通方式转向扁平制沟通方式,网络问政这种政治沟通新范式极大地缩短了政府和民众之间的沟通距离,使得政府的形象更具亲和力。网络问政拓宽了政治沟通的通道,变传统的单一通道的信息传输机制为多通道的信息传输体制,弥补了传统政治沟通时间长、成本高、互动不足的

---

[1] 〔加〕马歇尔·麦克卢汉:《理解媒介——论人的延伸》,商务印书馆2000年版,第25页。
[2] 孙关宏、胡雨春、任军锋:《政治学概论》,复旦大学出版社2009年版。
[3] 〔日〕蒲岛郁夫:《政治参与》,经济日报出版社1989年版。

缺陷,形成了一个纵横交错于各政府部门和广大网民之间的沟通网络。①

(2)网络问政促进了执政党执政理念和执政方式的转变。以互联网为代表的新兴媒体的崛起正日益改变着政府的执政理念和执政方式,"在线办公"越来越成为从中央到地方各级政府的时尚。新形势下,各级、各地政府网络问政平台的开通,是充分采纳民意、了解民情、创新执政方式、转变执政理念、营造开明政治风气的一种体现。广东地区很早便把网络问政引入到地方政府的决策体系中,安徽还将网络问政写入政府报告中。2008年,胡锦涛、温家宝等时任国家领导更身体力行,与网民面对面接触,倡导网络问政新风尚。随后,中共中央开通了网络问政平台——"直通中南海"。从中央到地方,各级政府这些应对网络的执政方式的转变,已经逐步成为政府的施政亮点和习惯。广大网民借助网络媒体以各种方式表达利益诉求,问政呼声越来越为执政者所"听见"和采纳。应对这一必然趋势,各级政府官员及时转变观念,加强对网络的了解,努力提高"执网"能力,将网络执政作为执政工作的一个重要方面。亲近网民,尊重网民,问政于民,学会从网络上获取民智,听取民意,积极回应质疑,也已经成为执政的新常态。

从近年来的一些网络公共事件中可以清晰地发现,网络事实上承担了表达民情、疏导民愤,尤其是传递信息的重要功能。如2008年山西娄烦溃坝事件中,真相一度被地方政府所遮盖。《瞭望东方周刊》记者孙春龙起初是利用传统的信息传递渠道向地方和职能部门举报,及撰写内参和新闻稿件等,但都未获重视。于是孙在其博客上发表了《致山西省代省长王君一封信》,公开了自己对娄烦溃坝事件的调查情况。这篇博文在被直递中央的网络舆情转摘后,迅速获得了温家宝总理的批示。网下记者身份没能解决的问题,通过网上的网民身份却得到了最高层领导的关注。这样的实例还有许多。网络所能达成的问政效果凸显了网络问政的功能价值,由此越来越受到党政部门和相关领导的重视,以致连中宣部在内的中央各大机构,这几年都纷纷在传统的"简报""信息"之外,另行创办了直递领导人的"网络舆情专报",以此作为领导读网的工具。或许这就是"网民"的意义,也是众多公民纷纷要赶赴网络之约化身网民的动力所在。问题在于,网络这条权力冲突的缓冲带可以被政府一直依赖下去吗?"躲猫猫"事件虽然因为一个"网民调查团"的介入,成功地将舆情聚焦的目光转移

---

① 蒲东恩、黄雪英:《网络问政的政治学思考》,《中共乌鲁木齐市委党校学报》2012年第4期,第42—43页。

到了网络监督的权责利弊上,但在网下的调查过程中,始终伴随"网民调查团"的无力感和无法逾越现实体制的无奈,让网络舆情最终还是回归到对事件本身的关注,并落脚在对看守所管理体制改革的推动上。"躲猫猫"事件的趋于和缓,也正是因为事件发生之后最高检察机关的介入。网络空间或许是虚拟的,但网络问政的所问及其背后的权力冲突都是真实的。真实的权力冲突需要真实的权力运行来化解。网络问政的指向是推动解决网下的冲突,而不只是要赢得一个官方尊重网络问政的姿态。①

(3) 网络问政能提升政府决策的透明和高效。在现有政府决策政策制定体系中,一般坚持的是党委领导下的民主集中原则。实践证明,在政府绝大多数重大决策的制定和执行中,这种决策机制因强有力的领导作用和巨大的资源聚合能力起到了相对正面的效果,但不可否认的是,以领导人为核心的决策体制对个别地方、个别部门也产生了负面的影响,领导"一言堂"和少数人"拍脑袋决策"的事情屡有发生,给国家、政府和人民带来不小的损失。尽管人民代表大会和政治协商会议有相关的监督权和参政议政权,但相关的人大代表和政协委员所能发挥的作用却相对有限。

网络作为当今最为普遍的信息传播载体,对政治、经济、文化等方面产生着越来越大、越来越广泛的影响,而网络问政对政府决策的影响也发挥着越来越显著的作用。网络不仅为公民问政提供了信息获取的渠道,更为民众表达对政府决策的意见和看法顺畅了渠道。政府在重大事项的决策前和决策中,网民可能不能在第一时间介入和参与,但政府相关部门和人员可以通过网络来做民意调查和决策咨询,可以请网民参与到可行性预测和认证中去,尤其是事关广大百姓切实利益的重大事项,倾听民众的心声本身就是立项的根本;在政府重大事项决策后及其实施与验收阶段,网民同样可以利用网络介入其中,通过监督事项的实施过程和实施成果,提高重大事项的实施效率。

网络渠道为网民参与决策活动提供了技术可能,网络舆论场更营造了一个问政的压力场。与传统信息传播环境下的过滤式信息场不同,网络为公众提供了一个具有交互性、开放性的言论空间。匿名交往和压力失重给网民造成一种无拘无束的假象,在这种话语空间中的言语表达也更自由和无所顾忌。如果政府部门和官员在重大决策中,尤其是事关百姓利益的决策中无视网民的意见,拒绝网民的参与,等到某些事件决策产生了不良结果而引发网民被动地介入

---

① 王琳:《网民代表难担网络问政重任》,《南方都市报》2009 年 3 月 16 日。

时,网民的隐匿性身份带来的病毒式扩散传播往往会给政府带来巨大的压力,最终让决策事倍功半,甚至酿成不可估量的负面结果。厦门PX事件、江苏启东群体事件等政府决策失误事件都提供了深刻的教训。

论坛的议题越来越趋向民生,越来越贴近网民身边的小事、琐事,而成为民声的集散地。[①] 网络问政鼓励人们在诸多公共议题上积极参与、发表建言,并在公共决策中有所体现。政府部门也在逐步接受网上民意,并将网络上的真知灼见运用到执政中去。厦门PX事件的圆满解决正是网民的胜利,是网络对政府决策产生影响的重要案例。一方面,政府试图通过网络问政预先了解民意,评估公众需要,做到科学决策、民主决策,这不仅可以让公众意愿有所表达,也可以获得民众的支持,减少因违逆民意而增加的社会动荡。另一方面,一些涉及民生的大小问题,如医疗、就业、卫生等,政府部门也力图透过各种媒体和多种信息通讯渠道鼓励,在公众中进行广泛的公共讨论与对策搜寻。这一切在政府决策中产生了更深刻的影响。

(4)网络问政促进我国政治清新文明。随着网络在我们日常生活中的普及,网络不仅已成为畅达民意、维护权益的手段,更成为民众与政府沟通的渠道,通过网络,广大网民不断扩大政治沟通的范围,尤其是成为公民行使知情权、监督权的锐器和遏制腐败的有效手段。一批批腐败案件、公共性事件一经网友披露,多数得到了有关政府部门的重视,有力促进了我国政治的清新文明。

随着社会主义市场经济进一步完善,与之相伴相生的是公民的法治意识和法治素养的急遽提升,公民的平等意识、维权意识凸显,参政愿望空前强烈,维护自身利益和表达权利的渴望被渐次唤醒。而互联网诞生与发展正好满足了这一诉求。开放、平等、虚拟、互动的网络环境促使受羁绊的"现实人"向向往自由、平等的"网络人"转变,网民在网络上可以自由发言、评论和行动,参政议政更显方便和快捷。按照生产力决定生产关系的理论,这一切迫切要求国家的执政主体在国家治理、政府治理和社会治理中将与之相适应的治理体系和现代化的治理能力放到关键位置,用政治的清新文明推进社会向前发展。

网络监督有利于洁净政治生态环境。传统意义的群众监督是执政党一直倡导和实施的一种间接监督。共产党是人民群众的先进代表,是以为人民服务为宗旨的执政党,一直将群众监督视作自己执政的源泉和促进力量。但是群众监督是一种社会监督,即使是依赖大众传媒的舆论监督,也是依赖于一定的中

---

① 詹新惠:《网络论坛如何深度影响社会》,《半月谈》2010年9月26日。

介组织和渠道来完成的。在监督过程中,组织的加工和把关人的过滤可能会诱发许多非正常因素的干扰,信息量的损耗不可避免,使得原本就缺乏强制力的社会监督效力大打折扣。"网络的出现与发展,使政治环境的监督向纵深发展。随着网络技术的介入,政府信息变得公开化、透明化、互动化,提供了公民政治监督的可能性,提供了真实、公开的信息环境,使公民政治参与水平产生质和量上的改变。推动公民与政府官员的直接对话,提高民意在政府运作中的分量,从而在很大程度上改变未来公民参与政治的深度和广度。这样不仅能充分体现政府活动的透明度和权威性,还能最大限度地满足公民的知情权和参与权,有助于公民在网上的舆论监督,有利于政府的勤政、廉政建设。"①

我们看到,由广大网民组成的网络监督群体正发挥着其作为"草根力量"的巨大威力,影响着社会治理。强大的网络舆论甚至可以影响司法审判,网络审判的现象不时在现实中演绎,如"许霆案"的舆论风波使原本的死刑变成五年的有期徒刑。青年群体作为"科技哺育"的一代,热衷于借助 BBS、电子邮件、博客、手机短信、QQ 等新媒体工具行使网络监督权,他们借助网络这个新的平台积极参与国家的政治生活,给我国民主政治吹来一股春风。个体意见不断叠加,汇聚成一股强大的舆论力量,在就业、住房、医疗、教育等各个方面对政府施加强大的压力,促进事件朝着有利于大众利益和社会正义的方向发展。网络问政往往体现在自下而上的舆论监督上。据人民网舆情监测室的统计,在 2009 年 77 件重大公共突发事件中,有 23 件都是在网络论坛上率先曝光的。山西黑砖窑事件、"躲猫猫"事件、"天价烟"事件等,都是在网络舆论的推动下得以真相大白,相关的非文明执政利益集团受到了惩处,社会公平正义得以伸张。这些都是网络问政对政治生态文明发展的有益贡献。

网络反腐是洁净政治生态环境的清道夫。网络反腐是在网络技术发展中崛起的公民网络参政的主要形式。其便捷、透明等特点及其所引起的社会效应对政府执政行为的监督和对权力的约束,达到了有效预防、遏制、惩戒腐败行为的效果。一项由人民网发起的网络问政大型调查显示,在参与调查的 48591 人中有 69% 的参与者认为"网络问政是党政官员了解民意的有效方式",74% 的网友认为"网络能成为反腐的新阵地"。② 广大网民借由网上问政,表达自己的政

---

① 李娜、李游:《网络环境下的公民政治参与》,《传媒》2010 年第 11 期。
② 盛卉、纪雅林:《"网络问政"调查显示:近七成网友认可网络监督》,新华网,http://news.xinhuanet.com/politics/2009-07/07/content_11664238.html,2009 年 7 月 7 日。

治观念,逐渐在我国政治生活中扮演重要的角色。

网民通过网络反腐并取得良好效果的案例数不胜数,以2011年山西公考状元体检被刷事件为例,事件一经网民质疑和举报,山西省长治市立即对人社局公务员考录违规问题进行了调查,随即人社局副局长被捕,其他相关人员亦受到相应处理。

又如,中交第二公路勘察设计研究院有限公司职工胡剑兵在网上曝出该单位南京项目部"送礼清单"系列照片中一张照片的画面,引发了连锁地震。党政相关部门即刻介入,相关人员受到惩处。

资料阅读:央企职工自曝单位送礼清单　南京纪委:6人被立案调查①

人民网北京9月4日电　近日,有关"央企职工自曝单位'送礼清单'"的事件引起社会各界广泛关注。今日,南京纪委公布调查情况,"清单"涉及六合区21人,对接受购物卡后未主动上交和未及时退回的6名党员干部立案调查。

钟山清风 V　+加关注
江苏 南京　http://weibo.com/u/2942982592
南京市纪委监察局官方微博
关注 758　粉丝 252万　微博 7648

最新微博:#观察#前些年,王岐山在国务院工作时,不时会有媒体爆些"私料"——比如一些现场脱稿讲话内……

直播南京官方版 V:关于媒体报道湖北某国企员工自爆"送礼清单"一事,南京六合区纪委作了认真核查。经查,清单涉及该区21人,其中实际未发生和收后主动上交、及时退回的14人。经研究,对接受购物卡后未主动上交和未及时退回的6名党员干部立案调查,1名非党企业职工交区交运局处理,收缴7人违纪所得。by@钟山清风

@直播南京官方版 V:#巡视组来了#【央企职工自曝单位送礼清单 同事骂其叛徒】中交二勘院职工胡剑兵,近日向南京市纪委曝出该单位南京项目部"送礼清单",送礼对象从局长、副局长、科长、到镇村干部……根据职务高低,分别赠送了2000元至1万元不等的礼金或购物卡。目前,南京市相关部门已对这份"送礼清单"展开了调查。

图1-1

---

① 田雪:《央企职工曝单位送礼清单　6名党员干部被立案调查》,中国江苏网,http://yuqing.jschina.com.cn/system/2014/09/04/021793424.html,2014年9月4日。

据介绍,"清单"涉及的21人中,实际未发生和收后主动上交、及时退回的14人。经研究决定,对接受购物卡未主动上交和未及时退回的6名党员干部立案调查,1名非党员企业职工交由区交通运输局处理,收缴以上7人违纪违规所得。鉴于区交通运输局主要负责人和分管负责人在此事件中负有一定领导责任,对其二人进行诫勉谈话,并责成区交通运输局向区政府作出书面检讨。

网络反腐的勃兴,实质是信息时代公民监督权有效实现的必然方式,是使官员"不敢腐"的威慑力量。它已经不仅仅停留在让那些抱残守缺、故步自封的官僚领教网络监督力量的层面,更表现为其裹挟网络舆论的强大力量,不断地触动那些阻碍政治昌明、经济发展和社会进步的规制和势力,成为党和国家反腐倡廉的利器和推动政治体制改革的强劲动力。2013年4月19日,中央纪委监察部与有关部门协调,开始在各大新闻网站、商业网站开设"网络监督专区"。截至8月底,人民群众向中央纪委监察部举报网站提交的网络举报数量日均为300件左右,而同年1月至4月初,每日在150件至200件之间;不仅如此,同年9月2日,中央纪委监察部网站正式开通,网站首页显著位置设置了"我要举报"专栏,举报人可以点击登录到中央纪委监察部举报网站,这为群众顺畅、安全地举报违纪违法行为又打开了一扇门,网络举报数量再度大幅攀升,日均超过760件。网络反腐的成效显著,对此,中央纪委信访室有关负责人表示,信访举报是纪检监察机关获取信息和案件线索的重要来源,人民群众是反腐败的力量源泉,欢迎社会公众参与和支持纪检监察系统信访举报工作。①

2. 网络问政是我国社会管理的创新手段

改革开放之初,政府以"经济管理为主",社会管理职责主要体现在履行经济调节、市场监管的职能上。在发展经济的同时,我国社会方方面面也积累了大量的社会矛盾和社会问题。对党和政府来说,解决这些在改革发展中涌现出的问题,关键在于处理发展与分配的关系,建设中国特色社会主义和谐社会,确保人民安居乐业。社会发展的现状要求我们要不断加快从过去以"经济管理为主"向现代以"社会管理为主"的转变,不断完善政府的社会公共管理职能。新形势下,全面创新社会管理体系、提高社会管理科学化水平是当下中国亟需解决的一个重大课题。

---

① 陈治治:《中央纪委网站日均收到逾760件网络举报》,财新网,http://china.caixin.com/2013-09-24/100585568.html,2013年9月24日。

(1)重新认识管理内容,创新管理重点。社会管理的本质是人的问题,管理好社会问题,本质上就是管理和服务好人。只有这样,建构一个经济发展、社会稳定、人民安居乐业的社会主义社会的最终目标才能实现,这正是我们执政党最大的政治优势。正如习近平同志2011年2月23日在"省部级主要领导干部社会管理及其创新"专题研讨班结业式上指出的,"做好群众工作必须贯彻全心全意为人民服务的根本宗旨。时时处处、切切实实关心群众生活,紧抓民生之本、解决民生之急、排除民生之忧,这是密切党群关系的治本之策,也是最根本的群众工作。"[1]围绕群众工作,多管齐下,创新社会管理体系。

重要的民生问题,如教育、住房、医疗、卫生、交通等,涉及广大群众的利益,应理解群众诉求,化解社会矛盾,回应社会关切,解决社会问题。同时,必须建立和健全新的社会管理制度体系,即建立健全处理人民内部矛盾和各种社会矛盾的有效机制、社会治安综合治理机制、应急机制,提高保障公共安全和处置突发事件的能力,等等。

(2)重新界定管理主体,创新管理角色。创新社会管理,既要坚持党在社会管理格局中总揽全局的地位,又要充分发挥政府在社会管理中的主导作用,同时还要协调各方作用,尤其是充分发挥群众的社会主体作用,调动群众的积极性,让群众自觉参与到社会管理中来。

党和政府在社会管理中的主导作用,任何时候都不能动摇,但是,在具体的社会管理实践中,要进行分类管理,该政府发挥主体作用的,政府就要做好管理的工作;那些可以由社会来管理的,应该由社会行使管理的权力。社会问题的核心是群众问题,在许多社会管理领域,人关普罗大众,事涉百姓利益,情联千家万户,没有群众的支持,没有群众的理解,没有群众的参与,只由政府来弹单弦,唱独角戏,那一切都将徒劳无益,吃力不讨好。按照习近平同志的群众观,在社会治理现代化的进程中,群众应该是而且必须是管理的主体之一。一切社会管理绩效与效果都要群众来评判和决定。

(3)创新管理方式和方法,发挥网络渠道的工具作用。将群众列为社会管理的主要角色,并不是否定政府在社会管理中的作用,更不是要将政府与群众的关系对立起来。在新型的社会管理体系中,要用一个明确的、共同的管理目标将政府和群众在管理中的关系统一起来,形成管理合力,达成劲往一处使的

---

[1] 习近平:《群众工作是社会管理基础性经常性根本性工作》,新华网,http://news.xinhuanet.com/politics/2011-02/23/c_121115704_2.htm,2011年2月23日。

效果。要如此,就必须创新方式、方法,运用更先进的渠道和手段。"有专家指出,社会成员不仅有具体的利益诉求,也有被理解、被关怀的情感诉求,还有公平、正义的价值追求。在社会管理中,如果'见物不见人''见事不见人',轻视人、忽略人,不重视做人的工作,其结果往往事与愿违。在实践中,'官本位'思想、特权思想、重管理轻服务等思想都会给社会管理带来障碍,甚至给社会造成伤害,必须加以坚决摒弃。专家建议,在管理体制上,政府要加快职能转变,推进服务型政府建设,强化政府的公共管理和公共服务职能。在管理理念上,要由防范、控制型向人性化、服务型转变。在管理方式上,从主要依靠管、控、压、罚等方式实施社会管理向主要通过对话、沟通、协商、协调等方式来解决社会问题转变。"①

几十年来,传统的金字塔式政治结构使政府管理方式相对封闭,这就造成了管理体制中的"官本位""对上不对下"等现象突出。网络问政借助外部网民的力量,通过官民互动的形式,自上而下和自下而上相结合,改变了一些官员只关心上级或同级相关政府部门的意见,而对来自社会的呼声漠不关心的态度。过去官员对政务信息是垄断的,有了互联网以后,官员不但要像过去那样听从上级的指挥、满足上级领导对信息的要求,而且还要直接面对公众的信息需求,回答和解决公众的各种问题。网络问政可以提高办事效率,减少推诿扯皮现象。

在众多管理创新的手段或途径中,网络为更加广泛地管理参与提供了条件。现阶段我国公民的网络政治参与多表现在网民对社会管理的参与行为和网络监督上。网络问政为政府履行社会管理与公共服务职能提供了强有力的技术手段。公民通过网络问政,提高了各级政府,尤其是地方政府的社会管理效率,提高了政府公共政策制定和执行的质量。政府通过网络,如政务网站、政务微博和官员博客等形式,与广大网民在网络上进行互动,听取来自民间的呼声,将散落在民间的公众意见收集起来,传递给政府管理机构,让政府基层管理机构和社区管理人员深入基层,聆听民众的意见,最终让涉及广泛利益的群众建议进入政府社会管理决策的议程,从而催生一些新的制度。公共政策执行的过程,通常也是公共权力行使的过程。网络空间更有利于社会管理的社会化,如果用好网络,特别是网络问政,社会怨恨情绪可以得到一定程度的舒缓,政策

---

① 杜飞进、裴智勇、廖文根:《和谐社会的中国智慧——探索中国特色社会主义社会管理体系》,《人民日报》2011年7月30日。

制度的有效性和针对性也会更强,还可将一些公共危机化解在萌芽状态。网络空间为社会管理中出现的问题和与主流民意相左的意见提供了一个充分探讨和情绪发泄的场所,许多社会矛盾可以在虚拟的环境中得到舒缓。

依据网络问政在社会治理上的成效,有学者将其归纳为电子治理模式的一种体现。该观点认为,网络问政的产生取决于两个方面的因素:一是以微博、网络互动平台等为代表的信息技术的迅猛发展;二是政府管理理念的变化,特别是中国这几年不断推进的服务型政府建设,使得各地各级政府部门和官员执政理念发生了深刻变化,这种变化与联合国亚太经济社会委员会所提出的善治(good governance)模式相统一。善治模式包括多个方面,即在公共管理领域中强调治理的透明性、参与性、回应性、民主性、责任性、有效性、公平性、合法性,对政府而言,治理的模式取向越来越强调善治的方式,联合国的善治概念是一个非常好的分析框架。信息技术与善治理念日益融合,互为强化,使得政府治理的理念、管理方式出现新局面,也使得电子政务呈现出电子治理的新形态。电子治理作为技术驱动下的政府治理新形态,必然使得政府和社会关系出现新的形态,政府的运作会更加透明,公众也将有更多的参与形态,并且更加强化政府的责任。换言之,网络信息技术的迅猛发展和深入使用让政府和社会、政府和公众之间的关系发生改变,使得治理理论所倡导的善治理念和方式得到推动和实现。[1]

从网络问政的实践看,它已经成为社会救济制度的一种渠道和形式。我们看到,越来越多的网络事件的发生,使相关政府部门通过"网络问政"去发现一些长期存在的制度性问题,从而促成新制度的施行,来填补旧制度的空白。比如"开胸验肺"事件的发生表明了目前存在着一些制度性缺失,经过网络传播和热议后受到有关方面的高度重视并得到妥善解决。"孙志刚事件"最后促成《城市生活无着的流浪乞讨人员救助管理办法》的颁布实施,这正是网络问政完善已有制度的体现。

资料阅读:中国社会管理亟待加码创新[2]

2011年8月,已有20年历史的中央社会治安综合治理委员会更名为中央社会管理综合治理委员会,从"治安"到"管理",一词之换,意味着中共执政理念

---

[1] 孟庆以:《网络问政的意蕴:形式与特征》,《电子政务》2011年第9期,第13页。
[2] 郑巧:《中国社会管理亟待加码创新》,中国新闻网,http://www.chinanews.com/gn/2012/02-25/3697727.html,2012年2月25日。

的转变。

一年一度的全国"两会"召开在即,"社会管理"话题的关注度已攀上人民网关于2012年两会调查的第三位。可以预见,这将是3月中国"两会"热议的焦点之一。

对于"社会管理"问题的关注,在内地是全方位的,从执政者到普通民众,都对当前中国社会管理的问题感同身受。在中国经济30多年快速增长的同时,社会矛盾也逐渐堆积,在物质财富迅速膨胀的同时,焦虑情绪在社会上蔓延。

应该说,中国高层始终对此保持着高度的警惕。早在2004年6月,十六届四中全会就提出要"加强社会建设和管理,推进社会管理体制创新"。而"完善社会管理"这一概念,则出自2007年中国共产党的十七大报告。

社会管理由此列入中国政治的最高议程,在2011年2月中共中央党校举办的省部级主要领导干部研讨班上,"社会管理及其创新"被列为讨论主题,中共中央总书记胡锦涛在开班仪式上强调,要"扎扎实实提高社会管理科学化水平,建设中国特色社会主义社会管理体系"。

2011年中国"两会"上,"加强和创新社会管理"更首次在温家宝总理政府工作报告中占据重要篇幅。5月30日,中共中央政治局召开会议,研究加强和创新社会管理问题。

对"创新"的理解,实际上是中国改革开放30多年后新的思想解放。社会管理问题在政策层面的阐释,还需要在操作层面得以创造性的实现。

"不要以为社会管理就是维稳,防止社会不稳定最好的方法是消除不稳定因素",中国社会科学院教授景天魁向中新社记者指出,"社会管理创新要治本,要从社会基础建设开始,应花大力气建设完整的社会保障和福利机制。"

这位专家指出,在民众维权、政府维稳的冲突中,要切记"宜疏不宜堵"。直面矛盾、理性解决冲突,是去年一些地方解决社会管理问题的成功经验。

从"治安"到"管理"的转变,核心在于社会管理需要全社会参与,社会问题不是单纯的自上而下的"治",还应该有社会各界广泛参与的"管"。

(三)网络问政是政府传播的重要形式

西方著名传播学者麦奎尔指出,政治公关活动主要包括四种,即媒体管理、形象管理、组织内部传播和信息管理。其中形象管理就是形象塑造，一方面政治公关活动要塑造政党领导人的形象，另一方面也要塑造政党的形象，把政党领导人和政府的好形象，积极地传达给广大人民群众。对政党或政府而言，媒介一直是且永远是其公关传播的主要渠道，因此，无论是政治生态中的媒介——政治关系，还是媒介生态中的政府（政党）——媒介关系，一定是其所处生态圈中最核心的一组"影响和被影响"组合。新闻媒介是政府管理部门发布信息的渠道，政府部门是新闻媒介可靠的信息来源。在传统的媒介生态中，政府与媒介是一个共生共荣的生态圈关系。在经营和管理上，媒介受到政府一定的控制；同样，政府传播的主要任务由媒介承担，政府形象往往由媒介塑造。政府在某种意义上扮演着媒介"把关人"的角色，媒介信息流随着"水龙头"的标准而开启或闭合。就我国而言，政策影响控制媒介的目的是建立和谐发展的媒介生态圈，使媒介间形成一种有序结构的积极状态，以符合社会发展的需要，媒介在政府传播体系中也扮演着积极的角色。

然而，这一切随着网络媒体的出现而逐渐改变，网络正凭借其"草根"般顽强的生命力，用"边缘突破型"的姿态逐步改造着媒介生态。它不仅改变了传统媒体的信息生产和传播方式，更消解了传统状态下政府对媒介信息传播的控制权。在人人都有"麦克风"的时代，更多非专业人士加入到媒介信息的发布渠道，众多没有"被把关"的资讯像漫川飞舞的柳絮"随波逐流"，又被人有意或无意"拾起"，形成一股强大的、非受控的传播影响力。在网络传播过程中，网络媒体还起到了一定的聚合和催化作用，往往一件微小事件，经由几级网络传播的聚拢和放大，就会演变为一场重大的公关危机；此外，网络信息源的无限增大，网络信息多元化趋势明显，加之信息发布者的素质参差不齐，给网络信息受众和网络管理者增加了辨析真伪的难度。因此，掌握网络信息传播的规律，谋划新媒体形势下网络媒体与政治的新型关系，构建健康、积极、有序的新媒体生态体系，已经成为当前党和政府面临的重要课题。

其实，作为一种"草根"媒介，较之传统媒体，网络媒体在某种程度上更贴近普罗大众，受众的接受度更高，更具有亲民性。即使是具有政府背景的网络媒体，因比传统大众媒体多了与网民互动的传播功能，也较传统的官方媒体更受民众欢迎。这表现在网络媒体在消解传统领袖"威严"、神秘形象的同时，也为领袖人物塑造了一个新的亲民形象。每逢大灾大难之时，国家领导人都亲赴灾区，指导抗震救灾，通过网络等广为传播，充分展现了国家领导人的亲民、爱民形象，大大改观了民众对政府的评价，消解了民众因天灾引发的负面情绪。"习大大"微博一出,立刻吸引无数网民热捧。网络问政这一执政方式的践行,通过网友给国家领导人和政府直接留言、发表意见的方式,把国家领导人和政府的亲民本色再次传达给广大网民,有效地树立了政府形象,牢固了民心。

　　由是观之,新媒体背景下,党和政府应将网络媒体视为执政的优质资源,借此传播政府形象,搭建政民沟通的桥梁。

第二章 我国网络问政回顾

1965年,英国科学家唐纳德·戴维斯(Donald Watts Davies)提出近似巴兰观点的报文分组交换技术(packet-switching)的网络设计;1969年阿帕网(Arpanet)诞生;1971年9月,横跨美国大陆的Arpanet网络建成;1983年Fido网络电子布告栏系统(BBS)创建了分布式社区。20世纪90年代初,由于一系列基础设施和应用软件的发展推动,网络得到了广泛的运用。1990年,互联网已连接了30台主机和1000多个使用Usenet标准的新闻组。尤其是1995年,pyglass公司开发的Mosaic版本变为了微软的互联网浏览器(Internet Explorer),并与Windows 95操作系统捆绑发售后,互联网便一发不可收了。①

一、我国互联网发展历程回顾

1987年9月,CANET在北京计算机应用技术研究所内正式建成中国第一个国际互联网电子邮件节点,并于9月14日发出了中国第一封电子邮件:"Across the Great Wall, we can reach every corner in the world.(越过长城,走向世界)",揭开了中国人使用互联网的序幕。

1993年3月2日,中国科学院高能物理研究所通过租用AT&T公司的国际卫星信道接入美国斯坦福线性加速器中心(SLAC)的64K专线正式开通。专线开通后,美国政府以Internet上有许多科技信息和其他各种资源,不能让社会主义国家接入为由,只允许这条专线进入美国能源网而不能连接到其他地方。尽管如此,这条专线仍是中国部分连入Internet的第一根专线。

1994年4月20日,中国国家计算机与网络设施(NCFC)工程通过美国Sprint公司连入Internet的64K国际专线开通,实现了与Internet的全功能连

---

① 王旭:《互联网发展史》,《个人电脑》2007年第3期,第182—185页。

接。从此中国被国际正式承认为真正拥有全功能 Internet 的国家。此事被中国新闻界评为 1994 年中国十大科技新闻之一,被国家统计公报列为中国 1994 年重大科技成就之一。1996 年 1 月,中国公用计算机互联网(CHINANET)全国骨干网建成并正式开通,全国范围内的公用计算机互联网络开始提供服务,从此开启了我国互联网应用时代。

1996 年 12 月,中国公众多媒体通信网(169 网)开始全面启动,广东视聆通、四川天府热线、上海热线作为首批站点正式开通。1997 年 1 月 1 日,人民日报社主办的人民网进入国际互联网络,这是中国开通的第一家中央重点新闻宣传网站。[1]

相比欧美发达国家,我国在互联网技术的研究和发明方面要相对落后,但互联网的运用及商业发展却"不落人后"。1997 年 11 月,中国互联网络信息中心(CNNIC)发布了第一次《中国互联网络发展状况统计报告》。数据表明,截止到 1997 年 10 月 31 日,中国共有上网计算机 29.9 万台,上网用户数 62 万,CN 下注册的域名 4066 个,WWW 站点约 1500 个,国际出口带宽 25.408M。

1999 年 1 月,中国互联网络信息中心(CNNIC)发布了第三次《中国互联网络发展状况统计报告》:截止到 1998 年 12 月 31 日,中国共有上网计算机 74.7 万台,上网用户数 210 万,CN 下注册的域名 18396 个,WWW 站点约 5300 个,国际出口带宽 143M256K。2015 年年初,《第 35 次中国互联网络发展状况统计报告》显示,截至 2014 年年底,中国网民规模达 6.49 亿人,互联网普及率为 47.9%。

近年来,中国互联网发展状况呈现两大特征:一是随着网民规模的持续增长,网络对国民生活和社会发展的渗透率逐年走高。互联网发展重心从"广泛"向"深入"转换,各项网络应用深刻改变着网民的生活。从资讯消费、娱乐购物,到社交沟通、公共互动,互联网应用多方位满足了用户需求,推动网民生活迅速迈向"网络化"。二是手机上网比例首超传统 PC 上网比例,移动互联网带动整体互联网发展。截至 2014 年年底,中国手机网民规模达到 5.57 亿人,其中,手机即时通信使用率为 91.2%。手机作为第一大上网终端设备的地位更加牢固。网民生活形态的"移动化"特征明显,移动终端在网民的电子商务、休闲娱乐、信息获取等方面的使用率快速增长,尤其是"移动式交流"正在改变着人们的沟通模式。[2]

---

[1] 中国互联网协会:《中国互联网发展史(大事记)》,http://www.isc.org.cn/ihf/info.php?cid=218,2013 年 6 月 27 日。
[2] 中国互联网信息中心:http://www.cnnic.net.cn/hlwfzyj/hlwxzbg/hlwtjbg。

二、网民问政回眸

从 1996 年中国互联网发芽,至 2003 年互联网产业"泡沫破裂"。中国互联网发展经历了第一次"野蛮"的生长期。这期间,三大门户网站逐步确立了自己的网络江湖地位,开启了看新闻、知资讯的门户时代。传统新闻传播主体化、主流化、体制化格局逐渐被信息传播的主体多元化、观念去主流化等趋势影响。几乎与此同时,一系列中国知名的中文网络社区,像猫扑、天涯社区、西祠胡同等先后上线,集纳了大量网络言论。网络逐步成为国人阅读新闻、了解信息、娱乐游戏、谈情社交、购物消费等信息消费的新场所,当然也成为人们清谈政治、曝光投诉、发泄吐槽的载体。早期,因为网络世界无限延展、身份隐匿、环境虚拟等特性的影响,网络形成了一个脱离现实而又反映现实的"公共领域"。"网络的发展为民众内隐的情绪和态度提供了一个理想的表达途径,形成了形式多样化的网络舆情信息"(毕宏音,2007),网络成为反映社会舆情的重要载体之一。网络舆情已成为社会舆情的重要类型,其地位与作用越来越突出,诸多热点事件如"钓鱼执法""宜黄强拆"等在网民的热议下,引起社会的普遍反响,进而影响事态发展。[1]

在 2003 年之前,"网络舆论"这一概念尚未提出,文献中所见只是"在线舆论""网上舆论"或者"互联网舆论"等类似提法。2003 年之后,因网络舆情的影响力渐次提升,网络舆论也越来越引起社会的重视,网络舆论才开始作为一个固定的概念被使用,并逐渐在认知上得到认同,对网络舆论的研究也开始作为一个研究议题走进研究者的视野。特别是在"孙志刚事件"之后,国内外重大新闻事件似乎都离不开互联网的干预,网络迅速成为公众发表意见的集散地。网络舆论愈来愈受到人们的关注,学界对其研究的热情有增无减。随着"网络舆论一次又一次掀起高潮,网络舆论的相关研究也呈逐年增长态势。"[2]

正因为这样,人们将 2003 年称为中国的网络舆论年[3],以"孙志刚事件"为标志。2003 年春节后,武汉科技学院毕业生孙志刚去广州,因无暂住证在街头被带至广州天河区黄村街派出所,继而被送往广州收容遣送中转站。3 月 18

---

[1] 季丹、谢耘耕:《中国网络舆情研究的历史回顾与反思》,《上海交通大学学报(哲学社会科学版)》2012 年第 4 期,第 48 页。
[2] 穆建刚、刘立红、连水仙:《近年来我国网络舆论研究的历史性回顾》,《宁波广播电视大学学报》2008 年第 4 期。
[3] 郭芙蓉:《论网络问政的兴起及其理性限度》,《中国青年研究》2010 年第 9 期,第 59 页。

日,孙志刚称有心脏病,被收容站送往广州收容人员救治站,孙志刚在救治站遭遇无情的轮番毒打。3月20日,救治站宣布孙志刚不治死亡。一条鲜活的生命因无证被收容,继而无辜遭殴打致死,其家人多次找有关方面反映无果。消息甫一传出,各大媒体争相报道,尤其是人民网、新华网、新浪网、搜狐网等网络媒体竞相转载,引起了社会的广泛关注。舆论认为,政府有责任及时出面纠正这种违法行为,敦促有关责任部门侦破此案,查明真相,把犯罪的机构和个人绳之以法,树立人民政府的形象。在网络舆论的漩涡中,广州市有关部门虽然迅速处理了事件,但事件已经给政府形象造成了巨大的损害。特别是人民网,连续编发网友的评论文章,呼唤伸张正义,严惩凶手,追查责任。舆论和公众的声音,很快引起了各级政府的重视。从中央到地方,各级领导同志均作了重要批示,要求尽快破案,严惩凶手。从报道的情况看,《南方都市报》首次报道案情后的四五天,广东省省级和市级政法机关就派出8个专案组分赴全国多个省份,抓捕涉案嫌疑人。由公安部、省、市等多个层次,多个单位组成的联合调查组,对事件进行了严密的调查,并很快有了初步结果。13名涉案人员纷纷落网,并最终受到了应有的惩罚。这次各级政府及相关部门对舆论反映的情况之重视、行动之迅速、破案之快捷前所未有,提升了公众对舆论监督有效性的信心。

以孙志刚案为契机,中国政府废止了运行21年的《城市流浪乞讨人员收容遣送办法》,并出台了新的《城市生活无着的流浪乞讨人员救助管理办法》(草案),为我国城市管理注入了人性化的元素,对我国城市化进程的影响极为深远。同时,也让中国网民看到了自己的政治参与对政治决策的重大影响力。对此,人民网评论认为,"这是一次成功的舆论监督,从而使人们看到了舆论监督在我国的可行和希望。"①

尽管2003年被冠以"网络舆论元年"的标签,但在此之前,广大中国网民通过论坛发帖、新闻跟帖、博客发文、网上签名等多种网络形式参与舆论热点事件早已不是新鲜事了。始建于1997年10月的猫扑网,是国内最早的具有一定影响力的论坛类网站。风靡世界的网络红人"小胖"、PS高手胡子男、"虐猫事件"惩处罪恶的人肉搜索、"网友防灾自助手册"的流传、"猫扑希望小学"感人至深的互动、救助西安孤苦老人行动等一大批网络公共事件(人物)都是经由此网站发生、发展而成为网络大事件的。这里已成为早期国内公众舆论的策源地和扩

---

① 赵光瑞:《从"孙志刚案"看舆论监督》,人民网,http://news.sina.com.cn/o/2003-05-17/0256129985s.shtml,2003年5月17日。

散平台之一。

号称"华语地区第一个大型综合社区"的"西祠胡同"建于1998年。该网站初期以聊天室为主,吸纳了一大批网民在线交流,尤其是记者、教师、都市白领、自由职业者等。"9·11事件"西祠网友大讨论,创下单个版块在线千人的历史纪录。经2001年3月的第二次重大改版,确立了18个频道的社区分类。

创办于1999年3月1日的天涯社区,也是一个较早成名且在全球极具影响力的网络社区。开办之初,天涯虚拟社区就开设了天涯杂谈、电脑技术、情感天地、艺文漫笔(后改名为舞文弄墨)、新闻众评、体育聚焦、书虫茶社(后改名为闲闲书话)、旅游休闲、海南发展、天涯互助等栏目,各栏目都增加一个留言板或灌水专区等版块。邀请一些较有影响力的学者(网友)担任版主开设论坛,如同年11月,"关天茶舍"正式开张,首任版主为北大学人老冷;2000年8月人文思想类论坛"天涯纵横"正式出现在天涯社区,其版主为著名学者李陀。早期,一些带有公知色彩的文章发表在天涯上,在网络社会引起了些许思想涟漪。如2000年1月,"宜家家居"在关天茶舍发表《本世纪最后的论战:中国自由左派对自由右派》与《世纪末思想论战:新左派和自由主义在争什么?》,一度引发网络大讨论;同年11月,学者程晓农在关天茶舍发表文章《知识分子与"积极分子"》,引发网友争议;2001年4月,王怡在关天茶舍发表文章《20世纪之乱臣贼子》,引起众多网友的跟帖,影响极大。这段时间,由于王怡等人的努力,关天茶舍人气大盛,童天一、雷立刚、刘大生(网名"求稗书斋")、李宪源(网名"新呐喊")、摩罗(网名"3699")、叶曙明(网名"一听")、孔捷生(网民"易大旗")、王晓华、古清生等成为关天茶社的活跃网友[①]。

人民网的"强国论坛"也是较早成立且拥有全国影响力的阵地网络论坛。此外,百度贴吧、新浪论坛、搜狐社区、腾讯论坛、网易论坛、上海滩社区、上海热线、东方网论坛、兴湘论坛(华声论坛前身)等一大批论坛(社区)类网站也于2000年前后成立,逐步形成了中国网络公共空间的雏形。

网络舆论逐渐显现出来的参与力量,也开始引发政府层面的关注。网络舆论的重要性、网络在意识形态宣传中的渠道作用都受到了中央最高层的重视。江泽民同志在2001年年初的全国宣传部长会议上指出:"要高度重视互联网的舆论,积极发展、充分利用、加强管理、趋利避害,不断增强网上宣传的影响力和

---

① 引自百度百科:http://baike.baidu.com/view/5437.htm。

战斗力,使之成为思想工作的新阵地、对外宣传的新渠道。"①

2003年被称为"网络舆论年"不是偶然的。这一年之于网络的特殊性,除了"孙志刚事件"外,接二连三有多起重大事件也与网络关联起来,如刘涌案、黄静案、李思怡案、苏秀文案、刘荻案、杜导斌案等重大事件和突发事件,都是首先经过媒体报道或网民曝料,广大网民通过新闻跟帖、论坛上帖、博客发文等方式参与进来。尤其引人注意的是,这一年,一些政府要员与网友的在线交流成为了年内的一个亮点。

如2002年11月16日,一篇署名为"我为伊狂"的网络长文《深圳,你被谁抛弃》在人民网强国论坛和新华网发展论坛分别贴出。该文对深圳的城市管理、政府工作效率、城市交通、外来人口、生活压力、文化等多方面提出尖锐的批评;就一些大企业将把总部迁离深圳的深层次问题、深圳和香港的合作没有进展等提出思考,并对深圳的竞争力表示忧虑。此文一出,立刻吸引了网友的注意,并很快在网上广为传播,包括市长在内的深圳负责官员在第二天也都仔细阅读了这篇文章。2003年1月19日,深圳市长于幼军与文章作者"我为伊狂"(实名呙中校)面谈两个半小时。一位市长与网友就一篇网文触及的问题进行面对面交流,这在网络论坛诞生以来还是第一次。于幼军指出,作者并非"唱衰"深圳,而是"爱之深,责之切",其举表示政府有气度聆听包括批评在内的各种声音。同年1月21日,香港《明报》称:"于幼军此举开创了中共省市级高官与网上批评者当面交流的先河。"

同年3月27日,全国人大副委员长成思危通过人民网强国论坛与网民交流;12月23日,时任外交部部长李肇星通过外交部网站"中国外交论坛"和新华网"发展论坛"与网民进行在线交流。那是截至当时中国最高级别的领导与网民进行的对话。这种基于网络的双向互动,无疑对我国政治民主建设有着极大的促进作用,有利于社会主义民主长远发展。

除了为网络舆论的生成、发育和发展提供天然的"孵化器",网络公共讨论空间还逐渐发展为网络民意表达的捷径。网络投票、网络签名、网络"快闪"等网络的组织功能也被渐次发掘。如2003年中国网民的"网络民族主义"运动也在网络上得到了一次充分的展示,并显示出巨大的威力。利用网络渠道,中国网民对当时的中日紧张关系表达了自己的主张和政治意愿。2003年6月,国内民间组织为宣示主权首次发起登上钓鱼岛活动,遭到日方强力阻挠;8月,京沪高速铁路技术

---

① 郭芙蓉:《论网络问政的兴起及其理性限度》,《中国青年研究》2010年第9期,第59页。

方案计划使用日本技术；8月4日，齐齐哈尔学生侵华日军遗留毒气弹伤害中国民众；9月18日（这一天被中国人视为"国耻日"），日本游客集体赴珠海嫖娼；10月29日，西北大学日本留学生在演出时丑化中国。这些事件引发了中国网民的强烈愤怒，广大民众还上街举行抗议行动。其中，网络签名成为网络舆论、网络民意的一种全新的表达方式。当年，"8·4事件"（侵华日军遗留的化学武器在齐齐哈尔泄露）发生后，"爱国者同盟"等7家网站发起了"对日索赔百万网民签名活动"。历时一个月的网上签名活动最终征集到1119248名网友及12518个网站签名。9月18日，活动组织者将4000多页的网民签名递交给日本驻华大使馆。这些事件显示，网上网下活动的结合与互动，已达到相当规模。[①]

其他诸如网络爆料、网络投诉、网络举报、网络建议等网络参与开始成为网民登录网络论坛常态化的行为。网络在承担一般的信息传播和交换媒介的作用之余，还逐渐发展成为一种网民参政议政的新平台和新载体。借助网络这个平台，网民的网络言论和行为已经开始影响到社会、政治等多方面，而"网民"也作为一类"人群"属性存在于社会阶层之中，成为我国政治生活中不可忽视的力量。具有标志性意义的事件是"网民当选代表和委员"。2007年2月，名叫"沧海一笑"的网民在博客上发帖，建议"人大代表中也应该有网民代表"。其后，郑州网民"克隆总经理秘书"也发表了类似的建言。两个人的设想在洛阳变成了现实。2009年"两会"选举中，洛阳市网民"老牛"在洛阳市西工区人大代表大会上被选举为洛阳市人大代表，这是国内首次出现"网民人大代表"。接着，网友"flush""爱我洛阳""大河"也光荣当选洛阳市政协委员。这4位网友从电脑屏幕前走上了政治舞台，是因自己的网络参政行为获得了社会的认可，也说明网络参政议政取得了政治体制的认同。

三、政府问政"网事"

从网络论坛到网络公共空间，从网络舆论到网民参政议政，网络已经成为公民借以表达政治意愿，参与国家政治生活的重要手段和工具。只不过在2003年以前，这一切都带有"草根"自发性的色彩，但无论如何，这都应该视为我国网络问政的雏形或初级阶段。当然，网络问政事业在中国的发展和兴盛永远与政府的自觉推动与鼓励密不可分，而且正因为网络问政得到党和各级政府的重

---

① 闵大洪：《2003年的中国网络媒体与网络传播孙志刚事件掀起"网络舆论年"》，人民网，http://media.people.com.cn/n/2014/0415/c40606—24898329.html，2014年4月15日。

视,并逐步加大推进力度,才取得了今天的成就。同时,只有政府主动参与下的网络问政才能构成真正的网络问政。

(一)政府"触网"记

从网络走进中国开始,我国政府就开始探索将网络技术运用于政务和政事。从时间上来看,自20世纪80年代中期开始我国政府就拉开了电子政务的序幕。不过,早期的政府网事多围绕着电子政务和电子政府建设展开。据研究者总结,我国电子政务建设大致分为四个阶段:(1)办公自动化阶段。20世纪80年代中期,办公自动化(Office Automation,简称OA)的概念被引入中国,至今已有20多年的历史。作为政府管理信息化的基础和重要组成部分,它是信息技术在政府管理中应用的基础,也是开展电子政务不可或缺的重要组成部分。(2)"三金工程"实施阶段。1993年12月启动的"三金工程",即金桥工程、金关工程和金卡工程,是中央政府主导的以信息化为特征的系列工程,重点是建设信息化的基础设施,为重点行业和部门传输数据和信息。这一阶段实际上也是电子政务发展的雏形阶段。自"三金"之后,近年来国家又相继启动了"金税""金审""金盾""金卫"等12项金字系列工程。这些工程的开展,对中国政府信息化建设和电子政务发展起到了直接的推动作用。(3)"政府上网"阶段。1999年1月,中国电信和国家经贸委经济信息中心联合40多个部委(办、局)的信息主管部门共同倡议发起了"政府上网工程","政府上网工程"的主站点 ww.gov.cninfo.net 和门户站点 ww.gov.cn 正式开通,成为中国网上政府的导航中心和服务中心。该工程得到了各级政府部门的积极响应,在这一工程的推动下,中国政府信息化建设有了实质性进展。(4)电子政务阶段。随着互联网技术的发展及其在政府管理中的逐步应用,尤其是国际上电子政府(EG,Electronic Government)和电子政务概念的兴起,2000年10月,电子政务被列为"十五计划"的重要内容,电子政务建设进入新时期。2001年11月,"电子政务试点示范工程"正式启动。该工程的目的是在国内各级政府的电子政务工程全面铺开之前,通过统一的规划设计,为电子政务建设提供可推广的安全支撑平台、应用支撑平台,找出适合中国实际情况的电子政务建设模式,避免重复建设和无效建设。[①]

随着计算机及网络技术在政府管理中扮演着越来越重要的角色,特别是政

[①] 周盛虎、段红:《中国电子政务发展综述》,《法制与社会》2007年第7期,第823—824页。

府局域网的建成,政府内部信息沟通和信息共享极大地提高了办公效率。随着基于因特网的政府外部网站数量的不断增加,电子政务的服务内容日渐丰富,功能日益多样化,为电子政府在我国的实质性应用创造了良好的发展环境。

1998年4月,"青岛政务信息公众网"正式上线,标志着我国第一个严格意义上的政府网站成立了,也表明我国电子政务的发展已突破了部门和地域的限制,进入了交互性和互联网方向发展的快车道。尽管当时政府推动门户网站的建设和广泛推广本身并不以网络问政为主要目的,但是这一进程为日后以政府为主体推进全国网络问政议程奠定了政治和技术基础。

2000年以后,我国电子政务网站迅速发展,截止到2001年1月底,以gov.cn为结尾注册的域名总数达到4722个,占国内域名总数的4%;已经建成的www下的政府网站达3200多个,70%以上的地市级政府在网上设立了办事窗口。2002年,中共中央办公厅下发了我国电子政务建设的17号文件,该文件是具体落实中共十六大报告中关于"推行电子政务,提高行政效率,降低行政成本,形成行为规范、运转协调、公正透明、廉洁高效的行政管理体制"的纲领性文件。2003年7月,时任中共中央政治局常委、国务院总理、国家信息化领导小组组长温家宝主持会议并作出重要讲话,会议讨论了《关于加强信息安全保障工作的意见》,提出2003年的电子政务建设主要围绕"两网一站四库十二金"重点展开。其中"两网"指政务内网和政务外网,"一站"指政府的门户网站[①]。

这一时期,是我国政府政务外网和政府门户网站建设的高潮期。2006年1月1日,中华人民共和国中央人民政府门户网站(www.gov.cn)正式开通,具有里程碑式的意义。该网站是我国最高行政机关国务院及其下属各部门在互联网上发布政务信息和提供在线服务的综合平台,向全国人民甚至全世界在网上公开中国政府最高层的政务信息,提供相关的政务服务。这标志着由中央政府门户网站、国务院部门网站、地方各级人民政府及其部门网站组成的政府网站体系基本形成。《第十九次中国互联网发展状况统计报告》显示:截止到2006年12月31日,我国CN下注册的域名数为1803393,其中以gov.cn结尾的英文域名总数为28575,与2005年同期调查的23752个相比增加了20.3%;以行政区域名结尾的英文域名总数为32660,占CN域名总数的1.8%。我国各级政府职能部门在CN下注册域名,其增长势头强劲,不同部门局域网已搭建完成。

电子政务的建设高歌猛进,不可避免地会出现一些发展中的问题。比如不

---

① 李鸣:《我国电子政务发展综述》,《武汉工程大学学报》2010年第4期,第52页。

少政府一味追求信息化的速度,先解决有没有的问题,而较少关心政府网站的功能及实效。但是也有众多政府门户网站注意将"务实"放在首位,如深圳市民中心和北京市财政局政务平台是电子政务建设史上具有代表性的两个案例。深圳市民中心被市民誉为"没有围墙的政府",原来需要两三天才能办完的事情,现在只需2—3个小时就能办妥。北京市财政局则对预算、采购、国库支付、非税收入、综合办公等核心业务流程进行了梳理和整合,对各业务数据进行了标准化处理,大大提高了工作效率。①

任何事物的发展都有一个循序渐进的过程。对于处于创建初级阶段的政府信息化工程,不可能承载太多的职责和功能。我国早期的电子政务建设内容主要以政府信息化的基础建设及技术建设为主,而政务类网站也主要以解决办公效率和政府内部信息沟通为建设目标,办公信息化、政务信息发布与公开、行政事项信息化服务等政务电子化建设与运用还处于探索和磨合阶段,网络问政无论是作为一个概念还是一项政府职责还未被提出。深圳市民中心和北京市财政局政务平台等电子政务的建设经验更多偏重于电子化服务,也夹杂了一些政府与公众(网民)互动沟通的元素。

(二)政府问政从"公众互动"开始

政府部门的信息技术应用早在20年前就开始了,如果从2002年中央关于电子政务建设的17号文件发布算起,电子政务在我国也已经有十余年的历史。尽管电子政务和互联网发展都属于信息通信技术应用的大范畴,但其后很长一段时间里,电子政务与互联网的发展却是平行进行的。也就是说,政府部门的信息化与公众使用互联网的活动在很长一段时间是互不相干的。②

有学者认为网络问政大致可以分为两个阶段。第一个阶段主要是栏目建设,一般的做法是在新闻网站上建立政民互动的栏目,网站作为中介沟通官民双方,互动是不定期进行的,比如人民网的"地方政府领导留言板"。第二个阶段是政府主动参与网络问政平台建设,并由专门人员负责相关事务,官民互动进入常态化和制度化。③

笔者则认为,相较于参与新闻媒体的网络问政栏目建设,政府主动参与网络问政建设还要早。其主要通过政府门户网站中的"政民互动"或"互动交流"

---

① 李鸣:《我国电子政务发展综述》,《武汉工程大学学报》2010年第4期,第52页。
②③ 孙立明:《网络问政与地方政府管理创新》,社会科学文献出版社2011年版。

等频道来实施,只是在一段时期内,这种问政体制性的建设没有以新闻媒体为主体的"网络问政"平台建设那么有声有色。

研究者普遍将2008年视作我国的网络问政元年。原因是在这一年中国政府最高层相继"触网",这在媒体的解读中具有非凡的政治意义。其标志性事件主要有两个:一是2008年6月20日,时任国家主席的胡锦涛同志通过人民网与网友们在线交流,并称互联网是"做事情,做决策,了解民情,汇聚民智的一个重要渠道"。这是中国最高领导人第一次通过互联网与公众互动,可以算作网络问政的起点[1]。二是时任国务院总理的温家宝同志在当年的两会期间与网友促膝谈心,共商国是和家事。"从党和国家的最高领导人到各省、市、县等基层党政部门的领导都兴起了网络问政的时尚,而老百姓借助这一新的网络平台不断地向政府建言献策,从民生问题、法治问题、环保问题到社会道德问题等,一波又一波的问政高潮正席卷着华夏大地。"[2]因此,学者多认为,这是我国政府信息化走向新阶段的标志。

中国在政府层面不仅很早就重视网络舆情,而且在2008年之前就对网络问政作了制度性安排,只不过当时没有网络问政这一提法而已。

我国全国性政府门户网站建设应始于2003年。开建之初,各级政府门户以政府信息公开和政务在线办事为主要建设内容,以满足公众的知情权来提高政府服务质量,但也已经有不少地方政府在门户网站上开设互动栏目,将政府门户网站作为与辖区内公众沟通的平台。这一尝试在2006年国务院办公厅《关于加强政府网站建设和管理工作的意见》(国办发〔2006〕104号)中得到了肯定。该《意见》强调不断健全和完善政府网站体系,要求各地区、各部门高度重视政府网站建设,未开通的要尽快开通,已开通的要努力提升建设和管理水平。中央政府门户网站和国务院部门网站要着重加强全局性、宏观性、权威性政府信息发布,为公众和企业提供在线办事服务指引,增强与公众的互动交流。省级人民政府及其部门网站要着重就区域性重大问题加强权威政府信息发布,提供相关内容的办事服务,积极开展与公众的互动交流。市(地)级以下人民政府及其部门网站要及时准确地发布政府信息,搭建与公众互动交流的平台,拓宽社情民意的表达渠道,着重为公众和企业提供在线办事服务、公益性便民服务,尤其是稳步推进网站的互动交流功能。要按照"总体规划,分步实施,严格审

---

[1] 孟庆以:《网络问政的意涵、形式与特征》,《电子政务》2011年第9期,第13页。
[2] 郭芙蓉:《论网络问政的兴起及其理性限度》,《中国青年研究》2010年第9期,第59页。

理,确保安全"的原则,加强互动栏目建设,不断丰富互动交流方式,为公众参与互动交流创造条件。围绕政府重点工作和公众关注热点,开通在线访谈、热点解答、网上咨询等栏目,做好宣传和解疑释惑工作,正确引导舆论。通过行政首长信箱、公众监督信箱等,接受公众建言献策和情况反映,适时开通留言板功能。围绕政府重要决策和与公众利益密切相关的事项,开展网上调查、网上听证、网上评议等工作,征集公众的意见和建议,及时分析汇总,为决策提供参考,提高科学民主决策的水平。这样做的目的是要各级政府充分认识办好政府网站的重要意义,认识到政府网站是各级人民政府及其部门在互联网上发布政务信息、提供在线服务、与公众互动交流的重要平台。办好政府网站,有利于促进各级人民政府及其部门依法行政,提高社会管理和公共服务水平,不仅要保障公众知情权,也要重视公众的参与权和监督权,对加强政府自身建设和推进行政管理体制改革具有重要意义。

在该《意见》及相关法规、意见和通知的指导和部署下,全国省级及以下各级政府门户网站都开设了"公众互动"(或互动交流)频道,县级及以下政府的门户网站也都遵循这一规则。而各级政府门户网站的"公众互动"(或互动交流)频道也就逐渐成为以政府为主体、网络为平台、政民互动为目的的中国式网络问政的主要渠道。也有不少政府网站以政民互动、问计于民、民意调查、行风政风评议等为目的,纷纷开辟了形式多样的网上问政渠道,展开了多层次、多方面的网络问政行为。如在政府门户网站上开设省长(书记)热线(或信箱)、市长(书记)热线(信箱)、县长(书记)热线(信箱);开设市民热线或民生通道;开设市民论坛;结合地方信访工作,开展"网上信访"。

从此,政府将网络问政纳入了行政管理体系,并实现了网络问政制度化、常态化运营管理。网络问政更是首次被写入安徽省政府工作报告[①],立即引发了安徽省"两会"代表和委员的热议和全国舆论的广泛关注。2010年1月,时任安徽省省长王三运在省十一届人大三次会议上作政府工作报告时明确提出"支持鼓励网络问政","要更加关注人民群众的新期待,创新联系群众的方式,支持鼓励网络问政"。王三运还指出,在加强信访工作创新时,建立网友留言、办理反馈等制度。

(三)政府问政的第二渠道——媒体问政

互联网不仅是20世纪最重要的技术革命,更是媒介传播变革的重要推手。

---

① 黄娜娜、夏胜为:《"网络问政"首次写入安徽省政府工作报告》,安徽新闻网,http://ah.anhuinews.com/qmt/system/2010/01/25/002610556.shtml,2010年1月26日。

也是在这一时期,全国新闻媒体纷纷以互联网技术为载体,开启了新闻媒体网络参政问政的进程,成为中国特色网络问政事业的重要组成部分。

在许多人的印象中,网络问政作为一个专用名词走入公众视野,并运用于我国政治生活领域,与中共中央下属的新媒体人民网和南方报业集团旗下的奥一网有着密不可分的关系。2006年,人民网面向全国公众开设的"地方政府领导留言板"是覆盖范围最广、影响最大、权威度最高的网络问政平台;2008年,南方报业集团旗下奥一网在成功运作"有话问市长"栏目的基础上,将其扩充壮大,并发展为具有全国影响力的媒体问政网络平台。奥一网网络问政平台的成功经验经由南都报系网络问政运营团队精心编撰,集中体现在《网络问政》一书中。从此,独具广东开放特色的网络问政成为新闻媒体主办网络问政平台的标杆,对我国网络问政事业的发展起到了开拓性的示范效应。时至今日,全国近乎所有的地市级以上的党报集团(或集团下属传媒公司)纷纷效仿,开办了类似的网络问政栏目。

当然,从开办时间上看,最早由媒体主办的网络问政平台是2004年10月河南日报集团下属大河网创办的网络互动栏目《焦点网谈》。因《焦点网谈》栏目新颖,互动效果好,当年就被评为中国新闻奖新闻名专栏一等奖。这不仅是河南省报刊界的第一个新闻名专栏,还首开了中国互联网媒体获此殊荣的先河。"中宣部新闻局2004年第23期《内部通信》给予该栏目高度评价,认为其一方面'反映民众心声,推动政府工作',一方面'加强报网互动,丰富报纸内容'。"①《焦点网谈》的主要栏目有论坛发帖、焦点话题、焦点民生、焦点报道和嘉宾访谈等,这与后来陆续创办的媒体网络问政平台的定位和功能基本相同或接近。

除奥一网外,胶东在线的"网上民声"、湖南日报旗下的华声论坛、湖南红网的"百姓呼声"也相继亮相。2010年4月,南京网络问政平台与南京的重点新闻网站龙虎网的"民声平台"(ms.longhoo.net)在技术上实现了无缝对接,携手打造"问计于民,问需于民,问政于民"的全媒体网络问政体系。类似的还有安徽报业集团下的"中安在线网上问政",江西日报旗下的大江网、中国江西网和江西文明网联合打造的"问政江西",大众日报旗下大众网的"问政山东"等。

2010年9月8日,人民网"中国共产党新闻网"频道正式推出"直通中南

---

① 范娟华:《中国新闻奖名专栏——焦点网谈》,大河网,http://jdwt.dahe.cn/2009/02-20/100008587.html,2009年2月20日。

海——中央领导人和中央机构留言板"。该留言板突出互动性,旨在让广大网友能对中央领导人倾诉心声,给中央机构提出意见和建议。这可以视作媒体协助党和政府建设网络问政的最高潮。

时下,新闻媒体的"网络问政"平台已蔚然成风,为党和政府"问政于民、问计于民和问需于民",以及为网民"问事于官"搭建了一个网络平台。现在,新闻媒体的网络问政平台业已成为政府问政的第二渠道,而且在网络问政的实践中发挥着越来越重要的作用。近年来,因得到各地党委和政府的大力支持,越来越多的地方新闻媒体网络问政平台相继亮相,有的甚至在平台活跃度、用户黏着度等方面超过了政府门户网站。

案例阅读:奥一网网络问政平台的示范意义

选择新闻媒体的网络平台作为全省网络问政的主渠道,广东可不是一时的心血来潮。首先,南方报业集团经过多年的成功运作,无论是媒介经营,还是传播力管理等方面在全国报业集团中是首屈一指的。尤其在中国改革开放前沿的南疆广东,其区域影响力更是无可替代。南方报系凭借多年积累的受众人气基础和品牌影响力,完全有资格承担运作全省范围网络问政平台的重任。

2006年1月11日,南方日报经过全新改版和运营的"奥一网"才刚上线测试。紧接着2月,就围绕"两会"与南方都市报联合策划推出了"有话问市长"栏目。2007年12月,汪洋发出"广东以新一轮思想大解放推动新一轮大发展"的重要指示。次日,奥一网就推出大型互动专题《我为广东发展建言献策·捎给汪洋书记的话》。2008年和2009年春节前夕,汪洋书记和黄华华省长先后通过奥一网等省内8家主要网站给网民发拜年信,呼吁大家继续网络"拍砖"建言献策。从此,广东全省拉开了网络新政的大幕。

2009年7月,奥一网联合南方都市报正式推出了网络问政平台2.1升级版,融合了WEB2.0新闻互动社区特点,线上线下活动互为一体。报纸(南方日报和南方都市报)、网络、手机媒体三维驱动的网络问政载体,成为了国内首个系统化的网络问政平台。其策划并大力推动一系列促进网民与政府沟通的互动活动,让公民有序参与政治生活,成为政府和网民之间沟通的重要平台,极大地推动了广东网络问政的发展;同时,也培育出一大批勇于探索、敢于担当的"网络意见领袖"。除此之外,还引入了"网络问政特约观察员""政府部门网络新闻发言人"等新角色,为政府、民间意见领袖和其他网民提供平等交流平台。同年5月,广东省还公开发布《关于建立与人民网、南方网、奥一网网友良性互动机制的工作方案》,规定由省委办公厅网络信息资源处组织专人负责分析、整理、归类网友留言,并编发《网友留言周报》《互联网信息快报》等内部刊物,上报省委主要领导参阅,这还属于"听"的范围。2009年6月29日,第一次网民集中反映问题交办举行,则是从"听"到"办",要求相关部门对17个网民重点反映的问题必须限期落实、解决、回复。截止到2010年4月,广东省委办公厅正式建立了日常交办机制和督办机制,在现行的行政组织和运行格局中,嵌入了网络问政的内容。广东全省的网络问政也逐步进入常态化。

2009年8月3日,广东省工商局在奥一网问政平台采用"广东省工商局网络发言人"这一称谓回复网民质询。以此为开端,到9月份,广东省15个省直部门设立了首批网络发言人。

到2011年,全新改版的奥一网网络问政平台坚持原有的运作风格,提升栏目的功能定位和格局,打造"民意畅通大平台",分别构建了六个子产品线:网络问政、微博问政、南方舆情、南方民间智库官网、网络问企、wen123(全国问政导航),一"网"打尽广东及全国的网络问政平台。问答互动之间,官民可以各自找到自己的心灵归属;社会主义核心价值观,也得以淬炼弘扬……①

在广东省委、省政府的大力支持下,网络问政平台得以健康、有序发展。奥一网网络问政平台多年专注的运作,取得了巨大的成功。在开办的几年时间内,广东省经由该网络平台在"庙堂"和"江湖"之间搭起了一座沟通的桥梁,创建了一种社会管理的新模式和政民和谐互动的新局面,极大地激发了广大公众政治参与的热情,充分释放了网络民意的巨大力量。

如网友建言拍砖集《岭南十拍》直接促成了2008年4月中共中央政治局委员、广东省委书记汪洋与26位网友面对面"拍砖""灌水",首开国内先河。"捎话汪书记""有话问省长"等版块吸引了大量网民留言,在"给领导留言排行榜"上,汪洋以74248条留言高居榜首,黄华华以14766条位居第二。2009年年初,在珠三角规划纲要发布后第一时间推出的"网络问政之民间拍案"三维互动子平台,融合了建言平台、论坛、报网报道、QQ"珠群"讨论、网友线下"拍砖会"等丰富内容,形成了史无前例的网络互动专题报道,引发广大读者、网友狂"顶",引来950万次点击,涌现了1.6万篇高质量网文。一时间,网友群情激荡,妙计百出。这场民智激荡的大戏也标志着岭南网络公民社会初见雏形。据南方都

---

① 贺林平:《奥一网"网络问政"平台改版上线》,人民网,http://media.people.com.cn/GB/16316493.html,2011年11月20日。

市报统计,从开办之时至 2010 年 8 月底,奥一网网络问政平台共收到网民来帖和留言 28.7 万条,18 个省直机关、10 个地市以网络发言人名义回复网民 1.24 万来帖。

作为改革开放的前沿阵地,网络问政这一新生事物率先生根广东,通过奥一网开花结果。发帖"拍砖"、"接招"回复,在线互动,问计于民……这一切无不树立了一个包容开放的广东新形象,引领了全国网络问政的新潮流。广东以南方网、南方报网、奥一网的网络问政平台为代表的相关探索引起了广泛关注,新华社 2009 年 11 月 18 日播发长篇通讯《解读网络问政的"广东经验"》,随后《人民日报》也于 2010 年 4 月 21 日刊登整版报道《网络问政的"广东样本"》。奥一网的这个专栏在 2010 年获得了中国新闻界的最高奖——"中国新闻奖名专栏"一等奖——也是当届唯一的网络类名专栏。①

党报作为党和政府的"喉舌",其传递的是党的方针政策和政府的声音。除此之外,党报更应利用其与生俱来的权威度和影响力,来扮演党和政府与公众沟通的桥梁,做好上情下达和民意传递的工作。因此,在广东,由新闻媒体奥一网主持的网络问政平台得到了上至省委书记,下到各区县领导和各级政府的大力支持与参与。

基于多年来对网络问政的思考与实践,更得益于在业界的影响力,2012 年 9 月 23 日,在第三届中国网络问政研讨会在广东省惠州市举行之际,奥一网牵头,联合国内 7 家新闻网站共同发表了关于网络问政的"6+2 惠州共识",在维护新闻媒体在开展网络问政事业中的主体地位,持续保持高度的责任意识和自律意识,确保网络问政健康有序发展等方面,起到了非常重要的作用。

案例阅读:胶东在线的样板意义

2002 年,烟台市开始组织"环境建设年"活动,该活动旨在加强烟台市经济社会发展的软环境建设,尤其是政务环境建设。刚刚成立的胶东在线敏锐地意识到,网络作为新兴媒体正在成为各种信息的集散地和民意表达、民意诉求的主渠道,如果能将政府部门与市民之间的沟通交流移植到网络上,就能更直接、更有效地实现政府与市民的双向互动。于是,创建一个政府与市民沟通交流的网络平台的想法便由此萌生出来。2003 年 5 月,"网上民声"上线,使"永不闭幕的网上对话会"这一想法变成现实。2003 年 9 月 1 日,共有 24 个部门参与到

---

① 田霜月:《奥一网网络问政平台获中国新闻一等奖》,奥一网,2010 年 10 月 28 日。

"网上民声"栏目。2003年12月5日,胶东在线根据半年多的实际运行经验对"网上民声"进行了第一次扩容改版,参与部门达到52个。2005年3月15日,"网上民声"参与部门达到70个。此前,网民与政府部门通过胶东在线网站,彼此之间是有联系和沟通的,但这种联系在"网上民声"栏目出现之前,没有形成常规化、制度化的互动框架与机制,更多是随机的、偶发的、临时的。而"网上民声"平台出现以后,二者之间通过这个平台形成了稳定的、有力的、长久的联系。2004年9月23日,红网、东北网、网易、四川新闻网、内蒙古新闻网、广视网等国内知名新闻网络媒体和商业网站领导到该网参观考察。来宾们详细了解了"网上民声"的工作程序、运作情况,纷纷表示要学习这一成功做法。

"网上民声"栏目在发展过程中历经六次改版,栏目内容逐渐丰富,功能逐渐增强。目前增加了个人中心、满意度、回复率排行等版块,由以往单纯追求回复率向回复率、回复时效、问题处结三条线全方位转变,使网民反映的问题不仅"事事有回音、件件有着落",而且问题的解决力度更大、处结质量更高。另外,为了强化网民对热点问题的交流讨论功能,栏目在每个问题后面设有讨论区,便于网民就该问题与有关部门及其他网民沟通。在与媒体互动方面,胶东在线与电视台联办了"民生调查"栏目,与电视报联办了"民生聚焦"栏目。在形象包装方面,面向社会征集了栏目标志、宣传语和主题歌,促进了"网上民声"栏目的推广。

2012年10月12日,"网上民声"子栏目"一管到底"全新推出。2012年10月23日,"网上民声"子栏目"市长关注"专栏推出。2012年12月7日,"网上民声"智囊团正式成立。2013年1月15日,为集纳民意民智,"网上民声"子栏目"民声调查"专栏正式上线。2013年1月31日,"网上民声"子栏目的第四个专栏"民声访谈"改版推出。2013年3月11日,"网上民声"参与单位新增6大保险公司及档案局、农商行,参与单位由此前的127个调整为134个。2013年4月8日,胶东在线手机客户端上线,"网上民声"成功嫁接到客户端,手机用户可随时随地反映民生问题,使群众反映问题、解决疑难、寻求帮助的通道更加便捷,让政府和群众的"连心桥"更加通畅。[①]

比如"爱心无限"栏目,成立三年来举办了大大小小近60个公益活动,实现了线上线下活动的有机结合。其中最有代表性的是2010年5月至7月发起的救助爱心版主"飞天鹰"的活动。在整个活动中,栏目精心策划、运作,包括借助

---

① 宋君:《胶东在线"网上民声"栏目发展大事记》,胶东在线,http://www.jiaodong.net/minsheng/system/2009/09/16/010634346_04.shtml,2009年9月16日。

国际演讲大师乔·吉拉德的现场演讲发起义卖募捐,举办"十元爱心,助鹰飞翔"慈善义演等,建立了跨地区、多途径立体救助的模式。

又如,2010年4月开通的大型网上法律咨询服务平台——"网上问法"栏目,在短短一年的时间里,已建立起"一套体系、二头并进、三方联动"的工作模式及一整套规范完善的运作程序,由此实现了良好的社会效益,进一步树立了为民办实事的口碑。第一批加入的部门便有28个,随后参与的部门逐年增加,现已达到127个,涵盖了与群众生产、生活密切相关的政府部门、窗口单位和部分驻烟单位。比如"爱心无限"栏目是在烟台市精神文明办公室、民政局、团市委、市妇联、市残联、老龄委、市慈善总会、市红十字会等20多个政府部门和社会组织支持下开办的;"网上问法"栏目是在市委政法委、市司法局、市律师协会的支持下开办的。①

对于胶东在线在我国网络问政事业发展中的意义,学者闵大洪认为,近十年来,新闻网站陆续开设、不断完善的网络问政平台,实际上正是能够在政务公开、加强政务服务方面发挥重要作用的新载体、新平台。回顾胶东在线这一样板,它至少在两方面展现出重要的意义:一是对党和政府正确认知互联网的作用,启示各级干部尤其是领导干部用好互联网,从而提升执政能力和执政水平,具有重要的教育、促进作用。二是对新闻网站深化认识自己的地位和作用,更好地发挥自己的独特优势,将实施品牌栏目战略作为网站建设的核心工作,具有重要的启示、引领作用。②

不仅如此,胶东在线的"网上民声"也不断取得更大的社会效应。2009年11月9日,"网上民声"荣获第19届中国新闻奖一等奖,还先后荣获"中国十大新闻网站品牌""山东省优秀网站""山东省文明网站""山东省网络文化建设先进单位"等荣誉称号,两次荣获中国新闻奖一等奖,四次荣获中国互联网站品牌栏目奖。

2010年12月27日,胶东在线集体创作的理论研究著作《中国式网络问政》出版,由此填补了中国网络问政理论研究领域的空白,意义非凡。

---

①② 闵大洪:《胶东在线的样板意义》,人民网,http://media.people.com.cn/GB/40628/15820012.html,2011年10月8日。

第三章　我国网络问政的现存问题

如果从 2003 年（网络舆论元年）算起，我国网络问政也不过十多个年头。但在政府、社会各方共同努力下，我国网络问政事业取得了长足进步。各级政府大兴网络问政之风，建立门户网站，公开政务信息，开设问政平台，鼓励网民参政议政，组织专门力量维护问政平台，收集民意，反馈民意，解决民难。得益于党和政府的重视和大力推进，网络问政已成为我国国家治理和社会治理的重要手段，并为推进社会主义民主进程发挥了建设性作用。整体来讲，在网络问政平台的硬件建设、网络问政运营管理、网络法制等诸多方面都有了显著的效果。我国网络问政已经逐步走上了制度化、常态化运行的轨道。多个调查数据显示，广大群众对当前我国网络问政成效多持正面的评价。网民群体也非常珍视网络问政在抒发民意、维护权益、监督行政等方面的重要作用，通过多种网络渠道积极参与到网络问政中来。

十余年来我国网络问政事业取得了巨大的成就。各地政府开展了各种网络问政的探索和实践，基本形成了一个政府与民间立体交叉的、体制内外相结合的问政网络平台体系。各级人大立法机构和党政管理部门都十分重视网络问政的常态化、法制化和制度化建设，制定了一系列法律、法规和条例，为规范网络问政的运行和实现良好的问政效果提供了法制保障。同时，各地政府先后制定相关的网络问政管理规范，如针对人民网"地方政府领导留言板"办理制度，为政府问政平台制定管理制度，为政务微博、政务微信运营制定了相关规范，为民间网络平台专立网络发言人制度，等等。这些举措促使我国的网络问政走上了制度化、常态化运行的快车道。

"再好的汽车也要有刹车"，这是 2014 年 9 月 10 日达沃斯举办"互联网经济的未来"对话上，中国国家互联网信息办公室主任鲁炜与全球移动通信系统协会总干事安娜·布罗维特等 5 位嘉宾在探讨互联网全球治理时的表态。鲁炜形象地比喻，互联网就像一辆汽车一样，如果没有刹车，即使性能再好，一旦上了高速路，可想而知会造成怎样的后果。所以，再好的汽车也要有刹车。[①] 尽管"刹车说"针对的是网络的开放性与安全性等问题，但是这句话同样也适用于我国网络问政的发展与治理。在进入中国不到 20 年的时间内，网络给中国的政治、社会、经济等方方面面带来了积极而深远的改变。单就网络政治而言，网络在我国政治文明建设、发展参与式民主、推动政府运行方式、创新社会管理等方面都发挥了正面的、具有建设性的作用。但同时也应看到，在这个网民体量超大、网络空间无限、网民意见多元的网络问政领域，要建构一个政府管理开明、网民参与有序的网络制度空间和政民互动和谐、问政高效的网络问政体系，关键是要有一套制度完备、运转自如的网络问政长效机制。

一、我国网络问政运行过程中存在的不足

互联网是基于数字技术和信息技术的发展成长起来的，技术性特征带给网络传播媒介分权和赋权的双重功能。所谓分权，是指网络传播环境下，传受双方的地位发生了根本性变革，即人人既可为传者，亦可为受者。网络媒体消解了传统媒介环境中传者的主体地位，诱发了网络传播的去中心化倾向。所谓赋权，是指网络环境下，网络传播的受传双方可能随时易位，只要掌握网络传播的手段和技巧，任何人都可以掌控传播的主动权。从发展沿革来分析，网络问政作为一种政治现象出现在我国政治生活中，就是走过了一条从边缘向中心突破的路径。一方面，发自网络媒体的质疑和监督明显冲击着权力的中心，各种"分权"要求消解了固有的利益格局。有些管理者会很不习惯，有些领导甚至固守传统思维，对新生事物存在一定的抵触情绪。另一方面，我国网民的媒介素质参差不齐，网络赋权让许多网民"得权忘形"，从而产生种种网络乱象，给网络治理带来了一定的挑战。

除了传播变革给网络问政事业带来的不利后果外，我国开展网络问政的时间较短、经验尚不足、行政管理规范相对滞后以及有关网络法律体系不够完善等原因也直接影响了网络问政的绩效。

通过文献研究，我们将网络问政运行过程中存在的问题主要归纳为以下几个方面：

（1）网络问政平台整合度不高，整体化服务不足。20 世纪末，以英国为代表

[①] 鲁炜：《再好的汽车也要有刹车》，《京华时报》2014 年 9 月 11 日。

的一些西方国家开始了以"整体政府"为主要内容的公共服务改革,并取得了较好的成效。所谓"整体政府",是以纵向和横向的协调合作为主要思想,通过各级政府各个部门的合作,实现预期的公共利益的政府治理模式。① 网络平台是网络问政运行的物理技术支撑条件,也是实现政府服务功能的信息平台。信息时代的"网络问政"平台建设,应整合政府内部不同部门和不同层级机构之间,政府与第三方机构之间的资源与功能,通过相互协调和团队合作来提供更完整的公共服务。

当前我国网络问政平台的建设,缺乏"整体政府"公共服务的导向,协作整合程度不高,整体化服务水平不足。通常有以下两种表现:一是政府内网络问政平台繁多且相互分割。如各级政府有一个基于政府门户网站的问政平台(如政民互动频道),政府部门与下属机构又各自拥有问政平台;地市级以上城市的新闻媒体也纷纷开设有网络问政平台(即第三方媒体问政平台)。二是政府系统内的"网络问政"平台之间缺乏交流协作,存在各自为政的现象,当网民反映的问题涉及多个"网络问政"平台的管辖范围时,往往会因政府内部协作的低效率而被搁置或被"等待";部分第三方媒体问政平台与政府部门之间也缺少紧密合作,导致问政效率不高。以上两种,亟待政府提高对问政网络资源的整合力度,合理配置网络服务资源,提升问政服务效率。

(2)法规体系不够完善,影响了网络问政的环境健康。有学者(杨宪福,2011)认为,网络问政事业能否健康发展与网络大环境有重要联系。如果互联网管理制度不完善,网络信息的可信度和客观性就难以得到保证,一些虚假信息、错误信息甚至是危害国家和人民利益的有害信息就会通过互联网流传,从而影响网络问政的实施。也有学者(李威,2012)认为,因网络社会的虚拟性,问政者身份识别缺失,若不能对网上当事人的身份进行有效识别,网络问政就不可能保证双方信息的真实可靠性。②

尽管我国一直在推进网络立法,但现有法规中多数法阶较低,以条例、办法和规定为主。法规制定主体也多为国务院及其下属部门,法规的权威度和执行力度也不够。此外,多数法规是针对互联网管理领域中具有广泛性的、共性的议题而制定的,针对网络问政专项治理的法律法规尚存空白。

---

① 张立荣、曾维和:《当代西方"整体政府"公共服务模式及其借鉴》,《中国行政管理》2008 年第 7 期,第 108—111 页。
② 李威:《网络问政发展的现实困境与解决路径》,《行政与法》2012 年第 3 期,第 15 页。

（3）运营管理滞后，影响了网络问政的效果。网络问政运营问题突出表现在疏于问政、敷衍问政和粗暴回应。具体表现是，部分网站信息陈旧、长时间不更新，对网友的来信和帖子不予回复；遇事"踢皮球"，将网友反映的问题"踢"给其他部门，或者用官话、套话来应付，极力回避网友提出的问题，更没有解决问题的诚意；还有的，态度居高临下，甚至对反映问题的网友进行恐吓，将网络问政变成"网络问罪"。[①] 有学者（赵燕君、屈辉，2011）研究表明，超过6成的地方政府网站与民众之间的互动功能形同虚设，缺乏服务对接部分，导致政府与公民之间需求缺位。这些现象背后的原因，敖翔分析认为，目前的管理体制依然是层级式的管理体制，难以与基层形成互动，从而造成了网络问政信息渠道的问题[②]；罗德兴等认为，网络问政过程中存在有问政无问责的现象，导致部分基层干部就是把握住了网络问政的这个弱点，对待网络问政采取"热接待、冷处理"的方式；还有学者认为，网络问政的运营问题关键是管理机制问题，包括考核制度、监督制度和问责制度等管理制度的缺位，网络发言人制度执行不到位等。

（4）"数字鸿沟"尚存，民意表达不充分、不全面。研究证明，在线服务指数与当地每百人互联网用户数呈正相关关系。[③] 经过多年的努力，我国县级以上政府"网络问政"平台开通率已经很高，而且随着人民生活水平的改善，百姓网络普及率进一步提高。但是，全国各个地区的互联网发展状况仍然存在着明显的差异，网络资源的分布仍然是不平衡的。据国家行政学院电子政务研究中心研究，"我国大部分城市电子政务发展水平良好，但存在发展不平衡的问题，尤其是西部和少数民族地区的城市，电子政务水平仍较为落后。"[④]

按中国互联网信息中心公布的数据，到2014年年底，尽管互联网的普及率已达到47.9%，但我国农村非网民人口仍有4.5亿之多。除学生外，在农村非网民中初中及以下学历人群占到了87.9%，而该人群中仅有6.1%的人表示未来半年内肯定上网或可能上网。从这组数据可以看出，我国还有相当一部分人群是无法通过网络来表达其愿望和诉求的。因受到网络使用度和文化程度等因素的影响，这些人成为网络政治时代的"弱势群体"，是真正"沉默的大多数"。

---

① 方启雄：《网络问政面临的问题及长效机制建设》，《中州学刊》2013年第3期，第15页。
② 敖翔：《网络问政的常态化与制度化建设》，《重庆社会科学》2012年第2期，第13页。
③ 国家行政学院电子政务研究中心：《2014年中国城市电子政务发展指数报告》，http://www.2014.chinacio.org/art/2014/11/25/art_601_2786.html。
④ 国家行政学院电子政务研究中心：《2014年中国城市电子政务发展指数报告》，http://www.2014.chinacio.org/art/2014/11/25/art_601_2786.html。

为此,学者赵红卫认为,"现实中存在的'数字鸿沟'使得有些民意'被代表'"。① 如果他们的意愿得不到及时表达,其诉求也得不到更好的满足,将会给未来网络问政的发展带来不确定性。

(5)网络问政主体的问政素质问题明显,阻碍网络问政健康发展。网民在各类网络问政平台上不负责任的发言,归根结底是网民问政素质的问题。网络的匿名性、虚拟性使得现实生活中本应遵守的规范在网络空间中失去应有的约束力,网民的责任意识和法律意识在匿名和虚拟的环境下大大降低,这为网民无序行为的发生提供了温床。② 这类问题不止表现在普通网民身上,也体现在政府部门及相关干部身上。有学者(杨宪福,2010)认为,"现在还有不少领导干部在与网民交流方面存在认识不到位、运用不充分、应对不妥当等问题。"③赵燕君等认为,一些干部对网络媒体缺乏足够的理性认识,对网络问政要么表现得不屑一顾,要么就是"网络官僚"习气浓重,阻碍网络问政的健康发展。政府网站的"市长信箱""网上投诉"等互动版块对留言所采取的答复形式往往是"已阅""批转有关部门""问题已转"等文牍格式,不仅解决不了群众关心的实际问题,而且长久下去会极大地挫伤网民参政议政的积极性。④ 对此,有学者(孙青,2012)认为,领导的观念创新与否、领导的参与热情高不高等都是决定网络问政成功与否的关键性因素。

(6)网民无序参与的问题仍旧突出。由于缺少必要的"把关",网络传播过程变得更难监管,加之各类论坛、微信、微博、博客上传播主体隐匿身份,很容易导致网络信息鱼龙混杂、真假难辨,给政府问政造成一定的冲击和困扰。网民的无序参与主要表现为:一是散布、传播不实信息;二是在网上发表具有攻击性、煽动性或侮辱性的言论,损害当事人的声誉,对当事人实施"网络暴力";三是线上煽动、线下组织群体性行动。⑤

尽管网上意见纷呈,有能真正体现多数民众意愿的可能,但也有些未必能充分反映民众的心声。关键是网上民意本身很容易被操纵,一些别有用心的人利用这一特点,如"五毛党""美分党"打着"民意"的旗号,在网络平台上肆意妄

---

① 赵红卫:《论"网络问政"及其良性发展的路径选择》,《法制与社会》2010 第 15 期。
② 方启雄:《网络问政面临的问题及长效机制建设》,《中州学刊》2013 年第 3 期,第 15 页。
③ 贺晓丽、满在龙:《网络问政的技术路径、问题与推进策略》,《中共青岛市委党校青岛行政学院学报》2011 年第 1 期。
④ 赵燕君、屈辉:《关于网络问政健康发展的几点思考》,《电子政务》2011 年第 7 期,第 102 页。
⑤ 方启雄:《网络问政面临的问题及长效机制建设》,《中州学刊》2013 年第 3 期,第 15 页。

为,从根本上动摇着我国发展网络问政的政治基础,损害了公众理性参政的权利,影响了社会的进步和政治文明的发展。

二、我国网络问政长效机制亟待健全

从网络草根议政到政府开设专门的网络问政平台,从国家领导人与网民亲切互动到网络问政在体制内全面推广,网络问政走过了不平凡的发展道路。这些年,网络问政给我国政治、社会等多方面带来的变革是全方位的,收获也是有目共睹的。对中国的普通公民而言,网络作为问政的通道是神奇的,威力是巨大的。一般网民亲身感受到的是,可以在网上"臧否人物",可以对时事"自由"发声,可以大胆"爆料";有特殊需求的人,可以直接向有关部门诉求而不用劳心费力地"上访",自己的声音甚至可以"直通中南海"。对政府而言,网络倒逼的力量是强大而坚定的,但行政管理的变化更是显而易见的,过去的一些"灰色地带"没有了,"黑箱"被网络打开了,决策过程透明了,结果公开了,效率提高了。

但事物往往又是辩证的。我们在欢呼网络黄金时代的到来时,切不可忽视其外部性特征。在一个人人握有"麦克风"的自媒体时代,网络可以成为传播正能量的"扬声器",也可能成为负载负能量的"凶器"。网络一旦掌握在别有用心的人手中,就会露出其狰狞的"面孔"。面对网络问政运行中存在的种种问题,学者们纷纷提出了自己的观点。提出要建立健全我国网络法治环境者有之,呼吁网络问政制度化、常态化运行者有之,建议要从制度的顶层设计、着手全面规划网络问政体系者有之。笔者总结认为,归根结底就是要建立健全一套适合我国网络问政事业发展的长效机制,让网络问政为我国社会主义建设助力。

三、坚持几大原则,科学构建网络问政长效机制

1. 坚持法治原则,保证网络问政的发展方向

党的十八届四中全会提出,依法治国、依宪执政是我国社会主义法治的核心内容,是我党领导人民治理国家的基本方略,是发展社会主义民主政治的必然要求。只有依法治国,才能保证实现国家长治久安。网络问政是我国紧扣时代发展机遇,适时推动的一项增量改革的重大举措。作为政治生活中的新兴事物和政府行政管理的创新手段,网络问政自诞生以来就一直是在摸索中推进的,没有现成的规范和成熟的参照对象。为保证它能健康有序地发展,必须将

其纳入我国社会主义建设的整体事业中去,依宪发展,依法推进。

坚持法治原则,就要求各级政府和官员必须牢固树立依法行政的理念,严格执行依法办事的基本要求,切实以法治思维处理政民之间的互动关系,依照法律规范解决公众合法的利益和诉求。同时,要从构建法治政府的整体框架和基本要求入手,"从确立行政程序立法入手,规范行政权力,规范政府管理,围绕公权和民权做文章,着手解决当前行政改革、社会改革和社会建设滞后的问题。"① 只有将参与到网络问政的政府机构和官员纳入到制度框架中,规范其行政行为,才能保障网络问政的健康发展。

坚持法治原则,还需要从健全网络法治环境着眼,加快网络立法,规范网络信息活动有关主体之间的权利与义务关系,营造一个和谐有序的网络空间环境,使网络问政走上法制化的发展轨道。

2. 坚持民主平等原则,强化网络问政的民主内涵

网络问政是新形势下人民民主制度的丰富和发展,是我国社会主义民主政治大众化的新途径。自网络问政在全国范围推广以来,其为公众表达民意提供了便捷、直接的渠道,极大地激发了公民的网络政治参与热情,提高了公众的民主素养和参政能力,增强了公众的社会责任感;同时,网络问政也有助于党和政府更好地了解民情、收集民意、问计于民,也为密切联系群众、提高科学执政、依法行政的水平增添了新手段。

网络问政是依托网络媒介进行的信息交流行为,因而被深深地烙上了网络媒介的特性。网络赋权功能之一便是民主塑造功能。网络交互的平等特性催生了公民的民主意识;网络讨论空间的开放性又拓展了民主的广度与深度,网络传播的去中心化特质又与民主的内涵不谋而合。因此,坚持民主平等的原则,就是要求我们建构一套机制,确保网络问政的双方秉持平等沟通的原则,相互尊重,理性互动。尤其是要求政府官员要摒弃唯我独尊的思想,克服官僚主义和形式主义的工作作风,忠诚面对群众,甘心为人民服务。

3. 应坚持服务导向原则,确保网络问政取得成效

随着我国改革开放的深入,如何给政府定位的问题被提了出来。学界在

---

① 江胜尧:《网络问政必须坚持社会主义法治原则》,人民网,http://theory.people.com.cn/GB/40537/12892333.html。

1998 年第一次提出了"服务行政模式"建构的问题。① 而对服务型政府的内涵与本质,人们比较认同这样的看法:服务型政府是对传统政府的一种革命,是中国政府改革的目标模式,服务型政府在本质上是一种以公民为本位,为公民服务,承担服务责任的政府(刘熙瑞,2004)。服务是服务型政府的基本理念和价值追求,为社会、公众服务是政府存在、运行和发展的基本宗旨。就行政伦理而言,服务行政应当是公正的行政、为人民服务的行政、能力本位的行政、社会本位的行政、超越了民主与集权的行政、自律和道德的行政(程倩,2005)。

要构建服务型政府,政府不仅要重新确立政府与民众的关系,还要从根本上转变政府职能,实现三个转向,即从"运动型服务"转向"制度型服务",从"歧视性服务"转向"平等无差别服务",从"单中心治理服务模式"转向"政府与社会合作的多中心治理模式"。② 构建服务型政府是民心所系,潮流所向。党的十七大以来,我国就提出了构建服务型政府的建设目标。

在这一大背景下,网络问政理应是我国行政服务的重要内容,同时又要在促进向服务型政府尽快转型方面发挥作用。以"服务行政"理念来指导网络问政长效机制的构建,就是要求网络问政的工作态度要体现新形势下群众工作的重要性和紧迫性,这关系到经济、社会、生态环境的可持续;就是要求网络问政工作要围绕服务民众、服务社会这一中心内容展开,要在工作的实质内容上与国家改革发展的各项工作任务紧密相连,要积极解决好民众反映最强烈的问题,认真处理好网络留言中的民生诉求。

习近平总书记在 2013 年全国组织工作会议上强调,要把民生改善、社会进步、生态效益等指标和实绩作为政府重要的考核内容。"这一系列的要求与国内各种网络问政平台所透露出的民生诉求有着高度的一致性。"③

---

① 张康之:《行政道德的制度保障》,《浙江社会科学》1998 年第 4 期。
② 中国行政管理学会课题组:《服务型政府是我国行政改革的目标选择》,《中国行政管理》2005 年第 4 期。
③ 罗华:《网络问政体现群众工作的重要性和紧迫性》,人民网,http://leaders.people.com.cn/n/2013/0815/c367218-22577218.html。

第四章 建构网络问政长效机制的理论基础

作为一种新型的政治参与形式,网络问政走入中国政治视野只有不长的一段时间,积极发展我国网络问政事业、构建网络问政长效机制还在路上,经验不足,也缺乏成熟可参考的样本。因此,我们需要有理论支撑,有方法论可以借鉴,有些问题还涉及重大原则,需要我们解决理论背景的问题。经过认真论证,本章选取参与式民主理论、党的群众路线理论、新公共管理理论和生态学理论等四个相关理论进行阐述,并分析了这一系列理论对建构网络问政长效机制的指导作用。

一、从参与式民主视角认识网络问政的政治定位

(一)参与式民主理论概述

尽管现在人们将民主应用于社会、经济、文化、工业,甚至家庭等方方面面的非传统政治范畴,认为民主是一种生活的方式,是一种工作方法或是工作作风,出现了诸如"工业民主""经济民主""家庭民主"等民主的引申提法,但是在传统意义上,民主在本意上指的是政治民主。其核心主张是"主权在民",是"人民的统治",是从人民主权出发所形成的具体的民主制度安排。孟德斯鸠认为,"共和国的全体人民握有最高权力时,就是民主政治。""在民主政治里,人民在某些方面是君主,在某些方面是臣民。只有通过选举,人民才能当君主,因为选举表现了人民的意志。主权者的意志,就是主权者本身。因此,在这种政治之下,建立投票权力的法律,就是基本法律。这种政府形式就是纯粹的民主政制。"[①]

---

① 〔法〕孟德斯鸠:《论法的精神》,商务印书馆1961年版,第8页。

从历史发展来看,民主源于古希腊的民主实践,就是一种制度的安排,是"多数人的统治"。资产阶级革命胜利后,资产阶级继续高举"主权在民"的旗帜,探索和实践了以代议制为根本制度架构,以普选制、议会制、政党制为基本支柱的现代资产阶级民主制度。在这种民主体制之下,民主绕不开的是国家,是政党,并逐渐形成了以精英主义为本质的代议制民主。在长期的实践中,以委托—代理机制、政党组织和官僚结构为基本特征的代议制民主,"将大众对政治生活的作用挤压到只剩下对选举过程的参与,将民主政治化约为选举政治。"在这一背景下,少数精英垄断的政治使大众逐渐丧失了对政治的热情和渴望,离开了人民的参与,最终是背离了民主精神。"这种将参与从政治生活中排除出去的做法,颠覆了民主的根基。"①

作为对自由主义精英民主理论的一种"规范性理论回应"(梁军峰,2009),参与式民主提供了一种新视角。与代议制思想不同,卢梭认为,国家是人民结合的产物。人民结合成为国家所基于的社会契约,能以全部共同的力量来护卫和保障每个结合者的人生和财富。在这种社会契约所形成的国家政治共同体中,"我们每个人都以其自身及其全部的力量共同置于公意的最高指导之下,并且我们在共同体中接纳每一个成员作为全体之不可分割的一部分。"②基于此政治逻辑,部分学者认为,民主不只是间接的民主,参与才是民主的核心。20 世纪 50 年代前后,赫伯特·马尔库塞从革命的角度提出了体制外参与的主张,提出人民应当自由发展,应该超越现存的社会进行体制外的参与。20 世纪 70 年代,政治学家卡罗尔·佩特曼出版的《参与和民主理论》一书,在对代议制民主和已有的无政府主义参与现状进行批判后,系统地提出了参与式民主理论,指出参与式民主是在代议制民主基础上引进更多的直接民主。

以佩特曼为代表的参与式民主理论者认为,真正的民主应该是公民能够直接充分地参与到公共事务管理的整个过程中,从政策议程的设定到政策的最终执行,都应该涵括公民参与。同时,民主也是一种价值取向,民主价值不在于它的现实性,而在于特定的规范要求和取向。只有在大众普遍参与的氛围中,才有可能达到民主所要求的基本价值,如平等、妥协、自由、负责、个人的全面发展等。密尔认为,民主的根本原则在于让每一个人平等地拥有自我完善的权利,民主的根本价值取向必须回归到马克思的"人的全面发展"理论。通过公民不

---

① 陈尧:《西方参与式民主:理论逻辑与限度》,《政治学研究》2014 年第 3 期,第 18—20 页。
② 〔法〕卢梭:《社会契约论》,商务印书馆 1982 年版,第 24—25 页。

断直接参与到社会和国家管理中,自由和个人发展才能充分。还有,民主的范围也不再局限于传统的政治领域,公民直接参与政治最合适的领域就是与人们生活息息相关的非政治领域,如社区或工作场所,因为这是人们最熟悉和最感兴趣的领域。对于参与的方式,该理论认为,参与式民主包括两种方式,一种可以是公民的直接参与,包括公民在与自己利益相关的领域和区域,进行自我管理、自我监督;另一部分是半直接式的民主参与,也就是掌握公共权力的决策者和受决策影响的利益相关者遵守"公开、互动、包容"的原则进行相互沟通和协商对话来决定公共事务的方式或机制。

随着参与式民主理论的传播,西方民主国家先后在工业民主、基层民主等领域进行了一些参与民主的尝试与实践。从二十世纪六七十年代起,从学生运动、民权运动、新左派运动到前南斯拉夫的工人自治管理、以色列的基层社区基布兹(Kibbutz)、美国芝加哥的邻里治理委员会和印度克拉拉邦(Kerala)的乡村委员会(Village Councils),从西班牙蒙德拉贡(Mondragon)公司的民主参与到巴西阿莱格雷港(Porto Alegre)的参与式预算试验等,这些案例是参与式民主理论很好的实践探索。

当然,在现实生活中,尽管有一些令人关注的实践,但是参与式民主始终未能找到有效的运行机制,不能改变现有的民主体制。即使是在西方,"参与式民主理论从提出之初就遭到了不少质疑和批评"。在当代政治学中,参与式民主理论往往被主流的民主理论所排斥。[①] 例如,萨托利(Giovanni Sartori)认为大规模的直接参与民主实际上是不可能的,只有在小团体的范围内,参与才是有意义的和真正的参与。他批评参与式民主理论将参与的范围无限扩大的做法,还认为,参与式民主不能构成一种政治民主的模式。[②]

为此,西方学者也在不断地探索和发展参与式民主的新形式和新内容。到20世纪后期,一些相关的理论先后被提出,如协商民主理论、审议民主理论等。

(二)参与式民主对我国民主建设的借鉴意义

参与式民主对现代民主理论和民主制度都是一种新的尝试,有其重要的历史意义和实践参考价值。同样,对正在进行社会主义民主建设的中国而言亦是如此。学者梁军峰曾提出,在代议民主发展比较成熟的国家,"以参与民主补充

---

① 陈尧:《西方参与式民主:理论逻辑与限度》,《政治学研究》2014年第3期,第20页。
② 〔美〕乔万尼·萨托利:《民主新论》,东方出版社1993年版,第121—126页。

代议民主"是被普遍接受的思路;在代议民主发展不成熟的国家,走渐进性的参与民主之路是一种值得肯定的选择。对于中国这样一个有着几千年封建社会历史的国家,参与式民主对发展中国特色民主具有两方面的重大现实意义:"一是落实人民当家做主的社会主义民主本质,实现以公民权利制约政府权力,有效地克制国家机关可能发生的腐败现象和政治弊端;二是通过广泛的公民参与,特别是在基层社会治理中的公民直接参与,培养民主意识,提高民主能力,养成民主习惯,为整个国家政治生活的民主化奠定坚实的基础。"①

其实,近年来,中国学者也一直在进行着参与式民主中国化的理论探索。学者们认为,虽然参与式民主理论是西方民主的产物,但是它所关注的核心问题是公民政治参与,这与中国特色社会主义政治发展的重要方面——积极扩大公民有序政治参与相近。② 具体而言,参与式民主不仅和中国民主发展进程相契合,而且和中国民主制度结构相契合。③ 通过扩大公民在社会政治事务中的民主参与,培养民主意识,提高民主能力,走渐进性的参与民主之路,是符合中国国情的民主发展战略;同时,公民参与能够为我国宏观民主制度提供价值担当和逻辑补充,也能够充当我国民主政治体制改革的现实突破口。此外,参与式民主还和我党群众路线的价值取向高度契合。公民参与可以形成一种自上而下与自下而上相结合的完美的公共决策模式和良善的政治形态。④

有学者研究发现,参与式民主在中国也有相关的实践探索行动:一是国内持续关注国外参与式预算实践,如参考巴西参与式预算案例的经验进行相关探索(董石桃,2014);二是国内有基层参与式民主实践探索,如温岭的民主恳谈。学者贾西津、卢剑峰等人结合参与式民主理论分析了温岭的民主恳谈,将其称为"中国参与式民主的新发展"⑤。有人还关注到国内方兴未艾的网络民主现象,认为"网络这种信息传播手段能使人们的参与式民主在更大的范围更普及地、经常性地使用,人们用'电子民主''网络民主'等来称呼以网络传播技术为

---

① 朱光磊:《参与式民主的理论价值及实践意义》,《光明日报》2009 年 7 月 17 日。
② 董石桃:《中国参与式民主理论研究文献综述》,《重庆社会主义学院学报》2014 年第 6 期。
③ 张光辉、杜万松:《发展参与式民主与完善我国民主制度结构》,《中州学刊》2010 年第 3 期,第 8—12 页。
④ 张光辉、董业宏:《群众路线与中国参与式民主发展的逻辑契合》,《领导科学》2012 年第 35 期,第 4—7 页。
⑤ 卢剑峰:《参与式民主的地方实践及战略意义——浙江温岭"民主恳谈"十年回顾》,《政治与法律》2009 年第 11 期,第 56—65 页。

基础的新的共同参与式民主制,是挽救代议政治危机的一种补救办法。"①

总的来讲,参与式民主理论至少为社会主义民主建设提供了这样一个可以借鉴的发展路径:民主是一种价值和思维。参与式民主本身具有民主教育功能,能通过相关参与实践提高公民的民主意识,普及民主知识,提高社会整体的民主参与水平;民主不仅存在于传统的政治领域,还可以扩展到非传统的政治领域,如发展社会民主、经济民主、文化民主、社区民主等;民主实践的探索也不局限于人民代表大会、政治协商会议等场合进行的直接参与,更要基于基层社会或工作场所进行民主化,将基层社会或工作场所的直接参与作为起点,"通过基层的普遍参与,层层递进,从地方一直延伸到全国的政治体系,以实现整个政治生活和公共生活更为宏大的民主。"②

(三)网络问政丰富了人民民主的实践形式

民主是人类社会最具普世意义的资产,但人们对民主的理解则各有区别。尽管在资本主义社会的民主制度中,资产阶级接受了关于人民主权的理论,但由于资本主义制度中资产阶级的阶级局限性,其所谓的"人民的统治"实质上只不过是资产阶级的统治而已。正是看到了这一点,马克思、恩格斯提出了无产阶级民主观。他们在《共产党宣言》中说:"工人革命的第一步就是使无产阶级上升为统治阶级,争得民主。"在总结巴黎公社经验时,马克思把巴黎公社这一政治形式等同于新型民主制,认为公社"是由人民自己当自己的家,是多数人对少数人的统治"③。

在继承和发扬马克思列宁主义人民民主的基础上,结合新民主主义民主理论和实践,中华人民共和国成立以后,毛泽东系统地提出了人民民主专政的思想。毛泽东在1949年发表的《论人民民主专政》一文中,系统地论证和阐述了人民民主的内涵。人民民主的第一个历史行动就是阶级解放。基于阶级解放而形成的人民民主本质上包含两个层面:国家的权力归全体人民所公有,人民当家做主;其二,不论是人民,还是属于人民的国家政权,都需要人民中的先进阶级——工人阶级来领导,即人民民主的基本内涵是"人民当家做主与工人阶

---

① 唐丽萍:《从代议民主制到参与式民主制——网络民主能否重塑民主治理》,《兰州学刊》2007年第3期,第119—122页。
② 董石桃:《中国参与式民主理论研究文献综述》,《重庆社会主义学院学报》2014年第6期。
③ 马克思、恩格斯:《马克思恩格斯选集》,人民出版社1995年版,第1卷第293页。

级和共产党领导的有机统一"①。党的十六大以来,我国不断深化人民民主理论的认识,丰富和发展中国社会主义民主内涵,进一步推进人民民主建设。党的十六大报告明确提出"人民民主是社会主义的生命"的科学论断,指出"发展社会主义民主政治,最根本的是要把坚持党的领导、人民当家做主和依法治国有机统一起来"。

新时期以来,党和国家围绕加强党的领导和保障人民当家做主两条主线,在发展人民民主上取得了重大进步。在加强党的领导,提出并实施了"以扩大党内民主带动人民民主"的发展路径,把党内民主建设作为一项根本性建设任务来推进,通过推进党务公开,进一步保障党员的民主权利,为发展人民民主发挥了强大的带动和示范作用;提出并落实了以基层民主来推动人民民主发展的思路。通过推行农村村民自治、城市社区市民自治和企业职工自治等一系列民主举措,保障了人民依法直接行使民主权利,管理基层公共事务和公益事业的权利,实行自我管理、自我服务、自我教育、自我监督,对干部实行民主监督。同时,党和国家通过政务公开、决策听证、平等协商、行政诉讼等形式,努力拓宽公民参与政治生活的渠道,多层次、多领域地扩大公民有序的政治参与,让公民平等地享有参与政治生活的权利,积极而有序地参与政治生活,行使自己的民主权利,表达自己的利益和要求,对政治生活实行有效的监督,坚决落实人民当家做主,有力地促进了人民民主的具体实现。

十七大以来,我国将基层民主提升到了前所未有的位置,将坚持和完善基层群众自治制度作为坚持中国特色社会主义政治发展道路的重要内容,与人民代表大会制度、中国共产党领导的多党合作和政治协商制度、民族区域自治制度,共同成为我国社会主义民主政治的四大支柱。至此,我国基本形成了一个立体交叉的、复合型的民主实现形式。

"民主本身应该是一种实践的过程,在这一过程中,普通民众的民主素养能得到塑造……一国的民主发展路径,必须要结合该国的历史、国情和现实综合考量,意欲移植他国的模式一劳永逸地解决问题,往往是行不通的。"②

党的十八大报告进一步提出要"健全民主制度,丰富民主形式,扩大公民有序的政治参与。""各级决策机关都要不断完善重大决策的规则和程序,建立社

---

① 林尚立:《复合民主:人民民主在中国的实践形态》,《中共浙江省委党校学报》2011年第5期,第12—21页。
② 韩伟:《十八大赋予社会主义民主新内涵》,《陕西日报》2013年1月22日第2版。

情民意反映制度,建立与群众利益密切相关的重大事项的社会公示制度和社会听证制度等。"可见,我国社会主义民主建设还在不断地发展和完善中。尽管在一些重大政治文件中只是对公民参与的形式和内容进行了原则性的安排,但党和国家进一步推进人民民主建设的决心是坚定的。如何扩大公民有序的政治参与、通过什么途径扩大参与、扩大哪些领域的参与等问题还有赖于继续探索和实践。除了基层直接的民主参与,网络途径已经逐渐成为我国发展公民直接或半直接参与,实现更广泛的政治参与的重要实践平台。作为中国特色的参与式民主,网络问政丰富了人民民主的实践形式。

二、群众路线理论为网络问政提供方法论指导

中国儒家思想代表人物孟子曾说:"民为贵,社稷次之,君为轻。"(《孟子·尽心下》)此意为百姓是基础,是国家之根本。此社会政治思想虽为帝制统治思想,却带有浓厚的民本主义色彩,充分肯定了百姓在治理国家中的重要作用。而为了巩固国家统治,安定社会秩序,不同学派的学者也纷纷倡导"民为邦本"的思想。荀子还曾形象地说:"君者,舟也;庶人者,水也。水则载舟,水则覆舟。"(《荀子·哀公》)他将人民比作水,将执政者视为舟,水能支撑船的运行,更能毁掉船只,足见人民的力量。

虽说中国古代的"民本"思想与现今中国政府倡导的"群众路线"在根本目的上存在差距,但在精神实质上却有着内在的联系。它对后世思想家在探索治理国家的方法上产生了一定的启示和影响,是一笔非常宝贵的政治精神财富。

任何一个科学严谨的理论体系都不是一蹴而就的,必须经历长时间的积累才能使其内容和逻辑得到丰富和延伸。因此通过梳理群众路线的发展历史不仅能了解群众路线理论的起源,更可以帮助我们深度剖析理论背后隐藏的丰富内涵和价值。在群众路线整个内容和理论体系不断完善的背后,除了有着与之相近的中国传统治国理论的历史渊源,更有中国共产党在革命和建设中归纳总结出来的科学成果。

中国共产党是马克思主义政党,以马克思主义理论作为自己的指导思想。马克思主义理论在关于人民群众是历史发展的决定力量的论述中提到"历史活动是群众的事业,随着历史活动的深入,必将是群众队伍的扩大"[1],所以中国共

---

[1] 马克思、恩格斯:《神圣家族》,《马克思、恩格斯全集》第二卷,人民出版社1997年版,第104页。

产党在创建之初就明确意识到了人民群众的重要性,积极同群众打成一片,融入到群众中去,以扩大自身的群众基础。

(一)群众路线的提出

1922年7月16日,中共二大在《关于共产党的组织章程决议案》中指出,共产党应当是无产阶级中最有革命精神的大群众组织起来的急先锋,是为无产阶级群众奋斗的政党,所以必须深入到广大群众当中去,组成一个大的"群众党"。但是,这一观点的提出并没有在当下得到充分落实。而在大革命时期(1924—1927),群众路线得到了较为充分的实践,如伟大的群众性反帝爱国运动"五卅运动",为北伐战争打下了良好的群众基础。"省港大罢工"活动依托于全国人民的全力支持,沉重打击了英帝国主义的嚣张气焰。土地革命时期(1927.7—1937.7),群众路线在毛泽东的思想指引下得到了继续发展。1927年以后,党的工作重心从城市转向了农村。1927年3月5日,毛泽东在《湖南农民运动考察报告》中着重宣传了"放手发动群众、组织群众、依靠群众的革命思想"[1],这意味着群众路线思想得到了初步发展。1929年"古田会议"中,毛泽东肯定了群众路线的重要性,认为红军要担负起群众宣传、组织群众、武装群众、帮助群众建立革命政权的重大任务,红军要通过宣传工作争取广大群众的支持。这一时期,虽说中央与毛泽东都把争取群众路线视为根本任务,但是毛泽东对"群众路线"的创造更体现在他从"认识论"的层面赋予了"群众路线"以新的内涵和操作方式,这主要表现为毛泽东对"教条主义"(以"本本主义"之称谓)的批评以及对深入现实和群众(主要是农村社会和农民群众)"调查研究"的重视。[2] 1934年,毛泽东在江西瑞金举行的第二次全国工农兵代表大会上提出,关于广大群众的切身利益问题、生活问题,不能有一点疏忽和看轻,并且他强调只有动员群众、依靠群众才能进行战争。而随着毛泽东1935年在中国共产党中领导地位的确立,"群众路线"也确立了其最终的意义。1943年6月1日,毛泽东在《关于领导方法的若干问题》一文中首次较为系统地阐述了群众路线的思想,使党的群众路线形成完备的科学理论形态,同时也标志着群众路线的成熟。

在1945年党的七大所作的关于修改党章的报告《论党》中,刘少奇对群众路线的内容作了全面的说明:第一,一切为了人民群众,全心全意为人民服务的

---

[1] 毛泽东:《湖南农民运动考察报告》,《毛泽东全集》第一卷,人民出版社1991年版,第12—44页。
[2] 李华:《"群众路线"与中国现代国家构建》,复旦大学博士学位论文,2012年。

观点;第二,一切向人民群众负责的观点;第三,相信人民群众自己解放自己的观点;第四,向人民群众学习的观点。① 这些观点的提出不仅丰富了群众路线的思想,而且将群众路线作为党的宗旨来加以强调。1956年9月,邓小平在党的八大所作的关于修改党章的报告中着重说明和强调了我党的群众路线问题,他指出群众路线已不再是一个新问题,我们一路走来的实践都贯彻着这一精神,它是党组织工作的根本问题。邓小平还概括了群众路线的含义,包括两方面:一是密切联系群众和依靠群众,二是从群众中来,到群众中去。他指出党的群众路线还未在党内得到完全的贯彻执行。

党的十一届三中全会以后,党和国家的工作重心转移到经济社会发展上来,党的第二代领导集体继承和发展了这一思想。邓小平强调:"密切联系群众,是我们党的一个优良传统。群众是我们力量的源泉,群众路线和群众观点是我们的传家宝。"1990年3月,党的十三届六中全会《中共中央关于加强党同人民群众联系的决定》明确指出:"党在长期斗争中创造和发展起来的'一切为了群众,一切依靠群众,从群众中来,到群众中去'的群众路线,是实现党的思想路线、政治路线、组织路线的根本工作路线,是中国共产党的优良传统和政治优势。历史经验反复证明,什么时候党的群众路线执行得好,党群关系密切,我们的事业就发展顺利;什么时候党的群众路线执行得不好,党群关系受到损害,我们的事业就遭受挫折。"在改革开放的关键时期,党的第三代领导集体继续坚持和发扬这一优良传统。江泽民指出:贯彻"三个代表"要求,最根本的是要不断实现好、发展好、维护好最广大人民的根本利益。2011年7月1日,胡锦涛在庆祝中国共产党成立90周年大会上指出:"在新的历史条件下提高党的建设科学化水平,必须坚持以人为本、执政为民的理念,牢固树立马克思主义的群众观点、自觉贯彻党的群众路线,始终保持党和人民群众的血肉联系。"②2013年6月18日,习近平总书记在党的群众路线教育实践活动工作会议上指出,要想实现中华民族伟大复兴的中国梦,就必须时刻铭记和遵循党的群众路线理论,密切联系群众,依靠群众,全心全意为人民服务,并且在新时期下,全党要努力创造新的发动群众、组织群众的方式方法。

(二)群众路线的内涵及特征

群众路线由两部分内容组成,一是"一切为了群众,一切依靠群众",二是

---

① 刘少奇:《论党》,《刘少奇选集》上卷,人民出版社1981年版,第348—353页。
② 李章军:《庆祝中国共产党成立90周年大会在京隆重举行》,《人民日报》2011年7月2日第1版。

"从群众中来,到群众中去"。"一切为了群众,一切依靠群众"是世界观,是群众观,它是我党在践行群众路线时所必须贯彻始终的核心思想,在群众路线中扮演灵魂角色。马克思主义哲学认为,历史是由最广大的人民群众创造的。国家是人民群众的国家,党是人民群众的党,而在历史长河中,人民群众由于个体思想的局限性,无法全面地分析国家问题并提出系统的解决方案,中国共产党在某种程度上"夺了"群众的权,这种夺权行为的本质和目的是在广泛吸收群众意见、创造历史的基础上实现归权。中国共产党必须牢记,对于一个执政党来说,最大的危机莫过于脱离群众,如若失去了群众的支持和拥护,共产主义事业将无法前行。因此,我党必须充分把握人民群众这一国之根本,认清自身的根本任务和工作归宿,凡事以群众的根本利益为出发点思考问题,秉着对人民负责、为人民服务的态度,虚心向人民群众学习。

"从群众中来,到群众中去"是方法论,它强调的是落实群众路线的手段与途径。在实践的基础上,将感性认识升华至理性认识,再将理性认识回归现实,用于指导实践。人民群众是社会实践的主体,同时也是认识主体,"人民群众的经验和智慧是我党最丰富、最宝贵的精神财富。"[①]毛泽东同志认为,在中国的每个城镇、每个乡村都蕴藏着成千上万的"诸葛亮",他们拥有丰富的生活阅历和惊人的民间智慧。所以,我党必须充分利用这一宝贵基础,将群众视为智囊团、材料库,扎实深入到群众中去,调查群众工作,从基层获取原生态信息,了解基层动态,实事求是地并且有针对性地找到和总结解决问题的办法,然后将制定的路线、方针、政策自上而下地送回到群众中去,使群众了解政府制定的政策是符合他们的实际情况和真实要求的,这样群众才能毫无顾忌和保留地将党的方针政策化为自觉行动,使政策得以投入"生产"。

总结历史实践,党的群众观及群众路线的基本内容有以下几点:相信群众自己解放自己的观点;一切为了群众,全心全意为人民服务的观点;一切依靠群众,一切向人民负责的观点;向群众学习的观点;坚持从群众中来,到群众中去,集中起来,坚持下去的观点;群众是党的力量的源泉的观点;党的一切方针政策都要以是否符合最广大人民群众的利益为最高标准,以最广大人民群众满意不满意为根本准则的观点;尊重人民主体地位,发挥人民首创精神,保障人民各项权益,走共同富裕的道路,促进人的全面发展,做到发展为了人民、发展依靠人

---

① 韩冰:《全面把握马克思主义群众观点和党的群众路线》,齐鲁网,http://theory.iqilu.com/llcs/llyj/2013/0807/1624233.shtml,2013 年 8 月 7 日。

民、发展成果由人民共享的观点。

(三)开展网络问政就是践行党的群众路线

由前文所述我们知道,网络问政包括党和政府主动问政于民与民众问事于政府两方面的内容,而且这两方面的内涵又相互联系,相互作用,相辅相成。其中,党和政府主动问政于民,就是落实党对人民群众的领导,就是党及其领导的政府践行为群众服务、为群众谋利益的具体的领导方法。正如邓小平同志在党的八大上指出的,党的领导方法"就是正确地给人民群众指出斗争的方向,帮助人民群众自己动手,争取和创造自己的幸福生活。因此,党必须密切联系群众和依靠群众,而不能脱离群众,不能站在群众之上;每一个党员必须养成为人民服务、向群众负责、遇事同群众商量和同群众共甘苦的工作作风"。另一方面,他认为党的领导工作能否保持正确,取决于能否采取"从群众中来,到群众中去"的方法。按毛泽东同志的话说,就是"将群众的意见(分散无系统的意见)集中起来(经过研究,化为集中的、系统的意见),又到群众中去作宣传解释,化为群众的意见,使群众坚持下去,见之于行动,并在群众行动中考验这些意见是否正确。然后再从群众中集中起来,再到群众中坚持下去。如此无限循环,一次比一次地更正确、更生动、更丰富。"①

党的群众路线不仅是党和政府的领导方法,也是工作方法。党实行群众路线的根本目标是为人民服务,领导人民建设社会主义社会。在这样的过程中,"共产党——工人阶级和劳动人民中先进分子的集合体——对于人民群众的伟大的领导作用是不容怀疑的。但是,它之所以能够领导人民群众,正因为,而且仅仅因为它是人民群众的全心全意的服务者,它反映人民群众的利益和意志,并且努力帮助人民群众组织起来,为自己的利益和意志而斗争。"因此,"必须依靠本阶级的群众力量和全体劳动人民的群众力量,才能实现自己的历史使命——解放自己,同时解放全体劳动人民。"更要认识到"人民群众的觉悟性、积极性、创造性愈是发展,工人阶级的事业就愈是发展。因此,同资产阶级政党相反,工人阶级的政党不是把人民群众当做自己的工具,而是自觉地认定自己是人民群众在特定历史时期为完成特定的历史任务的一种工具。"确认这个观念,"就是确认党没有超乎人民群众之上的权力,就是确认党没有向人民群众实行恩赐、包办、强迫命令的权力,就是确认党没有在人民群众头上称王称霸的权

---

① 邓小平:《邓小平文选(1938—1965年)》,外文出版社1995年版,第212—213页。

力。""监督党的领导,参与政府事务"正是群众路线赋予人民群众的根本权利,是从党的执政理念上确认"人民才是历史创造的主人,是社会主义建设中的主体力量"。而"民众问事于政府"也就是这种领导方法和工作方法在政治实践中的具体体现。

群众路线是党和政府的生命线,密切联系群众是党的优良传统和作风。当前背景下,党更将群众路线提升到一个全新的高度。2013年4月19日中共中央政治局召开会议,认为全心全意为人民服务是党的根本宗旨,群众路线是党的生命线和根本工作路线。深入开展党的群众路线教育实践活动,对于教育、引导党员干部牢固树立宗旨意识和马克思主义群众观点,切实改进工作作风,赢得人民群众的信任和拥护,夯实党的执政基础,巩固党的执政地位,具有十分重大而深远的意义。按照"照镜子、正衣冠、洗洗澡、治治病"的总要求,以贯彻落实中央八项规定作为切入点,进一步突出作风建设,坚决反对形式主义、官僚主义、享乐主义和奢靡之风,着力解决人民群众反映强烈的突出问题,提高做好新形势下群众工作的能力,保持党同人民群众的血肉联系,发挥党密切联系群众的优势,为推动经济持续健康发展、全面建成小康社会、实现中华民族伟大复兴的中国梦提供坚强保证。开展网络问政就是要通过当下最方便、最直接的手段和方式联系群众、了解群众、关心群众、服务群众;还可以调动群众的积极性,让他们主动地参与到国家治理和社会管理中来,同执政党一道,共同抵制官僚主义和形式主义,提高政府的执政效能。

除了思想教育实践,在新的历史条件下,走群众路线、密切联系群众,更需要进行相应的制度设计和制度安排。李克强总理2013年9月18日主持召开国务院常务会议,研究部署进一步加强政府信息公开工作。会议提出,依法实施政府信息公开是人民政府密切联系人民群众、转变政风的内在要求,是建设现代政府、提高政府公信力和保障公众知情权、参与权、监督权的重要举措。李克强总理特别强调,要采取配套措施,加强相关制度和平台建设,让政府政策透明,让权力运行透明,让群众看得到、听得懂、信得过;要主动回应社会关切,把人民群众的期待融入政府的决策和工作之中,努力增强提升政府公信力、社会凝聚力的软实力。而建构网络问政长效机制,就是进行相关的制度设计,从制度安排到日常运作上保障网络问政的健康发展。

正如上海交通大学国际与公共事务学院院长、教授胡伟指出的,"当前,必须切实改变一些地方、部门在信息公开上不主动、不及时,以及面对公众关切不回应、不发声的现象,应当切实改善政府形象,赢得公众信任。随着经济社会的发展和互联网的普及,在公共事务中广大民众的知情、参与、表达和监督的意识和行为不断高涨,为此必须升级政府信息公开度,及时回应公众关切,把政策交给人民群众。这不仅有利于增强市场信心,稳定市场预期,而且对提高政府公信力也具有重大意义。从这个意义上说,通过具体的制度设计和制度安排打造透明政府、回应政府和公信政府,正是新的历史条件下执政党密切联系群众的重要保障。"①

三、以新公共管理理论指导网络问政长效机制的构建理念

新公共管理理论是 20 世纪 70 年代后期起源于英国、美国、新西兰和澳大利亚,并逐步扩展到其他西方国家,是一种新的公共行政理论和管理模式,在全世界掀起了深刻而重大影响的政府改革浪潮。在此之前,传统行政管理模式占有绝对的主导地位,但是它过分强调等级原则、计划和直接控制,强调由政府机构自身来提供公共福利,强调集权与专制主义。② 也就是说,这种行政模式建立于人格化、个人化的政府之上,以绝对的等级权利为基础,在政府行政过程中实行脱离群众式的专断,缺乏公共服务的精神。随着时代的发展,传统的行政管理模式的固有弊端逐渐暴露出来,已难以适应社会发展对政府的新的需求,特别是在公共服务的提供方面,因此新公共管理理论取而代之成为了行政改革的主体指导思想之一。

1991 年,英国著名公共管理学家胡德在他的《一种普适的公共管理模式》一文中,第一次明确提出了"新公共管理"的概念。随后,新公共管理理论的内涵在各国实践的深入发展中得到了进步和完善。1991 年英国的梅杰政府上台,为了弥补撒切尔夫人在管理领域实行一系列激进政策给公共服务带来的损伤,梅杰在四十多个公共服务行业实施了以顾客为导向的公共服务制度,保障了公众的切身利益。1997 年布莱尔执政后,他不仅沿袭了前任政府对公共事业的私人化改革,他同时认为公共治理的主体之间除了有竞争关系,还应做到相互协调与合作,着力打造一个协同式政府,而这样的政府是建立在人们的共识基础上的,它将各阶层、各组织等不同力量凝结在一起,共同为公共服务发挥作用。布莱尔还提出了顾客参与的服务方式。美国在里根与克林顿政府执政时期就实行了新公共管理改革,特别是针对政府管理体制方面的改革,它们推崇把企业

---

① 胡伟:《打造透明政府、回应政府和公信政府》,《文汇报》2013 年 9 月 23 日,第 1 版。
② 章秀兰:《新公共管理视野下我国服务型政府的实现路径研究》,《中南大学行政管理》2007 年第 12 期。

的一系列管理样式搬至政府领域,以达到政府管理模式和结构的重新塑造。新西兰的新公共管理改革也一直走在最前沿,受到了人们的重点关注。其在施行政府核心部门改革时提出,要将企业的人事管理制度引入政府部门,重点强调人员的绩效制,并将其作为考评、奖惩的重要依据。

(一)新公共管理的理论要点

新公共管理以现代经济学为理论基础,主张在政府等公共部门广泛采用私营部门成功的管理方法和竞争机制,重视公共服务的产出,强调文官对社会公众的响应力和政治敏锐性,倡导在人员录用、任期、工资及其他人事行政环节上实行更加灵活、富有成效的管理。①

新公共管理理论的理论要点可归纳为以下几点:

(1)定位政府角色和优化政府职能。新公共管理理论认为,其与传统政府管理体制的不同之处在于它对政府角色的定位。传统政府管理体制由于过度强调集权主义,政府将所有的权利和运行都牢牢掌控在自己手中,政府工作面无限延展,导致出现了一个样样事务都亲力亲为的全能型政府,政府在执政过程中难以顾及和周全所有的工作,使政府工作的精细度和准确度大大下降。新公共管理理论强调将政府角色定位为一名"掌舵者",在政务工作的具体落实上,政府可在一定程度上"放手",即政府要做一个站在更高层面思考政务问题的宏观管理者,适时放手动员各界力量,帮助政府把好细节关。新公共管理理论认为,政府对职能的优化尤为重要,它可以有效准确地定位政府的具体职责范围,规定政府该做什么,不该做什么。对于公众日益增长的政务诉求,政府如不尽快清晰地为自身划清工作权限,政府工作将会出现大量"缺位""错位""越位"现象,使政府办公出现空缺、无针对性、效率降低、权力滥用等问题。

(2)以顾客为导向,提供公共服务。新公共管理理论重点强调将企业化、市场化的管理模式应用到政府的政务管理中,让市场做主,顾客做主,为社会和公众提供他们需要的服务。基于此,新公共管理理论认为,公共管理者必须高度重视"顾客的意识",以顾客为导向,把顾客的需求和满意度作为思考问题和分析问题的出发点。要打破传统政府管理体制中政府与群众间缺乏联系的弊端,重新思考二者的关系并对它们进行科学的角色定位。政府应该是一个怀有强烈社会责任心的"企业家",而公民是它提供服务的消费者,在保证二者主体地

---

① 董璞砚:《新公共管理理论对我国政府改革的启示》,《改革与开放》2012年1月25日,第1版。

位平等的基础上,政府应该秉承着视群众为自己"衣食父母"的思想,对他们的要求作出回应,尽可能满足群众的实际需求,为他们提供更好的公共服务。由于权利的高度集中,政府在执政过程中易出现高高在上、居高临下的心态和观念,使政府办公脱离群众、脱离实际生活,给政务服务带来困难。如若重视群众的作用,将会使政府执政达到事半功倍的效果。

(3)公众要参与到公共管理中。新公共管理理论除了要求政府以公众为导向,提供公共服务外,还提出政府应加大公众参与公共管理的力度,充分发挥公众的积极性和主动性。公众在政治领域享有知情权、监督权和言论权,而要真正实现这些权利,政府就必须放手,让公民更多地参与到政治管理中,保障他们的权益。而公民对权利的充分利用,也有助于政府完善公共服务与管理。新公共管理理论认为,如果在政府执政过程中,失去了公众的参与,政府所做的一切也只不过是闭门造车,仅代表自己的利益,而无法适应群众的需求。

(4)实行政府的绩效评估制。新公共管理理论认为政府要引入企业的绩效评估制度,以期更好地从总体上把握政府各部门的表现,提升政府的工作效率。对政府的绩效评估标准来自于公民,要以政府工作的效果符不符合公众的期待、满不满足公众的需求为重点。可以说新公共管理理论的绩效评估所倡导的,不再仅停留于对政府是否履行相应规章条例这一表象上,而是将其落实到了最终的执政结果上。同时,新公共管理理论提出要把奖惩与绩效相挂钩,以提升政府完善执政能力的积极性。

(二)新公共管理理论对构建新型网络问政的意义

1. 对服务型、透明型政府构建的意义

(1)强化了以人为本、服务为民的理念。新中国成立以后,由于我国经济基础过于薄弱,政府实行了指令性的经济体制改革,伴随这一经济改革而来的是政府对国家政治事务的全面指挥和管制,政府被打上了"管制型"标签。这一时期,国家的任何决定都来自于上层领导阶级对社会环境的总体把握。而新时期,随着中国经济的逐渐复苏和迅猛发展,政府也开始将经济体制从计划型转向市场型,这说明政府懂得适应时代需求制定相关决策。经济的发展带来了政治文明的进步,中国公民的政治素养在时代的前行中不断提升,他们对自身的政治权利诉求也日益强烈。基于此,党和政府开始转变执政理念,以期能够满足广大群众的需求,更好地为他们服务。新公共管理理论提倡群众为导向的理念,十分符合现阶段中国对服务型、透明型政府构建的思路。政府并不是一个与外界毫无联系的独立机构,它是靠无数基层群众的支撑组织而成的,没有群众,我党和政府就失去了根本,事事不以群众利益为先,我党将面临巨大的执政危机。所以,只有遵循新公共管理理论中提到的"以人为本""以民为本"理念,党和政府才能在新形势下发展;只有将政府工作落实于人,才能更好地发挥服务型、透明型政府的执政理念,为群众提供切实的服务。

(2)提升政府行政管理效率。新公共管理理论认为政府应从以往纷繁复杂的政务工作中跳出来,理清头绪,明确自身定位,制定工作重心,以更好地把握今后工作的职责范围。这对服务型、透明型政府来说是一个重要的初衷,就是将政府职务定位为公开政务信息、服务大众。这大大地过滤了与政府职务不相关的事务,使政府能够全身心地投入到与己相关的政务中,准确提供服务,帮助群众及时解决相应难题,大大提升了政府的行政管理效率。同时,新公共管理理论提出绩效考评制和相应的奖惩制可督促服务型、透明型政府改进不足之处,提高政府行政管理效率,同时它强调群众在考评中扮演的重要角色,将群众作为衡量绩效好坏的重要指标,这对服务型、透明型政府落实"以人为本"的理念起到了很好的辅助和督促作用,使政府更加重视群众的地位。

(3)公民参与公共管理是构建服务型、透明型政府的内在要求。新公共管理理论强调公民参政的重要性,并鼓励公民积极参政。为了能够更好地服务群众,政府必须主动了解群众情况,掌握群众最新动态,时刻把群众放在第一位。所谓"一个巴掌难拍响",如若只是政府一味想与群众保持联系,群众却不愿主动参与到公共管理事务中来,政府也无法获得更加深入的信息,甚至难以保证信息的准确度,对政府提供公共服务有所影响。因此在构建服务型、透明型政府的过程中,应充分发挥群众主动参政的积极性,使他们投身到政府的决策制定中来,通过与群众意见的交流和探讨,了解群众的观点和看法,并将他们的聪明才智融入到政府的决策中,最终让政策回归到更好地为群众服务中去。透明型政府的建设,需要依靠广大人民的监督。公众如何才能更好地监督政府,其中一个办法就是让公众参与到公共管理中。群众在参与政府决策的过程中,可以很清楚地知道政府在做什么、想怎么做,对决策从无到有进行全程的监督,使政务工作始终运行在阳光下,推动透明型政府的建设。

2. 对网络问政长效机制构建的意义

随着时代的发展,社会弊端日益显现且层出不穷,传统的政府管理模式和方式已经无法一一应对现有问题,发挥其应有的功能。新公共管理理论适应网络时代的发展,提出政府现阶段的公共管理模式应实现信息化改革,即使用现代信息技术打造一个依托于网络平台的电子化政府,提高政务问题的解决速度与效率。目前,这种方法已成为各国政府在创新社会管理上的共识。

在中国,网络问政正作为网络办公平台开展得如火如荼,政府希望借此资源来完善自身的执政建设。除了将在中国得到实践和发展的群众路线作为理论依据外,西方的新公共管理理论中的某些思想也同样适用于网络问政的建设。如新公共管理理论倡导"以人为本、为民服务"的思想,强调公众参与国家公共管理事务的重要性,力图在政民间搭建起透明公开的对话桥梁,这就要求各种网络渠道能够彻底打开政民沟通交流的大门,广泛征求群众意见,与群众进行积极的互动,通过主动设置公共议程等方式,将公众纳入到公共政策的制定中来,帮助公众树立公共权力主体观念,使他们主动积极地参与公共管理事务;新公共管理理论依据经济领域中的交易成本理论认为,管理活动的结果与产出对政府来说十分重要,因此要重视公共部门提供服务的质量和效率。对于网络问政来说,就要求其在网络问政平台管理人员的绩效评估机制等方面下功夫;新公共管理理论关于定位政府角色,优化政府职能的观点也对网络问政的长效机制构建具有参考价值,它要求各级网络问政平台能够明确自己的功能定位,认清自身的工作权限,以此提高网络问政的办事效率,实现更好更快地为人民服务。

四、生态学理论提供网络问政长效机制的分析框架

生态学(Ecology)是德国生物学家恩斯特·海克尔于1866年定义的概念,他认为生态学是研究生物体与其周围环境(包括非生物环境和生物环境)相互关系的科学,从此揭开了生态学研究的序幕。生态系统(ecosystem)的概念是英国生态学家 A. G. Tansly 于1935年首先提出来的,指生物物种和非生物环境的统一体。他认为,只要有种群(population,即在一定时间内占据一定空间的同种生物的所有个体)存在,并各自发挥特定的作用和相互作用从而达到某种机能上的稳定,这个整体就可视为生态系统。[1] 后来,系统论、控制论、信息

---

[1] Dagg, J. L. Arthur G. *Tansley's New Psychology and its relation to ecology*, Web Ecology, 2007年第7期,第27—34页。

论的概念和方法被逐步引入,促进了生态学理论的发展,于20世纪60年代形成了系统生态学。随着生态学多层次的综合研究发展,与其他某些学科的交叉研究日益显著,逐渐形成了社会生态学、政治生态学、经济生态学等学科门类。

生态学有一套基本范畴,如种群、群落和生态系统等。生态学强调几个基本的观点:一是整体观和综合观。在一定的空间内,事物都是一个综合的整体,各个组成部分之间存在着复杂而又有机的联系,彼此都不可能孤立;每个高级层次都有其下级层次所不具有的某些整体特性,这些特性不是低级层次单元特性的简单叠加,而是在低级层次单元以特定方式组建在一起时产生的新特性。二是层次观。客观世界都是有层次的,而且这种层次是无限的;组成客观世界的每个层次都有自己的结构、功能和特征;对任何一个层次的研究和发现都有助于对另一个层次的研究和认识。三是平衡观。生态系统是广泛的概念,任何生物群落与其环境的组合,都可以称为生态系统。系统中各组成部分,包括生产者、消费者和分解者的种类数量,或物质和能量的输入和输出的强度,保持着相对平衡的关系;或者说,共同生活在同一群落中的物种处于一种稳定状态,当然,生物群落不是一成不变的,它是一个随时间的推移而发展变化的动态系统,组成群落的物种始终处在不断的变化之中,自然界中的群落不存在全局稳定,存在的只是群落的抵抗性和恢复性。生态系统内部各因子的联系总是处于"平衡—不平衡—新的平衡"这样一种不断运动、变化、发展的过程中。

近年来,有学者将生态学的观点引入到网络问政长效机制的研究领域,认为"网络问政作为政府和公众通过网媒形成的特定互动关系的动态过程,包括了具体主体性的人和与之对应的环境,完全符合作为一个生态系统的条件。"①因此,我们可以将网络问政运作体系视为一个相对完整的生态系统。从生态学的核心观点出发,我们可以将网络问政的生态系统分为生态主体和生态环境两个部分。其中,生态主体和生态环境之间是整体和综合的,相互之间存在息息相关的联系,互相制约又维持一个相对平衡的状态;生态主体中的种群与群落之间,各种群之间,各群落之间也同样如此。网络问政是政府和公众通过网络平台形成特定互动关系的政治沟通过程。因此还有学者围绕网络问政平台分析了网络问政生态系统的结构,为使该生态系统能够健康持续运行,该研究还

---

① 凌烨丽:《网络问政的生态化考量》,《前沿》2011年第19期,第165页。

借鉴了生态因子概念对网络问政的生态因子及其对系统的影响机制进行了探讨。①

本书将在现有研究的基础上,借助生态学的相关原理,为建立网络问政长效机制搭建一个理论框架,相关内容将在第六章展开论述。

---

① 赵龙文、周婷婷:《"网络问政"平台生态体系及其实证研究》,《电子政务》2013年第10期,第41页。

第五章 网络问政主体行为偏好的实证研究

一、多元视角聚焦网络问政长效机制

从文献搜索结果来看,截至2014年年底,中国知网平台上共有65篇文献以网络问政长效机制为研究主题,其中博硕士论文30篇、期刊论文30篇、会议论文5篇。

从研究所用的学科理论来看,65篇论文中运用政治学、管理学(含行政管理学、公共管理学和工商管理学)和法学等理论进行论证的有60篇,运用传播学理论的有2篇,运用生态学理论的有3篇。

从研究方法来看,主要有三个角度:一是运用阐释主义的研究方法,从演绎推理的角度,研究我国网络问政的现状和存在的问题,在此基础上提出解决问题的方法或操作对策,这种研究方法为大部分学者所采用;二是从个案分析的角度,总结分析个案的操作要点,归纳网络问政常态化、制度化的经验和教训。2010年5月,由人民出版社出版的《应对"网络问政"党政干部读本》帮助各级党政领导干部学会在开放的媒体环境中处理事件,以积极主动的姿态加强与民众的沟通和交流。2010年11月,南方日报出版了被称为中国首部研究网络问政的书籍——《网络问政》。该书从总结奥一网网络问政平台的运作经验出发,总结了广东媒体问政平台的运作机制。2010年12月,胶东在线出版了《中国式网络问政》,该书被认为是网络问政理论研究的先河,总结了胶东在线中"网上民声"栏目打造的中国网络问政的运作模式。第三种是科学主义研究,主要是从实证分析的角度梳理文献。我们发现,已有部分学者注意到了问政主体的行为特征与构建网络问政长效机制之间的关系,并着手从实证的角度进行相关的研究。如赵玎、陈贵梧的《大学生微博政治参与的现实审视与思考——基于调查数据的实证分析》,林慧的《新时期"网络问政"制度化管理分析——以"宁波市政府门户网"为例》,赵龙文、周婷婷的《"网络问政"平台生态体系及其实证研究》,陆敬筠、仲伟俊和梅姝娥的《电子公共服务公众参与度的实证分析》,朱旭峰、黄珊的《电子政务、市民特征与用户信息行为——基于天津市市民调查的实证研究》,孙强、黄蓓蓓的《网络问政的影响因素研究——以当代大学生为例》,等等。整体而言,这些研究多数以网民问政的行为为研究对象,较少对政府问政行为进行分析。

根据前文对网络问政内涵的分析,网络问政应包含两方面,一是政府通过互联网做宣传、做决策,了解民情、汇聚民智,即政府问计于民;另一方面指普通网民向政府及其官员建言献策,表达民意,监督政府行为,从某种意义上看网络问政亦即网民问事于政。因此,在网络问政过程中,政府和网民之间是一种互动,两者互为主客体。政府通过网络问政于民,那么,政府是问政的施动者,网民是问政的对象;而网民问事于政时,网民通过网络对政府行为进行监督、质疑、评议和建议,则网民是问政的施动者,政府是问政的对象。根据社会学主体间性理论,主体是由其自身存在结构中的"他性"界定的,这种主体中的他性就是主体间性。而现实社会中的人际关系分为工具行为和交往行为,工具行为是主客体关系,而交往行为是主体间性行为。① 因此,根据网络问政的双重主体特征,我们在研究问政主体行为特征和个性偏好时,既要关注网络问政的政府主体,也不可偏废另一个主体——网民。

为此,本章将运用实证的研究方法,从两个不同的角度,分三节对网络问政过程中两个问政主体的问政行为进行研究。具体来说,一是从全国所有地市级城市中随机抽样出55个地级市政府门户网站,就其平台上的"政民互动"频道进行问政行为偏好研究;二是选择2014年1月新浪网和人民网联合发布的《2013年全国政务微博报告》中综合问政水平处于中位的江西省为研究对象,以其全部加V的政务微博账号为样本,综合研究地方政务微博问政行为偏好;另外,本书还选取江苏省为目标地区,随机抽样出1600个网民为研究样本,研究该地区网民参与问政的行为偏好。

---

① 凌烨丽:《网络问政的生态化考量》,《前沿》2011年第19期,第165页。

二、从政府门户网站"政民互动"频道看政府问政的行为偏好

网络技术的发展，引领了信息传播方式的革新，由此引发了政治生态的重构和社会管理的创新，网络问政无疑是这场变革的主角，以致成为这个时代的符号。党和政府早已将网络民意视为重要的执政资源，通过建设各类网络问政平台，创新社会管理，发展网络政治。按照《国务院办公厅关于加强政府门户网站建设和管理工作的意见》（国办发［2006］104号）文件的要求，各级政府要加强政府门户网站上互动栏目的建设，不断丰富政民互动交流方式，为公众参与政务创造条件。承载着政府门户网站三大功能之一的"政民互动"频道，就承担了政府与民众直接交流的重要职能。多年的实践证明，作为一种政府通达民意、广开言路的媒介载体，各级政府门户网站"政民互动"频道已经成为政府问事于民和网民问政于政府的主要渠道。

（一）研究目的

政府推行网络问政，主要是希望通过网络听取民意、答复民声、办理民事，同时让网民参与到政府的重大决策和行政管理事务中来，进一步促进政府科学决策和民主决策。但部分政府门户网站更新缓慢，回应公众诉求不及时，政民互动率不高等问题也时有出现，公众参与缺失，不少网站成了"摆设"。政府门户网站应如何强化政民互动功能以"网络"民心，真正实现问事于民、问计于民、问需于民的初衷呢？本调查试图以问政行为偏好调查为视角，重点考察政府门户网站"政民互动"的实际成效，以总结成绩，发现问题并寻求对策。

所谓偏好，主要指倾向和特征。网络问政行为偏好，是指"网络问政"平台的栏目设置倾向、各栏目执行过程及相关的问政结果，具体表现在问政主体（政府、官员与网民）的行为倾向、主体间的互动行为倾向，以及问政结果所呈现的特点等。本调查将重点定位在如下几方面：

1. 政府门户网站"政民互动"频道中栏目设置的数量及栏目设计的特点；
2. 网民问政议题的分类及主要议题中网民问政的倾向；
3. 政府问政的手段和途径，政府问政于民的议题倾向、主动意愿和结果反馈；
4. 政府与网民之间互动的行为偏好、政府回复网民问题的时间周期、回复问题的质量、网民对回复结果的评价。

(二)研究对象与抽样说明

1. 研究对象

2006年1月1日中央政府门户网站的开通,标志着我国已建成了由中央、省、地市、区县四级构成的一个庞大的政府门户网站体系,这还不包括数量巨大的乡镇政府网站。因级别不同,政府的管理职能不同,相应的政府门户网站服务的对象不同,功能差异巨大,因此不能将不同级别的政府门户网站纳入到一个样本框中来考察。面对层级复杂的研究对象,理想的方法是选取其中一级政府网站进行抽样调查。数据显示,中央及省级政府网站普及率是100%,地市级政府为99.1%,区县级只有85%。[1] 同时考虑到地市级行政机构既侧重宏观管理,又兼顾基层的特点,故本调查以地市级政府门户网站的"政民互动"频道为调查对象。

截止到2011年年底,我国内地省辖地市级行政单位共333个,其中283个地级市、17个地盟、30个自治州。本调查的对象就是这333个地市级政府门户网站。因333个地市级政府在地域、文化、经济和数字化水平上的差异,333个地市级政府门户网站的问政行为偏好也必然存在较大区别。如何使333个政府门户网站均有被抽取的机会?编制合理的样本框显得非常重要。执行调查时,本书依照国家统计局公布的2013年度地市级政府人口平均GDP排名数据编制样本框,同时采用分层抽样加层内简单随机的方法来抽样。

2. 样本量的确定和分层抽样的具体实施

理论上样本容量越大越好,但因总体的相关信息了解甚少(如方差是多少),所以利用公式 $n=\dfrac{N(z_{\alpha/2})^2\sigma^2}{NE^2+(z_{\alpha/2})^{\sigma^2}}$ 来计算至少要抽取的网站数量。

在本调查中,N=333,若取 $z_{\frac{\alpha}{2}}=2$(此时置信度为95.45%),抽样误差取E=2.5,由于总体方差未知,采用试验调查的办法选择一个初始样本,可以获得样本均值: $\bar{x}=28$,方差为 $s^2=60$ 代替 σ^2 ,最后计算出n=35。故在该调查中,样本容量n至少要≥35。

---

[1] 洪毅、王长胜:《中国电子政务发展报告(2011)》,社会科学文献出版社2011年版,第6页。

考虑到层内的人均GDP差异太大，也为了执行抽样的方便和经济，我们将样本框中的333个地市人均GDP由小到大的排名数据分为56层(333/6≈56,其中有一层不满6个)，然后再从这56个不同的层中随机各抽取一个样本，共得到了一个样本容量为56的地级市政府门户网站名单，而黄南藏族自治州政府门户网站没有相应的频道，是无效样本，故实际的抽样样本为n=55。①

3. 抽样误差和精度估计

在实际样本量定为n=55的前提下，利用公式：

$E = z_{\frac{\alpha}{2}} \frac{\sigma}{\sqrt{n}}$，因 $\hat{\sigma}^2 = s^2 = 60$，$z_{\frac{\alpha}{2}} = 2$(此时置信度为95.45%)，

得出置信度为95.45%的抽样误差E=2.1,估计精度 $A = 1 - \frac{E}{\bar{x}} = 92.5\%$。

4. 抽样结果分析

①从省份角度来看，全国34个省中被抽中的省份达24个，省份涉及率达F=70.59%，抽样结果分布均匀，代表性较强。

②从地级市的人均GDP分布来看，根据抽样的随机性，我们首先可以大致估计被抽到的地级市人均GDP应该服从正态分布，接下来验证这个推断：

先定性了解样本中的人均GDP分布状况，在数学分析工具Matlab中输入：

a=[132229   91822   ……9342   8470];
normplot(a)

得到下面的图形(见图5—1):

---

① 55个城市是：阿拉善盟、深圳市、海西州、常州市、镇江市、中山市、舟山市、芜湖市、南通市、泰州市、石嘴山市、成都市、三明市、西安市、日照市、衢州市、潍坊市、昆明市、拉萨市、秦皇岛市、吐鲁番市、漳州市、淮安市、聊城市、肇庆市、漯河市、阳江市、淮南市、承德市、鹤岗市、黄山市、吕梁市、十堰市、大同市、葫芦岛市、梧州市、宜宾市、雅安市、白银市、凉山州、孝感市、张家界市、巢湖市、商丘市、达州市、荆州市、西双版纳州、南充市、安康市、丽江市、甘孜州、亳州市、怒江州、铜仁市、固原市。

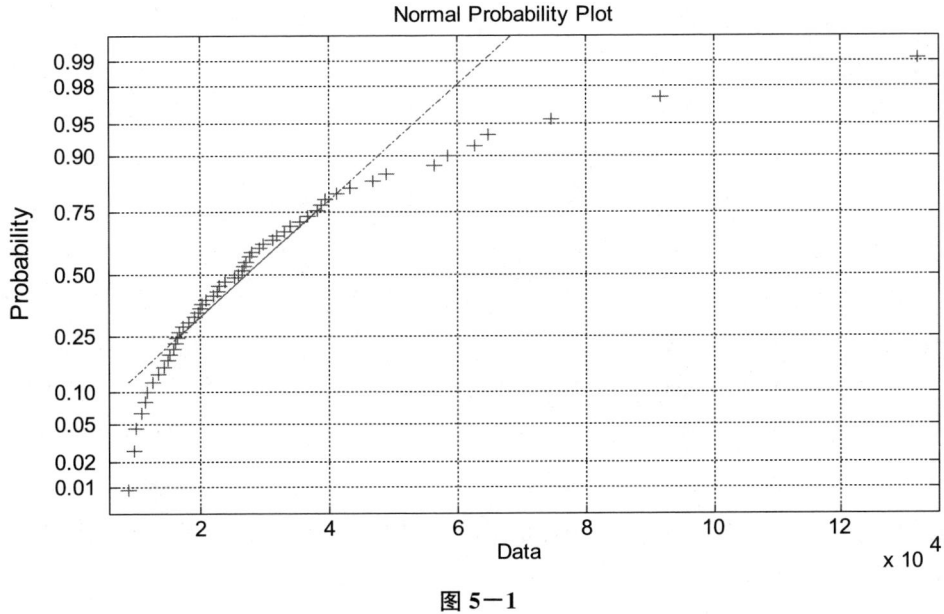

图 5-1

从图 5-1 可以推断出样本服从正态分布。(注:越接近虚线说明服从正太分布的规律越好)。接下来定性分析,在 Matlab 中输入下列命令:

y=zscore(a);

[h,p,k,c]=kstest(y,[],0.05,0),

运行结果:h=0(若 h=0,则服从正态分布,若 h=1,说明不服从正态分布)

p=0.1097

k=0.1596

c=0.1798

由此可知,样本的人均 GDP 服从正态分布,样本总体来说分布均匀,代表性较好。

综合①和②,说明抽样样本能较好地代表总体。

5. 从统计的完整性和易操作性考虑

我们选择 2013 年 7 月 1 日至 12 月 31 日作为统计区间。另外,因多数网站隐匿了部分敏感数据,还有部分网站因数据流过大采取了选登制度,因此,本次调查只处理了样本网站的公开数据。

(三)指标综述

伴随着各国政府电子政务的开展和推进,对电子政务绩效的评估也随之展开。相对而言,西方发达国家对电子政务网站的评价研究开展较早。2002年,全球管理与科技咨询公司爱森哲(Accenture)在通过对世界上若干有代表性国家和地区的政府门户网站进行调查分析后,提出了一套关于电子政务绩效的评价指标体系。爱森哲提出"总体成熟度"概念,并将其分为服务成熟度的广度(政府提供的在线服务比例)和服务成熟度的深度(提供的每种服务的完善程度)。[1] 2003年8月,联合国公布了2003年度全球电子政务发展状况研究报告《处在十字路口的电子政务》。2005年,美国布朗大学调查了世界198个国家及地区的1797个政府门户网站,从"在线服务提供""民众可存性""网站信息提供"三个方面对网站特性做了量化的调查研究。具体的评价指标包括"网站内容""安全与隐私""电子交易/付款""无障碍存取""外语网页""广告及收费""民众参与""在线服务"等。[2] 在我国,从2002年计世资讯公司发布第一份政府网站评价报告起,国脉互联信息顾问有限公司和中国政府软件评测中心陆续发布针对我国政府门户网站的评估报告。

与这些评估机构的着眼点与出发点不同的是,本研究不从政府网站的整体评估入手对对象所有指标进行评价和研究,而是就我国政府基于政府门户网站中的"政民互动"内容进行行为研究;也不像上述机构的评估目的一样,要对评价对象给出评价"等级"或"分值",本研究着重探究的是,我国在政府层面开展的网络问政的行为特点及相关问题。

我国政府门户网站建设全面启动应该是在2003年。是年7月,国家信息化领导小组提出当年的电子政务建设主要围绕"两网一站四库十二金"重点展开。其中"两网"指政务内网和政务外网,"一站"指政府的门户网站。[3] 起初,各级政府门户以政府信息公开和政务在线办事为主要的建设内容,也有地方在门户网站开设互动栏目,将政府门户网站作为与辖区内公众沟通的平台。这一尝试行为得到2006年国务院办公厅《关于加强政府网站建设和管理工作的意见》(国办发[2006]104号,以下简称《意见》)的肯定并在全国范围内推广。《意见》强调,各级政府门户网站除加强政府信息发布,为公众和企业提供在线办事服务指引或特定内容的办事服务外,还应增强与公众互动交流的功能,加强互动栏目建设,不断丰富互动交流方式,为公众参与互动交流创造条件。

---

[1] 刘丽群、刘淑芬:《中美政府网站评估体系比较研究》,《新闻与传播评论》2007年第12期,第156—163页。
[2] 汪向东:《电子政务发展阶段的观点变化》,《中国信息界》2006年第5期,第29—31页。
[3] 李鸣:《我国电子政务发展综述》,《武汉工程大学学报》2010年第4期,第52页。

《意见》规定,政府网站要围绕政府重点工作和公众关注的热点,开通在线访谈、热点解答、网上咨询等栏目,做好宣传和解疑释惑工作,正确引导舆论。通过行政首长信箱、公众监督信箱等,接受公众建言献策、反映情况,适时开通留言板功能。围绕政府重要决策和与公众利益密切相关的事项,开展网上调查、网上听证、网上评议等工作,征集公众的意见和建议,及时分析汇总,为决策提供参考,提高科学民主决策水平。目的是要各级政府充分认识办好政府网站的重要意义。因此,本研究按照该文件精神,结合我国政府网站"政民互动"频道的实践情况,确定对"互动栏目设置、网民问政、政民互动、民意调查、建言献策、在线访谈和政风行风评议"等七个方面进行行为偏好调查。

(四)研究发现

依据调查目的,本研究基于55个样本的栏目设置、网民问政、政民互动、民意调查、建言献策、在线访谈和政风行风评议等七个方面的主体行为偏好进行了深入的分析。

(1)栏目数量差异大,栏目重合率高

55个样本中,"政民互动"频道的栏目设置平均数为7个,而各网站中栏目的重合率较高,它们分别为政府(首长)信箱、投诉中心(或公众诉求,或公众监督)、民意调查、建言献策、在线访谈及政风行风评议等6个栏目。

各网站栏目设置的个性差异大,主要表现在两个方面:①设置的栏目数量差别大。在全部55个样本中,多的设有13个栏目,少的只有2个。其中数量排名前5位的是中山(有13个栏目),镇江(有12个栏目),孝感、昆明、漳州(各11个栏目);数量排名后5位的是荆州、甘孜和丽江(各4个栏目),承德、雅安(各2个栏目)。②栏目数量的多寡侧面反映了网站间功能个性的差异。如承德市只设置了"有话要说"和"来信回复",雅安市设置了"书记信箱"和"市长信箱",这两个网站注重的是政民互动的基本需求。而栏目数量多的网站,除满足政民互动的基本功能外,还注重与网民沟通的手段和方式。如中山市开设了公务员博客、政务论坛,还与中山日报下属的中山网共办了中山网络问政平台,大大拓展了与网民交流的宽度;昆明市、肇庆市、淮安市等设立(或链接)了市民论坛,镇江、漳州等市开设了政务博客或政务微博。这些不仅创新了政民互动的手段,还大大丰富了政民交流的内涵。

(2)网民活跃度分化严重,投诉、咨询类问题占比高

网民活跃度是指主要栏目网民参与问政的活跃程度,主要由网民问政的问题数和万人问题比来衡量。统计中,我们选择重合率高的政府信箱、首长信箱、投诉中心、网上民声等栏目中网民发问条数和该市(州)的每万人发问比来计算。

调查显示,55个样本中,网民发问的绝对数差距很大。绝对数前8名依次是十堰7850条、西安6805条、泰州5282条、芜湖4188条、阳江3724条、中山2335条、梧州1946条和雅安1890条,55个样本的平均问题数为827个。万人问题比前8名依次为十堰23.5、石嘴山21.7、芜湖18.5、阳江15.4、雅安12.5、泰州11.4、固原和中山均为7.5,55个样本的问题平均万人比约2.3。

两项排名倒数的市(州)情况是,吕梁的问题绝对数为0个,万人问题比为0;鹤岗的问题绝对数为4个,万人问题比几乎为0;亳州的问题绝对数为4个,万人问题比几乎为0;西双版纳的问题绝对数为7个,万人问题比为0.1;吐鲁番的问题绝对数为9个,万人问题比为0.1。相比之下,网站间差距很大。需要强调的是,本调查中的网民活跃度指标仅仅用以分析政府门户网站政民互动本身活跃与否,不涉及对相应政府的行政管理绩效作出评价。换言之,网民活跃度并不能判断政府管理水平。

结合政民互动的实际,本书将网民问政的问题归为5种,即求助类、建议类、咨询类、投诉检控类和其他类。分析发现,网民通过政府(首长)信箱、投诉中心等栏目发问的各类问题分布情况是:投诉类占30%、咨询类占29%、求助类占22%、建议类占16%、其他类占3%。其中,投诉、咨询和求助类的问题数占网民问题总数的81%。针对81%的问题深入分析发现,网民发问中约75%的议题集中于环保、交通、就业、生育、卫生、教育、住房、社保等涉及民生的八个方面。在投诉类问题中,网民对环保扰民、基层行政作风、住房质量、拆迁拆建、城市交通等问题关注较多,而涉诉、贪腐、政府决策等方面问题反映较少。可以看出,网络问政的问题风格与网上信访整体类似,百姓通过政府网络问政的基本出发点还是切身的利益。"其他类"的发问数不大,主要是网民对政府行政管理、社会管理、政民互动等方面的正面评价。

(3)政民互动率整体较好,回复质量待提高

所谓政民互动率是指政—民通过网络平台实现交互的比率,即政府就网民所提问题回复的比例。政民互动率可以考察政府门户网站政民交互的效率和网站运行机制的成熟度,是衡量政府门户网站网络问政质量的重要指标。从统

计操作性考虑,所有问题只要政民互动了一次,就计入政民互动率中。

从数据来看,全部 55 个样本中,政民互动率整体较好。样本的网民平均发问数 827 个中有 760.9 个得到了政府的回复,政民互动率约 92.01%,未得到政府响应的占比约 8%。其中,政民互动率相对偏低的有承德(约 26.4%)、聊城(约 32.1%)、漳州(约 50.5%)。

当然,政民互动率的高低不一定对应该地网络问政质量的高低。只有当网民的活跃度高,且政民互动率也高,才能说明该网络问政平台的质量好。较好的有西安、阳江、肇庆、梧州、雅安等地,网民发问的绝对数高,政民互动率均在 97% 以上。

互动速率是检视网站互动质量的重要指标,即用政府网站上回复问题的总天数除以总问题数。政府回复问题耗时数与互动速率成反比。从能提取到的政府回复耗时数据的 45 家网站看,互动速率最高的是 1.3,最低的是 80,平均为 14.31,其中 30 家用时在 10 以内(统计中的耗时数包含节假日)。从实际运作层面推算,这个速率应属合理。

为探求政府回复质量,我们将政府的回复结果分为三类,即"政府作出了详细解答或政策性回复""移交相关部门待回答"和"答非所问"。结果发现,在得到政府回复的总 92.01% 的问题中,"政府作出了详细解答或政策性回复"的约占 71%,约 17% 的问题结果是被"移交相关部门待回答",另有 4% 的问题结果是"答非所问"。据粗略的计算,被"移交相关部门待回答"的问题中多数没有下文。如果将这 17% 和 4% 的问题与未得到政府部门回应的 8% 的问题合并,则共有约 29% 的问题是"政民互动"质量较差或很差的。另对"政策性回复"的部分问题考证时发现,不少地方政府的回复仅限于对相关政策的解释,并没有对问题进行一次性解决。综上所述,样本网络问政的质量有待进一步提高。

(4)调查执行随性,议题设置欠规范

民意调查(或网上民意、网上调查)栏目的本意是政府就政府决策、社会管理和其他涉及公众利益的议题设置的政民沟通渠道,以探测舆情,征求民意,为相应的行政决策服务。那么,这一目标是否得以实现呢?统计显示,全部样本中,有 49 个网站设置了"民意调查"栏目(深圳市的"民意调查"与"意见征集"两栏目合一),但相对活跃的网站只有 25 家,即不到总样本的 50%,其余的要么没有真正启用,要么是调查时间段内没有执行调查。从数据看,政府对民意调查的运行情况不尽如人意。

相对活跃的 25 家网站在调查时间段内共实施了 110 项调查,平均每家约 5

项。其中,统计区间内实施了 5 项以上调查的有:中山 13 项,常州 12 项,张家界 10 项,孝感 8 项,黄山 7 项,丽江、泰州、南通、镇江各 6 项,肇庆 5 项。这些也反映了该栏目整体的热度不够。

除了实施总量,栏目的流量(参与人次)也是反映栏目热度的一个重要指标。统计发现,参与该栏目互动的网民流量不够大。25 家网站中,只统计到了 12 家网站的流量,共实施调查 54 项,81016 人次参与调查,平均每项的参与网民约为 1476.5 人次。如果将这样的数据置于这 12 个地市的总人口背景中分析,民意的代表性是值得反思的。另外,从网站对民意调查的结果公布比率看,25 家网站中有 12 家公布了结果,只占总样本量的 21.8%。

为了解政府门户网站在实施民意调查时的议题倾向,我们将议题分为行政决策、涉法、社会管理、道德风尚、产业发展、民生质量、政府网站建设和其他等八大类。在 25 家网站已实施的 110 项调查中,议题的分布状况如下:行政决策、管理类 36 项,社会管理类 20 项,其他类 15 项,民生质量类 13 项,政府门户网站效果类 10 项,产业发展类 8 项,道德风尚类 6 项,涉法类 2 项。虽然 110 项议题整体分布似有规律,但具体到每个网站,调查议题的分布差别很大。换言之,什么议题应该在网上调查?如何实施调查?各政府门户网站各行其是,欠缺统一的行动标准。

(5)问计主动性差别大,网民参与热情高

政府问计于民,旨在提高行政决策的科学性和透明度,也是充分尊重民意、开启民智和还政于民的切实举措。这一功能一般通过"建言献策"栏目来实现。

样本中有 49 家网站开设了"建言献策"栏目,只有 36 家网站的"建言献策"栏目运作相对正常。对该 36 家网站进行的统计显示,统计区间中,政府门户网站主动向网民征集的议题共 370 条,平均每家约 10.3 条,但各网站间问计的主动性相差很大。较好的有淮安 133 条,石嘴山 43 条,深圳 37 条;另有 11 家网站各只实施 1 条。整体而言,"建言献策"栏目的运用率不高,相当多的网站的"建言献策"成了摆设。

为考察政府问计的行为偏好,我们将"建言献策"征集的议题分为城建环保、党政管理、社保民生、民主法制、产业发展、科教交卫、道德伦理、涉农建议、其他等九类。数据显示,城建环保类共征集 226 条、党政管理类 36 条、社保民生类 25 条、民主法制类 19 条、产业发展类 18 条、其他类 15 条、科教文卫类 13 条、涉农建议类 11 条、道德伦理类 7 条。从数据看,城建环保、党政管理、社保民生、民主法制等方面的议题是政府关注的重点,占所有议题的 82.7%,这也反映了多数政府的行为倾向。需要补充的是,有关城建环保的226条建议中,有133条是淮安政府网贡献的。

在对"建言献策"作进一步分析时,我们发现,许多网站在该栏目功能设置上存在问题。仅有6家网站公布了16条议题的去向(采纳的结果),公布比例只有4.32%,而多数网站的栏目被预设为单向邮件投递格式,没有互动功能,网民"发言"后就"泥牛入海",用户体验不佳。

当然,与"建言献策"的"冷清"相反的是,网民自发在"政府(首长)信箱""投诉中心"等栏目上建言献策的热情却很高。数据显示,55个网站中网民建议共5476条,占所有网民问政发帖量的16%。对比发现,"政府(首长)信箱""投诉中心"等栏目的互动性较强,网民问政的结果较多被及时回复(公布),这或是该栏目比"建言献策"更受欢迎的原因。

(6)访谈形式好,传播要加强

"在线访谈"栏目是一个与网民面对面沟通的良好平台,通过此渠道,政府可以就重大决策、行政措施的形成与执行、重点信息的公开、法规的宣传等议题与网民及时沟通,达到协调统一、团结共识的目的。调查发现,样本中有38家网站开设了"在线访谈"栏目,开办率69.1%,其中有三家网站的"在线访谈"栏目与"政风行风评议"栏目重合。开设了此栏目的网站共实施有380次访谈,平均每家10次。

已开设该栏目的网站,网民活跃度差距较大。淮南实施了64次、孝感62次、常州37次、昆明26次、深圳25次。淮南、淮安与常州不仅注重栏目的常态化运作,而且注重传播效果,能及时定期公布嘉宾与网民沟通的文字内容。有6家不够活跃,甚至在统计区间内没有实施过。还有几家网站为了凑数,要么搬用重要新闻,要么拿领导公务活动来敷衍。

要达成更广泛的参与,就要有更强有力的传播,有了更强的传播力,才有更广的影响力。在对能提取网民(流量)数据的18家网站进行统计后发现,327次访谈中,参与网民共31160人次,平均每次访谈约35.3人次。单从数据看,政府门户网站应加强推广传播方面的工作。这方面,有部分网站的经验值得推广,如三明市在政府门户网站首页上主动做访谈主题征集banner;淮安市和孝感市将定期且高密度的访谈常态化;深圳市网上访谈、广播直播访谈和现场访谈多管齐下;淮南市的"网管集中值班制",即由市信息中心网管牵头,会同各政府部门网管每月定期在访谈栏目中办公,集中受理网民问题,等等。

(7)网评政风行风,期待方法创新

民主评议政风行风,是指在各级党委和政府的领导下,通过对政府部门和公共服务行业的工作作风进行公开评价,推动政风行风建设的一项民主监督活动。按照国纠办发[2006]8号文《关于进一步深化和规范民主评议政风行风工作的指导意见》的要求,其工作机制是,由纠风办组织协调,部门和行业各负其责,人民群众广泛参与,引导新闻媒体积极配合。被评部门和行业通过政风行风热线(网站)等方式,直接与群众对话,听取群众意见。

调查显示,样本中有32家网站设有此栏目,开设率58.2%,整体水平不高。32家网站中,统计区间内只有18家正常运作。此18家网站实施网评总数893次,平均约49.6次,每家月均8.3次。其中,栏目活跃度靠前的有南通191次、常州110次、淮安103次、舟山75次、商丘71次、泰州70次。

遗憾的是,受网站功能局限,没有从这18家网站中统计到网民参与该栏目的人数和浏览量,因此无从知晓该栏目的影响力和传播度;此外,只有6家网站(商丘、成都、泰州、阳江、南通、舟山)对评议中网民参政议政的过程(或结果)进行了公示,其余的只能视频(或音频)点播,栏目整体互动性不高。

按照打造服务型政府的要求,群众满意是公共管理的重要目标,公众评价行政和公共服务绩效可以视作公众有序参与现代政府施政的有效手段。结果显示,多数网站并没有充分发挥网络媒介匿名性、公开性和互动性的优势,未有效发动网民对相关政府部门和公共服务单位进行投票,而是将栏目办成了又一条"信访热线"。当然,深圳、张家界、白银、亳州等市进行了大胆实践,将对政府部门执政绩效和公共服务满意度的评议设为评议内容,并设置了"投票"按钮,由广大网民自主参与投票。

(五)问题与对策

综上分析可见,经过十余年的建设,我国政府门户网站在培育和发展网络问政上取得了重要成效,主要表现在:1.重视平台的软硬件建设,栏目功能较齐全,能有效满足政府问需于民、问计于民和问事于民等主体需求。"政府(首长)信箱""投诉中心"等栏目尤其受到民众青睐,网民通过此渠道踊跃反映民情,诉求利益;政府也借此更贴近百姓,提升了社会管理水平,提高了公共服务的质量。2.较高的回复率和较快的互动速率,说明网络问政的渠道是畅通的,政府的服务供给与民众的需求能有效对接,能实现公众参政议政的政治目标。

成效是主流,但调查中发现的问题也应引起相关部门的重视。数据显示,部分政府在问政过程中重形式轻结果,重发布轻监督,重问需轻问计和问政,同级政府间问政水平表现不平衡等问题突出。对此,本书提出如下建议:

1. 健全长效机制,提高政民互动质量

政民互动质量是关系网络问政可持续发展的大事,是政府公信力在网络施政中的表征。如果政府重形式轻结果,重发布轻监督,其结果必然是网站成为摆设,政民互动质量成为空谈。而要改变这一状况,健全网络问政的长效机制是关键。网络问政的长效机制外延宽泛,但制度化的领导机制、工作机制、问责机制、绩效管理机制等是其核心。实践中,"政民互动"频道的领导机关有的是政府信息中心,有的是政府电子政务办公室,这些机构往往缺乏"领导"实力;工作机制可采取转办、交办和督办等多种形式,而执行时,多数网站多采用转办制。若对有关单位的承办过程缺乏必要的监控,就易造成部分网站回复质量不高的结果;调查发现,部分网站对较差的回复质量似不以为然,对此,有效的问责机制和绩效评估机制显得尤其重要。因此,要提高政民互动质量,还得从机制改革入手。建议成立高规格的组织机构,整合网络问政机构权力,独立行使行政职能;完善工作机制,建立常态化的问责机制和绩效管理机制,确保每个问题都能实现解决对待、过程受控、结果问责、群众满意。

2. 落实有序民主,保障政府决策透明

问计于民是我党的优良传统,是群众路线的具体落实,也是我国网络问政的重要目标。从"民意调查""建言献策"和"在线访谈"等栏目相对低效运行的情况来看,政府网站应加强网民参政的功能。首先,统一政府部门和领导对网络问政必要性和重要性的认识,强化网络施政的意识;其次,要从制度上明确网站实施网民参政的权利边界和管理版图,明文规定网民可参与的决策领域和社会管理问题;尤其要明确政府在重大决策前收集民意、征求建议等方面的规定性动作,创新网民参与决策和管理的方法与途径,加大结果采纳(公示)的力度。

3. 创新网民议政形式,提高行政管理绩效

"知屋漏者于宇下,知政失者于朝野。"尊重民意,合理引导民意,是现代民主政治的要义。网络问政为党和政府提供了一个探测民意、合理利用民意的平台,政府通过网络问事于民,就是要创新管理方法,营造网民议政的政治氛围,鼓励民众参与管理,监督施政。从"政府(首长)信箱"和"投诉中心"等栏目的热门与"民意调查"和"政风行风评议"等栏目的相对冷清来看,一方面网民参政议

政热情高,但议政的随意性大,议题个性化明显,针对性不强,效果不彰。虽然政府花大力气解决了网民巨量的个别性问题,但解决结果对政府施政却难有系统性帮助。因此,要创新网民议政方式,改变目前政府疲于解决网民个性化投诉,轻视自身在探测民意、利用民意上的主导作用等现状。要重视发挥"民意调查"和"政风行风评议"等栏目在议程设置、议政导引等方面的功能,在缜密规划网络议政内容及方法的基础上,将网民对政府施政(公共服务)质量评价引入政府绩效管理体系,使网民的话语权为施政所用。这方面,深圳、张家界等政府门户网站已开始了有益的探索。

三、我国地方政务微博行为偏好分析(以江西省政务微博为例)①

在短短几年时间内,微博以草根性、即时互动性、融合性等突出优势,成为网民参政议政的全新载体,开创了我国网络问政的崭新局面。随着越来越多的政府机构、官员开设微博,政务微博更成为政府信息发布的新渠道、了解民意的新方式和政民互动的新空间。实践表明,大量政务微博以广接地气的态度、极具亲和力的工作作风得到了广大网民的认可。"微博问政"已然成为我国政治生活中的热点和趋势。

(一)问题的提出

从 2013 年上半年政务微博的发展情势来判断,经历"政务微博元年"的发轫,迈过"务实应用新阶段"的 2012 年,2013 年政务微博已进入常态运营期。②然而,在政务微博活跃度、传播力和影响力持续高增长的背后,我国政务微博也存在一些"成长烦恼"。作为主力军的地方政务微博,在取得长足进步的同时,不可避免地会遭遇一些管理制度和运营机制问题的"侵扰"。在人民网舆情监测室、国家行政学院电子政务研究中心和复旦大学舆情与传播研究中心等研究机构陆续发布的有关国内政务微博发展的追踪报告中,我们看到了中国政务微博的显著成就,也看到了发展中的问题。总结起来,主要体现在两方面:一是发展不均衡问题。我国政务微博在不同的行政级别和职能领域,已从"三角形"或"纺锤形"结构逐步进化为"梯形"扁平化结构,基层政务微博的影响力和活跃度也日趋增大,

---

① 本研究部分成果参见:刘西平、覃丹丹、于奇:《地方政务微博发展对策实证研究》,《电子政务》2014 年第 3 期。
② 人民网舆情监测室:《2013 年新浪政务微博报告》2013 年第 6 期,第 1 页。

但基层政务微博生态需引起重视,基层微博"庞大而弱小"现象依然突出,农村区域更为明显。① 二是运营管理问题。一些政务机构微博几乎成了摆设,表现为"注册积极、运营消极",在"网友冷遇"下成为"空壳微博""僵尸微博";发展套路也比较单一,导致内容形式的同质化问题严重;政务微博长效运营机制、考核机制已在部分地区和行业成型,期待全面铺开,以进一步实现运营的科学化、规范化;②政务微博发展模式丰富,但要重视政务微博的集群作用,整合区域和部门资源,充分发挥政务微博为民服务的功能。③

地方政务微博已然成为党和政府践行群众路线的新形式,其运营水平的好坏直接关系到政府公共管理的成效,更体现出当地政府构建服务型政府、阳光型政府的努力和魄力。基于此,本研究试图以江西地区为研究对象,对地方政务微博的发展对策进行实证研究,发现其发展的新举措、新模式,分析其发展中遇到的问题,以期为建构政务微博运营长效机制提供建设性的意见。

(二)研究对象与研究方法

1. 研究对象的典型意义

江西地处中部发展地区,在经济、政务微博发展等方面在全国的发展水平适中,具有代表性。随着经济的快速发展,江西省政务微博的发展也呈现出良好势头。人民网舆情监测室发布的《2012—2013年新浪微博政务报告》显示,江西地区的政务微博数量分别位居全国第21和22位,在全国的发展水平属中稍弱位次,具有研究的样本价值。

基于微博账户申请的开放性特征,新浪微博平台上冠以江西政府机构名称的微博不仅数量众多,且鱼龙混杂,身份难辨。为确保研究的严肃性,本调查选取674个经认证的党政机构政务微博为研究样本。而官员微博因具有个人和政务的双重属性,暂未将其纳入研究范畴。

2. 新浪政务微博平台是公认的权威平台之一

2011年以来,新浪平台上的政务微博除数量持续高增长外,在覆盖面、微博质量、应用水平、综合影响力等方面也呈现出不断提升的趋势。相对而言,新浪

---

① 人民网舆情监测室:《2013年新浪政务微博报告》2013年第6期,第40—45页。
② 人民网舆情监测室:《2012年新浪政务微博报告》2012年第12期,第89页。
③ 国家行政学院电子政务研究中心:《2012年中国政务微博客评估报告》,国家行政学院出版社2013年第3版,第99页。

微博平台已成为我国目前最具传播活力和影响力的社交网络平台之一,受到越来越多政府机构的认可和支持。

(三)研究方法和指标设计

1. 采取普查和随机抽样的调查方法

在普查微博账户的同时,本研究还两次随机抽样提取数据,一是鉴于江西政务微博从 2012 年上半年才逐步进入实用阶段,本研究选取 2013 年 5 月 25 日为时间节点倒推一年,截取各博主在此区间内所发 1000 条微博进行影响力和活跃度分析(不足 1000 条就以实际条数为准);二是从各博主所有微博中由计算机随机抽出 200 条博文进行内容分析,然后将有关数据导入 SPSS 软件进行统计分析。本研究数据均来自新浪微博 API。

2. 研究指标的设计

从本质而言,关于地方政务微博发展状况的研究属于政府组织绩效评价范畴。从组织绩效研究的视角看,一个衡量微博绩效可能的思路,是从政府组织绩效产生过程来考察政府组织的行为活动与组织绩效之间的对应关系,从而确定研究维度。美国俄亥俄大学的保罗·朗格博士运用逻辑模型探讨了绩效的内涵,从分析绩效产生的因果关系链揭示了组织如何从获得资源到提供产出并产生绩效的流程,为我们设计绩效评价指标提供了方法。[①]

一般而言,绩效是组织运作过程的行为表现,这里的运作过程,既包括组织执行过程,也包括组织执行结果,包括资源、输入、活动、输出、成果以及影响等运作过程要素。具体而言,政府组织获得资源,再将其转化为行政管理系统的输入,通过政府组织及其部门机构的一系列行政活动,转化为行政管理系列的输出,进而分离出该政府组织的执行成果。其中,管理能力、关键议题和利益相关者满意(外部评价)往往成为政府组织绩效研究的三种模式。[②]

通过考察政务微博运作,从管理能力和关键议题解决两个维度来研究地方政务微博的发展水平,比较契合本次研究的对象、内容和目标。所谓管理能力,

---

[①] Paul J. Longo. *The Performance Blueprint: An Integrated Logic Model Developed to Enhance Performance Measurement Literacy: The Case of Performance — Based Contract Management*. Contracts, 2002: 18.

[②] 吴建南等:《政府绩效评价:指标设计与模式构建》,《西安交通大学学报(社会科学版)》2007 年第 9 期,第 80—82 页。

是政府组织从其职能出发,组织内部运作的系列关键要素。本研究主要考察政务微博运营管理中的基本行为表现;关键议题解决是指政府组织绩效在很大程度上对应于政府解决外部系统关键议题的处置情况,如经济绩效、环境绩效和公共健康绩效等都对应了关键议题的解决效果。本研究主要考察政务微博在信息公开、职责服务、民意征集与调查等方面的执行指标。

基于以上两个维度,结合新浪政务微博运营的现状,本研究设计了两大类分析指标和若干基础数据指标。两大类指标分别是管理能力分析指标和关键议题解决分析指标。管理能力分析指标分为两部分,即微博活跃分析指标和影响力与网民响应分析指标;关键议题解决分析指标主要指政务服务分析指标。每类指标又由若干基础指标组成。

管理能力分析指标下的基础指标,含各博主微博首页呈现的基础数据和对抽样微博进行二次计算的数据。微博活跃分析指标主要包含账号名称、所属地区、粉丝数、加 V 粉丝数、关注数、加 V 关注数、账号创建时间和发布微博总数、微博日发频率等,共 10 项;网民响应分析指标主要是对抽样时间内(2012 年 5 月 25 日零点至 2013 年 5 月 24 日零点)抽取的 1000 条微博进行计算的数据,包括抽样第一条微博发布时间、抽样最后一条微博发布时间、转发微博数、被转发微博总条数、微博被转发率、被评论微博总条数、被评论总数、被转发总数、微博被评论率和本地粉丝占比等。

政务服务分析指标,主要是从各博主的所有博文中随机抽出 200 条进行内容分析后确定的政务性微博和非政务性微博数据,以及本地关注占比和微博原创率。

(四)江西政务微博整体发展水平分析

据《2013 年上半年新浪微博政务报告》,截止到 2013 年 6 月 26 日,新浪微博平台认证的政务微博达到 79372 个,政务微博发博总数达到 6063 万余条,所发微博累计被转发总量近 2 亿次、被评论总量约 1.6 亿次。[①]

统计显示,截止到 2013 年 5 月 25 日,江西政府机构认证政务微博 674 个,加上官员微博,总数量少于 1000 个。按 2013 年上半年新浪政务微博统计数据,位居全国第 21 位,整体发展水平在全国属中偏弱。在 2012 年年底新浪微博"党政微博最具影响力 TOP300"中,江西省只有 7 个入围。从省内数据看,江

---

① 人民网舆情监测室:《2013 年新浪政务微博报告》2013 年第 6 期,第 10 页。

西党政机构微博已覆盖了省本级、地市级、县区级和乡镇级四个行政层级机构。其中,经过新浪认证的省级及下属厅局微博总数38个,显示出省委、省政府对微博问政的重视,但从数量上看,微博主要集中在区县及以下层级机构。江西政务微博覆盖广泛,但分布明显不均。这点与全国的分布特征相近。

1. 从地区和部门属性看江西政务微博的分布

(1)政务微博的区域分布不平衡

江西党政机构政务微博在区域分布上表现得很不均衡。江西省11个地市区划,674个机构政务微博的地区分布情况是南昌133个、九江144个、赣州81个,位列后三位的是景德镇、萍乡和吉安。本统计将38个省本级及其下属机构政务微博单列。(见图5—2)

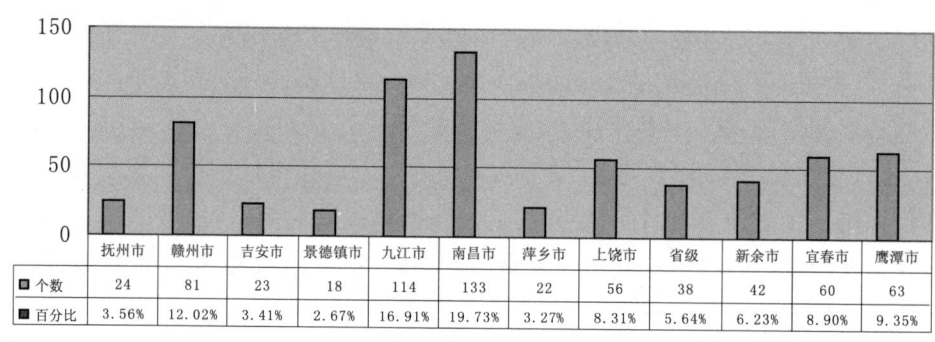

图5-2 微博的地区分布

(2)政务微博的部门分布不均,两极分化严重

按部门属性划分,江西674个党政机构微博呈现出部门分布不均、两极分化严重等特点。其中,公安系统的政务微博数量独占鳌头,这与全国政务微博的部门分布特点相似,只是江西省的公安微博比例超过了50%,明显大于全国平均水平。其次,旅游、交通和政府办(新闻办)开设数量分别居第二至第四位。其他众多机构的政务微博开设数量共59个。这些从一定程度上反映了政务微博的作用未获部分政府机构重视。(见图5—3)

(3)政务微博行政级别上呈金字塔式分布

江西全部674个党政机构政务微博在行政级别上呈金字塔式分布。数据表明,省本级及其直属政府机构开通政务微博38个,地市级政府机关开通微博212个,其余均为县级及其下属机构所属,共424个。(见图5—4)

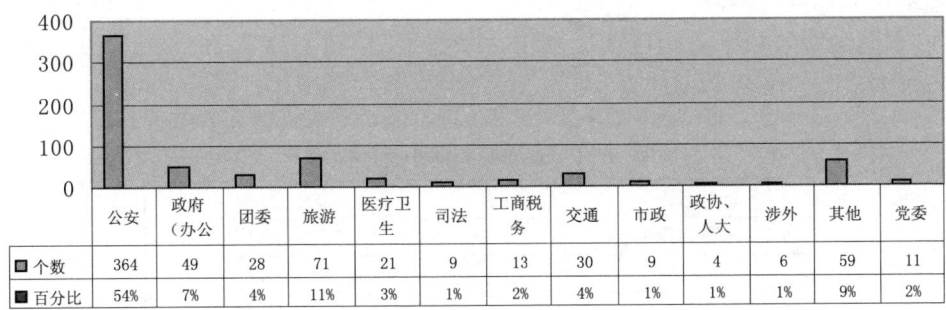

图 5-3　微博开通的部门分布

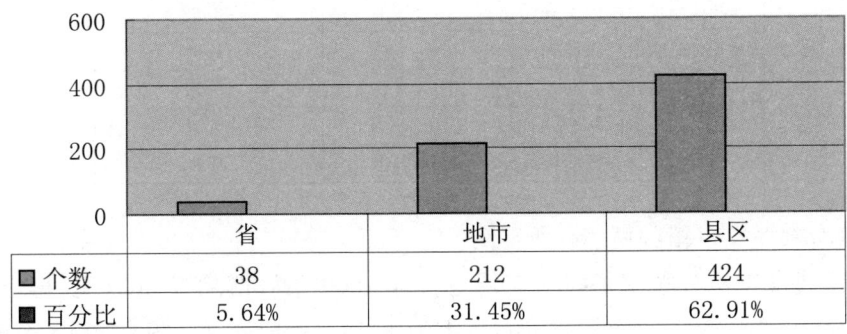

图 5-4　微博行政区域分布

(五)江西政务微博管理能力水平及相关管理问题分析

1. 政务微博活跃水平分析

微博活跃水平由博主发布微博总数、微博发布频率、微博中相对发布频率和抽样微博的相对比值等指标决定。微博发布频率是指博主所发微博总数除以经验总天数的值;微博中相对发布频率是指在 2013 年 5 月 25 日倒推一年的时间区间内,博主所发微博总数除以 365(天)的值。

(1)从微博发布博文水平看,地区间差别较大。除省本级外,南昌政务微博发布总数最多,达到 31929 条;其次是景德镇,达到 13183 条;再次是吉安,7932 条;最少的 3800 余条。

(2)各微博间发布频率差距巨大

统计得知,全省政务微博博主平均发微博总数为 483.99 条,平均经验天数 511.06 天。从微博发布频率来看,全省政务微博发布频率的平均值为 0.95,这意味着全省政务微博平均每天发布不足 1 条。当然,横向对比发现,全省范围内,不同微博的频率差距巨大。其中,"乐行南昌"频率高达 18.84 条/天,而少的还不足 0.001 条/天(见表 5—1)。

表 5—1 发布频率前十位的微博

	微博名称	频率
1	乐行南昌	18.84
2	平安分宜	17.69
3	分宜发布	16.47
4	南昌反扒 110	12.94
5	赣交通厅应急指挥中心	12.93
6	萍乡开发区治安	12.92
7	江西南昌火车站	12.08
8	南昌铁路	10.71
9	共青团樟树市	10.30
10	江西公安效能在线	9.13

(3)微博发布相对频率有所提高

微博发布相对频率是对所有博主抽样 1000 条微博除以 365(天)得出的。数据显示,全省政务微博相对发布频率为 1.43。对比微博的发布频率,全省政务微博发布频率相对有所提高,说明近年来政务微博的整体活跃度在上升。比照表 5—1 和表 5—2,相对发布频率绝对值有大幅上升。

表 5—2 相对频率前十位的微博

	微博名称	频率
1	江西南昌火车站	34.48
2	南昌铁路	34.48
3	江西治安	30.30
4	平安分宜	23.26
5	萍乡开发区治安	17.54
6	赣交通厅应急指挥中心	17.24
7	南昌发布	15.87
8	乐行南昌	14.49
9	南昌反扒 110	12.50
10	万年公安在线	12.00

值得注意的是,60 个博主日发微博不足 0.01 条,更新速度慢;有 98 个政务微博博主在一个年度中甚至没有发布一条微博,成为名副其实的"僵尸微博"。

2.政务微博影响力及网民互动水平指标

微博的政务影响力是微博传播力、引导力的综合表现。从研究政务微博影响力水平的主要指标来看,除微博的粉丝数、关注数和加V粉丝数等指标外,网民与微博的互动水平指标也是重要的参考要素。统计显示,江西省政务微博的主要影响力数据如下:关注总数平均为240.5个,粉丝数平均为14873.76个,加V粉丝数为675.72个,微博平均转发率为36.54%,微博被转发率为32.36%,被评论率为21.23%。几项主要指标呈如下特点:

(1)地区间总粉丝数差别大,影响力有别。粉丝数是衡量微博影响力的最主要指标之一。按地区(含省本级)平均,全省每个政务微博粉丝平均数为380.4个(省本级微博的平均粉丝数较大,达到2668.7个)。地区间粉丝的绝对数和相对平均数差别较大:南昌、景德镇和吉安的粉丝数列前三,分别为31929个、13183个和7932个;平均粉丝数相对较高的是景德镇、吉安和南昌,分别为732.3个、344.8个和240个,其他地区的平均粉丝数基本为两位数,少的只有17.8个;

(2)加V粉丝数占比整体水平不高。加V粉丝数占比是衡量粉丝质量的重要标准,其多寡从侧面反映微博的影响分量。整体而言,全省政务微博的加V粉丝数占比都不高,其中,抚州17.8%、景德镇17%、新余15.9%、萍乡15.3%,分列前四位;

(3)地区间政务微博被转发率水平接近。微博被转发率的高低可以反映微博受欢迎、受瞩目的程度。全省平均水平为39.5%,反映出网民与政务微博互动水平偏弱。位居前三位的是景德镇49.6%、赣州48.3%、九江39.9%;

(4)政务微博被评论率整体水平较低。微博被评论率的高低反映的是网民参与微博话题的热度和主动意愿。除了省本级的微博被评论率相对较高,其他地区间的平均数值处于17%—30%之间,差别不大。

(5)微博本地粉丝占比不高。一般来看,粉丝数的多少是微博影响力大小的具体表现,而从政务信息传递、政务服务实施等角度看,政务微博的本地粉丝数越多,政务服务和信息传递的效果就越好。分析表明,江西政务微博整体本地粉丝占比只有41%,除新余超过50%外,多数地方政务微博未得到本地网民的特别关注。(见图5—5)

3.政务微博管理问题分析

从管理能力水平数据中,可以看出政务微博管理方面存在的不足。

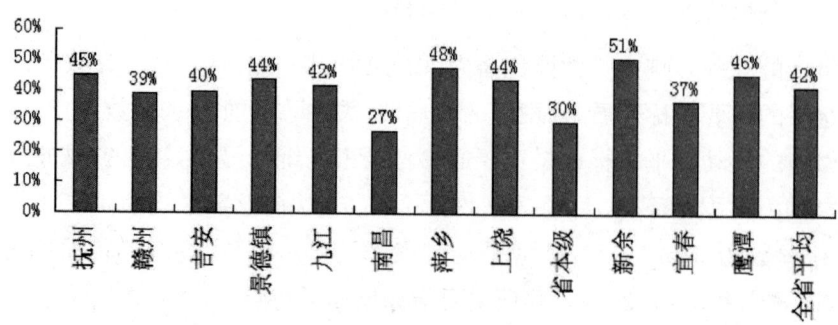

图 5-5 本地粉丝占比

(1)发展不均衡,要从党政机构的宏观关注度找原因

数据显示,地区间政务微博开通数量差异大,且两极分化严重,仅南昌市与九江市开通的政务微博数就已经接近整个江西省的一半;从部门分布看,政务微博开通数量分布不均,少数部门还没有开通微博。从部门绝对数量看,与全国一样,政法系统的政务微博占比最大。单江西公安系统政务微博开通数,已经达到全省总数的60%以上。这一比重显著超过全国水平。

从行政级别分布看,省本级及地市级党政机构的政务微博开通数相对较少,而县级及其下属机构数量大。从绝对数来看,尽管县级及其下属机构的微博数量远大于上级,但与江西省县级及其下属党政机构数量比,其发展的空间还很大。

从管理上看,政务微博分布失衡的原因应该与某些地区和部门对政务微博的重视程度有关。归根结底,就是有些政府部门没有将政务微博置于战略高度。

(2)活跃度不高,管理缺位是主因

分地区政务微博平均活跃度数据显示,地区间水平差别较大。除省本级外,鹰潭和吉安两市政务微博开通数量都不大,平均发博量却相对较高。其他的要么是政务微博数量多,但更新频率低,要么是政务微博数量少,更新频率也低。(见图5-6)

分部门政务微博平均活跃度表明,部门间政务微博的平均发布微博数也有较大差别。涉外、交通、公安等部门平均发博量处前列。还有几个部门的政务微博平均发博数很低,存在一定数量的"僵尸微博"和"空壳微博"。(见图5-7)

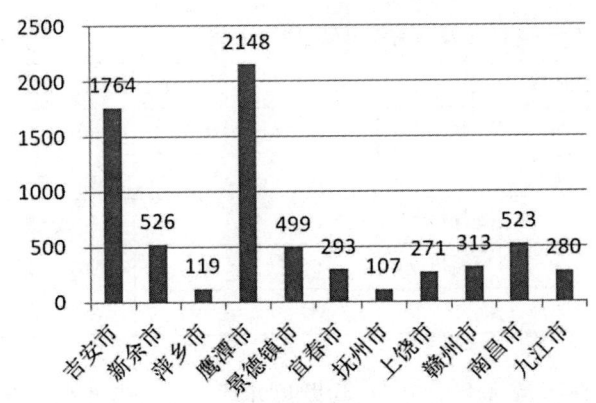

图 5-6 地区发布微博平均数

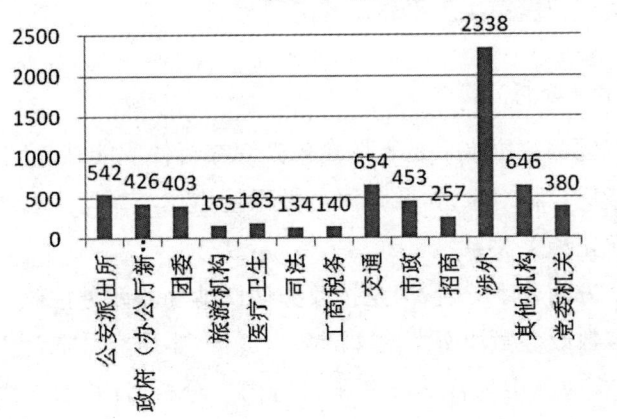

图 5-7 部门发布微博平均数

(3)部分微博引导力和传播力低,政务服务意识不到位

从某种意义上讲,粉丝量是衡量微博人气的"晴雨表",而关注数可视为微博主动探查舆情热度的"温度计"。按前文所列数据,全省每个政务微博平均有380.4个粉丝,与新浪平台上一些大V动辄几百上千万粉丝量相比,其整体传播水平确实有待提高;从全省每个政务微博平均240.5个关注量看,整体关注水平不高,反映了不少政务微博主动了解社会舆情的意愿不强。如表5-3所

示,部分微博开博大半年,发博总数、粉丝数和关注数都很少,其影响力和传播力可以忽略不计,更像是"微博秀"。

表5—3　部分微博活跃度低、影响力弱

账号名称	微博数	名称2	粉丝数	关注数	账号创建时间
＊＊公安人口管理大队	34	鹰潭市	8	20	2012－11－06
＊＊治安大队	9	抚州市	9	1	2012－10－29
＊＊户政科	7	抚州市	9	16	2012－10－23
＊＊公安户政	5	赣州市	6	9	2012－10－18
＊＊牯岭镇	9	九江市	11	10	2012－09－05

综上所述,政务微博在区域和部门分布、活跃度水平、人气热度和关注水平上表现出这样那样的问题,根本而言,都是管理缺位的问题。部分党政机构没有对政务微博形成统一的管理体制,对于开博要求、发博数量、发博频率、关注水平等没有刚性要求,不可避免地导致微博"惰政"。

(六)政务微博的关键议题解决水平与运营问题分析

1. 关键议题解决水平分析

政务微博中关键议题的解决水平是衡量政务微博在行使职能、履行职责等方面组织绩效的重要指标。相对来讲,政务服务性微博占比与微博运营时博主履行职务行为纯粹度有正相关关系。

本研究主要从两个方面着手分析,一是按政务性微博和非政务性微博两类进行抽样分析。鉴于多数政务微博所发博文的数量庞大,本研究采取计算机随机抽样方式,从博主所有博文中抽样200条来进行内容分析,计算每个微博中政务性博文的比例(博文总数不足200条者,取全部)。其中,博主所发博文内容属"政务信息公开""职责服务"和"民意征集与调查"的,属政务服务性微博,视其正常行使了职责行为,其他如天气资讯、交通资讯、旅游娱乐资讯、知识、趣闻及小贴士等非公务性博文属于非政务性微博。二是从政务微博博主与本行政辖区内网民的紧密程度来考察,主要指标有微博的原创比和微博的本地关注比。

(1)政务服务性微博占比分析

从地区分布看,江西省所有政务微博的政务性微博比平均值为55.27%。

其中，省属单位政务微博和南昌市政务微博的职务性微博平均水平最高，分别为 63.96% 和 62.25%；而宜春和吉安的政务微博的非政务性微博相对偏高，分别是 49.55% 和 55.33%。（见图 5—8）

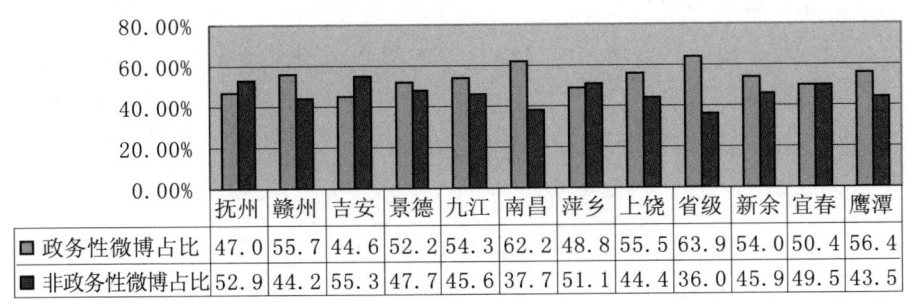

图 5—8　地区政务性微博占比

从部门分布看，医疗行业除外，各部门政务性微博占比均在 50% 以上，占比前三位的是涉外、司法、党委，分别为 77.4%、68.59% 和 66.77%。（见图 5—9）

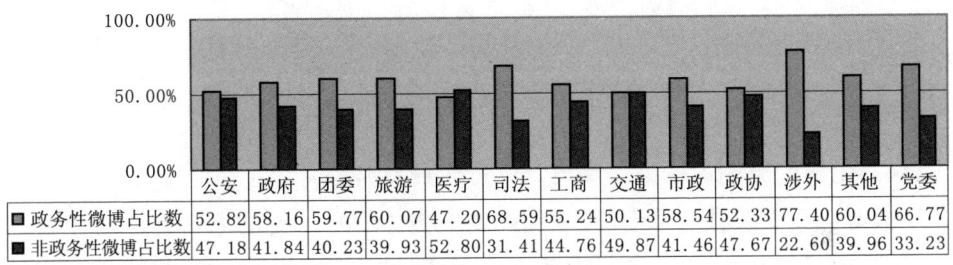

图 5—9　部门政务性微博占比

从行政级别分布看，省本级微博的政务性微博占比最高，为 63.96%，地市级政务微博占比 59.13%，县级及以下政务性微博占比最低，为 46.68%。（见图5—10）

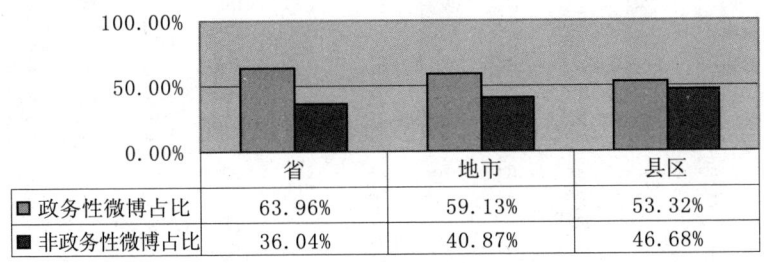

图 5—10　行政级别政务性微博占比

(2)政务微博的本地关注比有待提高

微博的关注数可作为衡量微博关注视野、关注意愿和意向水平的重要指标，而政务微博关注数一定程度上体现了博主听取民意、关注民生的主动意愿和服务意向。从属地管辖的角度看，地方政务微博应对本辖区内的微博 IP 投以更多的关注，因此，政务微博的本地关注比也是衡量政务微博关键议题解决水平的指标之一。分析显示，全省政务微博的本地关注占比平均值只有44%，有待提高。其中，排前两位的是南昌和新余，分别为61%和51%。（见图5-11）

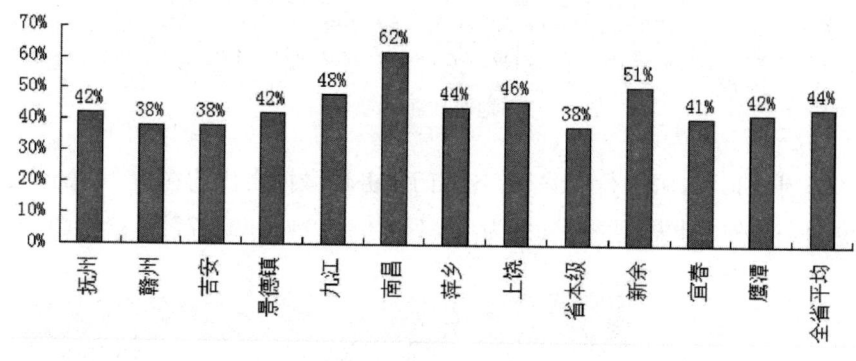

图5-11　本地关注占比

(3)微博的原创占比整体尚可，部分地方待加强

微博博文一般分为原创、转发和评论三类，其中，微博的原创占比与该微博的可读性和创新性成正比。对政务微博而言，微博的原创占比还与博主的政务信息公开程度和政务服务的主动性正相关。从图5-12看，江西政务微博原创比平均值为54%，而地方间区别较大，南昌高达76%，而萍乡只有27%。

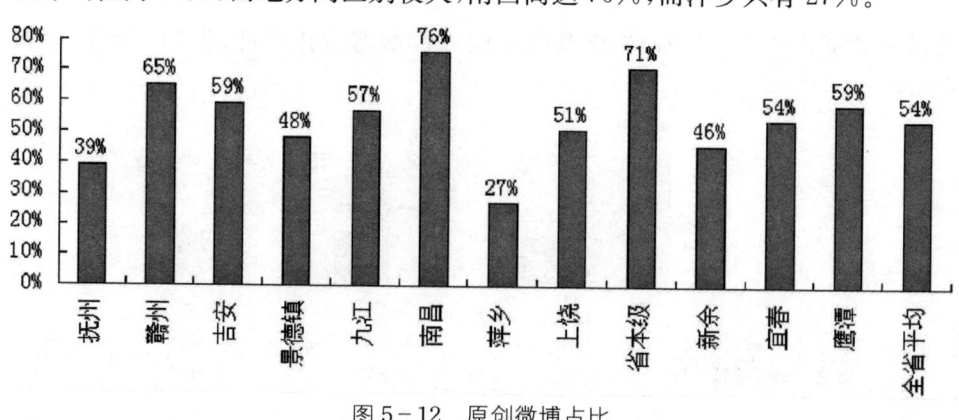

图5-12　原创微博占比

2.政务微博运营问题分析

从关键议题解决水平的分析数据看,全省整体平均水平一般,各微博间的差别大,暴露出部分政务微博运营机制层面的问题。

(1)定位模糊,影响政务微博的实效

从关键议题解决水平的相关数据看,过半政务微博基本能按照政府(部门)职责要求运用微博行政。其中,从按部门比较的政务性微博占比数据来看,涉外、司法和党委系统等部门的占比高,反映其职能性质与微博内容的对应关系密切,微博定位较明确,微博行政水平较高。也有部分机构尽管开通了微博,但所发博文与其机构特征并不匹配,究其原因,是微博定位不清,进而影响了微博的使用实效。

(2)主动"问政于民"的意愿有待提高

"问政于民"是指政务微博开设机关通过微博与公民互动,主动征求公众意见,虚心纳谏的政治行为表现。本研究主要用200条抽样微博中内容属于"民意征集与调查"的微博占比来衡量政府"问政于民"的水平。从数据看,江西政务微博的该行为整体平均水平偏低,只有2%,最高的宜春也只有5%。(见图5—13)

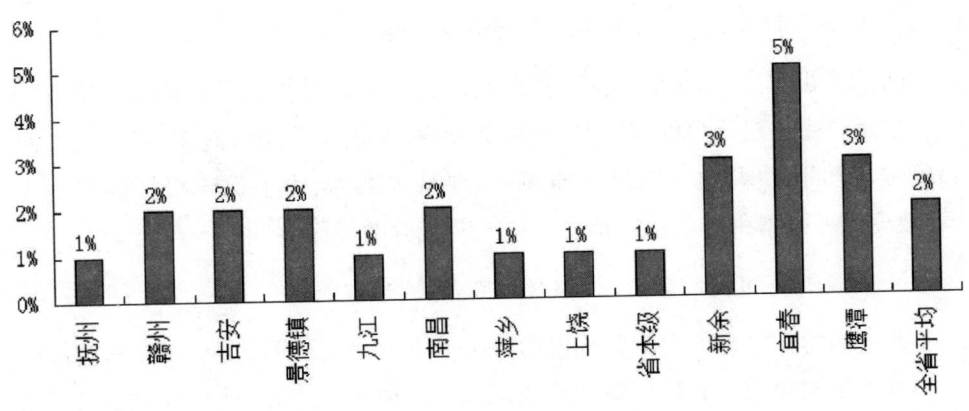

图5-13 主动问政微博占比

(3)身份无认证,公众易遭蒙蔽

目前,所有微博平台上账户名称注册都是开放式的。除了技术性要求和敏感词汇外,任何人均可申请任何名称的账户。调查发现,新浪平台中冠以江西某政府机构名称且未经审核的微博账户数量众多,真假难辨,给民众带来了不必要的困扰,如被别有用心的人利用,则可能给政府、社会造成重大的负面影响。

(七)地方政务微博运营管理机制的完善与创新

针对江西政务微博运营存在的"积极注册,消极运营"问题,结合现有的研究成果,为完善地方政务微博长效运营和考核机制,进一步促进科学化、规范化运营,特建议如下。

1. 面向新媒体,制定全面、可操作性的政府信息公开制度

2007年,国务院制定通过的《中华人民共和国政府信息公开条例》在各级政府信息公开的内容、方式和限制条件等多方面做了原则性规范,但在涉及公开渠道部分则只提到"政府网站"。面对社交新媒体话语权日渐壮大、传播优势日渐凸显的新情况,政府面向新媒体,应制定全面、可操作性的政府信息公开制度,规范政务微博、微信和即时通信等媒体的具体运作,使之成为促进政府服务转型的重要推手。

完善和创新政府信息公开制度时,应强化服务性、窗口性政府机构开设微博公开信息的必要性,推动具体业务部门以及与民生密切相关的部门优先发展政务微博,同时,应鼓励基层政府和机构全部开通政务微博,与民沟通。

2. 加强组织建设,成立专门的微博运营主体

所谓名正而言顺,保证政务微博顺利运营的前提是加强组织建设。要成立专门的运营主体机构,赋予其相应的职能和权责,设立政府微博新闻发言人,归口管理,跨部门协调政府信息发布事宜;要从人力、财力上保障机构的顺利运营,改变政务微博由办公室或信息办(中心)代管的局面。

3. 规范政务微博的管理制度,强化服务、沟通职能

政务微博在管理能力和关键议题解决等方面表现出的各种问题,其根本原因是有关机构和部门的管理制度缺位,因此,亟须统一政务微博管理制度,规范微博的日常运行,以强化政务微博信息公开、服务民众、政民沟通等职能。制度规范应着重从以下几个方面进行:

(1)制定网络舆情(陈情、留言)的搜集与反馈(交办)制度,保障党政机构及时发现行政管理和社会管理中的问题,并沟通解决问题,做到政府时刻把握网络舆论监督与引导的主动权。如南京出台的《关于进一步加强政务微博建设的意见》明确规定,对于灾害性、突发性事件,要在事件发生后1小时内或获得信息的第一时间,进行微博发布;银川市"问政银川"作出了"工作时间1小时内、

节假日休息 8 小时内回复"的承诺;南昌市公布政务微博发布运营管理办法,要求面对突发事件时,政务微博要"快说事实、慎说原因",事件发生后 2 小时内发布消息,及时澄清问题和发布事实真相。对网民关心的热点问题,要在 1 个工作日内受理回复,3 个工作日内向网民反馈受理和办理情况。该办法还规定,政务微博发布内容包括突发性群体事件、公共安全事件及处置情况等,每月发布信息数应不少于 20 条。

(2)制定政府决策与网民参与常态化制度。针对不少政务微博仅仅是信息公开的"告示板"的现状,微博管理应把服务摆在首位,把政民互动作为目标,充分利用微博私信、"@"、评论、留言等功能,将微博平台打造成为联系群众的主要窗口。

(3)注重微博效果评价,严格绩效考核制度。绩效考核是组织高效运行的制度保障。要保证政务微博的实效,就应把政府微博纳入政府的关键职能 KPI 考核范围,通过定期评估绩效或是引进外部评价机制,规范执行主体(公务人员)的行为,保证其运行效果,杜绝"僵尸微博""蠕虫微博""傲慢微博"等现象。

(4)强化官员的培训制度,提高主体的媒介素养。组织绩效来源于组织成员的组织行为和基本素养。政务微博绩效与其执行者的素养密切相关,因此,加强相关公务人员的定期教育培训,要求他们掌握新媒体特性,抛弃官本位作风,用人性化的语言和亲民的话语与百姓平等沟通,避免与网民冲突,破坏政府形象;提高官员处理新媒体事件的心理素质和应对技能技巧,冷静面对批评的声音。

4. 加大营销力度,占领新媒体舆论高地

事实表明,微博言论市场中,粉丝数与话语权成正比。网络事件从发生到发展,往往是由"大V"们来主宰议题和议程,可以讲,网络舆论之争就体现在粉丝数量之争上,因此,要增强政务微博的影响力和实效性,就要与时俱进,创新宣传理念和方法,把"加粉"作为一项战略任务来抓。政务微博"加粉"有得天独厚的条件,如政府的公信力和权威度、政务机关社会管理主体地位和服务民生的天职等,用权威的信息发布、真诚为民的服务和平等亲民的互动,一定能赢得辖区百姓的拥戴,吸引相关公民"加关注";通过微访谈、微座谈、意见征集、问题反馈等方式提供给公众有序参政议政的机会,扩大政务微博的影响力。

四、江苏省网民问政行为偏好的实证分析①

网络问政有两个核心内涵,一是政府通过互联网做宣传、做决策,了解民情、汇聚民智,即政府问计于民;另一方面指普通网民向政府官员建言献策,表达民意,监督政府行为。从某种意义上看,网络问政也是网络政治参与的一种表达方式,即网民问事于政。② 网络问政活动早已脱离虚拟,渗入网民的实际生活。研究网民参与网络问政的行为选择、动机、效应等,用实证数据说明网民行为特点及规律,可以为解读网民的行为提供一种参考,同时为我国建立网络问政的长效机制提供一些建议,丰富和促进我国民主政治生活,最终造福于广大网民群众。

从近几年对"电子政务"的研究可以看出,学者们已经不再满足于从单一的技术或硬件方面进行分析与探讨,而是把"以用户为导向"作为电子政府建设所遵循的基本原则和电子政务评估的考量标准之一。

南开大学周恩来政府管理学院的朱旭峰和黄珊③就撰文指出,政府可以通过掌握市民特征和他们的信息行为,了解自己提供信息和服务的主要受众人群的行为特征和偏好,并制定针对相关人群的政策与服务方案,从而使政府信息资源得到有效开发。

他们认为,要建立起政府和用户之间有效的双向沟通机制,进行大规模的用户信息行为调查是必需的。网络问政作为"电子政务"的发展,建立长效的问政机制,对网民行为的实证研究也是非常有必要的。

(一)国内关于网民参与网络问政行为研究的文献综述

关于网络政治参与,上海大学学者王韧的定义是,公众以网络为媒介参与网上选举、网上利益表达、讨论、信访等,并试图影响政治过程的行为。④ 他还指出,网民与公众的界线很模糊,在法律上网民不具有政治权利,因此网络政治参与的主体是公民。但事实上,这里的公民指向的就是网民。

---

① 本研究成果参见刘西平、黄建宁、卢丹:《网民问政的渠道选择、使用效果及其影响因素的实证研究》,《电子政务》2014年第12期。
② 郭芙蓉:《论网络问政的兴起及其理性限度》,《中国青年研究》2010年第9期。
③ 朱旭峰、黄珊:《电子政务、市民特征与用户信息行为——基于天津市市民调查的实证研究》,《公共管理学报》2008年第2期。
④ 王韧:《公众网络政治参与研究》,上海大学博士学位论文,2011年。

本书认为，以上所指的公众网络政治参与行为与网民参与的网络问政行为有共通之处。选题所旨意的网民参与网络问政行为从属于公众网络政治参与行为。

鉴于目前国内对网民参与网络问政行为研究的专著并不多，针对性的文献资料也比较少，而对公众网络政治参与行为的研究资料却很丰富。于是，笔者拟从公众网络政治参与行为的概念范围里寻找相关研究理论和成果，并将一些直接指向网民参与网络问政行为的研究纳入其中。

1. 网民行为特征的相关研究

学者对公众网络政治参与行为的特点做了总结。吉林大学金毅[1]认为，公众网络政治参与行为有四个方面的特点：行为主体地位平等、身份隐蔽；行为空间广泛而开放；行为方式多样，成本低廉；行为过程互动性强，难以控制。

王韧认为公众网络政治参与行为是信息技术与传统政治参与行为相结合的产物[2]，因而其行为特点会有新的不同：行为主体具有复杂性；行为过程具有非动员性；行为动因具有现实批判性；行为结果具有突发性。

2. 网民行为方式或形式的相关研究

基于本课题的研究参考需要，这里的网民行为方式或形式特指网民参与网络问政行为或公民网络政治参与行为的媒介途径。

郑州大学刘凝把公众网络参与行为的方式归纳为政府门户网站、政治性论坛、政治微博和网络舆论等。[3] 金毅则把它细化为电子投票、网络实证论坛、电子邮件、网络政治博客和微博等。[4]

针对网民参与网络问政行为方式的选择或媒介途径的研究，学者们各有观点。

周斌、虞谷民、李怡紧贴热点，在《微博问政：政社互动的新模式探析》[5]中指出了微博问政特殊的积极意义。

有学者认为目前网络问政对网络技术工具的利用还不够充分，如贺晓丽、

---

[1] 金毅：《当代中国公民网络政治参与研究》，吉林大学博士学位论文，2010年。
[2] 王韧：《公众网络政治参与研究》，上海大学博士学位论文，2010年。
[3] 刘凝：《我国公民网络参与问题研究》，郑州大学硕士学位论文，2012年。
[4] 金毅：《当代中国公民网络政治参与研究》，吉林大学博士学位论文，2010年。
[5] 周斌、虞谷民、李怡：《微博问政：政社互动的新模式探析》，《西南石油大学学报》2012年第1期，第27页。

满在龙[1]就撰文指出电子邮件、即时通讯软件（QQ、MSN 等）、新闻跟帖、论坛、博客、微博、官方网站等媒介技术途径都可以也应该在网络问政中得到进一步开发和利用。

蓝云、梁朗然[2]认为，网络问政可以参照"全媒体模式"运作，充分利用媒体的资金、渠道和影响力资源，报网协作，使网络问政制度化、常规化。具体运作模式为官方发出信号，媒体利用网络汇聚民间意见，然后通过大众传播媒体的影响力向官方寻求回应，最终推动官民互动。

3. 网民行为影响因素的相关研究

一般来说，网民行为影响因素可以从主观和客观两方面来考察。

主观方面，网民行为心理是探讨其行为的一个重要出发点，许多学者以此来分析网民行为。王求[3]从"使用与满足"的理论视角出发，认为网民行为的动因就是需求，包括自我实现需要、社会交往需要以及休闲娱乐需要。

也有学者从网络环境的角度分析了网民行为的影响因素。肖燕雄、陈志光[4]认为，不同的网络环境和网络身份识别会使网民行为表现出很大的差异，非实名制下的网民行为明显非理性化，而实名制下的网民则理性负责得多，并且不易受群体情绪的感染。有学者把这种现象归结为网民行为心理的表现之一，即网民"匿名制服"[5]心理。

讨论公民网民参与行为，刘凝[6]认为其行为的动因有三点：一是政治意愿表达的需要，二是行使监督权的表现，三是维护个人利益的需要。

陆敬筠、仲伟俊、梅姝娥[7]用实证分析的方式考察了公众对政府网站的参与程度及对政府网站所提供的服务的满意度。调查后发现，公众政治参与的积极性较低，只有 22% 的被调查者愿意尝试通过电子方式来影响或改变政府决策，78% 的被调查者对通过电子方式参与政府决策持否定态度。他们还在调查中

---

[1] 贺晓丽、满在龙：《网络问政的技术路径、问题与推进策略》，《青岛行政学院学报》2011 年第 1 期，第 39 页。
[2] 蓝云、梁朗然：《网络问政的启示——全民媒体：奥一网的抉择》，《新闻与写作》2010 年第 5 期，第 26 页。
[3] 王求：《网络传播对网民行为方式的影响》，《中国党政干部论坛》2005 年。
[4] 肖燕雄、陈志光：《匿名、假名与实名之别——以铜须事件为例解析网络论坛中的网民行为》，《当代传播》2007 年第 4 期，第 49 页。
[5] 罗明：《网民行为的"匿名制服"心理效应初探》，《辽宁警专学报》2008 年第 7 期，第 51 页。
[6] 刘凝：《我国公民网络参与问题研究》，郑州大学硕士学位论文，2012 年。
[7] 陆敬筠、仲伟俊、梅姝娥：《电子公共服务公众参与度的实证分析》，《情报科学》2008 年第 2 期，第 225 页。

指出，网民的这一行为选择与政府的回应状态差有一定关系。这种动因分析显然是从客观方面进行的考察。

朱旭峰、黄珊①专门对"电子政务"中用户行为进行了实证研究。他们首先作出理论假设：认为用户的性别、年龄、教育背景、职业等个人特征与其信息行为之间具有某种相关关系，随后对天津市政府网站的使用情况进行了问卷调查。

他们得出的结论是，用户对政府网站服务功能的选择性使用所呈现的差异，是由用户身份特征的差异性和政府网站建设的局限性两个方面决定的。也就是说，主观和客观两方面的影响因素共同导致了政府网站的使用现状。

北京大学孙强、黄蓓蓓②关于网络问政影响因素的研究直指参与网络问政的网民。但在调查对象上，他们选取了大学生这个特殊的网民群体，分析了网络问政与大学生生活的关系。

基于实证数据，他们对大学生参与网络问政行为的影响因子进行了相关分析及正负面多元回归对比分析，以构建多元回归方程的形式详细分析了大学生对网络问政的态度和评价。

分析结果指出，大学生参与网络问政行为及其参与意识的影响因素主要包括人口统计变量，如性别、年龄、月消费金额等；政治意识，如政治认知、政治行为、政治态度；互联网态度，如网络生态缺陷、功能支持、情感支持、网络生态阻力、网络权利侵害。

4. 网民行为效应或意义的相关研究

谈到公民网络政治参与的作用或意义，刘凝认为它实现了公民直接参政议政的政治权利，降低了政府收集民意的行政成本，改善了公众与地方政府的关系。③

在网络问政研究领域，卜红双、张俊花④认为，网络问政为民意表达机制提供了新的、便捷的、低成本的交流工具和平台。这种参与行为也使公权力置于阳光之下，有助于透明作业、规范运行、凝聚人心、集中民智。

---

① 朱旭峰、黄珊：《子政务、市民特征与用户信息行为——基于天津市市民调查的实证研究》，《公共管理学报》2008年第2期，第59页。
② 孙强、黄蓓蓓：《网络问政的影响因素研究——以当代大学生为例》，人民网，http://media.people.com.cn/GB/22114/150608/150616/13541214.html。
③ 刘凝：《我国公民网络参与问题研究》，郑州大学硕士学位论文，2012年。
④ 卜红双、张俊花：《网络问政与民主政治》，《大连海事大学学报》2010年第10期。

王继荣①也指出,网民参与网络问政有利于公共政策制定的科学性和民主性,也是化解矛盾、维护和谐的重要方式。

5. 网民行为对策性的相关研究

这里指的对策性研究是指针对网民行为现状,得出应对性措施,目的通常是优化、规范、引导网民行为,或优化网络环境,使其良性运行。

如前所述,这种对策可指向网民,也可指向网络上的其他主体。

就网民来说,学者们多从加大宣传教育,提高网民行为素质方面来谈。金毅②认为扩大中国公民网络政治参与行为需要更新公民网络政治参与理念,提升公民网络政治参与能力。

就其他网络主体而言,他认为应加快网络基础设施建设,消除网络"数字鸿沟";推进"电子政府"建设,畅通公民网络政治参与渠道;促进政府与公民互动,完善公民网络政治参与方式;健全网络法律法规制度,规范公民参与秩序;完善网络伦理道德体系建设,构建理性网络政治参与文化;加强网络社会管理,优化公民网络政治参与环境;积极应对网络群体事件,维护公民政治参与权利。③ 基于天津市民众用户行为研究的成果,为优化政府与用户的沟通机制提出了对应策略:政府相关机构应全面考虑由用户个人特征带来的主观使用差异和因政府网站建设不完善导致的客观局限。研究者和管理者也可以在对政府网站进行评估时,对网站结构设置、信息提供和电子政务服务导向等方面进行适当倾斜。而政府网站建设者也应根据信息和服务内容采取相应措施。④ 就网民参与网络问政行为现状,提出要实现网络问政的制度化管理,将电子政务的建设和实施流程化、制度化,制定严密的操作程序,加强监理,建立合理的政务运作模式,转变政府职能。

(二)研究对象选择与问题假设

从上述分析不难看出,在有关网络问政的研究中,有学者针对网民参与政治行为进行过研究,但他们多停留在理论层面的整理和分析,对网民行为的实

---

① 王继荣:《网络问政——互联网时代的政府管理创新》,《湖北教育》2011年第6期,第44页。
② 金毅:《当代中国公民网络政治参与研究》,吉林大学硕士学位论文,2010年。
③ 朱旭峰、黄珊:《电子政务、市民特征与用户信息行为——基于天津市市民调查的实证研究》,《公共管理学报》2008年第2期,第49—57页。
④ 林慧:《新时期"网络问政"制度化管理分析——以"宁波市政府门户网"为例》,《经营管理者》2010年第5期,第111页。

证研究和数据分析很少。在网络问政研究中,对"网民参与网络问政行为"进行专门性研究的就更少。本课题将把网络问政视为一个行为过程,考察网络问政绩效就应该从网络问政行为本身进行研究。前文对政府门户网站和政务微博的问政行为偏好进行了实证研究,那么,我们还需要从问政的另一主体——网民——出发,对网民参与网络问政的行为进行研究,以考证我国网络问政实行过程中存在的问题。

查遍现有的调查报告,在我国,省级及以下地方政府鲜有针对网民参与网络问政行为开展专题研究的。江苏省是唯一一个从2010年到2014年(2014年发布的是2013年的报告)都发布有地方互联网发展状况报告的省份。在这几份由江苏省通信管理局、江苏省互联网行业管理服务中心和江苏省互联网协会联合发布的报告中,有专门章节论及江苏网民的网络问政行为。[①] 江苏省这四年的实证统计报告中尽管涉及网民网络问政的内容不多,但这些内容都来自于对网民行为的调查,对本研究可谓极具参考价值和启示作用。

几年来,其报告涉及江苏省网民参与网络问政的情况,考察对象主要是政府网站平台。报告显示,2013年,"江苏省网络问政已初步实现了常态化、规范化和实效化,政府执政日益阳光、透明,网民的民主意识日益增强"。"36.3%的网民认为网络问政非常有意义,但认为地方政府领导重视不够,部分地方网络问政形同虚设的比例达到45.2%。"[②]2012年,在访问政府网站的网民中,"查询政务信息"的网民最多,其次是"反映问题/投诉/建议/咨询/信访",再次是"查询办事指南或下载业务表格","向政府提交办事申请"的网民最少。而2013年,政民互动比例达到32.9%,比上一年度高出14.3%。

江苏省网民对于网络问政的认知水平有所提高。表示"没听说过""不了解"网络问政的网民人数为19.6%;65.7%以上的网民表示"知道一些""很了解"网络问政,比上年提高了近6%。

另外,在评价认知上,对网络问政的作用及意义持积极态度者超过半数,其中,36.3%的人认为网络问政"非常有意义",23.4%认为网络问政"有意义,是一种民意表达";只有6.8%的人认为"网民意见不能影响政府决策",这一比例比上一年度大幅减少。

[①] 江苏省通信管理局:《江苏省互联网发展状况报告(2011年)》,http://www.jsca.gov.cn/zxzx/hygc/jshlwfzbg/201008/t20130815_32049.html。

[②] 江苏省通信管理局:《江苏省互联网发展状况报告(2011年)》,http://www.jsca.gov.cn/zxzx/hygc/jshlwfzbg/201407/P020140712162227731863.pdf。

在江苏省网民的认知及喜好中,36.2%的网民认为"网络访谈,官员与网民在线交流"是他们最喜爱的网络问政形式;56.9%的网民认可网络问政具有"党员干部的监督和防止腐败作用";62.6%的网民认为"各级政府建立与网民沟通的工作机制"是政府推动网络问政最应该做的工作。要提升网民对参与网络问政的信心,需要政府建立网络问政的长效机制,网民参与网络问政,其目的及诉求能够得到有关部门的及时处理和反馈,处理结果能够及时公布,网络问政过程能够得到有力的监管。

除此之外,该报告没有进一步的数据反映江苏省网民的网络问政行为,但这些已经为本课题的研究提供了示范和引导,为本课题的进一步研究指明了方向。江苏省近年的互联网发展报告不是对网民参与网络行为的系统性专题研究,会使我们对网民参与网络问政的行为偏好认识不足。例如,网民参与网络问政行为,其平台选择应该不只是政府网站,还应有其他政府性和非政府性平台;网民参与网络问政有其目的或动机,而后续的问政目的或诉求的实现情境,即问政效果也该有所说明;网民对网络问政行为的认知不仅仅停留在几个点,理应在积极和消极两种态度上,从"面"上进行考察;网民行为有其特点,自然需要从网民自身特点出发,对其行为特点进行分析,等等。

另外,更重要的是,报告显示的大多为江苏省网民参与网络问政行为的描述性分析,缺乏对网民行为的规律性分析及预测性指导。这需要在基础统计数据上做复杂的数学建模和运算,并验证计算结果。本研究将重点对这一块进行补充。为此,本研究首先提出了几个研究假设,作为论证的指引:

假设一:网民参与网络问政行为,其平台选择和问政动因有某种趋向,这种趋向与其自身有关。

(1)网民对参与网络问政的平台选择有某种倾向。在问卷设置中,以政府网络平台、非政府网络平台作为主要分类标准进行考察。

(2)网民对参与网络问政行为的平台选择倾向与其自身特征有关。这种特征主要包括性别、年龄、受教育程度、职业、月收入五项身份指标。在设置问卷时,把这五项指标置入其中,以期在抽样调查的数据分析中验证该假设。

(3)网民参与网络问政行为的动因有某种趋向。在问卷中设置维权投诉、举报、咨询求助、建言献策、评议政风行风、参与民意调查、参与政府的网上交流互动等被选项。

(4)网民参与网络问政行为的动因趋向与网民的身份特征有关。

假设二：网民参与网络问政行为的效果与网民身份特征、网民选取的问政平台和问政目的及诉求有关。

(1)网民参与网络问政行为的效果与网民身份特征有关。这种效果主要是指网民是否实现其问政目的及诉求。

(2)网民参与网络问政行为的效果与其选择的网络平台有关。选择政府性和非政府性网络平台参与问政，其问政目的的实现情况会存在差异，且通过各种网络平台参与问政，其成功率也有高低之分。

(3)网民参与网络问政行为的效果与其问政目的及诉求有关。持有不同问政目的及诉求的网民，其问政的成功率会有所不同。

假设三：网民对参与网络问政行为的平台在认知上存在差异，这种差异与网民自身的特征有关。

(1)不同类型的网民对各类网络问政平台的期望值存在差异，这种差异与网民的身份特征有关。

(2)不同类型的网民对各类网络问政平台的效能在认知上存在差异，这里的效能主要是指各类网络问政平台在网民实现其问政目的及诉求方面的积极促进因素和消极阻碍因素。这种差异与网民的身份特征有关。

(3)不同类型的网民对各类网络问政平台的改善建议在认知上存在差异，这种差异与网民的身份特征有关。

(三)研究方法与过程

本研究为实证研究，主要运用了科学主义的研究方法，如随机抽样调查法、问卷调查法等方法。具体包括：

1. 资料分析法，设置问卷

大量阅读相关文献资料，总结有益的研究成果，以传播学中有关受众分析的相关理论为基石，参考前人的研究视角及思路，依据目前网民参与网络问政行为的现状，提出合理假设。为论证该假设设置题目，拟定问卷。在具体操作中参见江苏省近三年互联网发展状况报告，补充其中关于网民参与网络问政部分的不足。

2. 分层随机抽样调查法，问卷调查

在抽样范围上，由于资金和人力有限，本研究在省级范围内进行操作。如前所述，江苏省在网民参与网络问政行为的研究上已有部分数据基础，这在全国是少见的。所以,本研究以江苏省为地域抽样范围,一方面能够参照其较为科学的抽样过程和方法,另一方面也能对其研究不足进行补充。本论题将可作为其互联网发展状况研究的延伸分析,显示出一定的连贯性。

此外,从全国来看,江苏省的经济社会发展水平比较高但非处于领跑位置,而网民数量众多,身份层次复杂多样,相对而言比较具有代表性。

因而,本论题将遵循江苏省在互联网发展状况报告中所用到的抽样原则和方法,以江苏省的不同地区为限,做配额随机抽样。但在具体操作中,本研究将作出适当调整,如取消城镇与农村的抽样差异,在抽样总量和配额量上也会降低抽样比例。

另外,为实现高效的抽样过程和数据整理过程,本研究与国内较为专业的问卷调查公司"问卷星"合作,利用其数据库,在江苏省范围内对网民进行网络问卷调查,即从其样本数据库中按地区配额随机抽取1600个样本。

3. 数据统计

回收有效问卷,整理并统计问卷数据,依据研究假设做相应分析,得出结论。过程中主要用到SPSS等专门的统计软件,得出描述性分析。此外,对于规律性的模型运算等深层分析过程,本研究将利用数学计算法,如设置变量、建立数学模型,以求得出科学结论。在这一部分,我们会邀请专业的数学统计专家给予指导。这些都将在后面具体数据分析的表述中得到呈现。

4. 执行过程

(1)抽样调查的范围与时间:江苏省网民(IP地址显示为江苏省的网民);因要与《江苏省互联网报告》进行必要的对照,本研究选择2013年以前注册的IP进行调查。

(2)"问卷星"江苏省网民数据库样本是江苏省网民的一部分,样本总量为17.9145万(近似18万),于江苏省3685万的网民数量而言,规模不大。但在此数据库中做进一步抽样,抽样样本在江苏省范围内也不是完全没有代表性的,关键还是要看该数据库中江苏省网民的构成特点与江苏省网民的整体构成特点是否基本一致。

(3)江苏省网民结构与"问卷星"样本数据库中江苏省网民结构的对比。

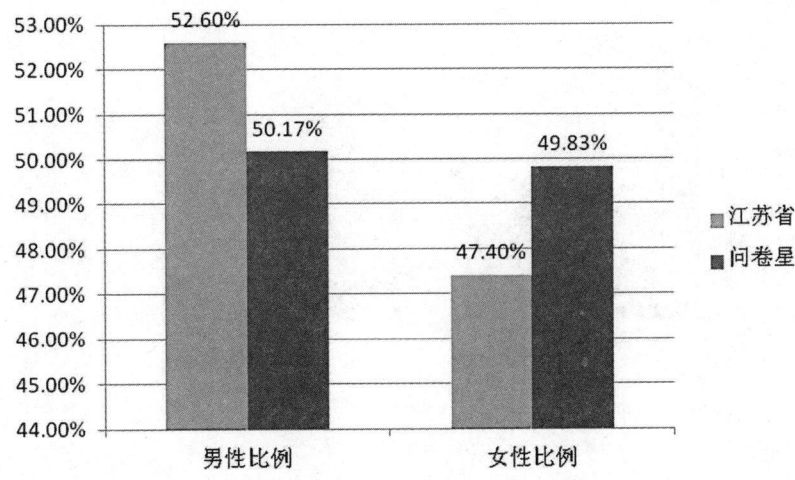

图 5-14 江苏省网民结构与"问卷星"样本数据库中江苏省网民结构的性别比

性别上,江苏省网民中,男性比例略高于女性。"问卷星"数据库中的江苏省网民基本符合这一结构特点。

年龄:

在江苏省网民中,20—29 岁网民群体最多,网民规模比例随着年龄的增高而递减。从图 5-15 中可以看出,"问卷星"中江苏省网民也基本符合这种趋势特点。

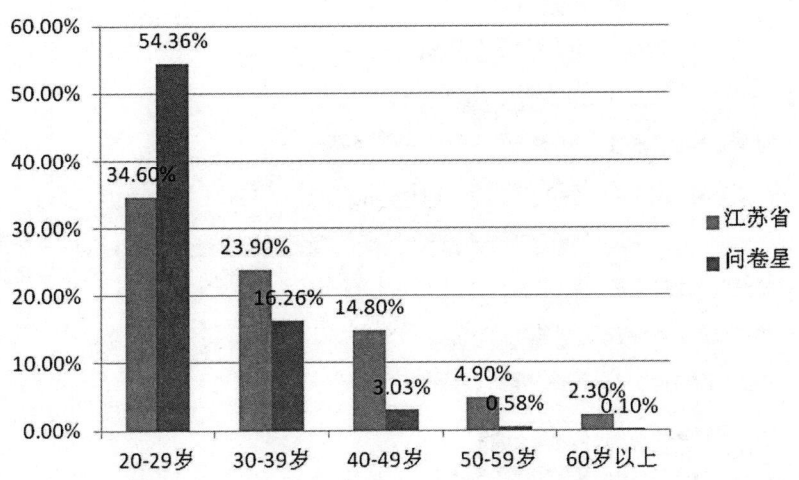

图 5-15 江苏省网民结构与"问卷星"样本数据库中江苏省网民结构的年龄比

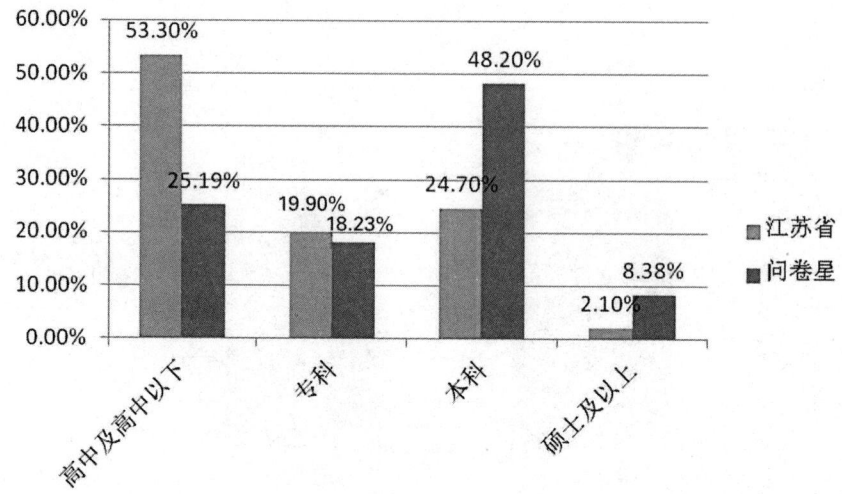

图5-16 江苏省网民结构与"问卷星"样本数据库中江苏省网民结构的受教育程度比

江苏省的网民结构中,高中及以下学历群体人数最多,其次是本科。而"问卷星"中的江苏省网民中则以本科学历人群居多,然后才是高中及以下学历人群,其数据库中的网民受教育程度高于江苏省网民的整体水平。

从图5-17可以看出,江苏省网民的整体职业特点与"问卷星"提供的数据基本一致,两者在职业类别的差距上并不明显。

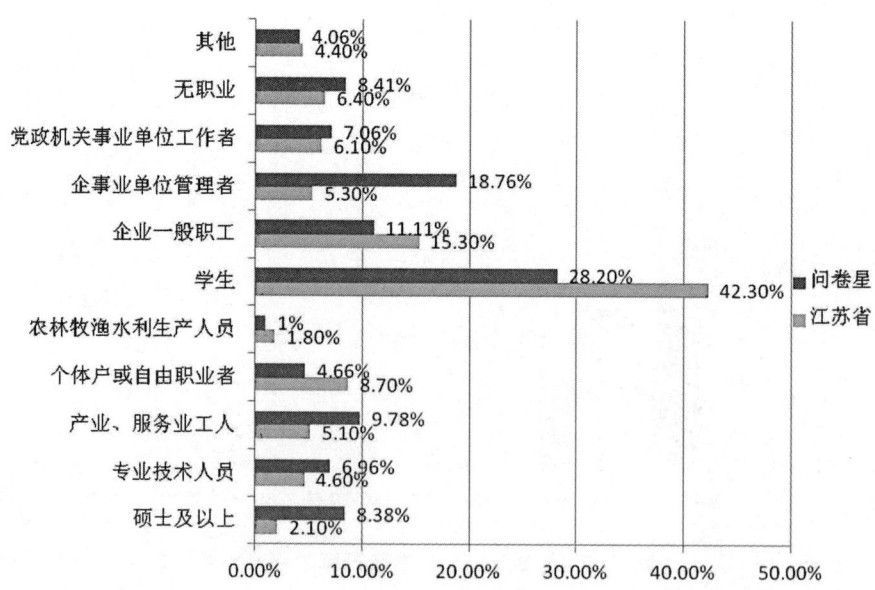

图5-17 江苏省网民结构与"问卷星"样本数据库中江苏省网民结构的职业比

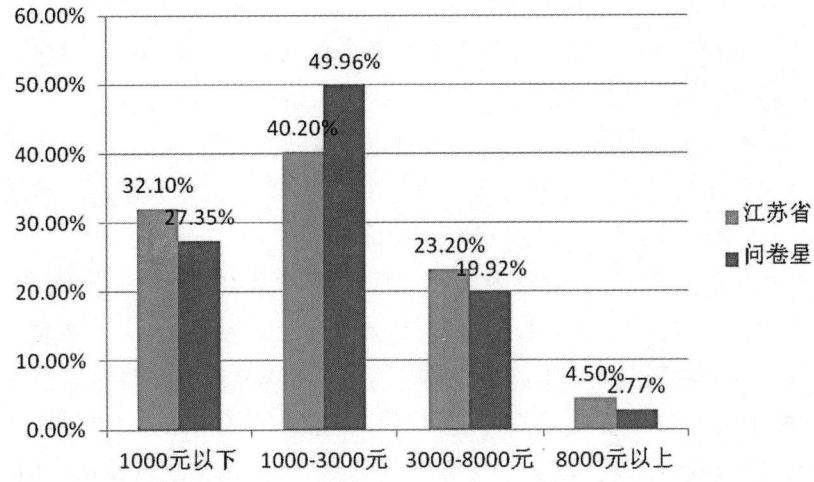

图 5－18　江苏省网民结构与"问卷星"样本数据库中江苏省网民结构的月收入比

很明显,图 5－18 中两色柱体的高度差异不大,且走势也大致相同。可见,在月收入水平上,"问卷星"中的江苏省网民样本与江苏省网民的整体特点基本一致。

总之,除了受教育水平偏高外,"问卷星"中江苏省网民样本的结构特点与江苏省网民的整体结构特点基本一致,在一定程度上能够代表江苏省网民的整体状况。因此,以"问卷星"中江苏省网民数据库作为总样本,做进一步的科学抽样,抽样结果具有一定的代表性。

5. 抽样规模

江苏省互联网发展状况报告提到,其抽样规模的设定是依据美国市场研究专家 Alan Dutka 给出的数据,在 99% 的置信度下,允许的最大绝对误差不超过 2%,计算出样本容量为 4148 个,在实际操作中,报告抽取了 4800 个样本。

本研究中,江苏省网民样本的抽取不是以整个江苏省网民为样本总量的,而是以"问卷星"已有的且被证实了有一定代表性的部分江苏省网民为样本总量进行抽取的。在这一基础上,为了保证目标比例估计值的精度,本研究会按比例降低抽样规模,选取 1600 个网民样本进行调查,样本对江苏省网民有代表性。

6. 抽样过程

本研究采用了分层配额的系统抽样法。具体做法是先将江苏分成苏南、苏中和苏北三个地区;苏南地区选取南京、苏州、无锡、常州及镇江作为抽样点,苏中选取扬州、南通及泰州作为抽样点,苏北则选取盐城、徐州、宿迁、连云港、淮安作为抽样点;在每个抽样点选取四个以上不同的区、县进行抽样调研。这种抽样方法基本能保证样本的真实性及代表性。苏南、苏中、苏北共 13 个抽样点,基本涵盖了江苏省的所有地区。其中南京、苏州、无锡、常州、镇江及南通 6 个地区计划每个地区(市)各发放 150 份样本,其他 7 个地区计划每个地区(市)各发放 100 份样本,总问卷样本量为 1600 份。

对于抽取的样本,我们会要求其在一周内用一个 IP 地址、一台电脑、一个用户名填写一次,对于不符合上述要求者,其问卷设定为无效而不予回收。

另外,在问卷填写过程中,对于答题不完整、不规范或答题时间不足 3 分钟者,其问卷也将视为无效而不予回收。为了排除抽样样本随意填写的现象,除了答题时长的限制外,系统还将设置陷阱题规则,随机调整题目或选项顺序,以保证问卷的数据质量。

因此,未填写或不满足填写标准的问卷会视为无效问卷,一周后不予回收。也就是说,能够回收反馈的问卷都是有效问卷。

7. 统计分析思路

首先对网民参与网络问政行为做描述性分析。

主要包括网民参与网络问政的行为方式及特点,网民参与网络问政的行为目的及诉求,网民参与网络问政的行为效果及问题,网民对参与网络问政行为的认知取向。

从统计数据中点出网民的行为趋向,如他们对参与网络问政的意识,多采用何种网络平台问政,采用这种平台的动因,问政目的和动因,是否达到该目的,以及对网络问政效果的评价,对政府网络问政行为的态度等。

从现状中看到存在的问题,并针对网民行为趋向,采取对策性措施,以求使网络问政更好地满足公众需要,从而达到服务公众的目的。或是针对性地提出改善网络问政效果的建议,以求转变网民参与网络问政的消极行为趋势,积极引导网民问政行为,促进网络问政长效机制的建立。

接着对网民参与网络问政行为做归因分析。

把网民参与网络问政行为大致分为四个方面,第一是网民参与网络问政的平台选择;第二是网民参与网络问政的目的及诉求;第三是网民参与网络问政的行为效果,即成功与否;第四是网民对网络问政行为的认知取向。

网民参与网络问政行为的归因分析也就是从这四个方面展开的。首先是平台选择,假设它与人口特征,如性别、年龄、受教育程度、职业、月收入有关,通过数学计算,得出检验结果,从而分析出不同特征的人群在平台选择上有什么不同。

其次是问政目的及诉求。同样以人口特征为标尺,衡量它们之间的交叉关系,考察不同人群的问政目的及诉求有何差异。

行为效果上,假设它与人口特征、平台选择、问政目的有关,通过数学计算检验它们的相关性,以求得出变量方程式,直观地看出行为效果与哪些因素有何种程度的关联。

最后是认知取向。这里的认知取向分为几个方面。比如网民对不同类型网络问政平台的期望值,考察人口特征与这些期望值的大小有何相关性。再如网民对不同网络问政平台的认知,如对于政府网络问政平台,网民认为其能够帮助实现自身问政目的及诉求的原因在哪里,人口特征与得出的答案是否具有相关性,如果有,这种相关性具体指向什么。

解释了这些问题,就回答或验证了论题的部分假设。

最重要的是对网民参与网络问政行为做模型分析。

这一部分是本研究的重点、难点,也是最大价值所在。所谓模型分析就是通过复杂的数学计算验证不同变量之间的作用关系。把网民参与网络问政行为的各个方面:平台选择、问政动因及问政结果,还有网民自身的结构特征,如性别、年龄、职业、月收入、受教育程度等设为变量,计算它们的作用关系,建立数学模型。

一旦这种数学模型建立起来,就可以用量化的数据预测网民行为及其行为结果,它将比网民行为趋向的描述更具有说服力。

网民可以通过这一预测结果调整其行为习惯,更加科学有效地参与网络问政行为,提升其问政目的及动机的实现率。政府相关部门也可以从网民参与网络问政的行为预测及其结果中趋利避害,使网络问政平台更好地发挥服务社会的功能,进而在建立网络问政的长效机制上更加积极地作为。

至此,研究将回答提出的全部假设性命题。

(四)网民参与网络问政行为的特点及规律

1. 研究的抽样结果

江苏省网民中有 49.2% 的人通过政府网站(包括政府门户网站和政府微

博)参与过网络问政。

上文提到"问卷星"数据库中江苏省网民的结构特点与江苏省网民的整体结构特征基本一致,只是其网民的受教育程度高于江苏省网民的整体水平。而图 5-19 很明显地展示了受教育水平较高的网民群体,其参与网络问政行为的比例也较大;反之,受教育水平较低的网民群体,其参与网络问政行为的比例也较小。

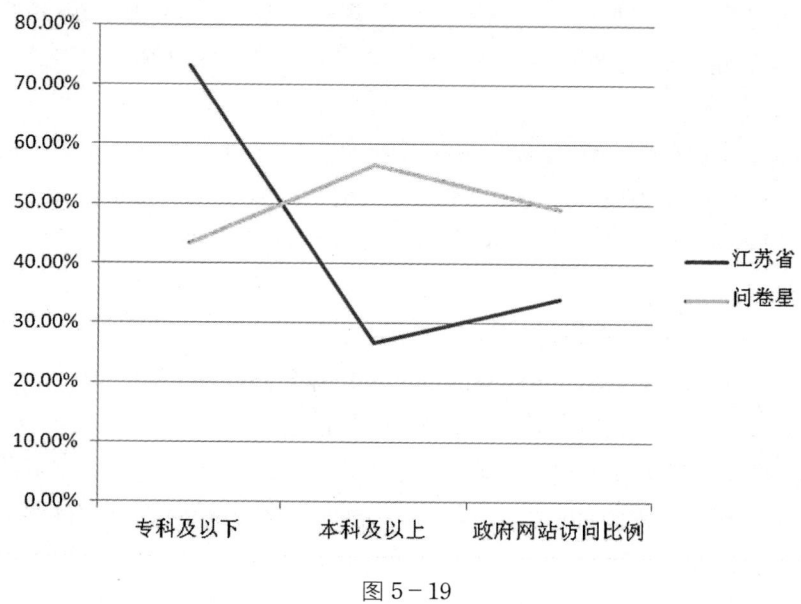

图 5-19

也就是说,通过图 5-19 的对比可以认为,受教育程度的高低会对网民是否参与网络问政行为产生一定影响。普遍来说,受教育水平高的网民会比受教育水平低的网民更有可能参与网络问政。

2. 网民参与网络问政的行为方式及特点

网民参与问政的平台选择存在倾向性。

样本中,参与网络问政的网民占到 68.93%,也就是说接近 70% 的江苏省网民参与过网络问政行为。(见图 5-20)其中通过政府网络平台参与问政的有 796 人,占参与过网络问政行为样本总量的 76.9%。(见图 5-21)可见,网络已成为网民政治参与的重要平台之一,而政府网络平台的使用率高于非政府网络平台。

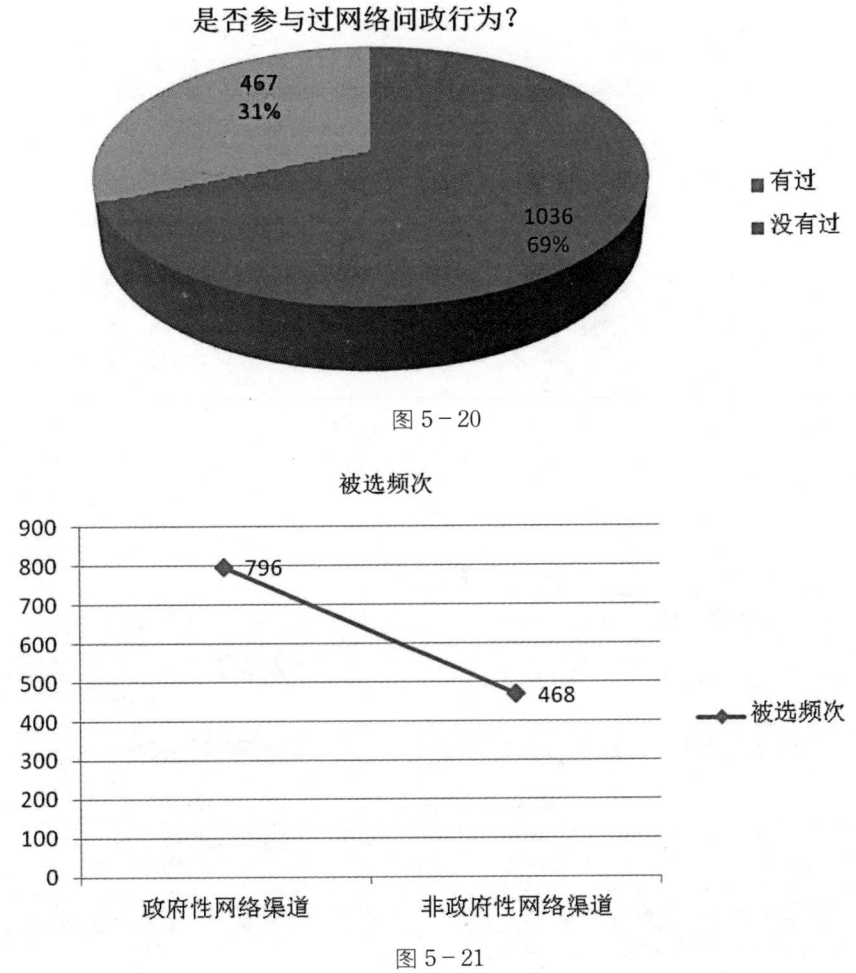

图 5-20

图 5-21

另外，图 5-22 显示，在各种具体的网络问政平台的实际使用率上，政府网络问政平台的差异不大，政府门户网站的被使用率稍高。然而，非政府网络问政平台在被使用频次上有较大差异，非政府性门户网站的使用率遥遥领先，可见人们对规模性更强、运行及管理更专业的门户网站的使用率更高。

调查中有 467 个样本表示未参与过网络问政行为，究其原因，问卷设置了多个备选项，如对政治不怎么感兴趣，不关心政治方面的事情；生活中没有遇到非要向政府部门反映或建议的问题；有问题要向政府部门反映或者建议，采用传统的直接上访或打电话给政府部门等方式；有问题要向政府部门反映或者建议，但是不知道也可以通过网络形式进行问政；有问题要向政府部门反映或者建议，但认为网络形式问政不可行。

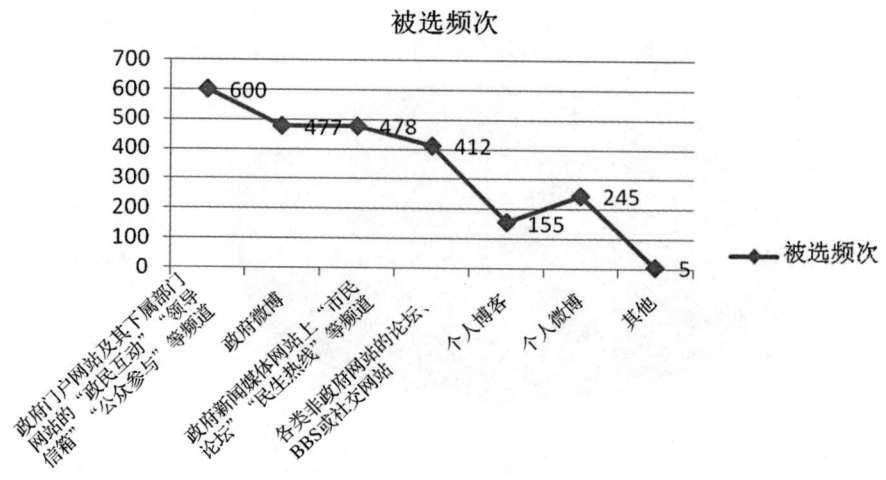

图 5-22

表 5-4

您没有参与过网络问政的原因是？	被选频次	被选频次比例
A 对政治不怎么感兴趣，不关心政治方面的事情	116	24.89%
B 生活中没有遇到非要向政府部门反映或建议的问题	260	55.79%
C 有问题要向政府部门反映或者建议，采用传统的直接上访或打电话给政府部门等方式	83	17.81%
D 有问题要向政府部门反映或者建议，但是不知道也可以通过网络形式进行问政	130	27.9%
E 有问题要向政府部门反映或者建议，但认为网络问政形式不可行	83	17.81%
F 其他原因	56	12.02%
本题有效填写人次	467	

在表 5-4 中，A、B 项代表"需求"要素，即问政需求，多数网民由于没有直接的问政动机而未参与网络问政；C 项代表"方式"要素，即参与问政行为的通道，一些网民通过其他非网络平台参与问政；D、E 项代表"认知"要素，即对利用网络平台参与问政的认知状况，部分网民因为对网络平台的问政"未知"或"知而不接受"而未参与网络问政。

从表5-4所显示的被选频次的比例看,网民未参与网络问政行为,最主要的原因是需求不足,即多数网民表示是由于没有直接的问政动机而未参与网络问政。其次是认知不够,即很多网民是因为对网络平台问政"未知"或"知而不接受"而未参与网络问政。最后是在问政方式选择上,部分网民是通过其他非网络平台参与问政的。

此外,通过对未参与过网络问政行为网民的调研数据进行分析,可以认为要提高网民网络问政的参与度,优化网络问政的环境,提升网络问政的效能,可以从多个方面做出努力。首先是加强宣传,扩大影响,提高网民对各类网络问政平台特别是政府网络问政平台的认知度和接受度;其次是加强问政平台的管理,对网民的问政诉求及时作出回应,创新互动模式,优化网络问政氛围和环境,让网民乐意参与网络问政;第三,发挥网络问政平台的职能功效,扩大影响力,促使和监督相关职能部门积极作为,帮助解决其实际问题,促成网民问政目的及诉求的实现。

这样,对网络问政行为有了深入了解的网民,在良性的网络问政氛围中,在高效的网络问政案例的促使下,必然能自觉形成积极参与网络问政的意识,进而采取实际行动。在这种良性的互动循环下,形成有效的网络问政作用机制就指日可待了。

3. 网民参与网络问政行为的目的及诉求

该命题是针对参与过网络问政行为的网民而言的,网民参与网络问政行为的目的及诉求会有一定倾向性。此外,在数据的对比分析中发现,这些目的及诉求还会因其所选用的平台属性而存在差异。也就是说,网民通过不同的网络平台参与问政,其问政目的及诉求是不同的。问卷设置了六个可选项,分别是维权投诉、举报,咨询求助,建言献策,评议政风行风,参与民意调查,参与网上交流及互动。

图5-23清晰地显示了网民参与网络问政的目的及诉求倾向。总的来说,"参与民意调查"和"咨询求助"是网民参与网络问政行为最主要的目的及诉求。

此外,具体而言,网民通过政府网络平台多是进行咨询求助,其次是进行维权活动,诉求偏重于解决问题,政治性更强。而网民通过非政府网络平台多是参与民意调查,其次是参与互动交流,诉求偏重于政治关注,政治性较弱。

排除平台选择的分类,对网民参与网络问政行为的目的和诉求做总体评判可以认为,网民参与网络问政更多的是出于一种政治关注,参与网上的民意调

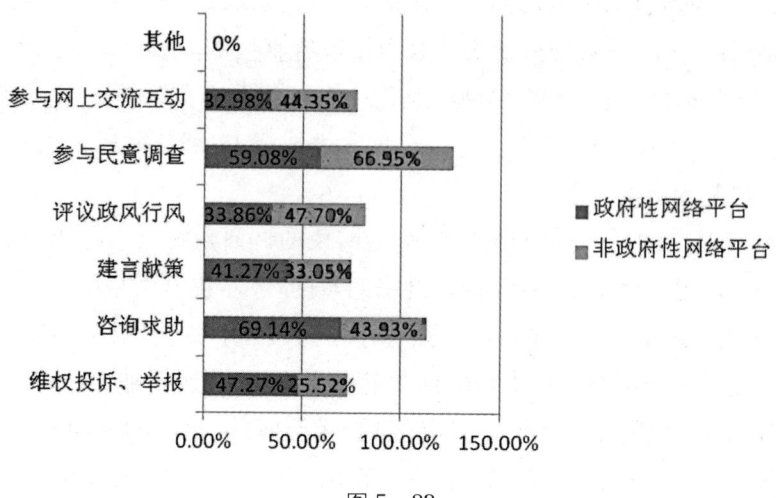

图 5-23

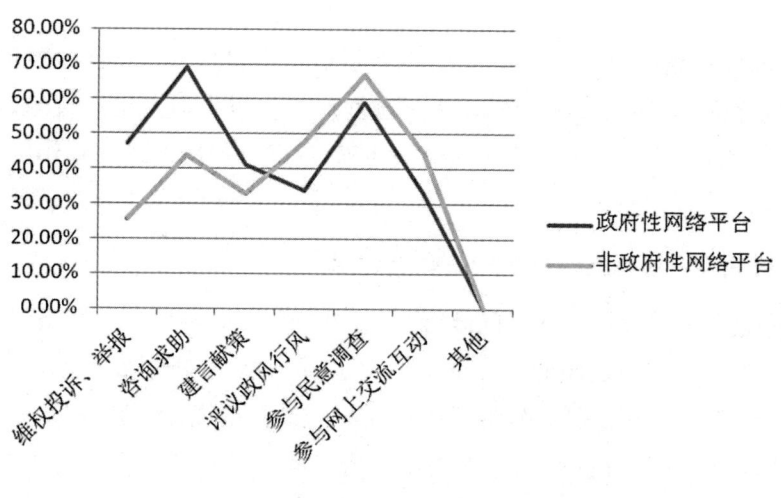

图 5-24

查和互动交流,希望促进政府积极作为。而在争取自身权益方面,更多的是期望政府相关部门帮助自己解决某些实际问题,重视实效。

根据网民的这一行为特点及心理机制,可以对网络问政平台提出普遍性的建设建议,如丰富互动形式,活跃交流氛围,以提高网民参与网络问政的积极性;又如增强网络问政平台的功能,重视网民提出的意见和问题,及时处理并公布结果,提升网络问政平台的实际效能,更多地解决网民的实际问题和困难。也就是说,要形成良性的网络问政环境和高效的网络问政运行机制。

此外,还需要相关单位特别是政府职能部门的积极配合。因为无论网民参与网络问政的动因如何,都需要政府部门的积极作为才能把公众反映的问题落到实处。考虑到网民参与网络问政多是出于一种政治关注,或是争取自身权益,解决实际问题,因此,在多项改善措施中,首先必须提高政府职能部门对网络问政行为的重视程度,并针对性地制定出有效的应对机制和执行程序,设立监管部门,落实行为,检测并反馈。这些都是十分必要的,也是网民所希望看到的,否则网络问政将流于形式,而网民参与网络问政行为的效能也将难以保证。

此外,不同类型的网络问政平台也应制定改善策略。

由于网民通过政府网络平台参与问政,多是为了咨询求助或进行维权活动,诉求的政治性、实效性较强。因而,应重点改进政府网络平台咨询求助模块的功能,创新和活化互动模式,透明问政诉求的实现进程,让网民能够方便、快捷并积极地参与到整个问政活动中,直到达到问政目的。

对于非政府网络问政平台,网民多是为了参与民意调查和线上互动,诉求的政治性、实效性较弱。这类问政平台应重点改进互动形式,活跃交流氛围,保证网民和相关专家之间、网民之间的对话通道畅行无阻、方便快捷,满足网民的问政诉求。

4. 网民参与网络问政的行为效果及问题

网民参与网络问政行为的效果主要是指,网民参与网络问政的目的及诉求实现与否;或者是指网民参与网络问政,针对其目的及诉求的实现情况,网民的满意程度如何。

在简单设置的四个层次项中,粗略认定选择"很好地达成问政目的或解决问题"或"基本上能达成问政目的或解决问题"的为参与网络问政行为的"成功者"或"满意者",选择"根本不能达成问政目的或解决问题"或"只有部分达成问政目的或解决问题"的为参与网络问政行为的"失败者"或"不满意者"。

图5-25显示,总体而言,网民参与网络问政的行为效果普遍不佳,"不满意者"的人数比例要高于"满意者"。而"根本不能达成问政目的,实现问政诉求"的情况比例远高于"很好达成问政目的,实现问政诉求"的情况比例。

具体而言,网民参与网络问政行为,其成效会因网民所利用的网络平台属性的不同而存在差异。(见图5-26)

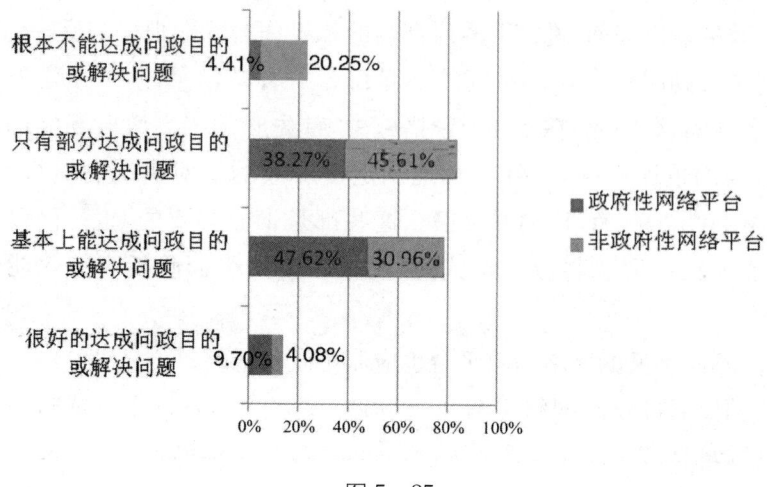

图 5-25

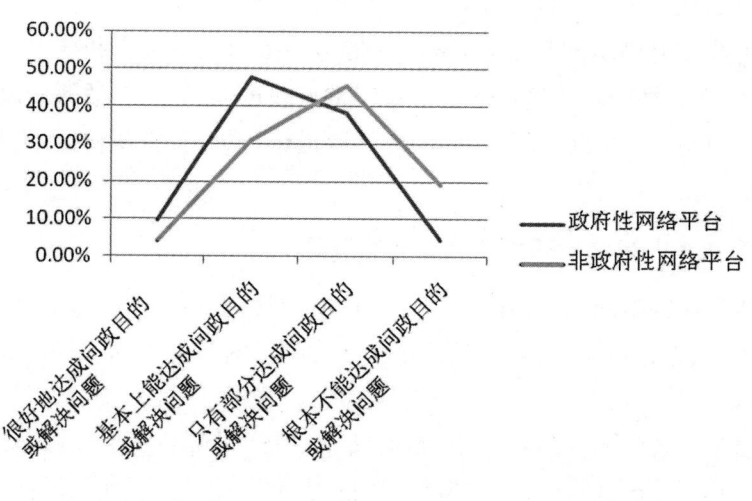

图 5-26

通过政府网络平台参与问政的网民,"满意者"略多于"不满意者"。虽然对政府网络平台持正面态度者居多,但事实上,"不满意者"也接近半数,政府网络平台的问政效能还应不断提升。具体的改进措施还有待研究,因为这种研究是针对各类网络问政平台本身而言的,不在本书的研究范围之内。

通过非政府网络平台参与问政的网民,"不满意者"明显多于"满意者",也就是说大部分网民对利用该类平台参与网络问政持消极态度。其中,认为"根本不能达成目的"的还占有相当比例,认为"能很好达到目的"的不足5%。同样的,非政府网络平台的具体改进措施也应另辟研究路径,此不细说。

另外,在各种网络问政平台的效果比较中,政府门户网站上的各种互动平台表现最好,其次是政府微博,再次是政府新闻媒体上的互动平台。在非政府网络问政平台的效果比较中,排在第一位的是非政府门户网站上的互动平台,其次是个人微博,效果最差的是个人博客。具体的效果对比如图5—27。

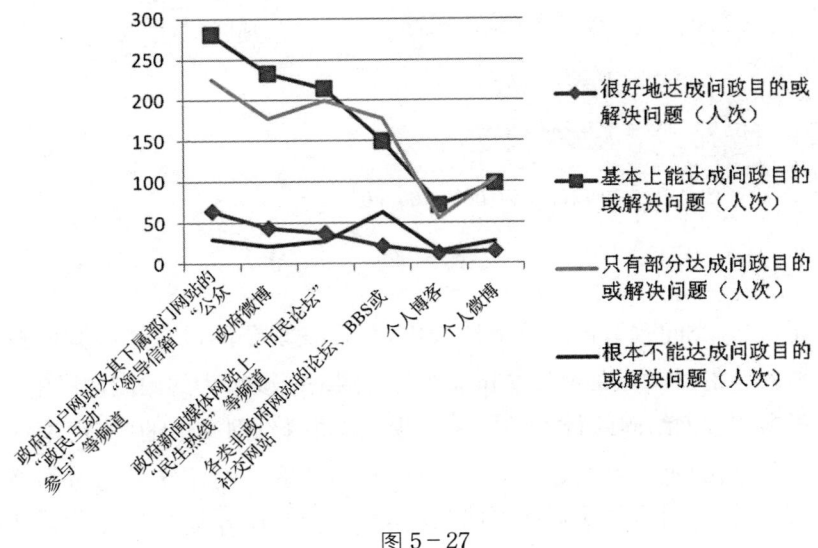

图 5－27

5. 网民对参与网络问政行为的认知取向

(1)网民对网络问政平台的期望值

网民对各种网络问政平台的期望值存在差异。这里的"期望值"指的是网民对不同类型的网络问政平台的态度或评价,具体而言,就是指对于问政目的及诉求的实现,网民对不同类型网络问政平台所怀抱的期望。可以认为,网民对某类网络问政平台的信心越大,那么他对这类网络问政平台的期望值也就越高。

从图5—28显示的结果看,网民在对各类网络问政平台的期望值上给出了基本一致的答案:相较于非政府网络平台,网民对政府网络平台的期望值更高,对其问政效果的评估更优,选择倾向性更大。而非政府网络平台中,个人博客、微博的受青睐度不及更具规模性的非官方门户网站。这些都与各类网络平台的实际利用情况大致相同。

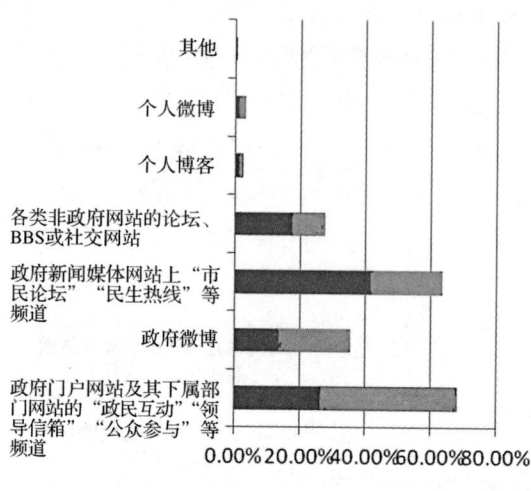

图 5-28

然而,在各类问政平台的分类比较中,我们发现了网民在选择倾向上的差异。这种差异主要体现在参与过和未参与过网络问政行为的两类网民中。

对于参与过网络问政行为的网民来说,新闻门户网站上的"市民论坛""民生热线"等频道的优势更明显,网民对其期望值更高。对于未参与过网络问政的网民而言,政府门户网站及其下属部门网站的"政民互动""领导信箱""公众参与"等频道更具优势,他们对"政府主导"的网络平台更坚持,对政府及其权威的信任度更高。(见图 5-29)

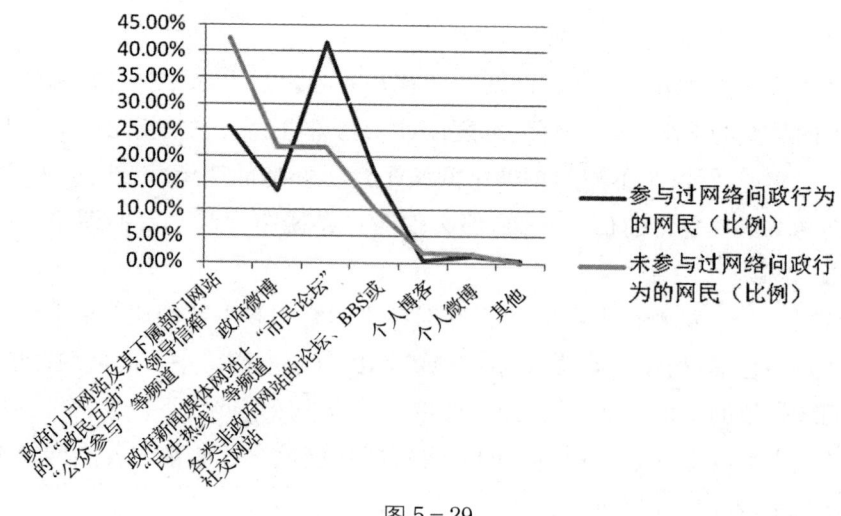

图 5-29

此外，在参与过网络问政行为的网民中，也会因具体的网络平台选用经验的不同而对各类网络问政平台产生不同的期待。

只利用过单一的政府网络问政平台参与问政的网民，他们对"政府主导"的网络平台更有信心。政府门户网站无论在实际使用率还是在期望值上都排在第一位；新闻媒体网站上的政府性频道在实际使用频率上排在第二位，而在网民期望值上却排在政府微博之后，为第三位。也就是说，网民对政府主导的网络平台（政府微博和政府门户网站）的期望值更高。

仅利用过非政府网络平台参与网络问政的网民，选择政府网络平台的网民占到了71.55%，而其中选择新闻门户网站上的"市民论坛""民生热线"等频道的最多，占28.87%，而选择非政府网络平台的网民仅占27.61%。（见图5-30）

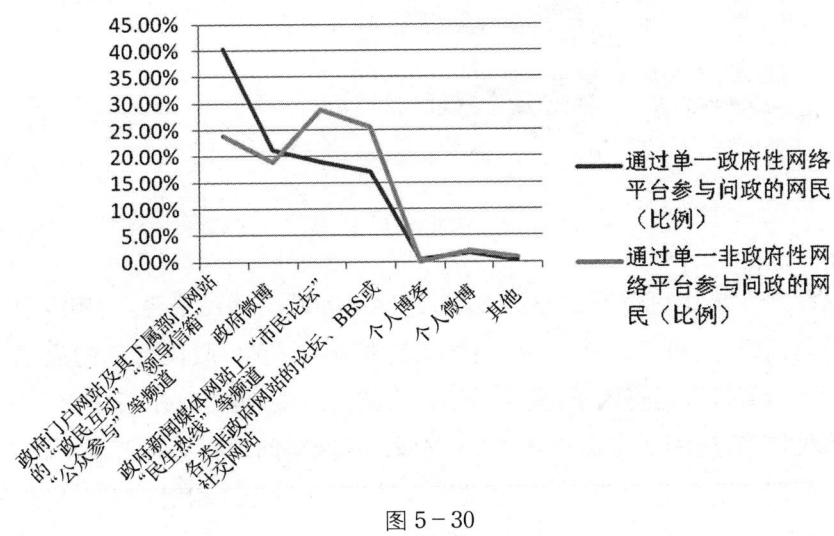

图5-30

也就是说，对于仅利用过非政府网络问政平台参与网络问政的网民而言，政府网络平台更具吸引力，网民对其效能的期望值更高；而非政府网络平台对网民实现问政目的及诉求助益有限，这类网络平台有其自身无法突破的阻碍因素，如职能范围狭小。

(2)积极促进因素

政府网络平台的使用对网民达成问政目的或实现问政诉求有积极促进作用，在起到促进作用的因素中，其权重差异突出体现在参与过和未参与过网络问政的两类网民中。

问卷预设了四个促进因素作为备选项：政府网络平台权威度高，向上反映问题的影响力大;管理制度严格,政民互动的质量有保障;政府重视网络问政,对问政质量有奖有罚;政民互动热烈,形成了良好的问政气氛。作为影响网民参与问政的功效的因子,可以将其概括为网站影响力、网站管理、政府的重视和互动氛围。

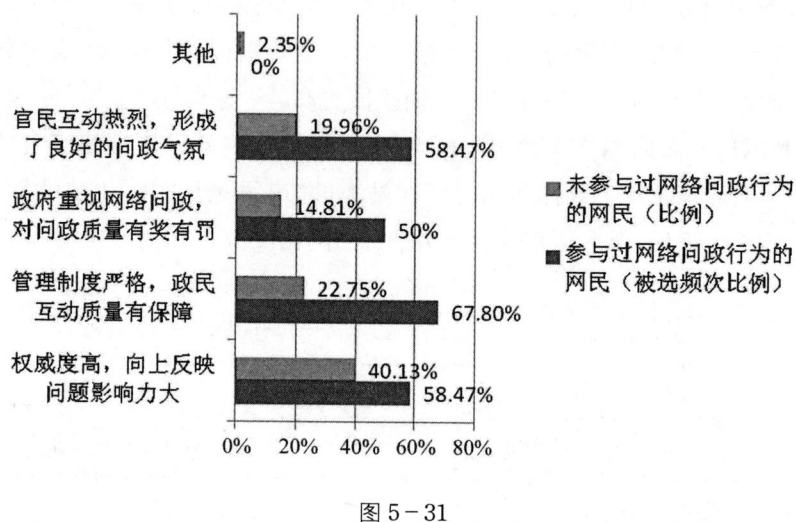

图 5-31

从图 5-31 中可以看出,对于参与过网络问政的网民来说,利用政府网络平台参与问政,其最大优势在于"网站的管理制度严格,政民互动的质量有保障",即平台管理及运行因子;其次是平台影响力因素,也占有相当分量。

可见,在有过网络问政经验的网民看来,其网络问政行为是否成功,关键还在于政府网络平台的管理及运行机制是否健全和完善。相对于平台对外的影响力,他们对该类网络平台自身的运作过程更为看重。

而在未参与过网络问政行为的网民看来,利用政府网络平台参与问政,其最大的优势在于该类平台的影响力及权威性。可见,相对于平台的管理及运行,这类网民对"政府主导"这一关键点相当坚持,体现了其对政府及其权威的信任。

同样的,非政府网络平台的使用对网民达成问政目的或实现问政诉求也有积极促进作用,这些促进因素的权重在不同类型的网民中也有所不同。

问卷预设了三个促进因素作为备选项:非政府网络平台的点击率高,向上反映问题后,舆论影响力大;当地政府对网上舆论或民意较为重视;有当地的新闻媒体关注,所以问题得到解决。同样可以把这些影响因子依次概括为网站影响力、政府的重视、媒体联动。

图 5-32 显示,在参与过网络问政行为的网民中,"当地政府较重视网上舆论或民意"的被选频次比例最大,他们认为"政府重视"因素是非政府网络问政平台最大的优势。其次是平台"影响力"因素,而"媒体联动"因素也很重要。

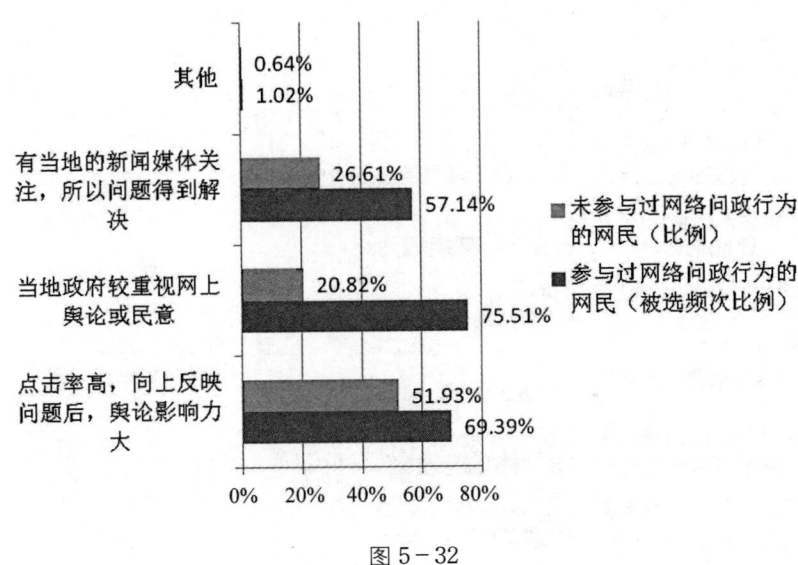

图 5-32

而在未参与过网络问政的网民中,"平台点击率高,向上反映问题后,舆论影响力大"的被选比例最大,可见,这类网民认为非政府网络问政平台最大的优势在于其巨大的"影响力",能够很快引发舆论关注。其次是"媒体联动"因素,而"政府重视"因素则排在最后。

由此可以认为,有过网络问政经验的网民认为,非政府网络问政平台之所以能帮助网民实现问政诉求,达成问政目的,关键还是要看当地政府的重视程度,因此该类网络问政平台是被动作为的。也就是说,该类网民对非政府网络问政平台本身的功效是持消极态度的。

而没有过网络问政经验的网民则认为,非政府网络问政平台影响力大,能够引发舆论,带动媒体关注网民所反映的问题,从而引起相关部门的重视,最终促成问题的解决。在此过程中,该类网络平台是处于主动地位的。也就是说,这类网民对非政府网络问政平台本身的功效是持积极肯定态度的。

(3)消极阻碍因素

政府网络平台的使用对网民达成问政目的或实现问政诉求有消极阻碍作

用。问卷预设了多个阻碍因素作为备选项,如点击率不高,向上反映问题影响力度不够;对网民反映的问题没有解答或敷衍塞责;回复问题时间太长;对网民的建言献策没有理会;不公布网民议政的结果;网上政风行风评议走过场,没有实际效果等。概括而言,这些阻碍因子可以归结为平台影响力、平台管理及运行机制、政府的态度。

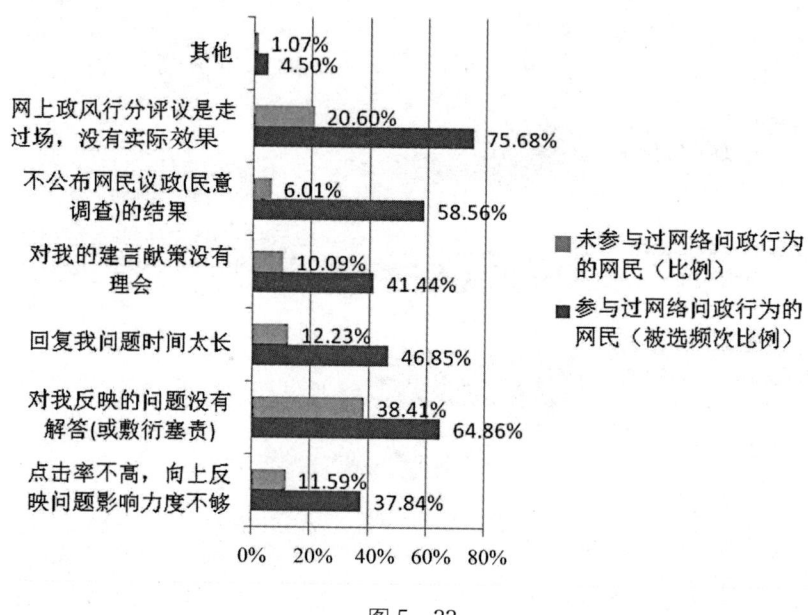

图 5-33

图 5-33 显示,在众多负面因子中,关乎"政府态度"因子的被选频次比例最高,其次是"网站管理及运行机制",再次是"影响力"因子。可见,在政府网络平台上参与问政,态度恶劣是各类网民一致认可的最严重的问题,即"政府态度"消极敷衍是阻碍网民达成问政目的或实现问政诉求的最大因素。

对于网民的一致呼声,相关部门需要及时做出改善。一方面,政府网络问政平台多是由政府主导的,端正"政府态度"应该是其义不容辞的责任。简单来说,应该要求政府网络平台的相关负责人积极作为,及时处理和回应网民提出的问题,设立监管部门,督促执行,总之要把各项工作落实到个人。另一方面,政府网络问政平台要帮助政府相关部门端正态度。简单来说就是对于需要政府网络问政平台之外的政府相关部门配合执行的工作,也应该有平台工作人员来进行联系、接洽和监督,保证后续处理工作的正常开展,进而促成问题的解决。

同样的,非政府网络平台的使用对网民达成问政目的或实现问政诉求也有消极阻碍作用。问卷也预设了三个阻碍因素作为备选项：非政府网络平台影响力小，问题没有引起政府和民众的关注；非政府网络平台虽然舆论影响力大，但其本身不具备解决问题的职能；通过非政府网络平台反映问题后，被该网站删帖了(或屏蔽了)。这些阻碍因子可以概括为舆论影响力、职能范围、政治压力。

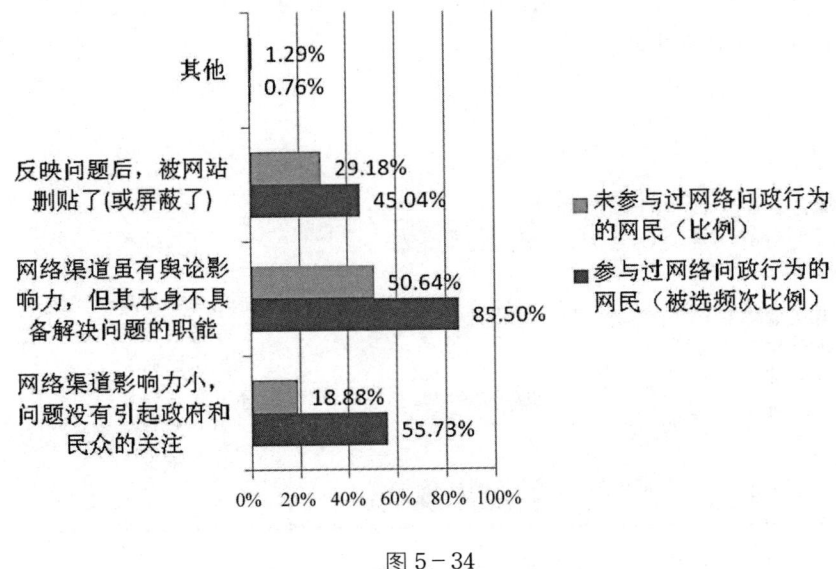

图 5-34

从图 5-34 中可以清晰地看到，各类网民都认为，非政府网络平台最大的劣势在于其职能范围有限，本身不具备解决问题的能力，只能依靠自身影响力来发动媒体和公众，从而得到相关职能部门的关注和介入，进而帮助网民解决问题或实现问政诉求。其次是政治压力，非政府网络平台容易屈服于各种政治压力，向其低头，公众利益难以保证。

职能范围有限是非政府网络问政平台难以克服的弱点，对此，这类网络平台能够做出的努力很少。但是在其他方面，如面对政治压力，非政府网络平台可以更加坚定自身的立场，在保持独立性上做出努力。要保持政治独立，实现经济独立是重要条件之一。这就要求非政府性网站在管理和运营上有所突破，扩大财源、扩充财力，活跃互动氛围，提升平台影响力，赢得更多网民的关注和支持。事实上，保持政治上的独立性也是赢得网民支持、增强平台影响力的重要促进条件，可以说两者是一种良性循环的作用关系。

(4)改善条件

网民对不同类型网络问政平台的属性及功能现状有自己的看法和认知，他们对改善网络问政条件的问题给出了具有参考价值的答案。

对于政府网络问政平台的改善措施,问卷预设了五个备选项:提升网民对政府网络问政平台的知晓度和参与度;建立更多的由政府主导的网络问政平台;建立健全网络问政的长效管理机制,保证网络问政质量;建立保障和激励机制,鼓励网民参与网络问政;强化和扩充政府网络问政平台的功能,使之成为政府民主管理的有效手段。

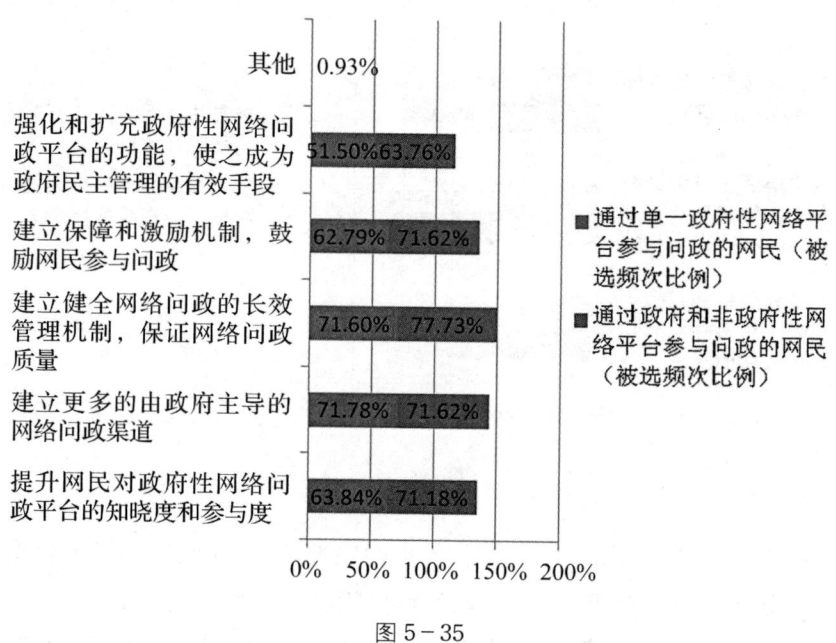

图 5-35

图 5-35 中的结果显示,"建立政府主导的网络问政平台"的被选频次最高,即网民认为这项工作对于改善政府网络问政平台的问政条件而言最为紧迫,印证了关于"网民对政府主导的网络问政平台的期望值最高"这一观点。其次是建立健全网络问政的长效管理机制,可见,网站管理因子的重要性也得到了网民的肯定。

对于非政府网络问政平台,问卷另外预设了三个备选项:增加对网民帖子的置顶、转发力度;该类网络问政平台要争取当地政府更多的支持;加大与传统媒体联动曝光的力度,加强记者维权报道的力度。与这些选项相匹配的影响因子依次是舆论影响力、政府的重视、媒体联动。

图 5-36 中的结果显示,"加大与传统媒体联动曝光的力度"的被选频次最高,印证了关于"非政府网络平台最大的优势在于其巨大的影响力,能够很快引

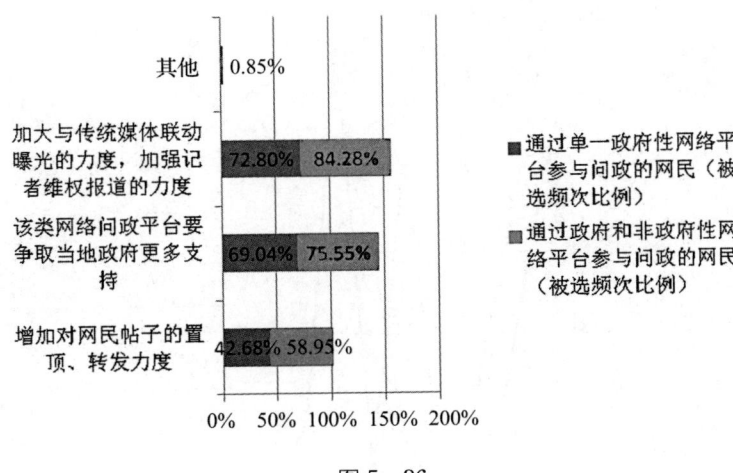

图 5-36

发舆论关注"这一结论。其次是"争取当地政府更多的支持",也佐证了"非政府网络平台最大的劣势在于其职能范围有限,本身不具备解决问题的能力,只能依靠自身影响力来发动媒体和公众,使得问题得到政府相关部门的重视和解决"的观点。

(五)网民参与网络问政行为的归因分析

1. 平台选择

课题假定网民参与网络问政行为的平台选择与其自身的个人特征有一定关联。在验证过程中,我们将网民网络平台的选择与人口五项要素进行卡方检验,由于性别、年龄、受教育程度、职业和月收入的 Fisher 精确检验 Monte Carlo Sig.(双侧)显著性概率分别为:0.075、0.149、0.202、0.000、0.000(在此省略卡方表格,以下类似情况都省略检验过程)。前三个大于 0.05,所以性别、年龄、受教育程度与网民参与网络问政行为的平台选择偏好没有关系,而职业和月收入与这种偏好有关系。

另外,我们对"职业"与"月收入"的关系也进行了卡方检验,由职业和月收入关系的卡方检验可知,其 sig=0.000<0.05,说明"职业"和"月收入"之间也是有关联的。

图 5-37 中能够大致显示出两者的对应关系。月收入在 6000 元以上的以"企事业单位管理者"居多,且该类人群月收入水平相差不大,极少数在 2000 元以下;月收入在 4000—6000 元数量最多的是"专业技术人员",他们的月收入水

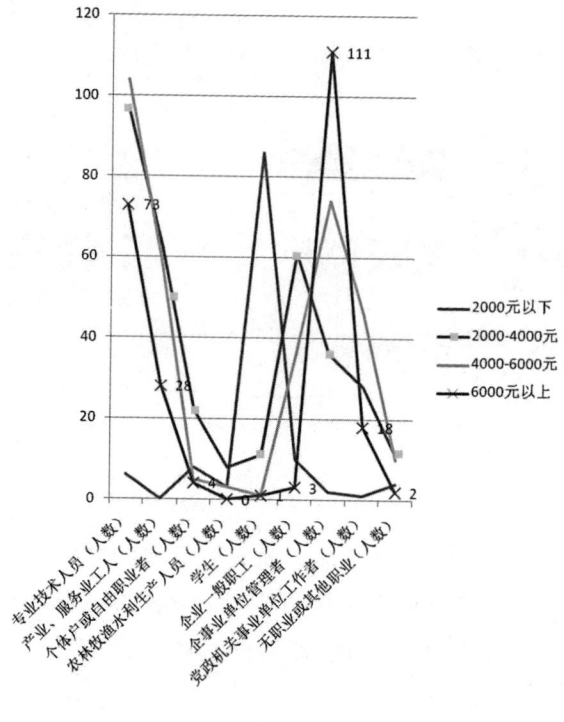

图 5-37

平也普遍较高;"企业一般职工"的月收入大多在 2000－4000 元之间,属于低收入群体,月收入在 6000 元以上的很少;而"学生"群体的月收入水平最低,他们绝大多数都在 2000 元以下,也是该收入段人数最多的群体。

职业决定月收入,也就是说"月收入"是通过"职业"对网民的平台选择产生影响的。因此可以断定,根本上对网民参与网络问政行为的平台选择偏好起作用的是职业。

图 5-38 显示,总体而言,"专业技术人员""企事业单位管理者"和"产业、服务业工人"参与网络问政的居多。

在不同类型网络问政平台的选择上,政府网络平台的被选次数要高于非政府网络平台。其中,两类网络平台被使用率差距最大的要数"企事业单位管理者"和"专业技术人员",也就是说他们利用政府网络平台参与问政的偏向性更强。

但是"农、林、牧、渔水利业生产人员"和"学生"则例外,他们更多的是通过非政府网络平台参与网络问政的。

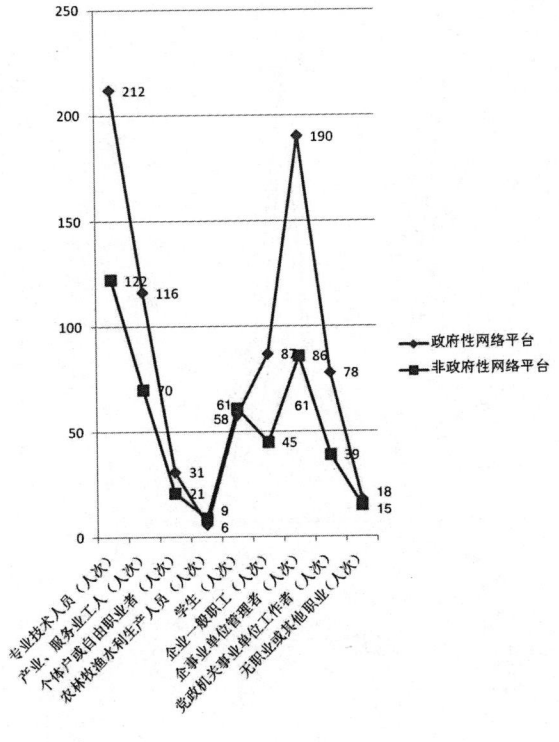

图 5-38

前文提到,网民通过政府网络平台多是进行咨询求助,其次是进行维权活动,诉求偏重于解决问题,政治性更强。而网民通过非政府网络平台多是参与民意调查,其次是参与互动交流,诉求偏重于政治关注,政治性较弱。

结合上述提示的结论可以认为,"企事业管理者"和"专业技术人员"的政治性更强,他们多通过政府网络平台参与问政,诉求偏重于解决实际问题。

而"农、林、牧、渔水利业生产人员"和"学生"群体的政治性较弱,他们更偏向于通过非政府网络平台参与问政,行为多是出于一种政治关注,喜欢参与网络互动与交流。

另外,在各种具体网络问政平台的使用情况上,"企事业管理者"和"专业技术人员"多是通过政府门户网站和政府在新闻媒体上的互动平台参与网络问政的;而"农、林、牧、渔水利业生产人员"和"学生"群体则多是通过非政府网站上的互动平台参与网络问政的,如各类论坛。(见图 5-39)

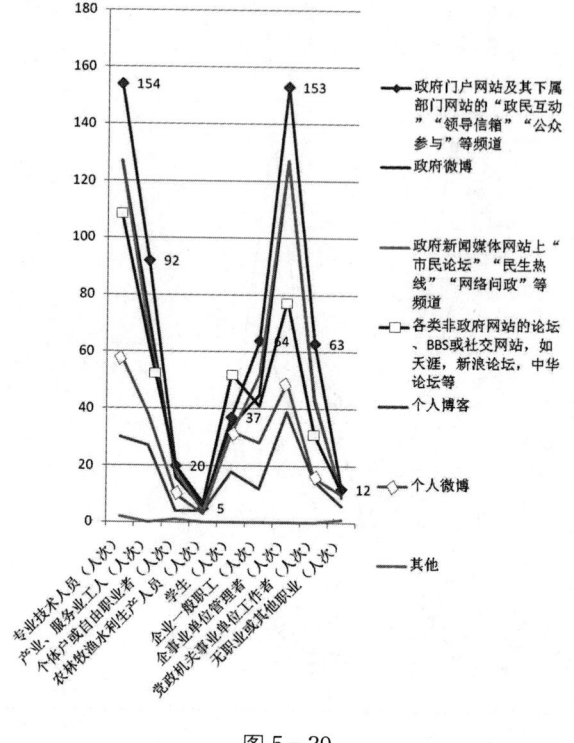

图 5-39

2. 问政目的及诉求

课题假设网民参与网络问政行为的目的及诉求有一定偏好,而这种偏好与网民自身的特征有关。在同样的卡方检验中,我们得出了相似的结论,即职业对网民参与网络问政行为的目的及诉求有关系。

图 5-40 说明,从整体数量上看,"专业技术人员""企事业单位管理者"和"产业、服务业工人"同样是问政诉求较多的群体。

在不同问政目的及诉求的比较上,总的来说,"参与民意调查"和"咨询求助"是网民参与网络问政最主要的目的及诉求,这与前文描述的观点基本一致。而持有这两种问政目的及诉求的人群中,"专业技术人员"和"企事业管理者"居多。

但是,从分布比例上看,"专业技术人员""企事业单位管理者"的问政目的及诉求相对集中,他们参与网络问政行为的重点是"参与民意调查"和"咨询求助"。而"个体户或自由职业者""农、林、牧、渔水利业生产人员""学生"和"党政机关事业单位工作者"的问政目的及诉求则相对分散,他们参与网络问政行为

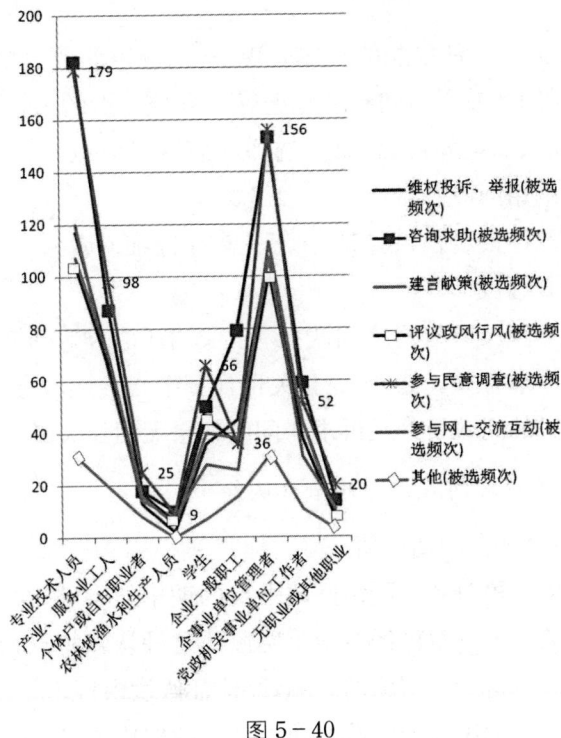

图 5-40

的动因,即目的及诉求,比较均衡。

3. 网民参与网络问政行为的效果

(1)网民自身的特征

课题假设网民参与网络问政行为的效果(问政目的实现与否)与其个人特征有关,为了验证这一点,在数据分析中运用了卡方计算,结果如下:

网民参与网络问政行为的效果与人口五项要素的卡方检验结果是:性别、年龄、受教育程度、职业和月收入的 Fisher 精确检验 Monte Carlo Sig.(双侧)显著性概率分别为:0.459、0.328、0.346、0.155 和 0.194。由于它们都大于 0.05,所以性别、年龄、教育程度、职业和月收入与网络问政效果之间没有直接关系。

(2)平台选择

课题也假设了网民参与网络问政行为的效果与其平台选择有关。同样,为了验证问政效果与网络平台选择(政府性和非政府性网络平台)的关联度,本研究使用了同样的数学计算方式,得出如下分析:由于 Fisher 精确检验 Monte Carlo Sig.(双侧)显著性概率为 0.000<0.05,表明网络问政的效果与网络平台

选择有关。

为了进一步验证这种关联的具体表现,本论题以问政效果为因变量,问政平台为自变量,对问政效果与问政平台进行了多分变量的 Logistic 回归模型分析,经过一系列复杂的运算得出结论:选择政府网络问政平台进行网络问政要优于选择非政府网络问政平台。

具体的运算及论证过程,我们将在下一章作详细说明。

(3)问政目的及诉求

课题还假设了网民参与网络问政行为的效果(是否达到问政目的及诉求)与其问政目的及诉求有关。然而,在相关性计算中,经过卡方验证,结果为 0.29＞0.05,因此,网民的问政目的及诉求与问政效果无明显关联。

4. 网民对参与网络问政行为的平台认知

(1)对网络问政平台的期望值

论题假设各类网民对各种网络问政平台的期望值不同,这种不同与网民自身的要素特征有关。上一章已经总结了网民的这种认知特点,这一章我们将进一步讨论人口特征对这一期望值的影响,以论证假设内容。

假设人口特征对网民参与问政的网络平台的期望值有影响,卡方检验结果发现,对于参与过网络问政行为的网民,性别、年龄、受教育程度、职业、月收入对他们的这一认知没有直接影响。

对于未参与过网络问政的网民,经过计算,性别、年龄、受教育程度、职业、月收入与网民平台期望值的卡方检验值分别为 0.11、0.425、0.118、0.039 和 0.035。最后两项数据小于 0.05,也就是说,性别、年龄和受教育程度与该类网民的网络平台期望值高低无关,而职业、月收入与该期望值的高低有一定关联。

另外,前面也已证实,职业决定月收入,故该类网民的职业与其对各种网络问政平台的期望值有显著的相关关系。换句话说,网民自身从事的职业类型将在一定程度上影响其对各种网络问政平台的信心程度或评价指数。

图 5—43 展示了不同职业的网民群体(未参与过网络问政)对两类网络问政平台的期望值大小,显然,网民对政府网络问政平台的期望值普遍高于非政府网络平台。对两类平台期望值差距最大的是"专业技术人员"和"学生",这与不同职业人群(参与过网络问政)在实际行为中所选用的网络问政平台的情况有出入。

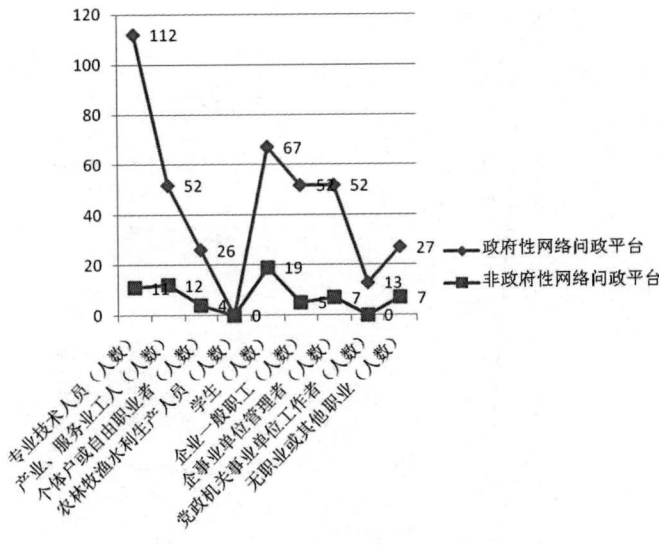

图 5-41

上面已经提到,在网络问政平台的选择上,政府网络平台的被选次数要高于非政府网络平台。但是"学生"例外,他们更多的是通过非政府网络平台参与网络问政。

但是图5-41明显提示了未参与过网络问政的"学生"对政府网络问政平台的期望值仍然高于非政府网络问政平台。

对于各种具体的网络问政平台而言,在未参与过网络问政行为的网民中,政府门户网站下的各种互动平台仍然是最受期待的。"专业技术人员""个体户或自由职业者""企业一般职工"和"企事业单位管理者"对政府新闻媒体上各类互动平台的期望值要高于"政府微博",而其他职业群体则恰恰相反。

另外,对于非政府网络问政平台,"专业技术人员""产业、服务业工人"和"无职业或其他职业"者对"个人微博"的期望值要高于"个人博客",而其他职业群体则持有相反的认知态度。

(2)对网络问政平台积极方面的认知

论题假设不同类型的网民对各类网络问政平台的效能在认知上存在差异,这里的效能主要是指各类网络问政平台对网民实现其问政目的及诉求的积极促进因素和消极阻碍因素。这种差异与网民的身份特征有关。

为了验证这一点,同样把网民人口特征与网民此类认知进行相关计算,卡方检验结果显示,性别、年龄和受教育程度对网民的这类认知没有影响,而职业

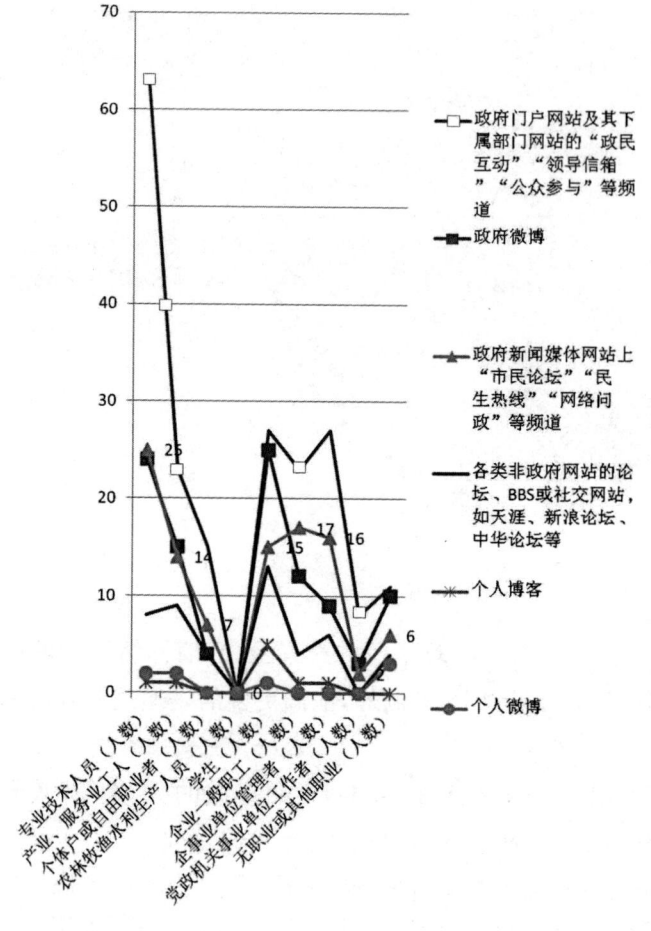

图 5-42

和月收入与其有一定关联。同样的,由于职业决定月收入,所以网民的职业类型会对其此类认知产生一定影响。

在网民的认知中,各类网络问政平台对网民实现其问政目的及诉求有积极促进因素。结合上一章的论述,我们可以分别对不同属性的网络问政平台加以分析。

首先考察政府网络问政平台。其对网民实现问政目的及诉求有四个方面的促进因素:政府网络平台权威度高,向上反映问题的影响力大;管理制度严格,政民互动的质量有保障;政府重视网络问政,对问政质量有奖有罚;政民互动热烈,形成了良好的问政气氛。作为影响网民参与问政行为的功效的因子,可以将其概括为网站影响力、网站管理、政府的重视和互动氛围。

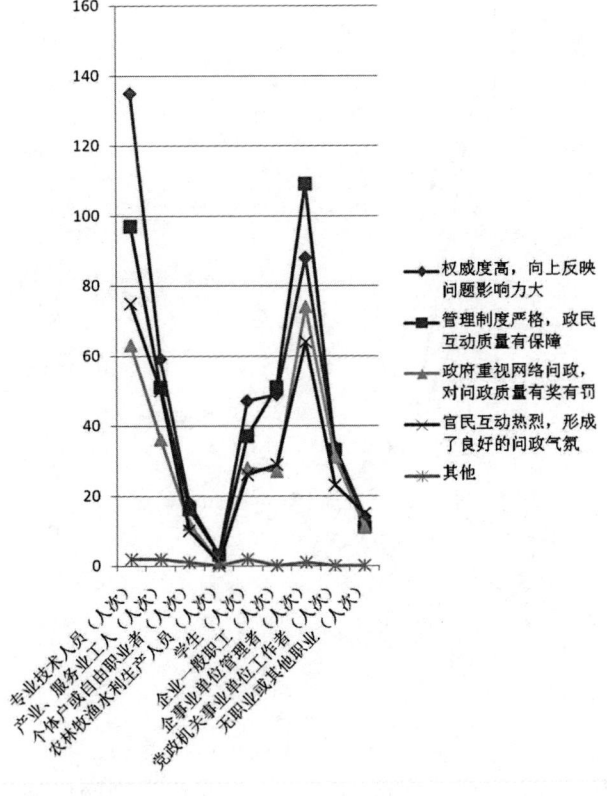

图 5-43

图 5-43 显示,这些积极促进因素在不同职业类别网民的认知中,权重不同。普遍而言,政府网络问政平台影响力大,管理及运营优良是公认的最大优势。但是,从被选频次的落差上可以看出,"专业技术人员"和"学生"坚定地认为,"权威度高,向上反映问题影响力大"是政府网络问政平台的最大优势。而"企事业单位管理者"则明显把"平台管理及运行"因素放在首位,认为它才是政府网络问政平台促成网民实现其问政目的及诉求的最重要方面。

对于其余促进因素的权重大小,不同职业网民的认知排序也略有不同。如"专业技术人员""产业、服务业工人"和"企业一般职工"把"政府重视"因素放在最末,认为政府网络问政平台上的"问政氛围"更重要,官民互动的优势更明显。

再来看非政府网络问政平台。其对网民实现问政目的及诉求主要有三个方面的促进因素:非政府网络平台的点击率高,向上反映问题后,舆论影响力大;当地政府对网上舆论或民意较为重视;有当地的新闻媒体关注,所以问题得到解决。同样可以把这些影响因子依次概括为网站影响力、政府的重视、媒体联动。

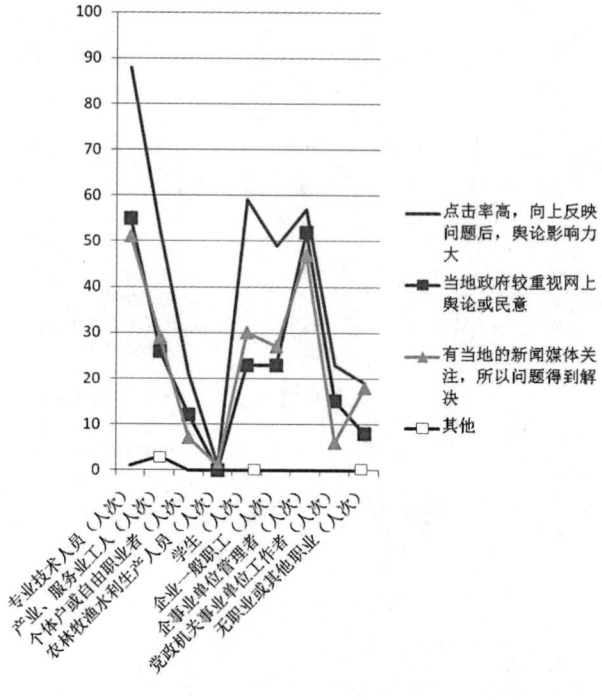

图 5-44

图 5-44 显示,这些积极促进因素在不同职业类别网民的认知中,权重不同。在非政府网络问政平台的最大优势上,各类网民都给出了基本一致的答案,即"点击率高,向上反映问题后,舆论影响力大"。

一般职业人群把"政府重视网上舆论或民意"排在第二位,但"产业、服务业工人""学生""企业一般职工"和"无职业或其他职业"者却认为,"当地新闻媒体关注"比"政府重视"更为重要,"媒体联动"因素对非政府网络平台促成网民实现问政目的及诉求的贡献性更突出。

(3)对网络问政平台消极方面的认知

在网民的认知中,各类网络问政平台对网民实现其问政目的及诉求有消极阻碍因素。论题假设各类网民在这种认知上存在差异,而这种差异又与网民的身份特征有关。

由上可知,网民的职业类型会对其此类认知产生一定影响。同样的,我们可以分别对不同属性的网络问政平台加以分析。

在考察政府网络问政平台的过程中,在课题把它们对网民实现其问政目的及诉求的消极阻碍因素分为六个方面:点击率不高,向上反映问题影响力度不够;对网民反映的问题没有解答或敷衍塞责;回复问题时间太长;对网民的建言献策没有理会;不公布网民议政的结果;网上政风行风评议走过场,没有实际效果。这些阻碍因子可以归结为平台影响力不够、平台管理及运行机制存在问题、政府的态度敷衍。

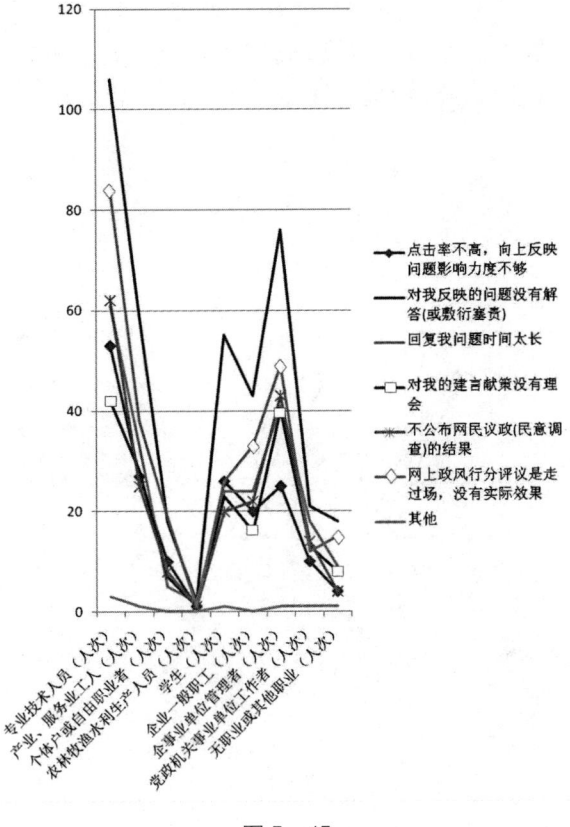

图 5-45

图 5-45 显示,这些消极阻碍因素在不同职业类别网民的认知中,权重不同。

"平台影响力不够"普遍被网民放在了较末的位置,也就是说,网民一般都认为政府网络问政平台的影响力是巨大的,它对网民实现其问政目的及诉求的阻碍作用不明显。但是,"学生"群体却把它排在了第二位,他们认为政府网络平台的影响力不够,阻碍了网民实现其问政目的及诉求。

作为平台管理及运营存在问题的代表项,政府网络平台上"政风行风评议走过场,没有实际效果"普遍被网民视为阻碍网民实现其问政目的及诉求的突出原因,且被排在了较靠前的位置。但是,"产业、服务业工人""学生"和"无职业或其他职业"者却不以为然,把它排在了末尾,在认知上与其他群体有很大出入。

对于非政府网络问政平台,本课题把它们对网民实现其问政目的及诉求的消极阻碍因素主要分为三个方面:非政府网络平台影响力小,问题没有引起政府和民众的关注;非政府网络平台虽然舆论影响力大,但其本身不具备解决问题的职能;通过非政府网络平台反映问题后,被该网站删帖了(或屏蔽了)。这些阻碍因子可以概括为舆论影响力、职能范围、政治压力。

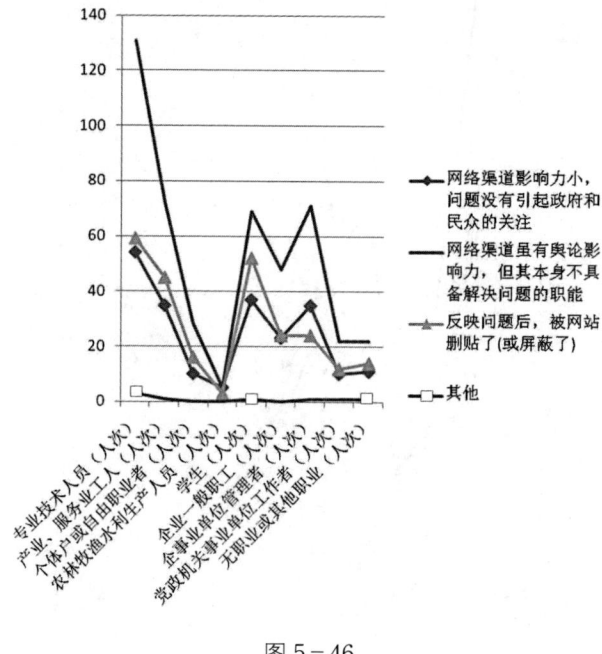

图 5-46

图5-46显示了在不同职业类别网民的认知中,这些消极阻碍因素的权重存在一定差异。

网民普遍认为非政府网络平台最大的劣势在于其职能范围有限,本身不具备解决网民问题的能力。此外,它的第二大弱点是政治独立性差,容易受到外界压力的影响,向某些强权势力低头,从而压制了某些网民的诉求,导致网民的问政目的难以实现。而"平台影响力不够"被排在了第三位,即网民普遍认为它对网民实现其问政目的及诉求的阻碍作用不明显。

但是,"农、林、牧、渔水利产业人员"和"企事业单位管理者"则认为比起政治独立性差这一弱点,非政府网络问政平台的影响力不足是其阻碍网民实现其问政目的及诉求更重要的原因。

(4)对网络问政平台改善意见的认知

在认知上,论题还假设了不同类型的网民对各类网络问政平台的改善建议存在差异,这种差异与网民的身份特征有关。而卡方检验的结果显示,性别、年龄、职业、月收入和受教育程度与网民的这一认知无关,也就是说,身份特征对网民的这一认知影响有限,可以忽略不计。

(六)网民参与网络问政行为效果的模型分析

论题假设网民参与网络问政的效果与网民身份特征、网民选取的问政平台和问政目的及诉求有关。这里的效果主要是指,网民参与网络问政,其问政目的及诉求实现与否;或者是指网民参与网络问政,针对其目的及诉求的实现情况,网民的满意程度如何。

前文简单给出了验证结果,即网民的身份特征与网民所持有的问政目的及诉求与网民参与网络问政的效果没有直接显著的相关关系。但是,网民选取的问政平台会对网民参与网络问政的效果产生一定影响。

对于网络问政平台的选择类型与网络问政的效果之间的关联关系,可以通过变量计算,建立数学模型加以分析,得出量化结果。具体过程如下:

1. 问政效果与网络平台选择的相关性

表5—5 网络问政效果与网络平台选择的卡方检验

	值	df	渐进 Sig.（双侧）	Monte Carlo Sig.（双侧）			Monte Carlo Sig.（单侧）		
				Sig.	95%置信区间		Sig.	95%置信区间	
					下限	上限		下限	上限
Pearson 卡方	61.529[a]	3	.000	.000[b]	.000	.004			
似然比	58.308	3	.000	.000[b]	.000	.004			
Fisher 的精确检验	57.808			.000[b]	.000	.004			
有效案例中的 N	806								

这里的网络平台主要分为政府和非政府网络问政平台两类,由于 Fisher 精确检验 Monte Carlo Sig.(双侧)显著性概率(如表5—5)为 0.000<0.05,表明网民参与网络问政的效果与其选取的网络平台有关。

2. 问政效果与问政平台多分变量的 Logistic 回归模型分析

首先选取参与分析的案例,在 806 个有效案例中,有 567 个案例选择了政府网络平台参与问政,另有 239 个案例选择了非政府网络平台参与问政。设置变量来分析这些案例,网民选择的问政平台为自变量,网民参与网络问政行为的效果为因变量,具体如下:

问政平台变量 x:$x=1$:政府网络问政平台

$x=2$:非政府网络问政平台

问政效果变量 y:$y=1$:很好地达成问政目的(或解决问题)

$y=2$:基本上能达成问政目的(或解决问题)

$y=3$:只有部分达成问政目的(或解决问题)

$y=4$:根本不能达成问政目的(或解决问题)

接着,对自变量和因变量进行多分变量的 Logistic 回归模型分析,分析结果如下:

表 5—6 问政效果与问政平台的统计描述

		N	边际百分比
问政效果	A 很好地达成问政目的(或解决问题)	65	
	B 基本上能达成问政目的(或解决问题)	344	
	C 只有部分达成问政目的(或解决问题)	326	
	D 根本不能达成问政目的(或解决问题)	71	
问政平台	A 政府网络问政平台	567	
	B 非政府网络问政平台	239	
有效	806		100.0%

表 5—7 模型拟合信息

模型	模型拟合标准	似然比检验		
	-2 倍对数似然值	卡方	df	显著水平
仅截距	90.884			
最终	32.576	58.308	3	.000

表 5-8　似然比检验

模型	模型拟合标准	似然比检验		
	简化后的模型的一2倍对数似然值	卡方	df	显著水平
截距	32.576[a]	.000	0	.
X	90.884	58.308	3	.000

表 5-9　参数估计

政府和非政府的四项网络问政效果 y			B	标准误差	Wald	df	显著水平	Exp(B)	Exp(B)的置信区间95%	
									下限	上限
dim	y=1: 很好地达成问政目的（或解决问题）	截距	−1.526	.349	19.130	1	.000			
		[x=1]	2.315	.424	29.774	1	.000	10.120	4.407	23.240
		[x=2]	0[b]	.	.	0	.	.	.	.
	y=2: 基本上能达成问政目的（或解决问题）	截距	.475	.188	6.412	1	.011			
		[x=1]	1.904	.281	45.920	1	.000	6.714	3.871	11.645
		[x=2]	0[b]	.	.	0	.	.	.	.
	y=3: 只有部分达成问政目的（或解决问题）	截距	.863	.176	24.076	1	.000			
		[x=1]	1.298	.275	22.320	1	.000	3.663	2.138	6.277
		[x=2]	0[b]	.	.	0	.	.	.	.

a. 参考类别是 y=4：根本不能达成问政目的（或解决问题）。
b. 因为此参数冗余，所以将其设为零。

由模型拟合信息（见表 5-7）可知，最终方程的显著水平或有效性检验 sig 值为 0.000，小于 0.05，因此方程有效。再由似然比检验（见表 5-8）知，自变量（问政平台）x 的显著水平（有效性检验 sig 值）为 0.000，小于 0.05，说明自变量（问政平台）x 对方程有重要意义。最后，由于参数估计中的 wald 统计量（见表 5-9）的显著水平（有效性检验 sig 值）全部小于 0.05，说明多分变量的 Logistic 模型中方程的系数通过检验，模型成立。

因变量（问政效果）y 以 y=4（根本不能达成问政目的或解决问题）为参考类别，自变量（问政平台）x 以 x=2（非政府网络问政平台）为参考类别，最终多分变量的 Logistic 模型确定为以下三个方程：

$$\frac{\log P(y=1)}{P(y=4)} = 1.526 + 2.315x$$

$$\frac{\log P(y=2)}{P(y=4)} = 0.475 + 1.904x$$

$$\frac{\log P(y=3)}{P(y=4)} = 0.863 + 1.298x$$

其中：P(y=1)表示问政效果：很好地达成问政目的或解决问题的概率；

P(y=2)表示问政效果：基本上能达成问政目的或解决问题的概率；

P(y=3)表示问政效果：只有部分达成问政目的或解决问题的概率；

P(y=4)表示问政效果：根本不能达成问政目的政或解决问题的概率。

查看参数 Exp(B)可知，因变量(问政效果)以 y=4(根本不能达成问政目的或解决问题)为参考类别，自变量(问政平台)若选择 x=1(政府网络问政平台)，则：

1)获得因变量(问政效果)为 y=1(很好地达成问政目的或解决问题)的概率 P(y=1)是选择 x=2(非政府网络问政平台)的 10.12 倍；

2)获得因变量(问政效果)为 y=2(基本上能达成问政目的或解决问题)的概率 P(y=2)是选择 x=2(非政府网络问政平台)的 6.714 倍；

3)获得因变量(问政效果)为 y=3(只有部分达成问政目的或解决问题)的概率 P(y=3)是选择 x=2(非政府网络问政平台)的 3.663 倍。

由此可以推断选择政府网络平台参与问政，问政效果要优于选择非政府网络平台。

根据多分变量的 Logistic 模型，我们可以分别计算出选择政府网络平台和非政府网络平台参与问政时，获得四种问政效果的具体可能性大小：

1. 当选择自变量(问政平台)x=1(政府网络问政平台)时

由于：$\frac{\log P(y=1)}{P(y=4)} = -1.526 + 2.315 = 0.789$

$\frac{\log P(y=2)}{P(y=4)} = 0.475 + 1.904 = 2.379$

$\frac{\log P(y=3)}{P(y=4)} = 0.863 + 1.298 = 2.161$

P(y=1)+P(y=2)+P(y=3)+P(y=4)=1

所以：P(y=1)=0.10 P(y=2)=0.48 P(y=3)=0.38 P(y=4)=0.04。

说明如果网民参与网络问政行为,若选择的问政平台是政府网络平台,那么获得问政效果为"基本上达到问政目的或解决问题"的可能性最大,概率为 P(y=2)=0.48;其次为"只有部分达到问政目的或解决问题",相应的概率为 P(y=3)=0.38;再次为"很好地达成问政目的或解决问题",其概率为 P(y=1)=0.10;"根本不能达到问政目的或解决问题"的可能性最小,P(y=4)=0.04。

2. 当自变量(问政平台)x=2(非政府网络问政平台)时

由于:P(y=1)+P(y=2)+P(y=3)+P(y=4)=1

所以:P(y=1)=0.04　P(y=2)=0.31　P(y=3)=0.45　P(y=4)=0.2

说明如果网民参与网络问政,若选择的问政平台是非政府网络平台时,那么获得的问政效果为"只有部分达到问政目的或解决问题"的可能性最大,其概率为 P(y=3)=0.45;其次为"基本上达到问政目的或解决问题",相应的概率为 P(y=2)=0.31;再次为"根本不能达成问政目的或解决问题",其概率为 P(y=4)=0.2;"很好地达到问政目的或解决问题"的可能性最小,概率为 P(y=1)=0.04。

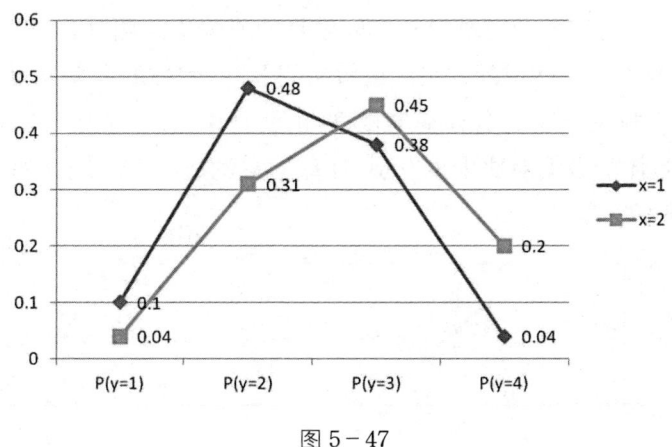

图 5-47

显然,从图 5-47 中可以看出,当自变量(问政平台)x=1(政府网络问政平台)时,获得 P(y=1)(很好地达成问政目的或解决问题)的概率及 P(y=2)(基本上能达成问政目的或解决问题)的概率要高于选择非政府网络问政平台。

当自变量(问政平台)x=2(非政府网络问政平台)时,获得 P(y=3)(只有部分达成问政目的或解决问题)的概率及 P(y=4)(根本不能达成问政目的或解决问题)的概率则高于选择政府网络问政平台。

因此,通过政府网络平台参与问政的效果要优于非政府网络平台。

3. 问政效果与问政平台多分变量的 Logistic 回归模型的应用

回归模型建立之后,网民可以利用这套模型来实际考察那些使用过两种问政平台(即政府性和非政府性平台)参与网络问政的 299 个案例。检验自变量(问政平台)x 为政府网络问政平台和非政府网络问政平台,因变量(问政效果)y 的值是否与上述模型计算的结果相吻合。

1)当自变量(问政平台)$x=1$,即选择政府网络问政平台时,可能获得的各种问政效果的概率:$P(y=1)=0.10$　　$P(y=2)=0.48$　　$P(y=3)=0.3$　　$P(y=4)=0.04$,从而可计算出 299 个案例中获得的问政效果为:

$y=1$(很好地达成问政目的或解决问题)的案例数$=229*0.1=23$ 个;

$y=2$(基本上达成问政目的或解决问题)的案例数$=229*0.48=110$ 个;

$y=3$(只有部分达成问政目的或解决问题)的案例数$=229*0.38=87$ 个;

$y=4$(根本没有达成问政目的或解决问题)的案例数$=229*0.04=9$ 个。

对 299 个案例进行实际统计,结果是选择"很好地达成问政目的或解决问题"($y=1$)的案例数为 15 个;选择"基本上达成问政目的或解决问题"($y=2$)的案例数为 103 个;选择"只有部分达成问政目的或解决问题"($y=3$)的个案数为 89 个;选择"根本没有达成问政目的或解决问题"($y=4$)的个案数为 22 个。

图 5-48 两段折线的走势基本相符,也就是说,计算结果与实际情况比较吻合。而在具体的数据对比中也发现,计算的案例数与实际统计的案例数相差不大,两者基本吻合。

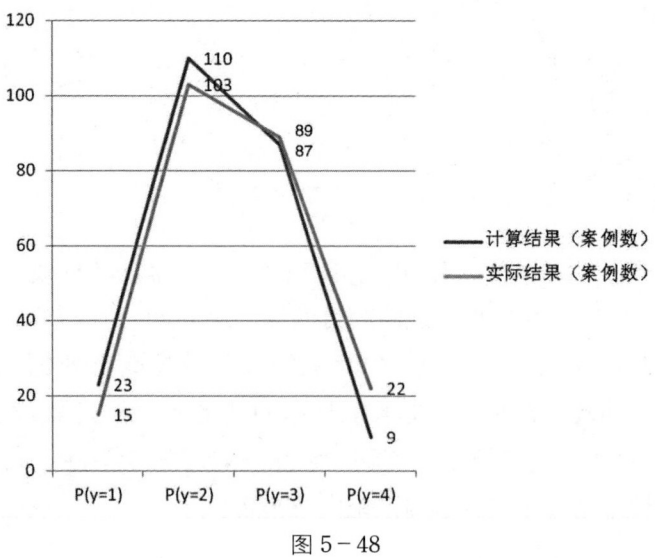

图 5-48

2)当自变量(问政平台)x=2,即选择非政府网络问政平台时,可能获得的各种问政效果的概率为:P(y=1)=0.04　P(y=2)=0.31　P(y=3)=0.45　P(y=4)=0.2,算出299个案例中获得问政效果为:

y=1(很好地达成问政目的或解决问题)的案例数=229*0.04=9个(实际为16);

y=2(基本上达成问政目的或解决问题)的案例数=229*0.31=71个(实际为82);

y=3(只有部分达成问政目的或解决问题)的案例数=229*0.45=103个(实际为105);

y=4(根本没有达成问政目的或解决问题)的案例数=229*0.2=46个(实际为26)。

对299个案例进行实际统计,结果是选择"很好地达成问政目的或解决问题"(y=1)的案例数为16个;选择"基本上达成问政目的或解决问题"(y=2)的案例数为82个;选择"只有部分达成问政目的或解决问题"(y=3)的案例数为105个;选择"根本没有达成问政目的或解决问题"(y=4)的案例数为26个。

同样的,从图5-49两段折线的走势上看,理论与实际基本相符,也就是说,计算结果与实际情况比较吻合。而在具体的数据对比中也发现,计算的案例数与实际统计的案例数相差不大,两者基本吻合。

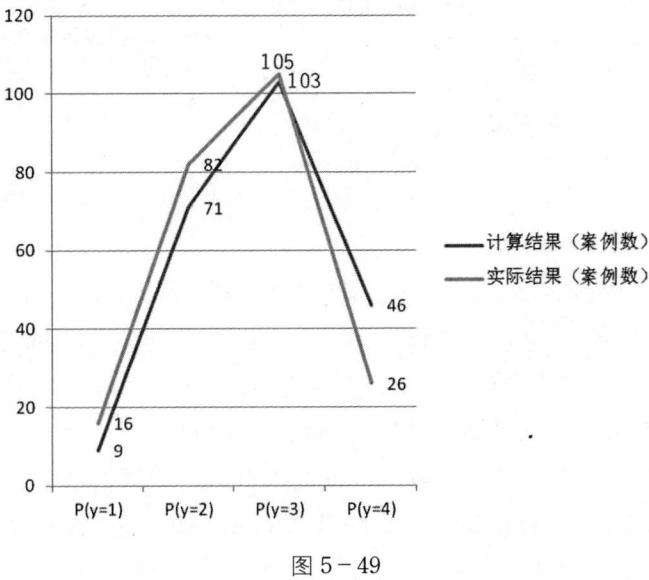

图5-49

总体看来，这些计算数据与实际数据吻合程度较高，模型推算的结果基本与实际相符，能够被接受。因此，可以认为，问政效果与问政平台多分变量的 Logistic 回归模型在实际应用中是可行的。

所以，可以得出最终的结论，即通过政府网络平台参与网络问政，其问政效果会普遍优于非政府网络问政平台。

4. 问政效果与各种问政平台的关系趋势

由于网民往往不是仅仅通过一种平台参与网络问政，因此很难在具体各种网络平台和问政效果之间建立上述模型，进行多分变量的 Logistic 回归模型分析，得出量化的比较结果。

但是，在抽样比较中还是能够看到，通过各种网络平台参与网络问政，其问政效果在总体高低趋势上存在不同。

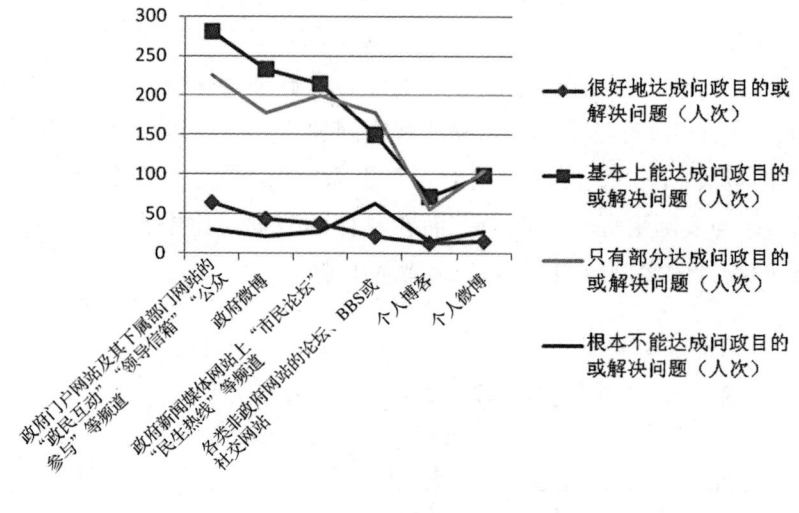

图 5-50

从图 5-50 的曲线走势上看，在具体的问政效果上，政府门户网站上的各种互动平台表现最好，其次是政府微博，再次是政府新闻媒体上的互动平台。

在非政府网络问政平台的效果比较中，排在第一位的是非政府门户网站上的互动平台，其次是个人微博，效果最差的是个人博客。

然而，对于非政府性门户网站上的互动平台，认为其"根本不能达成问政目的或解决问题"，以及"只有部分达成问政目的或解决问题"的人次也在三种非政府网络问政平台中最多。也就是说，网民对其问政效果评价的反差最大。

(七)研究结论

课题在研究伊始就提出了假设性命题,分为三大点、十个小点。前面三章就是在对这些假设进行检验和论证,并得出了对应结论,基本上回答了所有假设问题。概括如下:

1. 平台选择和问政动因

假设一:网民参与网络问政行为,其平台选择和问政动因有某种趋向,这种趋向与其自身有关。

(1)网民对参与网络问政的平台选择有某种趋向。在问卷设置中,以政府网络平台、非政府网络平台作为主要分类标准进行考察。

结论:网民在参与网络问政的实际过程中,政府网络平台的利用率高于非政府网络平台。

其中,政府门户网站,即政府门户网站及其下属部门网站的"政民互动""领导信箱""公众参与"等频道的利用率最高;其次是政府新闻媒体网站上的互动平台,如各类论坛;最后是政府微博。但是,三者差异不明显,特别是政府微博和政府新闻媒体网站上的互动平台,两者的被使用率几乎持平。

然而,各种非政府网络问政平台的被使用频次有较大差异,非政府门户网站的被使用率遥遥领先,其次是个人微博,最后是个人博客。

(2)网民对参与网络问政行为的平台选择倾向与其自身特征有关。这种特征主要包括性别、年龄、受教育程度、职业和月收入五项身份指标。

结论:在人口特征与网民参与网络问政平台选择的关系验证中,本课题把性别、年龄、受教育程度、职业和月收入五项指标与网民参与网络问政的平台选择进行卡方检验,结果显示性别、年龄、受教育程度与网民的平台选择没有关系。职业和月收入与网民参与网络问政的平台选择有关,而职业决定月收入,也就是说我们可以仅考察"职业"与这种平台选择的关系。

经过数据分析,政府网络平台的被选次数要高于非政府网络平台。其中,两类网络平台的使用率差距最大的要数"企事业单位管理者"和"专业技术人员",也就是说他们利用政府网络平台参与问政的偏向性更强。但是"农、林、牧、渔、水利业生产人员"和"学生"则例外,他们更多通过非政府网络平台参与网络问政。

在各种具体网络问政平台的使用情况上,"企事业单位管理者"和"专业技术人员"多是通过政府门户网站和政府在新闻媒体上的互动平台参与网络问政的。而"农、林、牧、渔水利业生产人员"和"学生"群体则多是通过非政府网站上的互动平台参与网络问政的,如各类论坛。

(3) 网民参与网络问政的动因有某种趋向。在问卷中设置维权投诉、举报,咨询求助,建言献策,评议政风行风,参与民意调查,参与政府的网上交流互动等选项。

结论:总的来说,"参与民意调查"和"咨询求助"是网民参与网络问政最主要的目的及诉求。具体而言,网民通过政府网络平台多是进行"咨询求助",其次是进行维权活动,诉求偏重于解决问题,政治性更强。而网民通过非政府网络平台多是"参与民意调查",其次是参与互动交流,诉求偏重于政治关注,政治性较弱。

排除平台选择的分类,对网民参与网络问政的目的及诉求做总体评判,可以认为网民参与网络问政更多是出于一种政治关注,参与网上的民意调查和互动交流,希望促进政府积极作为。而在争取自身权益方面,更多是期望政府相关部门帮助自己解决某些实际问题,重视实效。

(4) 网民参与网络问政的动因趋向与网民的身份特征有关。

结论:在人口特征与网民参与网络问政动因的关系验证中,本课题把性别、年龄、受教育程度、职业和月收入五项指标与网民参与网络问政的动因进行卡方检验,结果显示性别、年龄、受教育程度与网民参与网络问政的动因无关。

职业和月收入与网民参与网络问政的动因有关系,而职业决定月收入。也就是说,对网民参与网络问政的动因趋向起作用的是网民的职业类别。

总的来说,"参与民意调查"和"咨询求助"是网民参与网络问政最主要的目的及诉求。而持有这两种问政目的及诉求的人群以"专业技术人员"和"企事业单位管理者"居多,且他们参与网络问政的目的及诉求多集中在此。

而"个体户或自由职业者""农、林、牧、渔水利业生产人员""学生"和"党政机关事业单位工作者"的问政目的及诉求则相对分散,他们参与网络问政的动因,即目的及诉求比较均衡。

2. 网民参与网络问政行为的效果

假设二:网民参与网络问政的效果与网民身份特征、网民选取的问政平台和问政目的及诉求有关。

（1）网民参与网络问政的效果与网民身份特征有关。这种效果主要是指网民是否实现其问政目的及诉求。

结论：经过卡方检验，发现性别、年龄、受教育程度、职业和月收入与网络问政效果之间没有直接关系。

（2）网民参与网络问政的效果与其选择的网络平台有关。选择政府和非政府网络平台参与问政，其问政目的的实现情况会存在差异；且通过各种网络平台参与问政，其成功率也有高低之分。

结论：卡方检验结果显示，网民参与网络问政的效果与其网络平台的选择有关。经过问政效果与问政平台多分变量的 Logistic 回归模型分析，发现选择政府网站进行网络问政要优于选择非政府网站。

在具体的问政效果上，政府门户网站上的各种互动平台表现最好，其次是政府微博，再次是政府新闻媒体上的互动平台。

在非政府网络问政平台的效果比较中，排在第一位的是非政府门户网站上的互动平台，其次是个人微博，效果最差的是个人博客。然而，网民对非政府性门户网站的问政效果评价的反差也最大。

（3）网民参与网络问政的效果与其问政目的及诉求有关。持有不同问政目的及诉求的网民，其问政的成功率会有所不同。

结论：经过卡方检验，网民的问政目的及诉求与其问政效果无明显关联。

3. 网民对参与网络问政的平台认知

假设三：网民对参与网络问政的平台在认知上存在差异，这种差异与网民自身的特征有关。

（1）不同类型的网民对各类网络问政平台的期望值有差异，这种差异与网民的身份特征有关。

结论：较于非政府网络平台，网民对政府网络平台的期望值更高，选择倾向性更大。在非政府网络平台中，个人博客、个人微博的受青睐度不及更具规模的非官方门户网站。这与实际使用情况基本相符。

然而，在各类问政平台的分类比较中，网民在选择倾向上存在差异。这种差异主要体现在参与过和未参与过网络问政的两类网民中。

对于参与过网络问政的网民来说，新闻门户网站上的"市民论坛""民生热线"等频道的优势更明显，网民对其期望值更高。对于未参与过网络问政的网民而言，政府门户网站及其下属部门网站的"政民互动""领导信箱""公众参与"

等频道更具优势,他们对"政府主导"的网络平台更认可,对政府及其权威的信任度更高。

此外,在参与过网络问政的网民中,也会因具体的网络平台选用经验的不同而对各类网络问政平台产生不同的期待。

只利用过单一的政府网络问政平台参与问政的网民,他们对"政府主导"的网络平台更有信心。对于仅利用过非政府网络问政平台参与网络问政的网民而言,政府网络平台更具吸引力,网民对其效能的期望值更高。

卡方检验结果显示,对于参与过网络问政的网民而言,性别、年龄、受教育程度、职业、月收入对他们平台期望值的认知没有直接影响。

对于未参与过网络问政的网民而言,性别、年龄和受教育程度与该类网民的网络平台期望值高低无关,而职业、月收入与该期望值的高低有一定关联。由于职业决定月收入,故该类网民自身从事的职业类型将在一定程度上影响着他们对各种网络问政平台的信心程度或评价指数。

网民对政府网络问政平台的期望值普遍高于非政府网络平台,对两类平台期望值差距最大的是"专业技术人员"和"学生"。

在未参与过网络问政行为的网民中,政府门户网站下的各种互动平台仍然是最受期待的。"专业技术人员""个体户或自由职业者""企业一般职工"和"企事业单位管理者"对政府新闻媒体上各类互动平台的期望值要高于"政府微博",而其他职业群体则恰恰相反。

另外,对于非政府网络问政平台而言,"专业技术人员""产业、服务业工人"和"无职业或其他职业"者对"个人微博"的期望值要高于"个人博客",而其他职业群体则持有相反的认知态度。

(2)不同类型的网民对各类网络问政平台的效能在认知上存在差异,这里的效能主要是指各类网络问政平台对网民实现其问政目的及诉求的积极促进因素和消极阻碍因素。这种差异与网民的身份特征有关。

结论:经过卡方检验,网民的职业类型会对其此类认知产生一定影响。

对于政府网络问政平台而言,"专业技术人员"和"学生"坚定地认为,"权威度高,向上反映问题影响力大"是政府网络问政平台的最大优势。而"企事业单位管理者"则把"平台管理及运行"因素放在首位,认为它才是政府网络问政平台能否促成网民实现其问政目的及诉求的最重要方面。"专业技术人员""产业、服务业工人"和"企业一般职工"则把"政府重视"因素放在最末,认为政府网络问政平台上的"问政氛围"更重要,官民互动的优势更明显。

网民一般都认为政府网络问政平台的影响力是巨大的。但是,"学生"群体却认为政府网络平台的影响力不够,阻碍了网民实现其问政目的及诉求。

政府网络平台的"政风行风评议走过场,没有实际效果",普遍被网民视为阻碍其实现问政目的及诉求的突出原因。但是,"产业、服务业工人""学生"和"无职业或其他职业"者却不以为然。

对于非政府网络问政平台而言,各类网民都认为"点击率高,向上反映问题后舆论影响力大"是非政府网络问政平台的最大优势。而一般职业人群都把"政府重视网上舆论或民意"排在第二位,但"产业、服务业工人""学生""企业一般职工"和"无职业或其他职业"者却认为,"当地新闻媒体关注"比"政府重视"更为重要,"媒体联动"因素对非政府网络平台促成网民实现问政目的及诉求的贡献性更突出。

网民普遍认为非政府网络平台最大的劣势在于其职能范围有限,本身不具备解决网民问题的能力。它的第二大弱点是政治独立性差,容易受到外界压力的影响,向某些强权势力低头,从而压制了某些网民的诉求,导致网民的问政目的难以实现。而"平台影响力"不够对网民实现其问政目的及诉求的阻碍作用不明显。

但是,"农、林、牧、渔水利产业人员"和"企事业单位管理者"则认为,比起政治独立性差这一弱点,非政府网络问政平台的影响力不足是阻碍网民实现其问政目的及诉求更重要的原因。

(3)不同类型的网民对各类网络问政平台的改善建议在认知上存在差异,这种差异与网民的身份特征有关。

结论:卡方检验的结果显示,性别、年龄、职业、月收入和受教育程度与网民的这一认知无关,也就是说,身份特征对网民的这一认知影响有限,可以忽略不计。

第六章 网络问政长效机制的总体构想

学界对网络问政长效机制关注已久,在文献中往往称之为"网络问政运行机制""网络问政制度化""网络问政常态化"等。但是,网络问政长效机制的内涵是什么,外延又是什么等问题似乎并没有一个定论。本章将根据实证分析的结论,结合文献研究成果,以生态学理论为指导,具体提出网络问政长效机制的总体构想。

一、几个基本概念

1."机制"概说

按《辞海》的解释,"机制"原指机器的构造和运作原理,借指事物的内在工作方式,包括有关组成部分的相互关系以及各种变化的相互联系。作为原本运用于自然科学领域的概念,被引申进入更广泛的领域之后,强调事物自身的构成及其运动中的某种由此而彼的必然联系和规律性。其定义应该包含四个要素:一是事物变化的内在原因及其规律,二是外部因素的作用方式,三是外部因素对事物变化的影响,四是事物变化的表现形态。[①]

要理解机制,还需要厘清机制与制度和体制的关系。所谓制度,通常是指社会制度,是指建立在一定社会生产力发展水平基础上,反映该社会的价值判断和价值取向,由行为主体(国家或国家机关)所建立的调整交往活动主体之间以及社会关系的具有正式形式和强制性的规范体系。制度可分为两个层次:根本制度和具体制度。根本制度属宏观层次,是指人类社会在一定历史条件下形成的经济、政治、文化等方面的规则和程序体系,如社会制度、经济制度、政治制度、社会基本制度等。具体制度属微观层次,是指某个单位或某项重复进行的

---

① 孔伟艳:《制度、体制、机制辨析》,《重庆社会科学》2010年第2期,第96—98页。

活动,要求成员共同遵守的办事规程或行动准则,如财务制度、工作制度等。宏观层次的制度包括各种社会制度、经济制度、政治制度、文化制度等。微观层次的制度包括约定俗成的法律制度、财务制度、劳动制度、工资制度,与经济关系密切的制度包括现代企业制度、现代产权制度、社会保障制度、企业法人制度、有限责任制度等。

体制是制度的中观层次,具有格局和规则两方面的含义。如管理体制,首先是指一定的组织格局(或结构);其次,这个组织格局全部或部分地决定了或蕴含或影响这个组织为实现某种管理功能而进行运作的规则[①]。体制可以是某些社会分系统方面的制度,如政治体制、经济体制、文化体制、教育体制等;也可以是国家机关、企业、事业单位整体意义上的组织制度,是它们在机制设置、领导隶属关系和管理权限划分等方面的体系、制度、方法、形式等的总称,如领导体制、学校体制等。

机制,通常指制度机制,机制是从属于制度的。机制通过制度系统内部组成要素,按照一定方式的相互作用实现其特定的功能。制度机制的运行规则都是人为设定的,具有强烈的社会性,如竞争机制、市场机制、激励机制等。简单地说,机制就是制度加方法或者是制度化了的方法。

机制的一个重要特点是它的自组织性。在机制内部,各组成部分和环节之间相互联系、相互制约、相互促进、相互作用。任何一个因素和环节的变化,都会引起或受制于其他因素和环节的变化;同样,其他因素和环节的变化,也会影响或受制于这个因素和环节的变化,从而使系统整体在一定时间和条件下保持相对的稳定性。当某一要素的变化不符合系统整体的要求及其功能的发挥时,系统就会借助自身机制自动进行调节,以确保系统目标的实现。

二、国内外关于网络问政长效机制对策研究的内容综述[②]

(一)国内关于网络问政长效机制对策研究的内容综述

从文献研究来看,目前,国内学者基本上是从网络问政的环境建设、问政主体的综合素养与领导艺术、网络问政的平台建设、网络问政运行管理等几个方

---

① 鲍夫病:《对经济制度、经济体制及其运行机制的认识》,《中国工业经济研究》1994年第10期,第16—18页。
② 相关成果参见刘西平、连旭:《我国网络问政长效机制研究综述》,《新闻知识》2013年第1期。

面中的一个或几个角度进行论述,并提出了宝贵的经验和理论观点。

1. 建设法制的网络管理环境。健全网络环境对问政成效势必产生重要的影响。网络法律缺失,网络信息的不可靠,使得那些不良网民操纵信息扰乱民意成为可能,从而破坏了网络问政机制的正常运行。学者建议,应完善网络问政的相关法律法规,制定与网络问政相关的法律,如《侵权责任法》《个人数据保护法》等,进一步完善网络侵权问题的追责与补偿制度和个人信息保护制度;甚至可聘请技术专家开发出维护网络问政信息安全的软件、反恶意广告和污蔑言论软件、反不健康发言行为软件等。[①] 还有人认为,应修改《互联网管理制度》,鼓励网民通过网络表达诉求、监督政府工作;制定《政府网络公共服务条例》,明确要求保护公民行使网络问政权利,强制要求地方政府主要官员通过网络问政,接受社会公众的监督,促进地方政府主要官员通过网络问政方式发现问题和解决问题。[②]

2. 提高网络素养,提升问政成效。无论是问计于民的政府还是问事于政的网民,主体的网络素养对问政过程都会产生潜移默化的作用。对此,学者认为,"党政官员要把网络问政作为一种新的民主执政方式,要把网络问政作为一种密切干群关系的重要渠道"(黄玲丽,2011);"领导干部在网络问政中要讲究网络的'语言艺术',把握住语言的大众化、个性化、人文化和形象化"[③];网络新闻发言人是政府的网络代言者、网络问政的承接者和网络形象的塑造者,应"实"字当头,信息交流去"官僚化",以诚待人,赢取网络公信力[④];同时,加强网民参政素养教育是保障网络问政常态化运行的关键(王桂芳,2010);要加强网民参政素养教育,包括加强网民的理论知识教育、法制教育和思想道德教育[⑤];还要加强网民的民主主体意识、网络公民意识和网络法律意识的培养(黄玲丽,2011)。

3. 整合网络问政平台,强化平台建设。有学者调查河南省网络问政现状,发现当地的问政平台有很多,从省到各地各部门都有自己的门户网站,每个网站又分好多栏,同时还有大河网、人民网等网站的留言板可以留言,天涯网、新浪网等影响力较大的网站可以发帖,这样就分散了政府应对的精力,也不利于

---

① 李威:《网络问政发展的现实困境与解决路径》,《行政与法》2012年第3期,第15页。
② 杨宪福:《网络问政的发展状况与应对措施》,《广西社会主义学院学报》2010年第6期,第80页。
③ 苏洁:《领导干部"网络问政"的语言艺术》,《领导科学》2009年第11期。
④ 曹劲松:《政府网络发言人的主体特征》,《传媒观察》2010年第7期。
⑤ 王桂芳、周荣:《促进网络问政健康发展的思路》,《理论探索》2010年第3期。

管理,建议整合网络资源与渠道,简化网络问政平台①。河南应不是个案,相信大部分地方政府都会遇到此类问题。针对部分政府门户网站建设落后成为制约网络问政发展的问题,学者建议,"网站建设形式上,应该把'政府—民众'作为一个独立的模块,把所有的便民服务全部整合到一个功能模块当中去;加强政府网站的资源整合与统筹规划,将各部门分散建设的网站整合到统一的政府门户网站下。"②敖翔认为,在网络问政覆盖技术和空间上,应整合现有渠道资源,把网站、热线、信函等信息渠道纳入一个网络数据库处理系统,利用互联网实现对群众诉求的公开受理与反馈;利用现代信息办公软件系统,搭建群众诉求的智能化处理和分转系统;通过制定网络问政等各项制度,建立一系列的长效工作机制,同时强化资金保障,实行财政投入与自收自支相结合的运行保障模式,硬件设施及前期筹办费用等政府给予必要投入。③

4. 领导重视是关键,创新观念是重点。在我国,政府领导体制对行政效率具有根本性影响。而我国的领导体制还存在领导层次过多、领导范围过宽、权力过分集中、领导决策水平低等问题。④ 因此,学者认为,要切实解决党政机构和官员对互联网认识不足的问题,消除一些不必要的偏见和误解。⑤ 要专门建立领导干部网络问政的长效机制,领导问政关键不在问,而在答,要强调或者保障领导干部网络问政的效果,而不是去关注领导问政的形式。⑥ 杨宪福则建议,"深化领导干部的思想认识,充分发挥网络问政的积极作用,培养和提高领导干部对互联网的鉴别力,分清网络功能的主流和支流;培养和提高领导干部对互联网的包容力,正确认识和对待网络上的过激言论;培养和提高领导干部接受网络监督的自觉性和主动性,作社会的表率;培养领导干部的网络问政能力,不断提高执政能力和水平。"⑦孙青指出,"创新思维、更新观念,是大力推进网络问政常态化和长效化的前提和基础。网络犹如'天上之水',宜疏导而不宜堵,'疏则顺畅,堵则溃殃',对待'网络水军',要像'大禹治水'一样,正确疏导、引流,疏堵结合方是治本良方。领导重视、带头参与,是大力推进网络问政常态化和长效化的关键所在。领导干部带头学习网络知识,带头上机操作,亲自回复来信,

---

① 宋朝丽:《河南省网络问政现状及其前景分析》,《和田师范专科学校学报》2010年第5期。
② 赵燕君、屈辉:《关于网络问政健康发展的几点思考》,《电子政务》2011年第7期,第102页。
③ 敖翔:《网络问政的常态化与制度化建设》,《重庆社会科学》2012年第2期,第13页。
④ 姜晓卫:《论我国政府领导体制不完善与行政低效率》,《学理论》2011年第10期。
⑤ 汪玉凯:《"网络问政"应该成为一种制度》,《学习时报》2011年第9期,第19页。
⑥ 祝灵君:《建立起网络问政的长效机制》,《党建文汇(上)》2009年第12期,第21页。
⑦ 杨宪福:《网络问政的发展状况与应对措施》,《广西社会主义学院学报》2010年第6期,第80页。

亲自研究解决群众反映的问题并亲自督促办理,上行下效,'公仆信箱'才能真正发挥作用。"①钟伟连在总结惠州成功经验时指出,该市明确规定,每月必须有一位市党政领导做客论坛与网友在线交流。②

5.建章立制、规范管理,是推进网络问政长效化的必然要求。代表性的观点有:

(1)建立合理的问题受理和信息交流机制。敖翔认为,"要建立健全网络发言人制度,包括对网络发言人实行实名制、问责制,网络发言人必须具备相应的素质;督办工作要有创新的理念,整合督办资源形成督办合力;督办方法要行之有效且多样化,针对不同的督办事项采取书面督办、现场督办、网上督办等方式,另一方面,党政机关在实现网络问政常态化的同时,要通过制度化的形式把需要网络问政的议题、形式、时间等确定下来,即建立一套问政后的网络意见分析及问题答复机制。"③冯兴阁将南阳经验总结为,"市委督查室、市政府督查室作为办理网民留言回复的主管单位,规定了严格的办事程序和时限,以及对不回复或敷衍回复留言的单位、个人的惩罚措施。各县市区委、政府督查室及市直各部门均安排专人负责收集、督办、调查、回复留言。市委督查室、市政府督查室不定期通报留言办理情况,对办理留言不力的县市区和市直部门,多次在《南阳日报》和南阳新闻网上予以曝光,进行督促。"④

(2)理顺网络问政运行机制。所谓运行机制,即建立和完善在线交流机制、信息收集机制、信息处理机制、信息反馈机制、考核问责机制等,使问政于民、问需于民、问计于民制度化、规范化(邹鲁清,2010)。学者建议,"应建立联席会议制度,健全工作推进体系和监督检查体系,形成上下联动、整体推进、常态运行的长效机制;还要开通政府各部门日常问政平台,常态化征求网民意见,常态化回应网民留言;要强化单位(部门)主要负责人公开电话、电子信箱、部门信箱的回应责任,完善与网络媒体的联动办理、反馈机制。"⑤另有人提出模式论,即落实网络问政,政府可围绕"看""问""听""答""办""实"六个方面,构建地方政府

---

① 孙青:《大力推进网络问政常态化和长效化》,《办公室业务》2012年第5期,第4页。
② 钟伟连:《"惠州经验"入选经典案例——网络问政惠州走向常态化制度化》,《决策探索(上)》2010年第8期。
③ 敖翔:《网络问政的常态化与制度化建设》,《重庆社会科学》2012年第2期,第13页。
④ 冯兴阁:《构建网络问政长效机制,促进社会和谐稳定发展——谈南阳新闻网"书记市长留言板"的成功实践》,《中国地方报人》2010年第10期。
⑤ 孙青:《大力推进网络问政常态化和长效化》,《办公室业务》2012年第5期,第4页。

网络问政模式。①

(3)强化运行组织建设。强有力的组织构架和执行机构是政府实施网络问政的保证。因此,学者建议,"在政府层面,各级党政部门应设立一个单位负责网络问政的工作,核定编制人数,实行全员聘任制。通过绩效考核和内部职称评定拉开薪酬档次,建立人员能进能出的人才流动优化管理模式;在资金保障方面,实行财政投入与自收自支相结合的运行保障模式,硬件设施及前期筹办费用等政府应给予必要保障。"②对民众而言,政府要积极引导和培育公民社会、非政府组织等民间组织,发展网络公民、公民陪审团、讨论会和小组会、民意测验、请愿等民主形式;围绕民生建设网络论坛,疏导民意。③ 在完善人民代表大会制度,发展"电子人大"的同时,积极培育作为问政主体建设重要一环的非政府组织(吴定伟,2006)。

(4)关于考核问责制度。考核问责是管理体系中不可或缺的重要环节。正因为它的重要性,学者认为,进一步完善我国网络问政问责制度,尤其是加强问责制度在基层网络问政中的实施,是我国网络问政走向成熟的保障。④ 对如何实施考核问责,学者们提出了不少真知灼见。有人建议不仅要"建立目标绩效考核制度,把网络在线问政纳入政府部门日常工作,作为服务对象评议政务公开的重要内容",还要"完善专家评议团制度,全程见证、考评和指导问政活动的各个环节,进一步提升网络在线问政活动的水平";为了强化与网民的沟通,在强调网络发言人制度的重点在"有问必答"的同时,问责制可以将发言人的"不作为"纳入到政绩考核中⑤;有学者认为,量化是考核问责的落脚点,应加快建立量化的指标体系,健全网络问政的考核及奖惩制度⑥。从钟伟连的个案研究中,我们看到了惠州的实际做法,"为了防止各有关部门踢皮球或者回复不及时,惠州在网络问政综合平台上推出了'红黄绿'灯警告制度。对网友提出的一般问题,各有关部门必须做到 5 个工作日内回复。部门按时回复的,问政平台将自动亮'绿'灯,超过 5 个工作日尚未回复的亮'黄'灯,超过 15 个工作日仍未回复的亮'红'灯。"⑦

---

① 孙文柱等:《地方政府网络问政模式构建研究》,《重庆广播电视大学学报》2011 年第 10 期,第 52 页。
② 敖翔:《网络问政的常态化与制度化建设》,《重庆社会科学》2012 年第 2 期,第 13 页。
③ 陈祥荣:《论网络问政的常态化和制度化建设》,《成都行政学院学报》2010 年第 6 期,第 41 页。
④ 罗德兴等:《网聚人的力量——基层网络问政现状与思考》,《企业家天地》2010 年第 10 期。
⑤ 赵燕君、屈辉:《关于网络问政健康发展的几点思考》,《电子政务》2011 年第 7 期,第 102 页。
⑥ 宋朝丽:《河南省网络问政现状及其前景分析》,《和田师范专科学校学报》2010 年第 5 期。
⑦ 钟伟连:《"惠州经验"入选经典案例——网络问政惠州走向常态化制度化》,《决策探索(上)》2010 年第 8 期。

(二)国外关于网络问政长效机制的研究综述

马克·斯劳卡在1995年提出了"网络民主"一词,在其理论研究过程中,将网络与民主进行了有效的联系,是网络政治研究的开端。在其之后,又有许多新的术语出现,如"数字民主"(digital democracy)、"电子民主"(electronic democracy),将互联网和民主紧密捆绑在一起的意味尤为明显,并暗示二者相互强化着对方。① Bonnie Nardi 和 Vicki O'Day 在1999年提出了信息生态系统的概念,指出信息生态系统是"特定环境里由人、实践、价值和技术构成的一个系统"。② 但是,他们没有将信息生态理论与网络民主等议题结合起来讨论。

总结起来,国外学者多集中于网络政治研究范围,研究内容主要集中在网络民主的基本概念、网络民主和代议民主的关系,以及网络民主和中间变量如公共领域、社会资本和政治参与的相关度上。有学者还研究了网络的产生、信息技术的发展对政治产生的影响,等等。或许是国外没有网络问政这一提法,或者是国外学者所面临的研究语境与国内不一样,课题的研究任务也与我们不同,他们现有的研究中,鲜有对我国网络问政长效机制研究有直接的借鉴意义者。

(三)当前研究存在的不足

综上所述,学界对建立网络问政长效机制的意义、产生的问题、原因和对策已经进行了比较系统的分析和研究,有助于政府和公众对网络问政长效机制形成较全面的认识,并为指导各地建立网络问政长效机制的实践提供了有益的参考。然而,由于该专题研究仍处于初期阶段,且多数学者的研究方法单一,网络问政长效机制的研究还存在一些不足,具体有两个方面:

1. 孤立看待网络问政长效机制的功能和作用,没有将建立网络问政长效机制置于电子政府管理这一宏观背景下考虑。应该说,网络问政与国家电子政务、政治民主建设是一脉相承的,政府网站的问政平台是整个大电子政府的一

---

① Cythia J. Alexander and Leslie A. Pal eds.,*Digital Democracy*:*Policy and Politics in the third world* (Toronto:Oxford University Press,1998);Barry N. Hague and Brian D. Loader eds.,*Digital Democracy*:*Discourse and Decision Making in the information Age* (London:Routledge,1999).
② Bonnie A. Nardi,Vicki L. O'Day. *Information Ecologies*:*Using Technology with Heart*. MIT Press,1999.

个有机组成部分,网络问政长效机制理应是电子政府统一管理体系中的一部分,否则,就割裂了网络问政平台与电子政府的联系,无法从理论和实践上实现与政府电子政务建设的良好对接;同时,国内学者在研究网络问政长效机制时多从政府网站层面来讨论,没有将非官方网络问政平台及对其的长效管理纳入整个网络问政的研究体系中,这样就难免产生研究上的顾此失彼和管理实践上的空白。

2. 缺乏对网络问政长效机制理论框架的论证和相关概念的研究。时任青海省省委书记强卫曾撰文指出,"网络问政常态化是大势所趋",具体而言,即"领导上网要经常化""解决问题要常态化""回复网民要制度化"[①]。除此之外,也有学者对网络问政制度化内涵进行过概括,认为所谓的网络问政制度化,一方面指网络问政的议题、形式和地点等要通过制度化的形式固定下来,另一方面指网络问政问题答复制度化[②]。但是对什么是网络问政长效机制,它的作用与形成机制如何,它的组织结构怎样,它与网络问政常态化和制度化等概念有何内在的联系与区别,它与电子政务、网络民主、网络参与、网络监督等相关概念之间关系如何等,都有待学界进一步研究。如果顶层设计不明、概念不清,就会使各级政府在推进网络问政实践过程中难以把握其主导趋向,难以真正利用信息通信技术实现政府集民意、汇民智、解民忧的目的。只有厘清相关概念的区别和联系,才能进一步加深政府对网络问政的全面认识,推动我国网络问政有序、有效和健康发展。

三、基于生态学的网络问政长效机制理论构想

自2008年以来,网络问政已成为显学,广受政府及社会各界的高度重视,且研究成果颇丰。就网络问政长效机制的研究来说,目前,国内外学者基本上是从法学、政治学、管理学(含行政管理学)等学科视角,就网络问政的环境建设、网络问政的平台建设、问政主体的综合素养与领导艺术、网络问政运行管理等方面进行论述,提出了宝贵的经验和理论观点。值得一提的是,在研究网络问政长效机制时,生态学的相关理论为我们提供了一个切实可行的理论框架。

从文献研究看,目前已有数位学者开始探索,从生态学角度对网络问政的生态系统进行剖析。如有学者指出,网络问政生态系统由生态主体和生态环境

---

① 强卫:《网络问政常态化是大势所趋》,《人民日报》2009年7月20日,第10版。
② 敖翔:《网络问政的常态化与制度化建设》,《重庆社会科学》2012年第2期,第13页。

两大部分组成。其中生态主体包括党政官员、网民、官民互动的良性过程;生态环境则包括政治、经济、文化环境。① 还有人从分析网络问政生态系统的现状出发,提出由于我国网络问政还处于初级阶段,各方面的发展欠成熟,导致网络问政生态系统处于"失衡状态",这主要表现在网络问政主体角色定位不清,缺少专门机构、沉下心来做事的专职人员和一整套完善的机制,使得网络问政难以"落地"、基于互联网的官民互动存在偏差。② 学者凌烨丽还对网络问政生态主体(政府生态、网民生态、互动过程生态)管理和生态环境构建进行探索,提出相关措施。

学者赵龙文、周婷婷借鉴生态系统的理论知识,采用实证研究的方法,以"惠民在线"网络问政综合信息平台为例,对网络问政信息流转机制及所涉及的生态因子(问政信息、问政人员、问政环境)加以分析,从系统地信息数量、种类、质量,问政人员的数量、行为、互为影响关系,以及问政环境来探讨网络问政生态系统"平衡—失衡—新平衡"动态过程的本质,最后根据信息生态系统的评价指标对网络问政生态系统的健康状况进行评价。③

按照生态学的观点,我们可以将网络问政视为我国政治生态中一个相对完整的亚生态系统。网络问政生态系统主要由两部分构成,即生态群落和生态环境。生态系统指在一定的空间内,生物成分和非生物成分通过物质循环和能量流动而互相作用、互相依存而构成的一个生态学功能单位。④ 其结构一般由生物成分和非生物环境两大部分组成。因此,学者认为,网络问政生态系统应分为网络问政的生态主体和网络问政的生态环境两大部分。⑤ 还有学者认为,网络问政是基于信息传播而形成的一个信息生态系统。作为信息生态系统的一个分支,它包含自有的群落和信息环境,在一定的信息空间中,由于问政信息交流关系而形成网民、政府、虚拟社区与问政信息环境之间问政信息流转与循环而形成的统一整体。⑥ 本书认为,网络问政生态系统是基于特定的问政目的而形成的问政信息传播系统,该系统构成政治信息传播生态的一部分。它由两个部分组成,即网络问政的生态群落和网络问政生态环境。网络问政的生态群落

---

① 凌烨丽:《网络问政的生态化考量》,《前沿》2011年第19期,第166页。
② 何雪峰:《网络问政如何求解"落地难"》,《安徽日报》2011年3月28日。
③ 赵龙文、周婷婷:《"网络问政"平台生态体系及其实证研究》,《电子政务》2013年第10期,第41页。
④ 吴相钰、陈阅增:《普通生物学》(第2版),高等教育出版社2005年版,第430页。
⑤ 凌烨丽:《网络问政的生态化考量》,《前沿》2011年第19期,第165页。
⑥ 蒋录全:《信息生态与社会可持续发展》,北京图书馆出版社2003年版。

包括以下几类：一是政府问政主体群落，包括党政机关及其工作人员。他们在网络问政中扮演主要领导角色的网络问政主体种群。二是由网民或相关网络组织组成的问政主体种群。三是在信息传播过程中负责问政信息传播的支撑渠道（网络平台），如各类政府网络问政平台，第三方问政平台以及各类民间的网站、微博、博客、微信、QQ群等组成的支撑种群。还有一类是寄生种群，主要是寄生于政治亚生态中，与政府问政主体有着内在关联的种群，如人民代表大会常设机构及其各级代表与工作人员、人民政治协商委员会常设机构及各级委员与工作人员等构成的我国政治体制中议政和参政的组织。至于有学者提到，"官民互动的良性过程"也属于网络问政的主体[①]，本书并不认同，因为它只是两大问政主体间的一个交往行为。

网络问政生态环境包括能影响网络问政过程和问政主体的各种外在的环境因素，如由政治、经济、社会、法律、文化以及伦理道德等构成的生态环境要素。对网络问政运行有直接或间接影响的环境因素，主要包括政治环境，即党内的执政环境及相关制度法律的完善，为公民诉求民意提供制度保障；经济环境主要指社会物质财富发达、科技进步等因素，为网络问政提供经济支撑和技术手段；文化环境则是指社会的宽容、自由、开放、民主的氛围对网络问政的精神指引及规范保障。网络问政生态系统架构见图6-1：

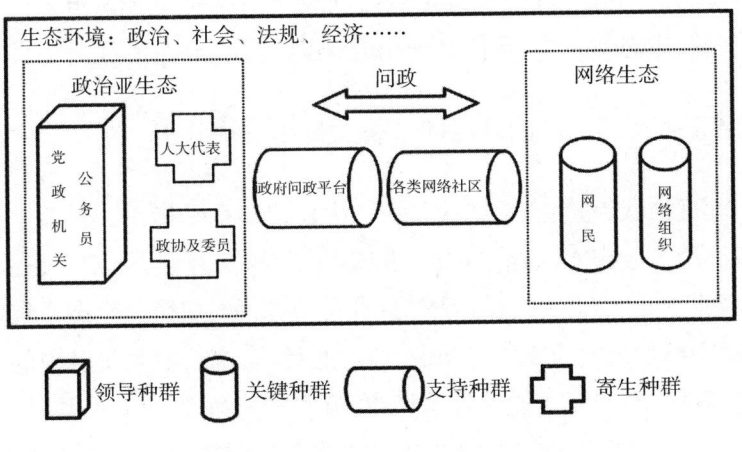

图6-1　网络问政生态系统架构图

[①] 凌烨丽：《网络问政的生态化考量》，《前沿》2011年第19期，第165页。

从生态学的整体论观点出发可以发现,整体性是网络问政生态系统的根本特性。网络问政生态系统中各种群之间、种群与环境之间相互联系、相互作用,共同组成一个有机联系的整体。生物与生物,生物与环境总是不可分割地相互联系、相互作用着,它们通过能量、物质、信息相互联结构成一个整体,这种特殊整体就是生态系统。与生物生态系统类似,网络问政生态系统由一些相互联系和相互影响的,且具有一定功能目标的要素组成,各因素又分别与外界有一定的联系。具体而言,网络问政主体与网络政治生态环境共同构成网络生态系统。网络问政主体,即问政的党政主体和网民主体之间基于网络支持体系(各类问政平台)相互联系、相互作用,它们通过信息交换构成一个整体,网络问政各主体又与所处的政治环境、法律、网络社会文化、道德伦理等外在的环境因素构成一个整体。同时,问政主体虽然由几个相对独立的部分构成,如作为问政主体的党政机关及其工作人员、人民代表大会及其工作人员、人民政治协商会议及其工作人员等,他们是我国执政体系中的主体结构,有着主体性和自身运行的规律性;问政主体的另一方网民及相关的网络组织,是我国网络社会中相对独立存在的主体,也有着各自生存和发展的逻辑和规律,但是,当这两方面的主体基于网络问政生态而结合时,他们共同构成了我国网络问政生态的有机部分,尤其是,他们是基于相互的主体性而相互证明各自的主体性;他们又相互作用,相互以对方为客体,从而构成了网络问政中的一对主客体组合。在我国当前的网络问政生态体系中,他们相辅相成、相互作用,缺一不可。

四、基于生态平衡论的网络问政长效机制结构分析

生态学理论认为,生态系统的另一个构建特征是平衡论。所谓生态平衡是指生态系统的各成分之间相互适应、相互协调、相互补偿,使整个系统结构、功能处于良好状态。[①] 任何生态系统都有着自身运行的规律。生态系统中各组成部分、各影响要素之间处于相对和谐、稳定的状态,也就是生态链中的各群落及其种群都遵循生态圈赋予的生存法则,相互处于良性的互动关系时,该生态系统就是平衡的、健康的。反之,则是不平衡或是失调的。当然,每个生态系统都不可能一直处于恒定不变的状态,各生态系统,或是生态系统中的亚生态系统一般是处于平衡—不平衡—平衡的动态运动之中。这其中,生态系统又具有自

---

① 钱俊生、余谋昌:《生态哲学》,中共中央党校出版社 2004 年版,第 41—45 页。

我调节和自我维持的能力,"在一定的时间和相对稳定的条件下,生态系统各部分的结构和功能处于相互适应和相对稳定的动态之中",这种稳定动态不是保持生态系统原有的稳固不变,而是保持原有的稳定状态,或进入更高的平衡状态,这就是生态系统的平衡,又称"动态平衡性"。当外界干扰超过生态系统的自动调节能力时,就很难恢复到原有状态,称为生态失衡。① 一般而言,平衡状态是生态系统自组织的一种发展趋势。

如果从平衡论的视角来考察的话,网络问政生态系统也处于一种平衡—不平衡—平衡的变化之中。由此推之,网络问政生态平衡则可以认为是,在一定的时间和相对稳定的条件下,网络问政生态系统内各部分(问政主体、问政技术平台、网络环境)的结构和功能处于相互适应与协调的动态平衡状态。

网络问政生态系统是相对自在的体系。有学者把网络问政置于一个广阔的信息传播大背景下看待并指出,在一定的信息空间中,由于问政信息交流关系而形成的网民、政府、虚拟社区与问政信息环境之间会随着问政信息流转与循环而形成统一的整体。② 在此基础上,学者赵龙文、周婷婷等进一步分析了网络问政生态系统及生态因子关系。如在"网络问政平台信息生态系统中,生态因子是指信息生态中对问政人的成长、行为、发展、流动和分布以及社会进化与发展有着直接或间接影响的要素,包括问政信息、问政人员和问政环境。三者之间既相互制约又相互促进,问政人也因各自不同的信息需求扮演着不同角色,形成以信息流转为主轴的信息生态链,包括信息生产者、信息传播者、信息消费者和信息分解者"③。通过实证研究方法,他们发现,在网络问政信息生态系统中,为使系统动态平衡,任何因子都不是机械排列的,而是动态的自我调节,各因子之间相互影响、相互制约。

自我国开展网络问政以来,网络问政生态系统总体上处于相对平衡的状态之中,这不仅表现在我国各级政府逐步建立和健全了一套相对完整的网络问政平台体系,而且在这类平台上,政府和网民实现了良性有序的互动。政府通过网络,有效解决了老百姓反映的许多实际问题,切实化解了矛盾,促进了政民和谐;此外,它还表现在政府通过这一特殊手段,在开展政治宣传、政府决策时,认真倾听网民意见,实现科学决策、民主决策,达到了为人民服务的目的,同时,也

---

① 凌烨丽:《网络问政的生态化考量》,《前沿》2011年第19期,第166页。
② 蒋录全:《信息生态与社会可持续发展》,北京图书馆出版社2003年版。
③ 赵龙文、周婷婷:《"网络问政"平台生态体系及其实证研究》,《电子政务》2013年第10期,第41页。

通过了解民情、汇聚民智,达到了公共决策取之于民、用之于民的目的。通过网络,百姓也及时快捷地获取了政府的公共信息,亲身参与政府的决策过程,并可以对党和政府的工作进行公开评价和监督,等等。这一点也从前文所做的几项关于政府网络问政偏好的实证研究和网民问政行为偏好的研究数据中得到了印证。

我国幅员辽阔、人口众多,且地区间发展极不平衡,国情复杂,尤其是伴随着改革开放而来的社会利益格局的多元化和诉求的复杂化。作为政府与网民沟通和交流的平台,网络问政就承担了化解矛盾、协调利益、达成共识的重要职责。而这样的平台往往就成为各种矛盾和冲突的交汇点和发泄地。这就需要各级政府和相关组织快速响应、认真处理和规范管理,否则就不可避免地出现这样那样的问题。结合前文调查发现,在网络问政过程中,我国网络问政的平衡状态表现为局部区域的不平衡或是某阶段的不平衡。主要表现是,个别地方政府的网络问政平台形同虚设,不及时公开应公开的信息,不主动开展网络咨询和民意互动,不开放公民对社会管理的参政机会,且在一些地方不同程度地存在问政平台管理中的形式主义、官僚主义,导致政民互动不畅、受阻的情况时有发生,损害了网民参政议政的积极性,影响了政府形象;有些地方政府对非政府网络平台、各类网络论坛、即时通讯软件及朋友圈等新媒体上的网民议政没有投入足够的关注,对网络舆情不过问、不关心、不回应、不引导,这不仅挫伤了社会对政府的信任度,而且导致一些不负责任的网络批评或网络议政肆意传播,甚至于一件网络爆料或谣言发展成为一场社会公共危机,有些事件已经造成了极其不良的社会影响。

平衡并不是一个一成不变的终极状态,而是一个从平衡到不平衡再到平衡的动态过程。从不平衡趋向平衡,是任何生态系统发育发展的内在逻辑。这其中,有些过程可以依靠生态系统的自我修复能力做到,有些则要借助外力的推动。由此,当前我国网络问政中存在一定的不和谐状态是发展过程的中必然现象。而从不平衡到平衡,也是我国网络问政生态的价值取向。然而,与自然界的生态系统不同的是,针对网络问政生态系统中出现的某些不平衡现象,我们不能只依靠该生态系统的自我修复能力,更需要依靠政府从顶层制度设计层面和全社会共同参与及推动方面来修复。因为网络问政是执政党应媒体传播变革的时代背景而推出的治国理政的新举措和新方法,正因为是一个新生事物,所以还存在经验的不足,以及不断改进方式方法的空间。同时,作为网络问政重要的问政主体,全体参与问政的网民提高自身的问政素养,规范自己的问政行为,也是推动我国网络问政健康有序发展的重要因素。

当然,从生态系统的整体性和协调性观点出发,我们不仅仅"强调技术因素的网络系统,而是与网络发展有关的社会环境、信息与信息主体组成的大系统。在这个大系统中,强调各个组成因子之间的联系和整体有机性"[①]。也就是说,我们要打造一个和谐、高效的网络问政生态系统,不要将网络问政作为一个独立的生态体系来看待,而是要把它置于一个更广泛的生态圈之中,全面分析影响网络问政生态失衡的内在和外在因素,这样才可能比较客观、全面地梳理网络问政运行的机理,找到构建网络问政长效机制的钥匙。

网络问政生态系统不仅是一般的信息传播大生态系统的一部分,还是我国政治生态环境中政府信息传播的一部分,同时还是网络社会生态系统的一部分。原则上,信息传播生态、政治生态和网络社会生态不是同一层面的,是分属不同种属关系的三个独立的生态系统,它们有各自发展和循环的规律。但是,它们通过网络媒介,在与政府和网民之间进行的传播沟通活动上形成了交叉,而网络问政生态系统正因为涉及复杂的传播主体构成,也有着多样化的传播对象,它的运行和发展受到多方面因素的影响和制约。也就是说,网络问政生态系统不是一个简单的信息传播生态系统,也不是一个封闭的政府管理系统,而是一个基于网络媒介的,涉及政治传播、政府治理和社会治理功能的政府与公民的互动式信息传播活动,从根本上说,它是网络背景下的政民互动传播亚生态系统。因此,我们在讨论如何影响网络问政生态失衡的原因及其治理时,要同时关注来自不同层面生态环境之下的哪些因子影响了网络问政生态的健康发展,哪些又带来了负面的影响。

网络问政生态系统是一个信息传播生态系统。该生态系统健康与否,当然是由构成系统的几大种群自身的健康程度以及各主要种群之间互动的质量来决定的。我们或许没有一个衡量某种群是否健康的绝对标准,但可以界定和厘清的是决定种群健康程度的影响因素。就政府问政主体种群而言,决定政府及其寄生种群的健康程度的主要指标有其对待网络问政的政治意愿、政府的科层管理制度、官僚体系及配套的法律和规制等;决定网民问政主体种群健康程度的主要指标有其参政议政的素质、运用网络媒体问政的技巧等;支撑种群健康程度的主要指标有问政平台的组织管理水平、员工素质、运行的技术保障等。同时,我国网络问政生态系统是一个由网络环境下的政治亚生态系统和网络社

[①] 徐国虎、许芳:《网络生态平衡理论探讨》,《情报理论与实践》2006年第2期,第168—171页。

会亚生态系统之间互动交流形成的信息传播亚生态系统。那么,网络问政的两大主体及其相互之间的交流行为不可避免地会受到来自网络环境的影响,如政治生态系统的背景性因素,包括社会制度、政治文化、执政党的执政理念;又如网络社会生态系统的背景性因素,包括网络文化、网络规制、网络伦理、网络技术环境以及行业自律,等等。所有影响因子,无论是主要的还是次要的,直接的还是间接的,起正面促进作用的还是起负面制约作用的,都同时作用于问政主体和问政过程。

在讨论网络问政生态系统中几大种群之间的互动质量之前,应了解几大种群之间的关系:一是领导种群与关键种群之间——政府问政主体和网民问政主体——形成的互动关系,以及寄生种群与关键种群之间形成的互动关系;二是领导种群和关键种群各自与支撑种群(网络问政平台)之间存在的依赖关系;三是领导种群、关键种群、寄生种群及支撑种群各自与网络环境之间形成的隐形关系。

只有厘清影响我国网络问政生态系统运行的关键因素,捋顺网络问政生态中各主体的互动关系,才能找到网络问政生态失衡的原因,并采取相应的策略,构建一套完善的制度规范及运行机制,以促进我国网络问政事业的健康发展。

所谓长效机制,就是稳定的、规范的、确保能够长期发挥效用的机制系统。建设网络问政长效机制,就是要以先进的、规范的制度建设为基础,把制度系统内部各种相关要素联结起来,形成一个结构合理、关系协调、运转有效、长期有用的有机整体,能够长期对我国网络问政建设起规范作用的法律法规、管理制度、工作方式。围绕网络问政生态系统中的几重关系,构建我国网络问政长效机制可以从以下几个方面着手:第一,加强网络平台体系建设,优化网络平台的管理措施和运行机制,确保问政主体之间的问政信息传播流畅,促进网络问政顺利发展。由于该举措主要为保证网络问政在物质和技术支撑、工作制度、管理规范等方面满足扎实的基础性条件,因此本书将它概括为工作机制;第二,健全网络问政中政民互动的程序性制度安排,做到问政议程有章可循、有法可依。实体正义和结果正义的前提是程序正义。网络问政走进我国政治生活的时间不长,存在经验不足的问题,而且我国政治体制和行政管理体制中还有一些限制性因素需要进一步改革开放。因此,无论是政府问计于民,还是网民问政于官,都存在怎么问、问什么、问后怎么办的问题,亟待政府从顶层设计层面进行充分论证和制度创新。由于该项内容在网络问政长效机制中属于程序研究,因此本书将它概括为程序机制。第三,以完善网络问政保障性制度建设和问政环境治理为抓手,完善网络问政生态体系中的循环系统,做到对政府问政主体有奖有惩,让网民问政主体无后顾之忧,保障问政信息在政府和民众之间形成一个良性的传播闭环。由于该项内容主要以保障救济制度研究和网络问政素养教育为主,因此本书将其归纳为保障救济机制。

以上三种机制既相对独立,又互为条件、彼此渗透。其中工作机制是核心、程序机制是关键、保障救济机制是根本。三种机制有机结合、相辅相成,共同组成一个结构合理、关系协调、程序严密、执行顺畅的机制体系,以保证我们顺利实现网络问政建设的目标。

应注意的是,三种网络问政长效机制各有各的构成要素。根据每个机制效用和实现目标,工作机制包括网络问政平台建设与管理机制;程序机制包括网络舆情回应与治理机制和公共政策中网民参与机制;而保障救济机制由网络问政考核与问责机制、问政主体素质与能力培育机制和问政主体权利救济机制组成。这样,我们就可以建构一套要素完备、规则清晰、运行有序,且各子机制间相互联系和作用的完整的网络问政长效机制体系。

网络问政长效机制体系构架如图6-2所示:

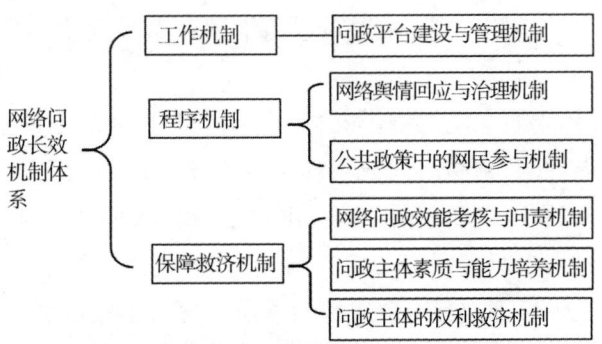

图6-2 网络问政长效机制体系构架图

本书将用几章的内容来具体研究网络问政长效机制下的六大子机制存在的问题、构建的原则及建构方法与途径等。

(1)网络平台建设与管理机制。本书认为,有必要从政府顶层设计层面进行重新的管理规划,拟对现有的网络问政平台进行技术整合并提出新方案,就提高网络问政运行效率、创新管理机制提供思路。

(2)网络舆情回应与治理机制。网络舆情往往是网络民意的表征,是公众政治参与的开始,多为公民与政府沟通的自为形式。因此,政府要从政治高度重视网络舆情,避免网络舆情演变为网络舆论,甚至是网络事件;政府还要以高度的责任感收集网络舆情,以服务为导向,认真了解民情,纾解民怨,改善民生。要实现此目标,就需要科学规划好政民间"问—答"沟通制度,严格保障公民的知情权和监督权,确保网民问事于官有法可依,有规可循。本书在第八章将对此作进一步分析。

(3)公共政策中的网民参与机制。鼓励和保护参与主体通过网络直接或间接地影响政策决策是我国政治文明建设的重要途径。作为网络问政长效机制的核心机制,该机制是从程序制度上保证问政成效的关键。它包括两方面内容:一方面,研究政府决策、管理中应主动问计、问策、问需于民的问题,如哪些要问,怎么问以及问后的结果怎样等问题;另一方面,研究网民主动参与政府决策和社会管理时,何时问,通过何正式途径问以及问后的结果如何体现等问题。通过此机制的研究,本书将在第九章具体探讨构建中国和谐有序的网络民主参与之道。

(4)网络问政效能考核与问责机制。考核与问责是管理流程中最后的也是最重要的两个环节,也是管理绩效的保障性因素。同样,这对网络问政是否达成长效也具有决定性意义。本书试图从政府绩效考核问责的宏观背景下,总结各地网络问政中的实际问题,探索制定网络问政考核问责体系的可行途径与方法。

(5)问政主体素质与能力培养机制。网络问政主体的问政素质与能力会直接影响问政效果,而影响网络问政主体问政素质与能力的因素很多,有问政主体自身的问题,也有网络环境的原因。本书第九章将通过梳理总结网络问政主体在网络问政过程中所表现出的素养问题,分析其背后的原因,对网民问政主体和政府问政主体分别进行有针对性的素质教育与培训机制研究,并提出相应对策。

(6)问政主体的权利救济机制研究。"有权利必有救济",救济是为权利提供的一种制度性的保障机制。本书将分析问政主体行使问政权利遭遇到的制度性障碍和人为侵害情形,并从法制和行政制度角度寻找深层次原因。第九章拟从司法救济和行政救济两个方面研究健全相应权利救济制度的方法和途径。

第七章 优化网络问政平台建设与管理机制

从网民问政行为偏好的实证结论来看,在众多影响网络问政效果的网民行为因素中,网络问政平台的效用对网民问政的渠道选择有显著影响;网民对网络问政效果评价影响其对问政渠道的偏好;网民的问政期望与其对问政渠道的选择有直接关系,而在政府网络问政平台、第三方问政平台和民间网络平台中,网民对政府网站平台的期望较高;网络问政的过程中,网民对各种网络问政渠道的使用效率有差异,政府网络渠道的使用效率高于非政府网络渠道。

基于这些结论,本书认为,网络问政平台是政民互动赖以进行的物理平台,是网络问政事业发展的基础。我们要将网络问政平台建设置于核心位置;政府网络问政平台应进一步巩固网络问政主渠道地位,以更好的服务质量、更佳的问政体验,满足广大网民的问政需求;针对我国当前网络问政平台多杂散乱的局面,政府应发挥主导作用,优化网络问政平台建设与管理机制。

一、平台建设处于网络问政长效机制中的核心地位

就网络问政平台构成要素与基本架构而言,它是一个涵盖了从计算机、数据库和处理软件等物质基础到数字化技术应用,再到后台运营管理的综合性、系统化的网上政务管理系统和互动服务平台。网络问政平台是政府开展网络问政活动的基础和依托,直接决定了问政效果、公共服务水平与公民参与程度。[1] 政府网络问政平台由物质和技术平台、服务功能平台和综合管理平台共同构成。在计算机与信息技术飞速发展的今天,任何以计算机和网络为运行载体的交流方式,都需要构筑坚实的物质和技术基础。政府网络问政物质基础平

---

[1] 刘文萃:《地方政府"网络问政"平台建设的现实困境及路径选择》,《桂海论坛》2014 年第 3 期,第 99 页。

台包括数字化技术与硬件基础、数据处理软件与数据库建设等内容,相当于网络问政平台的内核,支持问政平台不同版块之间的用户与服务管理,为问政平台中各类应用功能提供开放式服务支撑和管控,并对整个网络问政体系的整合与协同起着重要的物质基础作用。政府网络问政服务功能平台是政府网络问政平台建设的重要组成部分。它是整个政府网络问政平台的窗口,直接展示了政府网络问政平台的所有服务内容,更是政府及其领导人与广大人民群众"面对面"交流的第一平台。广大人民群众通过服务功能平台问政于政府及领导人,政府及领导人通过这一平台最真实地了解民意、知晓民情、广集民智。它也是政府网络问政平台的直接操作层面,许多服务内容都通过这一平台进行操作,从而促成网络问政的顺利完成。[①]

从生态系统角度看,问政平台在整个网络问政生态体系中起到支持、支撑的作用。在计算机、信息技术飞速发展的今天,我们习惯将网络称作虚拟空间、映射空间等。其作为一种以各类电讯设备及器材为依托,以信息技术为实现手段的客观物体,又是实实在在的。因此,网络空间上许多信息其实也并不是虚无缥缈的,而是在信息技术平台中以比特形式存在的物质状态,尽管它们很容易被保存、复制、删除和改写。在互联网时代,它也是任何以计算机网络为运行载体的交流方式所必须依赖的物质基础。就网络问政平台而言,它也是众多网络空间中特殊的一类。网络平台在整个网络问政体系中的作用既体现在物理技术层面,也体现在社会管理体系层面。就物理技术层面来讲,网络问政平台本身就是一个以因特网为信息传输途径,以电脑、手机及各类移动终端为界面,以信息技术、网络技术及数字技术为信息传播技术手段搭建的,基于 web/wap 浏览的特定网络信息空间,表现在物理层面的是一系列数字化技术与硬件、数据处理软件与数据库等。这个空间是当下问政主体之间的交流沟通载体,是问政信息储存、流转、交互的具体的网络物理空间。在社会管理体系层面,问政平台的支撑作用主要表现在以下几个方面。首先,政府问政平台是我国各级政府依托网络施政的实现形式和技术手段,是我国电子政府建设的重要组成部分,是政府实现电子政务的重要内容。政府通过自己建立的网络问政平台,可以进行政务信息公开、网上咨询、网上意见征集、公共决策讨论等。同时还使相关公民能够通过网络途径,向政府及有关部门进行投诉、咨询、建议、监督等。尽管第三方问政平台没有承担政府及相关职能部门的行政职能,但是通过这类平

[①] 明燕飞、毕腾飞:《服务型"网络问政"平台建设探析》,《求索》2012 年第 3 期,第 37 页。

台,党和政府还是可以实现部分政务发布、信息公开,甚至是意识形态宣传的目的。在网络时代,政府借助先进手段施政是时代的要求。网络问政现已成为政府工作的一个重要内容,是实现政治文明、政治民主的必要途径,因此,相关的网络平台建设成为了前提和基础,平台的健康管理和良性运行成为政府施政的依托。其次,网络问政是现代社会治理的重要创新手段,问政平台则是公民公共参与的依托。在传统媒介环境下,信件、电话、上访等落后的手段和有限的方式限制了广大公民参与公共政策、表达公民诉求的行为,而网络媒介则打破了这样一个信息闭塞、意见割裂的现状,为更广大的民众参与国家公共事务、表达诉求提供了方便。网民也可以在政府的网络平台上实现一些自己的政治诉求,还可以通过该平台所依托的传播影响力,达到在其他网络平台所不能达到的效果。最后,在这样一个平台上,公民的多元化利益诉求形成了一个个意见场,管理者更容易把握社会管理中的问题,引导和利用好其中的正面力量,占领思想和管理工作阵地。

二、我国网络问政平台的多样形态

现有文献对我国网络问政平台存在的形式似乎不存在太多异议,普遍认为网络问政平台就是指政府网络问政平台。当然,也有学者对由政府主导建设并管理的网络问政平台作了更细致的分类,如廖为建和杨涵认为,政府网络问政平台可以分为四种:(1)附属功能模式。主要依托政府网站开辟出专门区域,如利用各种领导信箱和热线等形式开展网络问政,其互动过程不公开。(2)留言板模式。依托媒体在其网站开辟各种形式的专栏开展问政,互动模式为网民留言提问或者建言献策,相关部门和领导按周期进行阶段性回复。(3)官员触网模式。部分党政领导人以论坛、博客或在线访谈等形式开展网络问政,其互动具有即时性特征。(4)专有平台模式。政府统一建立和管理包括网站、微博和微信在内的各种专有网络问政平台体系,通过设立网络发言人实现与网民互动,此种模式下互动方式最为丰富。①

调查发现,我国网络问政平台存在的形式大致分为三种,即党委和政府主管主办的网络平台、第三方问政平台和社会网络问政平台。

第一类平台是党委和政府部门主管主办的网络平台。它是当前我国开展

---

① 廖为建、杨涵:《"网络问政"平台的现实困境和发展路径》,《国际公关》2012年第5期,第90页。

网络问政事业的主体平台，包括由地方党委系统主管主办的网络问政平台，如中共江西省政府办公厅直属的"民生通道"；由各级政府主管主办的政府网络问政平台，这类平台一般是由各级政府在所属的政府门户网站上开辟一个或多个供政民互动的频道（栏目），如中国中央人民政府网站（http://www.gov.cn/）开设的"服务""问政"等频道和中国政府网微博、微信等，各级地方政府门户网站或政府直属职能部门网站上开设的"信息公开""政民互动"等频道和地方政务微博和微信，这类问政平台数量最多，功能最强，服务水平也最高；由政府特殊部门主管主办的平台，如受各级党委和政府双重领导的信访局（部）主管主办的"网上信访"，一般县级以上政府都开办这类网络平台；由不少官员开设的博客、微博和微信以及纪检监察部门开设的举报监督类网站等。

中央人民政府门户网站（见图7-1）中，开设有"问政"专门频道，另外还集成了政府微信和微博。

图7-1　中国中央人民政府网站界面

广东省政府门户网站（见图7-2）中，开设有"政民互动"频道，同时还添加了"网上信访"。

江西省九江市政府门户网站（见图7-3）中，开设有"公众参与"频道，其功能与其他政府门户网站中"政民互动"的功能基本相同。

少数地方党委直接主办了类似网络问政的党群互动平台，如中共江西省委2004年4月20日开通了专门的网络平台——"民声通道"。同年5月18日，在江西省主要媒体正式公布了"民声通道"24小时开通的手机电话、电子信箱、短

图 7-2　广东省人民政府门户网站界面

图 7-3　江西省九江市政府门户网站界面

信平台。群众只要打一个电话、发一条短信或写一封邮件,就可以把意见和建议无障碍地送达上级党委机关,直至省委主要领导。多年来,"民声通道"运转良好,影响力巨大,深受当地群众欢迎。"民声通道"认真受理群众反映的问题并督促有关方面妥善解决,为各级党委、政府及时了解社情民意和来自各方面的意见建议,为化解社会矛盾、促进社会和谐,推进领导机关科学民主决策、推动全省经济社会又好又快发展发挥了重要作用。

第二类平台是第三方(媒体)问政平台,主要是由各级党委宣传部主管主办的报刊集团所属的新闻网站所开设的问政平台。将其称作第三方平台是因为该类平台不承担政府职能,但目的是在当地党委领导下辅助政府开展网络问政,担负了集纳民意、传递民情、反映民声的任务,实现上传下达的功能,为党和政府建言献策。相对政府网站,这类以新闻媒体为主体搭建的问政平台,因其身份特殊,本身又拥有庞大的固定受众群体,所以,它能发挥独有的监督职责,并赢得相当多网民的欢迎。2006年《人民日报》下属的人民网在成功开办"强国论坛"之后,又开设了"地方政府领导留言板",成为媒体开办网络问政平台的滥觞。2008年奥一网设置网络问政栏目,很快红遍全国。后烟台胶东在线的"网上民声"、湖南红网的"问政湖南"和"百姓呼声"、大河网的"焦点民声"、中国江西网的"问政江西"等一大批地方新闻媒体主办的网络问政平台如雨后春笋般发展起来,媒体问政之风一直"延烧"到地市级新闻媒体。其中,以人民网开办的"直通中南海"为高潮。现如今,网络问政平台已成为地市级以上报媒网站的标配。此后,一股全国性的由第三方媒体主办的网络问政平台迅速发展,蔚为大观。(见图7—4、7—5、7—6、7—7、7—8)

图7-4 《江西日报》旗下中国江西网的问政平台——"问政江西"

第七章 优化网络问政平台建设与管理机制 | *171*

图7-5 大河网开设的问政平台——"焦点民声"

图7-6 《烟台日报》旗下胶东在线的问政平台——"网上民声"

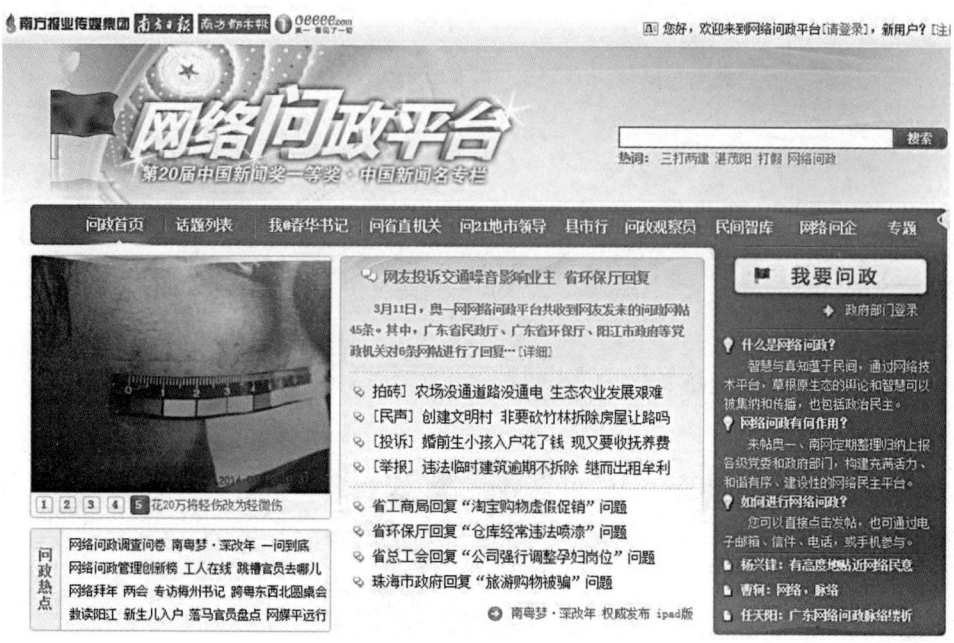

图 7-7 《南方日报》旗下奥一网的网络问政平台

另外,政府微博一般是基于新浪和腾讯微博技术平台开设并由相关党政部门主管主办的专门账号,而政府微信则基本上是由政府部门在腾讯微信公众技术平台上开设的专门账号。仅就 2014 年的数据,即可洞见我国网络问政发展的成熟度和效果。据《全国政务新媒体综合影响力报告(2014)》,截至 2014 年 11 月底,我国政务微博认证账号(含新浪微博、腾讯微博两大平台)达到 27.7 万个,累计覆盖人数达 43.9 亿;中央国家机关政务微博认证账号达到 219 个,累计覆盖人数达 2.7 亿;省级及以下各级单位政务微博认证账号超过 19.4 万个,累计覆盖人数达 20.8 亿。2014 年,中央国家机关微博累计发布超过 30 万条,累计覆盖人数超过 2.3 亿,微信累计推送内容超过 1 万次。"公安部打四黑除四害""中国政府网""中国地震台网速报""最高人民法院""外交小灵通"等账号在两大微博平台的覆盖人数在 1000 万以上。截至 2014 年 11 月 30 日,全国各地方省级政务微博累计覆盖超过 1 亿人次,发布内容超过 10 万条,被转发评论超过 200 万次,全国省级政务微博开通率达到 70%以上(不含港澳台地区);"上海发布""北京发布""重庆微发布"等账号的综合实力排名居全国前列,各分项数据也在全国各地方省份中名列前茅。"浙江发布""江西发布"在 2014 年成为政务微博"省队"新成员,尽管开通时间较晚,但"后程发力",同样受到了网民的广泛关注和好评。政务新媒体的影响力日益凸显,标志着我国政务微时代已经开启。①

当然,也有部分政府或政府部门在政府网站或地方党报下属的网络平台上搭建政务微博,如大江网就开设有"江西微博",但这类微博平台大多不如新浪和腾讯上的政务微博账号受关注。(见图7—8)

图7—8 《江西日报》旗下的江西网、大江网和文明网联合主办的政务微博——"江西微博"

此外,还有由党政部门联合民间网络平台主办的专门类网站平台,如纪检监察部门联合新浪网举办的反腐举报平台也属于外包类网络问政平台。(见图7—9)

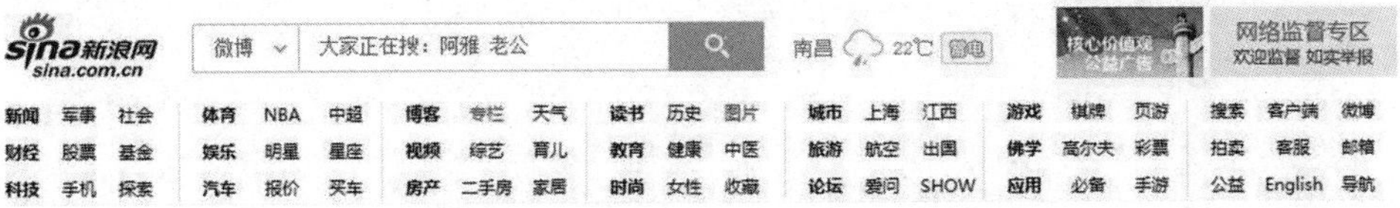

图7—9 新浪网上的"网络监督专区"

第三类是各种民间网络公众讨论平台。这类平台来源多样,归属复杂,由一些民营网络平台上的论坛、网络空间、贴吧和部分个人开设的博客、微博、微

---

① 潘彬彬:《〈全国政务新媒体综合影响力报告(2014)〉今日发布》http://www.qh.xinhuanet.com/2014—12/14/c_1113636463_2.htm,新华网,2014年12月14日。

信等构成。严格来讲,因没有党政部门的直接介入,不具备政民之间的"问""答"关系,这些由民间人士开办运营的平台更像是一个个公共讨论空间。但是一直以来,它们在公共政策决策、建言献策、反腐举报、咨询投诉等多方面起到了一定的作用,尤其是在公民反腐举报、投诉等方面起到了一定的监督效果。

图7-10 百度某地区贴吧

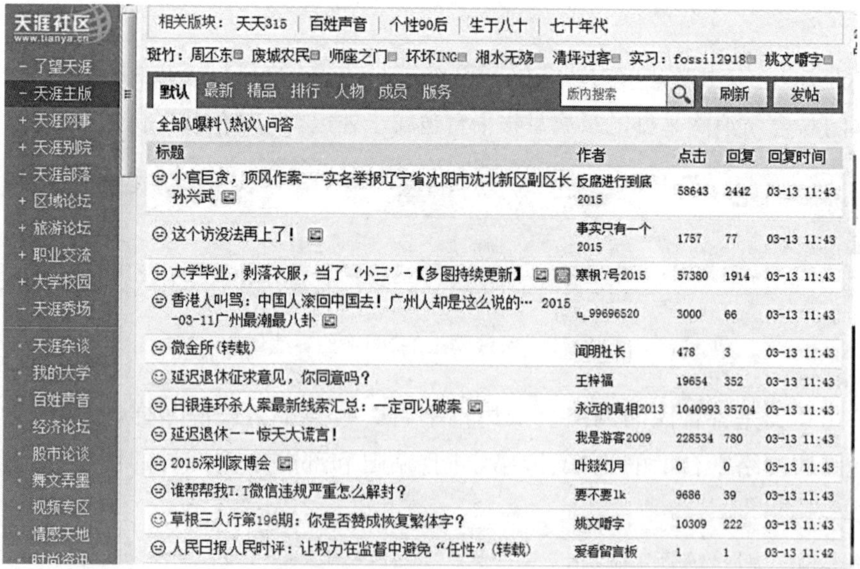

图7-11 天涯论坛的活跃度一直较高

当然，民间网络公众讨论平台也越来越受到政府的重视。只要得到正确引导，它也会达到较好的问政效果。

资料阅读：泊头吧现象——一个地方政府的电子政务实践[①]

2007年4月7日，泊头市市长回宝柱公布了泊头"十大城市名片"评选结果。令泊头市网民倍感惊喜的是，他们经常光顾并向政府建言的通道——百度泊头吧，竟然与泊头鸭梨、泊头汽车模具、泊头清真寺等当地特色产业及文化景点共同当选。[②]

泊头发布"泊头城市名片"活动，十张代表着泊头悠久历史和文化特色的"城市名片"中，竟然有一个跟年轻的互联网有关，这就是"泊头吧"。"泊头吧"是建立在百度贴吧中的一个地方社区，泊头1万多名上网的用户中，有很大部分每天都去"泊头吧"看帖发帖，就城市问题进行沟通。这就使得泊头这个小城市的贴吧积累了数万主题、近40万个帖子，并且在数百个地区贴吧中，和北京、天津、上海、成都等大城市一起成为最热门的20个地区贴吧。这比较出人意料，因为只有上网人数超10万的城市才可能这样火爆，而泊头总人口才50万，上网用户才几万。除了人气很高外，泊头市政府领导也很重视这个体现民意的贴吧。市委书记亲自带头，带领各级领导对贴吧上反映的民生问题进行核查与处理。不仅没有因网民自由发帖而担惊受怕，还很好地处理了官民之间的关系。据泊头市副市长王利彬介绍，对于"泊头吧"里的很多内容，市里印发了专刊，责成各部门认真对待，解决老百姓反映的实际问题。

对此，在2007年4月10日河北泊头举办的"互联网提高地方政府执政能力研讨会"上，《电子政务》杂志社主编商维庆说："如何把电子政务搞上去，提高效率？我感觉到泊头市有一点做得很好，就是因地制宜。从政治系统运行来讲，各方面民情、民意等很多信息，都要通过不同的渠道反馈到政治系统中去。有了互联网之后，老百姓有很多问题需要跟政府进行互动，这种互动和来源以前是没有的，新闻媒体有空间的限制，利用百度这样的公共媒体贴吧，实际上是为公众提供了一套跟政府互动性非常强的输送民情民意的渠道。从这个意义上来讲，我认为我们敢吃这个螃蟹本身就值得钦佩，而且无形当中也为我们拉

[①] 康国平：《泊头吧现象——一个低成本电子政务实践案例》，http://blog.sina.com.cn/s/blog_53742bef01000a5k.html，2007年4月10日。

[②] 《泊头"十大城市名片"评选正式揭晓》，泊头政务网，http://www.he.xinhuanet.com/zfwq/2007-09/06/content_11062711.htm。

近政民关系打下了很好的基础。"

中国信息化杂志社常务总编辑王学武说:"'泊头吧'现象体现了政府的开放胸怀。'百度泊头吧'入选泊头十大城市名片,体现了老百姓对网络平台的认可以及泊头市政府的亲民意识和开放胸怀。泊头不仅在利用信息化手段改善政府服务能力方面做了探索,还在企业信息资源开发利用上有了进一步的实践。'泊头吧'跟泊头的特色产业资源结合,将为泊头发展带来更大的空间。"

昨晚,记者上网点击"百度泊头吧"看到,作为一个小小县级市的贴吧,其中的帖子数量已超过38万,直逼大都市"上海吧"40万的数量。难怪在不久前百度贴吧"最具活力城市贴吧"评选中,"泊头吧"名列城市贴吧前10名。记者浏览其中的帖子发现,最受追捧的热门帖子是关于网民对政府部门的意见和建议。其中,一个向市长提意见的帖子有489人跟帖,上万人点击;而一组反映泊头美与丑的照片,因曝光了城市管理中的一些问题,有2000多人跟帖,11万人点击。

一些政府人员曾称"泊头吧"为"挑刺贴吧",他们担心里面的过激言论会影响社会安定,也担心市民把当地的"丑事"捅到网上,招来新闻媒体曝光。对此,泊头市委、市政府在去年年底专门召开会议进行研究。泊头市副市长王利彬认为,虽然"泊头吧"中有一些情绪宣泄,甚至也存在个别谣言,但其中更多的是网民提出的意见,这些意见指出了政府工作中的种种不足,符合实际情况。而且这种网上"曝光"也会督促政府部门化解矛盾、搞好服务。因此政府应该善待"泊头吧",使之成为了解社情民意的重要渠道。

王利彬对"泊头吧"的看法得到市委书记张兴华等人的赞同,很快,泊头市市委机关刊物《泊头快报》就开辟了"百度民意"专栏,设专人收集和整理"泊头吧"上比较集中的意见和呼声,并在《泊头快报》刊登出版,供领导参考,同时也督促相关部门解决网民反映的问题。比如,有市民在"泊头吧"上发了一个关于非法传销扰民的帖子,主管副市长马上回帖与之交流,由此掌握了一个特大传销团伙活动的地点和时间,在工商和公安部门的帮助下,遣散了外地传销人员4000多名。还有一位学生家长在"泊头吧"上反映,孩子上学时间太早,影响孩子正常休息。泊头市教育局了解情况后,重新调整了学校的作息时间……

三、当前网络问政平台存在的问题

结合前文分析可以得出几个结论:第一,较之非政府性网络平台,网民对政府网络平台的期望值更高,对其问政效果的评估更优,选择倾向性更大。他们认为,政府门户网站及其下属部门网站的"政民互动""领导信箱""公众参与"等频道更具优势,他们对政府主导的网络平台的信任度更高。第二,对于参与过网络问政的网民来说,新闻门户网站上的"市民论坛""民生热线"等频道的优势更明显,网民对其期望值更高。原因是平台"影响力大",当地政府较重视网上舆论或民意,而"媒体联动"因素也很重要。第三,对于非政府性网络平台,网民对个人博客、微博的青睐度不及更具规模性的非官方门户网站。

由此可以认为,有过网络问政经验的网民认为,非政府网络问政平台之所以能帮助网民实现问政诉求、达成问政目的,关键在于当地政府的重视程度以及该类网络问政平台是否被动作为。也就是说,该类网民对非政府网络问政平台本身的功效是持消极态度的。

在对没有过网络问政经验的网民对问政平台选择意向进行研究时,得到这样的一些结论,非政府网络问政平台影响力大,能够引发舆论,带动媒体关注,从而引起相关部门的重视,最终促成问题的解决。也就是说,这类网民对非政府网络问政平台本身的功效是持积极肯定态度的。为什么没有参与过问政的网民会对政府网络问政平台持怀疑态度呢?在其后的调查中发现,网民在通过政府网络平台达成问政目的或实现问政诉求的过程中,存在消极现象:政府网络平台点击率不高,向上反映问题的影响力不够;对网民反映的问题没有解答或敷衍塞责;回复问题时间太长;对网民的建言献策不理会;不公布网民议政的结果;网上政风行风评议走过场,没有实际效果……概括而言,导致这些消极现象存在的因素可以归结为平台影响力、平台管理及运行机制、政府的态度等方面。

其实,这些问题在前文对政府网络问政行为偏好所做的调研中已经得到印证。在对江西省政务微博的普查中也发现,政务微博开通率在行业和地域上存在分布不均的问题。同时,在政务微博的运营管理中,有些政府部门还存在诸如不够重视日常管理规范,导致"僵尸微博"等形式主义现象存在,以及一线平台管理者不够严肃、乱发微博、回应网民不及时等问题。尽管这不是普遍现象,但也给网民的体验带来一定的影响,从而直接损害了政府形象,削弱了网民与政府沟通的热情。在对地方政府门户网站的行为偏好研究中,虽然政府门户网站已经成为我国政府与公众之间重要的信息传播互动平台,但是很多部门依旧陷于被动地位。不少政府门户网站照搬机构设置、法律法规、政策条文等静态信息,而动态的有实用价值的政府信息数量少且质量低。因此网站留给网民的印象就是内容贫乏、更新不及时、链接质量差、互动性不强等。久而久之，政府网站的点击率越来越低、人气越来越差，导致政府网络传播平台在公众心目中的关注度和权威性降低，使得政府网络传播效果受挫。

学者徐强在对温州网络问政平台的研究中，也得出了一些相类似的结论。(1)网民数量庞大，问政"热情似火"。在温州，民间论坛703804是网民意见的汇集地，异常活跃，鹿城区作为温州市的核心城区，网络舆论的民意表达功能更加突出。根据鹿城区2013年上半年开展的一项网络问政有奖调查，有77.36%的网民关心政府"触网"、领导上网、回复网友发帖的新闻，有72.64%的网友赞同网络问政。(2)社情民意复杂，答政"眼花缭乱"。素有"改革风向标"之称的温州，作为东南沿海地带重要的商业型城市，社会利益阶层众多，社情民意复杂，各种问政平台应运而生，如电话投诉类问政有每个部门各自的行业监督电话，还有市长热线；电视网络投诉类问政有各大新闻媒体及部门网站的论坛、议事厅、留言板、官方微博，还有区长信箱。2012年以来，鹿城、瑞安、洞头等部分县市区又出现了各类微信投诉平台，问政方式"五花八门"，政府答政可谓"眼花缭乱"。(3)管理机制薄弱，理政"冷热不均"。在网络问政合理化问题上，温州相关的监督和问责机制已初步配套形成，但在地域、行业分布方面，网络问政仍显现"冷热不均"的现象。一些民生热点问题，如交警、行政执法、工商、环保等单位官方微博、微信常常是网络问政的"积极分子"，而一些冷门微博则很多成为"僵尸微博"。[1]

此外，政府网络平台中出现的一些问题，在第三方平台和非政府网络平台上也同样存在，而且表现得更为突出。尽管第三方平台活跃度比较高，但是在许多地区的平台上，网民问题的回复率并不是很理想，可能与政府相关部门的支持力度不足有关联。在一些民间网络公共平台上，有大量网民议政评政的帖子，其中不少帖子是举报投诉类和涉法涉诉类问题，有的还公开反党、反社会，而且言辞激烈，却很少得到政府有关部门的关注或直接回复。此类现象给网络问政环境带来了极大的负能量，长此以往必然对党和政府形象带来负面影响。如果被一些别有用心的人利用，组织煽动不明真相的网民危害社会的安定团结，那后果将不堪设想。

---

[1] 徐强：《能否将问责机制落实到位就成为决定网络问政效果的关键》，《创新网络问政新模式》2013年第24期，第46页。

四、网络问政平台问题背后的原因分析

对一个新生事物而言,从探索到实践,从规划到发展,一定有一个周期和过程。网络问政从无到有也就是这几年的时间。近几年,我国网络问政事业应该说已经取得了令人瞩目的成果,即使在这一过程中有这样或那样的问题存在,只要我们抱着发展的观点和保持虚心改进的姿态,就没有解决不了的问题。因此有必要对当前我国网络问政中存在的问题进行研究和总结,尤其是要针对网络问政平台运行中问题产生的背后原因进行总结,这样才能做到有的放矢。

我国政府层面开展网络问政事业以来,就不断有专家学者关注我国网络问政从发展理念到建设规划,再到运行管理等环节中存在的诸多问题,总结制约发展的原因。对此,有学者认为:第一,发展理念存在偏差,导致形式主义问题突出;第二,发展方向不明确,平台建设缺少整体规划;第三,服务意识不强,公共服务平台有待提升;第四,发展不平衡,专业化运营能力亟待加强。[①]

诚然,这些结论从一定程度上归纳了当前我国各地方网络问政建设中存在的制度和实践方面的原因。比如,我国发展网络问政事业时间不长。尽管国务院2006年就下发了《关于加强政府网站建设和管理工作的意见》(国办发[2006]104号),而且还配发了相关的指导文件,全国范围内各地区政府、各政府职能部门都制定了相应的实施办法。但是,该文件发布时,网络问政还未在全国兴起,政府也没有将网络问政单列为一项专门性的行政职能,该文件只是从发展电子政务的角度规范了政府网络传播的工作要点,而没有专门就网络问政进行深入细致的功能定位和管理规范。从2006年人民网"地方政府领导留言板"开通起,各地政府均非常重视来自党中央机关报上的网民问政信息,而且先后建立起相关的关于对网民留言处理的制度,但是,这也多停留在一事一议层面,而没有将网络问政作为一个整体性的任务对待,因此,政府在网络问政平台建设方面"缺乏自国家层面明确的目标设计、相应的发展规划和规范指导",[②]亦属发展中待解决的问题。

将部分地区网络问政绩效差、效果不彰的原因归于领导认识水平和执政理念的问题,是有一定道理的。地方层面的网络问政多需借助地方党政领导的直接推动,与地方党政领导特别是"一把手"的思想开明程度、工作理念和对网络

[①②] 刘文萃:《地方政府"网络问政"平台建设的现实困境及路径选择》,《桂海论坛》2014年第3期,第100—102页。

问政的重视程度直接相关。领导重视,行政效果好,反之则不然;领导素质高、责任意识强,则问政效果好,反之则不然。这种现象在我国部分地区还相当普遍。尤其是在一些地区,领导的个人素质还与其下属公务员的行政管理风格有一定关系。从调查中可以发现,个别地方政府网络问政存在官僚主义作风,并且明显地反映到了平台的问政风格上来。从新公共管理理论来看,现代政府的管理宗旨是建立一个服务型政府、公正透明的政府和阳光型政府,这就需要政府管理者具备强烈的服务意识和责任意识。从根本上说,部分地方网络问政效果不彰的内在原因与当地政府管理者的责任意识、服务意识不强有一定关系。当然,解决这一问题并不是一蹴而就的,这与我国当前的政治环境和政治大生态有着千丝万缕的关系。自党的十八大以来,中央全力整治政府工作作风和公务员的贪污腐败问题,大力推进政府的简政放权,提升政府的服务水平,打造符合时代潮流、适应社会主义经济发展需求的服务型政府,就是要从根本上优化我国的政治生态,建立一个政治文明、社会和谐、人民安居乐业的社会主义国家。

信息化水平相对不高是网络平台专业化运营能力不强的重要原因。之所以信息化水平相对不高,是因为当前在我国相对发达地区并不存在这类问题,只是在一些地区尤其是西部及偏远地区,市级以下各基层政府由于受到政府部门对政府网络问政物质技术平台建设的投入不足的制约,设备、经费、人员等诸多条件限制,技术基础较为薄弱,网络问政平台中的物质技术平台对于管理和服务平台的功能性支撑作用不足,网络信息技术应用还较为有限。物质技术平台中的数字化技术应用十分有限,其对各项服务功能的支撑作用没有充分发挥,整体运用效果不佳。同时,硬件上的薄弱直接导致工作效率降低和工作热情不高。物质技术平台中的人力资源开发与管理缺乏科学性与实效性,致使大量人才流失。[①]

信息技术人才相对缺乏且网络问政平台专业化管理人才队伍不完善,也是一个显著的问题。相对于发达地区,中西部经济欠发达地区的信息技术人才缺乏、人才难留现象还存在;相对于地市级以上的政府部门,县及其下级政府信息技术人才相对缺乏的问题尤为突出。当前各地县、乡(镇)两级政府多通过成立具有临时机构性质的网络问政工作领导小组,在其下设办公室负责统筹网络问政工作,具体承办者则为各单位、各部门的兼职人员,能够予以经费和编制以及

---

① 明燕飞、毕腾飞:《服务型"网络问政"平台建设探析》,《求索》2012年第3期,第38页。

保障配备的专职网络问政管理人员非常少见。但随着网络问政平台运营管理的复杂性和专业化程度不断提高,加之网络问政工作政治性强、涉及面广,对具体工作人员的综合素质要求越来越高,迫切需要具有专业背景、职业化运营的管理人才队伍。目前,各地网络问政平台运营、管理及承办人员的"兼职"身份不仅不利于有关人员投入相关工作,而且在一定程度上影响了网络问政在更广泛的地区推广和运用。

也有研究者注意到,在政府问政平台的整体化服务中存在政府综合管理与协调能力不足的问题。整体化政府理论认为,政府的不同层级和机构可以通过横向和纵向合作,共同提供更为整体化的公共服务。但是我国政府网络问政平台中各个部门之间交流与协作严重不足,缺乏广泛的团队合作,综合管理与协调平台并没有充分发挥应有的作用。[①] 这点在调查中亦有发现。在不少地方,政府网络问政综合平台(如门户网站上的"政民互动""公众参与"等频道)往往由一个特定部门主管运营,但实践中经常会遇到网民反映的问题分属不同的政府部门或单位主管的问题。按照交办制度,问政平台一般是将问题反馈给解决问题的主体单位,再由该单位将解决结果上报平台统一公布。但在实际运营中,第一接待方(平台)囿于管辖范围而不能直接回复或因被主管单位将问题搁置而等待回复的状况十分普遍,有些待回复问题甚至一拖数月。这些问题的背后其实还是网络问政平台管理机制不到位或缺位的问题。这些低效运行的网络行政行为,大大降低了广大网民积极参与的热情,影响了网民对政府的评价。其实,政府对网络问政平台的综合管理与协调能力问题不仅存在于政府性网络平台中,更存在于对第三方平台和非政府平台的综合管理上,甚至有部分地方政府对非政府网络平台处于管理缺位状态。

另外,明燕飞等人还认为,部分地方政府服务功能性平台发展滞阻与政府和第三方合作存在缺陷有关。所谓第三方政府是指政府不断加大利用私人公司和非营利组织而非政府雇员来提供公共服务的状态。政府通过协议、委托代理、合同、外包等形式将公共服务供给授予第三方,充分利用第三方网络在资金、技术、专业和经济上的优势,在最广泛的领域内寻找最佳资源,提供优质的公共服务。第三方政府突出公私合作,要求充分利用广泛的社会资源来填充公共资源的不足。虽然早些年我国政府就开始尝试将公共服务外包给第三方供应商,但政府网络问政平台,尤其是服务功能平台中第三方政府合作程度仍然

---

① 明燕飞、毕腾飞:《服务型"网络问政"平台建设探析》,《求索》2012年第3期,第38页。

有限,直接导致广大网民不满。① 这种情况或许存在,但是暂时还没有有关政府和第三方在网络问政方面合作滞阻的文献与数据。

五、网络问政平台建设与管理的顶层设计

(一)网络问政平台建设的目标

从前文的理论分析可知,发展我国网络问政事业,是创新国家治理和社会管理的新方式、新途径,是为建设一个适应现代社会发展潮流、政治文明、社会和谐、人民安居乐业的社会主义新国家的崇高目标,因此,我国网络问政平台建设就是要为实现这一伟大目标而服务。结合我国网络问政开展的现状和出现的典型问题分析,强化网络问政平台建设的目标可以归纳为以下几点:第一,为建立网络问政长效机制、发挥网络问政的最大效能提供一个坚实的物质基础和良好的技术环境。所谓物质基础与技术环境,指的是网络问政赖以开展的网络传播渠道。问政信息的传播如果没有一个稳定、高速、高效的网络环境,那么一切都是空中楼阁。其二,加强问政平台建设就是要建立健全一套完善的平台管理制度。平台好与坏的衡量标准是问政的两大主体间能否顺畅沟通、能否和谐、能否达成问政的目标,以及问政信息的流转是否通畅等。此外,有了一个好的技术平台,还需要专业人才来管理和好的制度来保障,因此,问政平台建设的目标还需要着眼平台的软件建设。总之,网络问政平台建设的目标,就是建设一个服务型网上政府,促进民众与政府的有效互动,不断优化提升各级政府的行政能力和执政效率;同时,也应该是一个具有中国特色的、民主的、阳光型网上通道,通过该平台,公众可以行使自己的知情权、参与权、表达权和监督权,使政府真正具有责任感、使命感,真正把民意落到实处,在公众的监督下行使权力。

(二)优化网络问政平台建设的原则

1. 政府主导、多方参与原则

我们知道,网络问政的内涵是政府问事、问计于民,网民问政于官,这就要求网络问政平台的建设应该满足政民互动的信息沟通,关键是要满足政府对国

---

① 明燕飞、毕腾飞:《服务型"网络问政"平台建设探析》,《求索》2012年第3期,第38页。

家和社会的治理需求,让各级党委、政府机关能运用网络这个新媒介来了解和把握社会民众的意愿和需求,及时就重大社会议题的决策问计于民,从而实现科学执政、民主执政、依法执政。而公民则通过网络参与到公共政策的制定和对公权力的监督中来,也是为了使政府决策更合理、执政过程更文明高效。因此,网络问政必须是由政府主导、以政府为主体来设计和运作。尽管网民作为问政的主体之一,与政府主体在问政过程中的地位是平等的,但是从政事的来源、问政议程的设置、问政问题的解决来看,无不需要由政府来主导和主办,这就需要有一个(一群)功能强大、管理有序、权责分明的问政平台来支撑,这一点只有政府主导才能实现。其实,政府在网络问政过程中搭建平台、服务网民也是其职责所在,更是网络施政的先决条件。

所谓政府主导,指的是问政的网络平台建设主体是政府,网络平台的管理主体在政府,网络平台的绩效考核责任在政府。政府不仅要对自己主管主办的网络平台尽职尽责、建好管好,也要对第三方平台负责,从政策上、资金预算上支持第三方平台,与第三方平台协作宣传党和政府的决策,引导网络舆论,理性参与,尽力协助第三方平台解决网民在平台上反映的问题。另外,从研究结果来看,民间非政府网络平台虽然在网络问政中扮演了一定的角色,对社会公共事务讨论、公共决策制定、反腐倡廉等方面起到了一定的作用,但是通过这一渠道,公民的参与效果还是不尽如人意。

严格来讲,非政府网络平台不由政府主管主办,也不是某一个或几个特定的网络平台,它们形式多样、数量众多又极其分散、来源复杂,尤其是在网民中的占有率极高,传播速度和影响力巨大,这显然给政府管理带来了巨大的挑战。正因如此,政府更需要将网络问政平台建设的思路拓展开,在理念和观念上有所改变。具体来讲,就是要延伸管理链条,培育传播社会主义正能量的舆论领袖,主导舆论阵地,引导网络意识形态。

尽管政府在网络平台的建设中起着主导作用,占据主体地位,但并不是垄断网络渠道,霸占话语空间,拒绝多元思维。所谓多方参与,不仅要求网络平台的建设主体多元化,丰富问政的网络渠道,也需要参与网络问政的主体多元化,并欢迎广大的网民参与到问政事业中来,加入到国家治理和社会管理的进程中来,共同促进和发展我国的民主政治。因此,在这一背景下的网络问政平台,应该是一个种类丰富、层次多样、理性参与、讨论自由、地位平等的网络空间。

2. 服务导向、规范运作原则

党的十七大以来,中国政府就确立了以构建一个服务型政府作为行政体制改革的总体目标。所谓服务型政府,其"本质乃是以人为本理念的制度架构与制度延伸","就是要将公民本位的服务理念,作为一种行政文化注入政府公共行政的整体制度设计和运作过程中","让民意主导的公共服务最终指引政府改革和前进的方向。"[①]伴随着信息技术的迅猛发展和网络媒体对政治和经济生态的改变,近年来,我国在加快推进建设服务型政府的改革进程中,构建以网络信息技术为支撑平台的网络问政,成为地方政府的执政新风,并日渐成为现实政府行政体制微观变革的重要抓手。作为服务型政府总体改革目标范式下的网络问政,服务型政府的基本理念与价值诉求预设了推进网络问政的基本原则和建构路径,为地方政府推进网络问政平台建设提供了思路和方向。

以服务为导向,就是要求政府实现由"官本位"到"人民本位"治理模式的转型,以全方位、系统性的服务理念指导和创新政府的行政方式。作为地方政府网络执政的重要手段,网络问政平台建设也必须坚持以"人民本位"的基本理念为导向,以推进公共服务和民主建设为基本诉求,通过科学规划和系统设计,实现网络问政平台的制度化和常态化,真正推动网络问政在提升公共服务和促进公民参与方面发挥实质性的作用。通过网络问政平台将群众最关心、最直接、最现实的利益问题反映出来,并将其对接现实工作渠道加以研究和解决,提供便民利民的线上公共服务是网络问政平台的基本功能。同时,把公共政策和重大决策的制定放在公共参与的大背景下进行,以服务人民的理念指导,务求将满足公民利益和公共诉求作为公共行政的价值目标。在此基础上,以服务绩效作为平台建设成果考核的依据,形成以政府及公务员在网络问政过程中服务态度、服务质量和服务能力为评价标准的考评和奖惩制度体系。

制度化、规范化运作是保障服务型网络问政平台建设目标得以实现的根本条件。规范运作就是要求以科学规划、严格规制来推进网络平台的建设,规范政府在网络平台的管理运行过程中的行为和结果,使网络问政走向常态化和长效化。作为新生事物,各地关于网络问政相配套的法律法规体系还不完善。为进一步推进我国政府网络问政平台建设,针对当前我国政府网络问政平台因缺乏科学规划和制度标准而导致的无序化发展问题,亟须从顶层设计层面对各地网络问政平台建设进行统筹规划和总体设计,把建章立制作为根本,加强总体规划和制度建设,在总结现有各地网络问政平台建设、运行和管理经验的基础

---

① 刘文萃:《建设服务型政府的改革路向分析——一个基于新公共管理与新公共服务比较分析的视角》,《岭南学刊》2009年第1期,第99页。

上，以服务型政府理念为指导，以推进政府公共行政向现代公共治理转型与提升公共服务能力为目标，统一政府网络问政平台发展规划和建设标准，整合资源，将网络问政平台的运营主体、建设标准、管理机制、绩效考评以及网络问政平台运行中的信息收集、分类、交办、督查、催办到结果的反馈、统计分析以及情况通报等纳入制度化范畴，加以明确的规范和界定，并进一步建立健全相应的监督考核评价体制，促进政府网络问政平台走向规范化、法制化。为此，还有学者提出，针对网络发展过程中出现的新情况和新问题，在已制定颁布的关于网络安全和预防网络犯罪等法律法规的基础上，要加快网络问政的立法建设，积极推进《网络问政促进法》等相关立法研究的建议，根据互联网发展的现实需求及时制定和出台新的法律法规，为网络问政平台建设及其良性运行和可持续发展提供法制基础和制度保障。①

3. 协调投入、平衡发展原则

从调查结果来看，我国网络问政发展水平在几个层面存在发展不平衡的情况，即区域间的发展不平衡、政府层级间的发展不平衡、政府部门间的发展不平衡等。而这些发展不平衡、不协调的情况严重滞阻了我国网络问政发展的步伐，影响了我国推进网络执政目标的落实，对我国行政体制改革产生不利的影响。从本质上讲，所有的发展不平衡虽表现为专业设备和物质条件的不足、专业人才的匮乏和专门化运营水平的落后，而这一切都与政府的投入密切相关。

城乡差别大、东南部与中西部差别大是我国的基本国情，这一状况在改革开放三十年来虽有所改善，但还不能从根本上改变，还达不到平衡发展的目标。这一差别不可避免地影响着我国网络问政的不均衡发展。网络问政平台建设涉及从物质基础到信息技术的投入，从政府政务管理体系到公众参与水平，其高效、有序运行和可持续发展需要各级政府在资金、技术、设备和人员配备上提供财政的支持和专业化人才的培养、引进，以专业化的运营为依托和保障。考虑到我国广大的中西部地区财政收入落后，一些经济落后省份和地区的基层政府财力有限的实际情况，投入不足，兼顾广大农村地区人民文化水平相对较低和数字化生活程度不高，要促进网络问政平台建设的均衡发展，应积极推进经济欠发达地区的发展，推进行政基层建设，如县级及以下乡镇级政府网络问政平台建设力度，突破现有体制和政策性障碍，加大对基层的投入力度，在人力、

---

① 刘文萃：《地方政府"网络问政"平台建设的现实困境及路径选择》，《桂海论丛》2014 年第 3 期，第 99 页。

物力、财力等方面予以倾斜。在推进网络问政专业化人才队伍建设时,不仅要强调人才的信息传播技术培养和引进,更要锻造一支政治素养高、爱岗敬业的优秀网络问政人才队伍。

(三)网络问政平台建设与管理创新路径

1. 再谈网络平台的价值定位

当前,我国网络问政之所以存在一些形式主义、官僚主义的作风,在一定程度上与当地政府对网络问政意义的认知偏差有关,连带对网络问政平台的价值定位也出现了失误。因此,在探讨如何建设好网络平台之前,有必要再总结一下它的价值定位。

首先,网络问政平台本身是一种媒体,是双向度的互动媒介。不管是政府问政平台、第三方平台,还是非政府问政平台,它们都可以成为公民的言论场,也是公民诉求和公民监督的渠道。伴随着互联网的发展,这个社会已经变得"透明"了,没有什么人能垄断信息和观点,也没有什么机构能霸占话语权。网络不仅赋予了公民参与社会事务的工具和手段,更赋予了公民一定的话语权。每天,数以亿计的网民通过各种网络渠道发表言论、传播消息。如果某些地方政府和领导干部不能适应时代的发展,有些人还抱有"防民之口甚于防川"的想法,还是用简单的思维方式和执政措施解决问题,都将导致灾难性的后果。在这个人人自主传播的时代,如果我们的管治者不主动甄别网络消息,不去主导网络言论市场、引导舆论,那么谣言随时有可能会传成"真理"。一旦管理者失察,很可能会酿成公共事件和治理危机。因此,网络问政平台应是一个信息公开平台。通过它,政府可以加强政务信息公开,让党政机关将能公开的、要公开的信息向全社会及时公布,保障公民的知情权、监督权。因此,网络问政平台是党和政府在传播环境变革下执政创新的工具,也是党和政府可以充分利用的执政资源。

其次,网络问政平台是政府进行社会治理创新的手段和公共服务的载体。改革开放三十多年来,社会发生了深刻的变化,经济快速发展和社会结构转型使得公民诉求多元化和利益格局复杂化并存。近年来,各种社会矛盾与社会问题在我国社会多个层面集中凸显,有的甚至呈激化状态,向社会结构调整和政府对社会管理提出了前所未有的挑战。面对社会发展现状与发展态势,政府管理者迫切需要加深对转型期社会发展特殊性质与特有内涵的研究,创新社会管理方式与社会建设手段。在治理视野中,政府对社会治理不是简单的社会管理和管治,而是需要充分发掘社会自有力量,妥善地将政府管理与社会自主管理相互结合,政府主导与社会参与相互补充,最终达成社会治理的目标。而网络平台正好可以发挥互动媒介的作用,为社会治理提供强大的助推力。通过网络平台提供的信息来源和百姓诉求展示,管理者能倾听民意、洞悉民情,尽早发现和解决一些苗头性、倾向性的问题,有效引导网上热点、焦点问题,主动解释、澄清和引导,积极化解社会矛盾纠纷,维护社会和谐稳定;主管部门也可变被动为主动,贴近百姓,理解人民群众最关心、最直接、最现实的利益问题,确保百姓呼声不会"人微言轻",更不会"沉默",从而实现政民之间网上交心、网下服务,网上问题、网下解决。同时,网络问政将官民互动交流的过程公开,自觉接受公众监督,这种方式更易受到群众的接受和关注,从而取信于民。

公共服务是政府网络问政平台的重要功能。以服务为本,以问政平台为依托,通过网络媒介和问政平台将群众最关心、最直接、最现实的利益问题反映出来,并将其对接现实工作渠道加以研究解决,提供便民利民的线上公共服务;发挥互联网功能,积极运用网络新型平台纳民谏、解民忧、办民事,让群众足不出户即可反映问题、查询问责、建言献策,以网络问政新模式畅通舆情、服务群众,实现网络民声件件有答复、事事有回音。倒逼政府的行政效率,转变政府工作作风,决策过程有参与,绩效有监督,促进行政工作方式透明化,工作结果公开化。通过网络问政平台的公共服务功能,为政府行政提供持续、健康发展的动力。

从当前地方政府网络问政平台运行的实际情况来看,个别地方的平台仍主要停留在信息公开的初级阶段,功能设置较为单一,信息发布多于信息反馈,仅实现了对政务信息和政府职能分工进行静态的简单分类和罗列;互动性较差,没有相应功能来对接民众的诉求,不能与公民进行意见交互;还有一些地方平台,政府门户网站、政务微博、政务微信、市民论坛、政务QQ群等多种问政渠道一应俱全,但是各问政平台间缺乏有效的整合,也没有实现部门间应有的信息共享和业务协同,就不能实现平台与资源整合的目的。此外,当前我国地方网络问政平台的功能设计和运行过程普遍缺乏来自公众的用户体验和意见反馈,多从自身管理工作的便利性出发,单纯从政府部门职能分工、业务流程和组织架构进行设置,而未能充分考虑到平台用户的使用体验与感受,仍然带有很强的"本位"特色,在可获得性、便利性和互动性等方面的技术性优势并没有得到充分发挥,使得通过网络问政平台提供线上公共服务和解决民生问题的功能难以发挥,背离了通过网络问政平台助推服务型政府建设的初衷。

2. 平台的功能设计

(1)关于政府问政平台的功能设计

通过对价值定位进行分析,我们对网络问政平台的功能设计有了全面的把握。一个综合性政府问政平台应该具备信息发布与咨询、政民互动、决策征询、民意调查、建言献策、政务评价、举报投诉等基本功能。但因现有的网络问政平台存在多个主管主办主体,各个主体的身份、职能各有区别,因此有必要对不同问政平台的功能进行分别讨论。对于政府主管主办的问政平台而言,功能设置务求完备,界面设计务求实用和严肃,交互功能务求友好,增加网民使用的正向体验。从对全国56个地级市政府门户网站上的问政平台的抽样调查来看,有一个市的门户网站虽然有政务公开栏目,但没有设置"政民互动"频道,也就是说,该网站不具备基本的网络问政功能。其他地市门户网站均有"政民互动"或"公众参与"的频道,而且能正常实现政民互动功能。从问政平台的功能设计数据来看,在全部55个样本中,所有设置有"政民互动"或"公众参与"频道的平台,其项下栏目设置数平均为7个,其中又以"政府(首长)信箱""投诉中心"(或公众诉求,或公众监督)、"民意调查""建言献策""在线访谈"及"政风行风评议"等6个栏目重合率最高。这些栏目的设置基本符合国务院办公厅《关于加强政府网站建设和管理工作的意见》(国办发〔2006〕104号)对政府门户网站的设置要求。也就是说,只要在政府门户网站上开设了问政平台且设置这几个主要栏目,就具备了开展网络问政的基本软硬件条件。

资料阅读:

《关于加强政府网站建设和管理工作的意见》(国办发〔2006〕104号)关于政府门户网站"稳步推进互动交流"的要求:要按照"总体规划,分步实施,严格审理,确保安全"的原则,加强互动栏目建设,不断丰富互动交流方式,为公众参与互动交流创造条件。围绕政府重点工作和公众关注热点,开通在线访谈、热点解答、网上咨询等栏目,做好宣传和解疑释惑工作,正确引导舆论。通过行政首长信箱、公众监督信箱等,接受公众建言献策和情况反映,适时开通留言板功能。围绕政府重要决策和与公众利益密切相关的事项,开展网上调查、网上听证、网上评议等工作,征集公众的意见和建议,及时分析汇总,为决策提供参考,提高科学民主决策水平。

镇江市和中山市政府网络问政平台,从功能设计到平台体验,都算是全国地市级政府网络问政平台中较好的。以镇江市问政平台为例,该平台中主要栏目除"政府(首长)信箱""投诉中心"(或公众诉求,或公众监督)、"民意调查""建言献策""在线访谈"及"政风行风评议"等6个栏目外,还设有"新闻发布会""镇江论坛""人大政协建议(提案)"和"政务博客",比较全面地满足了政民互动的需求,同时,还为人大代表、政协委员留有固定的窗口,保障了政府与民意代表的常态化沟通。另外,就是将镇江报业传媒集团主办的"镇江论坛"链接进了政府门户网站,扩大了政府网络问政的日常工作范围。(见图7—12、7—13)

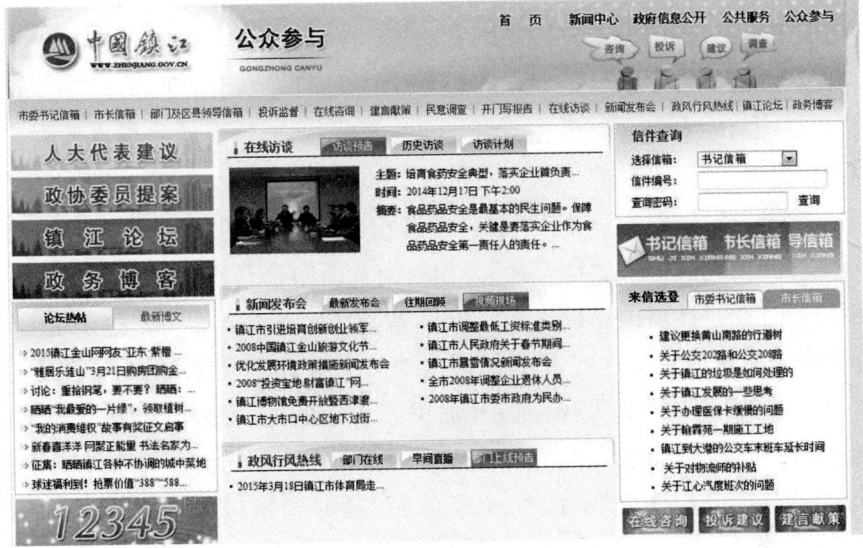

图7—12 镇江市政府网络问政平台

图7—13 中山市政府网络问政平台

当然，在推进网络问政平台建设时，各地方政府在对问政平台的功能设计上存在认知不一致的情况。调查数据显示，在抽样样本中，地区问政平台栏目多的设有13个，而少的只有2个。虽然不是说栏目设置越多就越好，但研究这两家问政平台后发现，只有2个栏目的问政平台确实难以实现政民互动的目的，也不能承载网络问政的政治任务。

创新问政平台的实践形式、提高问政效率是各地政府问政平台不断探索的目标。随着网络问政发展的逐渐深入，地方政府和各级领导不断创新网络问政形式，总结为以下5种：一是"在线对话"。从2008年，时任国家领导人胡锦涛与网民在线对话，到温家宝与网民对话，再到各地方政府领导纷纷在线与网民对话，逐渐成为了许多平台的"固定动作"。二是建立"网络发言人"。"网络发言人"是传统新闻发言人制度在网络空间的延伸，职责涉及网络信息的收集、整理、上报、处理、答复等环节。从贵阳市政府的网络新闻发言人正式上岗到广东省政府相关厅局"网络发言人"相继公开亮相，标志着政府从被动回应转向公开与网友互动的转变。三是"留言板"。如河南省南阳市开通的"书记市长网上留言板"、邓州市的"社情民意留言板"，安徽省阜阳市临泉县的"民意直通车"，都成为问政于民的平台。这些案例都可为地方各级政府所借鉴。四是"电子邮箱"。例如2009年，最高人民法院开通民意沟通的电子邮箱，随后全国有400多家法院纷纷效仿。2008年，时任广东省河源市市委书记陈建华在平台上开设"华哥信箱"，后升级为包括1021个子信箱、延伸到镇级党政领导的"公仆信箱"，形成受理、办理、查询、督办、回复、统计"六位一体"的网上信访平台。五是开通专门网站。2009年，全国纪检监察系统举报网站开通，负责受理群众对党员等行政监察对象的检举报告，同时收集党风廉政建设以及反腐败工作的意见、建议，后来又将此类专门网站与新浪、搜狐等综合性门户网站进行链接，大大拓展了网络问政的覆盖范围。

在所有地方政府网络问政平台中，省级政府基于本级政府门户网站开设的问政平台实施得最早、落实得最好。在对内地31个省、自治区和直辖市的相关政府网络问政平台的调查中，平台的功能设计全面，栏目普遍达到了国办发〔2006〕104号文件的要求，而且平台使用率都很高且人气活跃。

在中国政府科层制度中，县级及以下乡镇级政府在我国政府层级中属数量最大、分布最广且又最贴近百姓的基层政府层级，其在我国政权体系中居于十分重要的地位，是国家法律法规和政策的重要执行者。县级等基层政府的主要职能则是社会管理和公共服务。政府的层级越低，越贴近群众，服务的功能就越强。虽然国家主要部委的网络和业务应用系统互连范围已经延伸到了县一级,有些已经或正在向街道乡镇一级延伸,但是,在我国政府财政一次分配体制中,基层政府往往处于"劣势"地位,信息化的预算经常不足,因此,在网络问政平台建设进程中相对落后。联合国经济和社会事务部2012年关于电子政务发展的调查显示,中国电子政务经过30多年的建设虽然取得了一些成绩,但在世界排名中仅处于第78位,只是达到了中等水平。理论上,按服务类型划分,市级以下政府应重点建设外网,以满足居民对公共服务的需要。但实际上许多市县的内网有明显扩大化的倾向,而外网的建设却相对落后,重视程度不够。目前全国32个省级政府都建设了政务外网,333个地级市的政务外网覆盖率为84.7%,县级政府的政务外网覆盖率仅为52%。而且政府耗资巨大建成的政务外网缺少内容,收效甚微。①

《电子政务蓝皮书:中国电子政务发展报告(2014)》表明,到2014年,电子政务网络基础设施建设取得了积极进展,网络支撑能力不断加强。电子政务网络已经覆盖90%以上的市和80%以上的县。数据显示,基层电子政务仍严重滞后。由于基层政府对电子政务认识不足、服务渠道单一,严重影响了基层电子政务的发展。大多数县级电子政务建设还处于初级阶段,电子政务网络等基础设施覆盖率低,政府网站功能单一,网上办事和政民互动功能十分缺乏。在服务渠道方面,地市、县级电子政务公共服务的渠道略显单一,很难达成一站式便民服务。基于此,我国基层政府网络问政平台建设还有较长的路要走。

(2)关于第三方问政平台的功能设计

以人民网的"地方政府领导留言板"为滥觞,到广东奥一网网络问政平台风靡全国,一股由媒体主办网络问政平台的风尚近几年在全国可谓风起云涌。时至今日,全国几乎所有的省级及地市级新闻传媒(主要是报媒)集团均创办了网络问政平台(或类似功能的市民论坛)。尽管该类网络问政平台是由第三方媒体主办,但因为此类媒体均由当地党委宣传部直接主管,具有半官方性质,加之这些新闻媒体长期以来积累的人气和传播影响力,几乎可以说,此类平台在当地的声名多有盖过政府"网络问政"平台的趋势。从实践结果来看,此类平台中绝大多数在当地影响正面,与网民之间的互动热络,促成或协助政府解决了大量的网民投诉、举报和咨询问题,确实起到了为政府解忧,为人民解难的作用,

---

① 辛闻:《2014城市创新蓝皮书:中国电子政务发展排名持续下降》,中国网,http://www.china.com.cn/news/txt/2014-09/23/content_33591311.htm,2014年9月23日。

具有提高政府行政效率的功效；有些平台还常常配合当地党委和政府的重大决策，通过新闻策划和传播，组织网民的建言献策或进行行风政风评议，为公民参与党和政府的重大决策、行政方式、行政绩效等诸多方面提供了有效的渠道。有些地方因为第三方平台太过火爆，以至于网民都有意无意地"冷落"政府门户网站上的问政平台，例如广东省政府门户网站上"政民互动"频道在人气度上与奥一网的网络问政平台有一定的差距。

图 7-14　奥一网的网络问政平台

事实上，不少地方已经形成了网络问政"双平台"均衡发展的态势。就国家治理和社会管理而言，只要对政府行政管理有利、对公民参与有益，都应该继续保留和促进发展，没有必要厚此薄彼。要客观认识网络问政"双平台"建设的现实意义，重新审视各平台在网络问政中发挥的作用以及承担的政治任务，适当地调整各平台的定位，促进两个平台相互协调、合理发展，壮大我国网络问政事业。

正确认识第三方平台的价值，才能对其进行准确定位和功能设计。为此，剖析第三方平台的优劣势是前提。一般而言，我国新闻媒体中的党报党刊在信息传播的深度和广度上有着天然的影响力，兼之有党和政府赋予的权威性和公信力，由这些媒体承办的网络问政平台可以无缝对接。同时，党和政府又特别重视新闻媒体的舆论监督作用，因此，这类平台不仅可以借助长久积累的人气来鼓励公民参与公共事务，还可以依托其本身的影响力和监督地位给予网络问政额外的效果助力。当然，第三方平台的短板也是明显的。新闻媒体毕竟只是媒体，不是政府职能部门，不能代替政府行政，由媒体主办的网络问政平台也就不能直接为网民解决问题，也不能替政府相关部门做出接受或不接受网民建议的决定。因此,清楚界定新闻媒体的功能,有助于我们定位第三方平台的价值。从上述分析可知,在我国网络问政事业中,第三方平台是政府与网民之间互动的中介和桥梁。又因为我国新闻媒体是受党委直接领导的,负载着政府宣传工作的重任,新闻媒体完全可以利用自身的影响力提供网络问政的实践效果。新闻媒体既可以组织和引导网民理性有序参与问政,也可以有效协助和监督政府施政,回应网民关切。奥一网网络问政早期运作的成功经验就充分证明了这一点。

2006年奥一网联合《南方都市报》在两会期间推出的"有话问……"系列栏目,引起了网民的极大兴趣,后逐步发展成了奥一网网络问政平台的雏形。此后,奥一网陆续推出"有话问总理""有话问市长""有话问区长"等系列栏目。2007年奥一网推出了网络问政平台1.0版本,网民借助这个平台以发帖、发问的形式,反映民情,表达民忧,建言献策,释放民疑,大胆问政,很多问题都得到了及时的回复和解决。奥一网网络问政平台建立后,逐步成为官民网上沟通的重要平台,网民们踊跃发言,掀起一股全民参与热潮。这一时期是该平台的搭建期,其成功与时任广东省主要领导的亲自关怀与支持以及政府各级部门的密切配合直接相关。为了进一步激发网民通过网络建言参政的热情,2012年2月27日,中共广东省委办公厅、广东省人民政府办公厅对奥一网网络问政平台出台《关于表彰"南粤智多星"——网民促进广东科学发展金点子奖的决定》。事实证明,第三方平台在沟通上价值可嘉,作用可为。

奥一网在网络问政平台上开设了"民间智库"等建言献策类栏目,吸引了由知名网友、专家学者、特约观察员等组成的超过800多人的民间智者团队,在为广东省及各地市、有关部门建言献策方面发挥了重要的作用。网民发帖建言,反响强烈。其中,奥一网网友金心异、老亨、呙中校、郭巍青和三季稻等发布的10条帖子被网友称为"岭南十拍"。2008年2月29日,奥一网联合《南方都市报》结集出版了《岭南十拍》特刊。2010年6月25日,奥一网联合《南方都市报》推出16版特刊《文以载粤》——广东建设文化强省网文特辑,集纳了奥一网"广东建设文化强省建言献策平台"上的60多位民间专家、500多位网友,如范时杰、水去先生、半壶等人的精彩观点,成为继《岭南十拍》《民间拍案》之后的广东网民再次集体发声的经典之作,为广东省的发展提出了宝贵的建议,得到了广东省领导的充分肯定。2009年4月至6月,奥一网举办"珠三角纲要'民间拍案'拍砖会",2010年4月在惠州举办首届网络问政研讨会,就"网络问政——新时期下的政治文明"展开了充分讨论、交流和互动。到目前为止,奥一网共举办过近二十场线下大型"拍砖"活动;在智慧互动方面,奥一网主办的任何一场活动,无一不是思想的碰撞、智慧的交锋和观点的交流,如"首届华人网络论坛和潮涌珠江——广东网民论坛"等。这再一次证明,第三方平台不仅有聚集人气的作用,更可以在网络问政过程中发挥主动的组织策划功能。

此外,该平台还开设有"问政观察员"栏目,对网络问政进行监督调查。该栏目发挥了平台与南方报业集团诸报的协同影响力,强化了舆论监督作用,对政府行政效率有一定的倒逼作用,督促事事有反馈;同时,平台也时刻发挥其在舆情梳理和舆论引导上的意见领袖作用,对网民问政、问事进行必要的指引。

奥一网网络问政平台甫一成功,即刻成为各地媒体开办问政平台的学习对象,尽管各地情况不同,各媒体也有各自的优势和创意,但从各地的经验总结来看,第三方平台建设基本上是围绕以下三方面进行的:第一是牵线搭桥,为政民互动建设一个媒体平台和沟通桥梁;第二是挖掘民间智慧潜力,为政府献计献策;第三是发挥新闻监督力量,为网络问政保驾护航。

此外,第三方平台火爆,还得益于这些网络平台拥有一些"杀手锏"。如下列几个案例。

案例一: 市委书记亲任版主,"向书记说说心里话"扬名。这是政府官员权威与地方新闻媒体人气相结合的产物,这类平台不红火是不可能的。

2013年5月,惠州网正式推出网络问政栏目——"向书记说说心里话",由市委书记、市人大常委会主任陈奕威亲自担任版主。该论坛开通以来,广大网友积极"盖楼""打铁",市领导、各县(区)及有关部门积极回应,"向书记说说心里话"论坛已成为政民沟通的崭新平台,成为党委、政府问计于民、问需于民的良好渠道,成为惠州市网络问政的一个新升华。网民反映的市区龙丰市场整治、金山河水质污染及周边环境脏乱差等问题,相关部门及时跟进,有效促进了问题的解决。10月31日,论坛实名注册认证的单位已达99家,网友发布帖子达2.2万多条,其中主题帖子2400多条,总浏览量近160万人次。市领导及有关部门与网友积极互动,陈奕威共发表主题帖6个,回复网友各类建言近400个;部门回复网友建言咨询超过1800个,市委督办督查处理帖子近400个。2013年11月9日,颁奖典礼在北京举行,惠州报业传媒集团旗下今日惠州网的"向书记说说心里话"论坛栏目,在近1000家参评知名网站中脱颖而出,荣获了第四届中国互联网品牌大奖——全国网络问政突出贡献品牌奖。①

案例二: 红网下的乌鲁木齐网络问政平台设"跟踪督办"栏目。这样的第三方平台有魄力,有"压力",问政效果不好不行。(见图7-15)

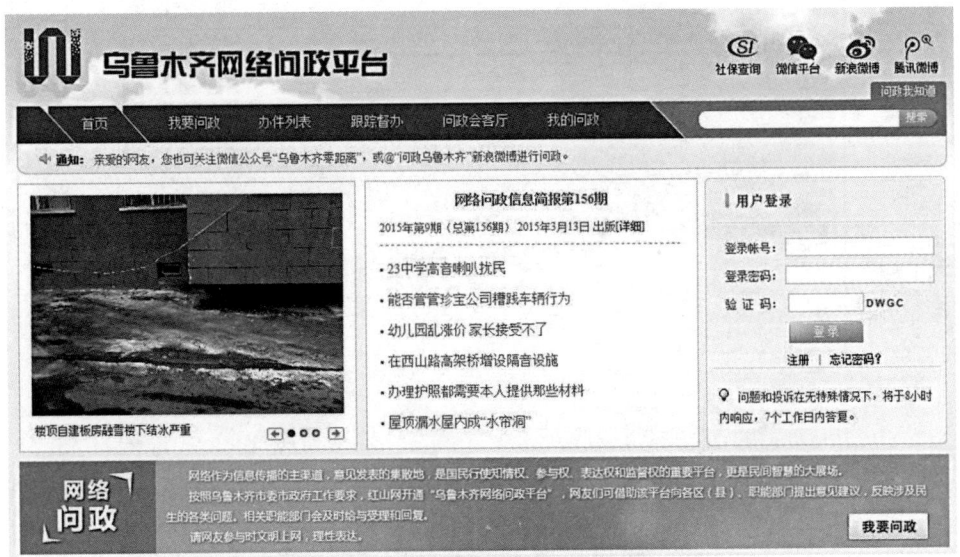

图7-15 红网下的乌鲁木齐网络问政平台

案例三: 泸州新闻网下的问政平台设"满意度评价功能",问政效果好不好,由网民说了算。问政网友收到相关部门对问题的回复、处理意见后,可在线对所提问题进行满意度评价,系统自动统计网友满意度。评价分为"满意""不满意"2个按钮选项,满意度测评同时设置留言栏,网友如果就该留言回复评价为不满意,可以就该评价的具体原因进行说明,督促相关部门重视群众意见、解决群众问题。(见图7-16)

---

① 田铁流:《惠州网络问政再创佳绩 今日惠州网"向书记说说心里话"论坛获全国网络问政突出贡献品牌奖》,《惠州日报》2013年11月12日。

图 7-16　泸州新闻网旗下的网络问政平台

3. 平台整合与技术支撑

网民从早期借网络论坛、博客参政议政,到政府搭建专门平台开门问政,网络问政平台建设一路走来经历了从无到有、从少到多的过程,我国网络问政已经走过了初期的"野蛮生长"阶段。就体制内的各类网络问政平台而言,政府主管主办的平台有党委主管、第三方主办的平台;按平台技术形式划分,有政府门户问政,有政务微博、微信,还有新闻网媒下属的问政平台、市民论坛等。网络问政渠道多样,功能有重有异,有时网民眼花缭乱,有时无从选择,有时也让相关一线管理者跨平台"奔跑"。简言之,问政平台的人为割裂导致"信息孤岛"现象严重,问政信息不畅,导致网民使用体验不佳。这还不包括体制外各类民间论坛、空间和朋友圈上的"类问政平台"存在的问题。因此,接下来平台建设当务之急是对平台的整合管理。只有先从长远性、战略性发展视角思考与谋划,寻找政府网络问政平台建设最佳模式,而后再追求平台建设的成本最优和管理效率最高目标。政府层面的问政平台整合可以从三个层次展开,即内部平台整合、跨系统整合和全网整合。

(1)内部平台整合

所谓内部平台整合,是指各建设主体对所属问政平台进行跨部门信息整合和跨平台整合。跨部门信息整合主要指一个建设主体原则上只需要建设一个综合平台,其下属的所有机构或部门的问政平台无需再单独建设问政平台,或者只需在统一的平台上设置相关通道或按钮。该综合平台实行统一后台、信息集中进出、标准化管理、专业化运作、统一网络发言人等运行制度。当前,我国地方各级政府门户网站上的网络问政平台基本上就是按照这一模式运行的,但是,在实际运行过程中,并没有严格实施,以致存在这样那样的问题。跨平台整合是指一个建设主体原则上只需要建设一个综合平台,该综合平台将本主体项下的所有网络问政平台,包括 Web 网站、Wap 网站、政务微博、政务微信、政务论坛、QQ、政务博客、官员博客、移动客户端等都集中嵌入在一个综合平台之上,实现网民一站式进入、一键式管理。这种一体化的建站模式可以实现集约化管理,减少重复建设,已经越来越受到政府网络问政平台的重视,不少基于政府门户网站的网络问政平台已开始试行。

总体而言,从当前我国各地网络问政平台建设实践来看,探索建设集信息发布、在线服务、意见征集、信访受理、公众参与和统计监督等内容为一体的综合性管理、服务和交流互动平台,成为各地网络问政平台建设和发展的主要趋势。① 像北方网问政平台"政民零距离"栏目的网民留言、办理单位答复、数据统计等工作都集中在了一个后台,即北方网自主研发的"电子政务管理系统"。该系统建立了一整套完善的留言审核、定时答复、考核评比等制度,并且强化了监督功能设置,为栏目的顺利运转提供了保障。② 此外,还有下几个案例。

案例一:《瑞安日报》在网络问政平台建设方面进行了积极的探索,于2011年7月在瑞安网开通温州首个网络问政平台——"瑞网议事厅",成为瑞安党委政府知民意、解民忧、汇民智、聚民心的重要途径。2012年获得"全国网民留言办理先进单位"称号,被评为"全国十大热点网络问政平台"。2013年年底《瑞安

---

① 刘文萃:《地方政府"网络问政"平台建设的现实困境及路径选择》,《桂海论坛》2014年第3期,第100页。
② 《北方网〈政民零距离〉栏目介绍》,胶东在线,http://www.jiaodong.net/minsheng/system/2013/05/31/011920684_01.shtml,2013年5月31日。

日报》进一步推进"瑞网议事厅"平台的技术创新,率先实现了PC客户端、手机客户端、微信、微博四通道同步运行的全媒体网络问政模式,并打通后台数据,实现了一平台四通道,一处提问发布、四通道同步显示,用户名一处注册、多处登陆,在探索全媒体融合的网络问政平台建设方面进行了有益的尝试。

取得如此成果的原因就是在整合上做文章。一是整合问政资源。"瑞网议事厅"不同于有些问政平台把各级政府一把手作为问政对象,而是让瑞安市级各职能部门入驻平台,由网友选择部门一对一提问,并对问题进行分类,职能部门必须在规定的时间内予以回复办理,使问政常态化。建立分工明确、责任明晰的工作流程机制,从网民诉求的采集、受理、交办到部门单位回复反馈,再到纪检部门督办和媒体追踪办结后网友的评价,一环紧扣一环,让问政落到实处。瑞安市委、市政府出台《瑞网议事厅"网络问政"平台实施办法》,将网络问政办理情况纳入单位的绩效考核。二是渠道整合。所谓一平台四通道,是指融合网页、移动客户端、微博、微信等四个问政通道,将后台数据全部打通,后台数据共享、前台同步显示,实现全媒体融合的网络问政平台,实现了数据无缝对接、问政服务更加高效的目标。三是传播力整合。报网融合扩大全媒体问政平台影响力。《瑞安日报》现在每周推出专版,直击"瑞网议事厅"热点难点问题,追踪报道部门单位切实解决网民问政的典型案例,并通过新闻监督对个别单位推诿扯皮、拖而不决的现象进行曝光,以新闻监督推进部门单位从被动问政到主动作为的转变,推进部门单位工作理念的转变。正因如此,从问政平台开通至2014年2月,已受理网友投诉咨询建议10741条,管理员审核后交由有关门答复办理的有6911条,其中99.34%得到回复。①

案例二: 德州新闻网网络问政平台是德州日报社、德州新闻网重点打造的网络互动类民生栏目。该栏目以"问政于民,问计于民,问需于民"为宗旨,通过市民网友提问、有关部门解答的方式,加强沟通,化解矛盾,将问题解决于萌芽状态。德州新闻网《网络问政》全媒体平台项目的创新之处在于,将原有的问政平台与《德州日报》新闻手机客户端和《德州日报》微信公众平台相结合,平台综合运用手机客户端、微信、微博等新兴移动网络载体,通过和报纸等传统媒体间的互动,实现问政的全方位覆盖。德州新闻网网络问政全平台的全媒体联通,使市民无论何时何地,都可以在网络问政平台上反映问题。德州新闻网网络问

---

① 林婕:《自媒体时代的"网络问政"平台建设实践——瑞安日报打造"一平台四通道"的网络问政综合体》,《传媒评论》2014年第4期,第76页。

政全媒体平台的开通,标志着德州市网络问政手段实现了从固定互联网到移动互联网的变革,便民性、时效性显著增强,进一步深化了德州网络问政工作,创新了问政载体,拓宽了问政渠道,扩大了网络问政受众范围和影响力,使广大群众参与社会管理和舆论监督更加方便;同时也在进一步推进民主决策、科学施政,对更好地听民声、察民情、聚民智、解民忧等方面发挥了积极作用。

(2)跨系统整合

跨系统整合,指的是不同建设主体的问政平台之间的整合,包括平台之间的技术平台对接或合并,也包括平台之间的业务流程整合。从可操作性和必要性看,当前应该进行整合的是以党政机关为主体的相关问政平台间的整合,以及党政系统的问政平台与第三方平台间的整合。从我国多地党政系统运作问政平台的实践来看,本级政府都有一个基于政府门户网站的问政平台,党委系统又建一个问政平台,还有信访部门的"网上信访"。此外,各地新闻媒体基本上都运作一个网站平台,甚至有地方的广电系统基于"电视问政"还建有问政平台。尽管这种百花齐放的场面热闹,但点开这些问政平台,其功能却大同小异。无论是从财政预算角度考虑,还是从问政效率方面衡量,某种程度可能误解了数量和质量之间的关系,曲解了民主与效率的内在联系。因此,只要目标一致,手段相近,哪怕是部门立场有差异,也应论证有无整合的需要。如果单就政府行政流程来考虑,任何问政平台上的网民问政和问事大都需要相关的政府部门来解决和落实,因而,即使是各问政平台的前台不好整合或不能整合,那后台也应该进行某种程度的关联。当然,有些跨系统平台间的整合可能涉及党政管理体制的变革和行政业务流程的再造,这就必须依靠行政力量的推动或行政体制的改革。

案例一:泸州新闻网网络问政平台"有话,请您这样说"的平台整合

泸州新闻网网络问政设"回音壁""话题一览""问政热点"等栏目。网民可点击"有话,请您这样说"后进入平台。

用户账号一站通功能:问政网友注册的账号可在"有话请您说""泸州全搜索论坛"通用,此前在泸州全搜索论坛已注册的用户不需再注册,直接登录问政平台即可。

短信自动通知功能:"短信自动通知功能"启用后,网友发在网络问政平台上的留言,一经审核通过,就会第一时间通过短信通知相关部门。在相关部门就问政留言进行受理和回复后,系统则将向网友发出"已受理"(表示相关部门已介入了解情况)、"已回复"(表示留言已办结)的通知短信,便于网友及时上网查看。

问政流程跟踪功能:对网友问政内容进行全程追踪,问政网友、问政时间——受理单位、受理时间——回复单位、回复时间均在网页上实时显示,让整个问政工作流程一目了然。

案例二:镇江市政府门户网站的问政平台——"公众参与",整合了《镇江日报》旗下的问政平台"镇江论坛",整合了政府热线"12345",嵌入了人大代表、政协委员的"入口"。(见图7-17)

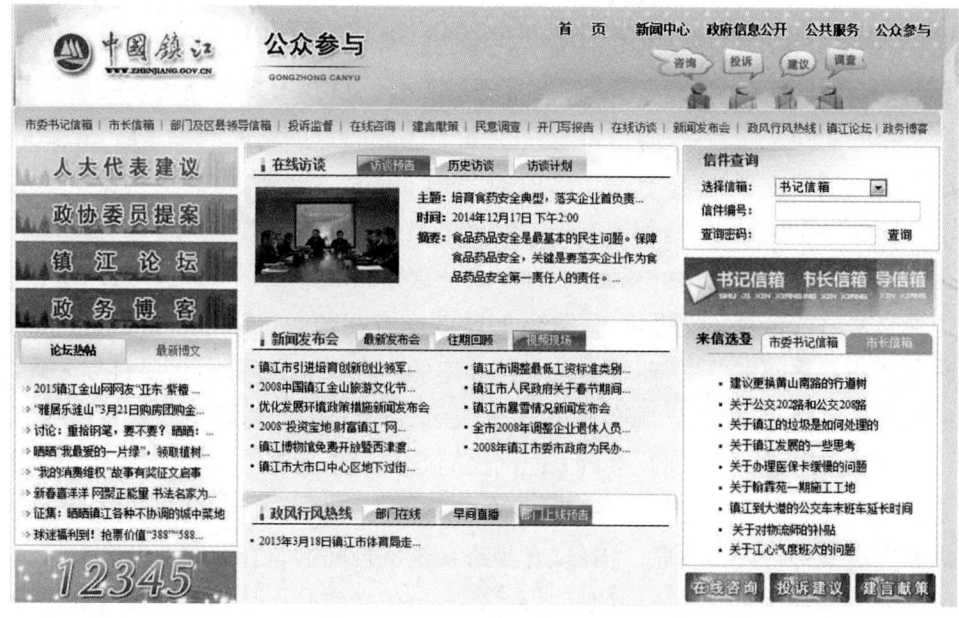

图7-17 镇江市政府门户网站的问政平台"公众参与"

案例三:海口问政平台整合

2011年8月,海口市第十二次党代会召开,根据会议"创新管理机制,加强和改进信访工作,搭建多种沟通平台,拓宽社情民意表达渠道"的精神,确定了着眼于创新党和政府的执政方式,提高执政能力,化解社会矛盾,强化社会监督,促进廉政建设,推动民主政治发展的工作思路,目的是倾听民意、汇聚民智、促进民生,搭建党和政府与人民群众的互信、互动、互补的沟通桥梁,从而进一步促进社会和谐发展。2012年5月25日,海口市政府常务会原则上通过《海口市网络问政试点工作实施方案》,探索建立全市统一的网络问政平台和网络问政长效机制,为更好地倾听民声、了解民意、汇聚民智、促进民生、加强社会建设和创新社会管理创造条件。

2014年,海口市逐步建立了一个整合问政平台,具体包括三方面整合问政功能:一是搭建网络问政平台。依托市政府门户网站和《海口晚报》海口网,搭建"问政海口"网络问政平台。内容包括"市长关注""椰城论坛""领导批示及部门落实情况"等栏目。网民可通过网络问政平台向各部门提交咨询、建议、意见和投诉等。二是开通网络信箱。按照积极稳妥、分步实施的原则,在市政府门户网站原有的"市长信箱"基础上逐步开通"区长信箱""局长信箱"(部门信箱),网民可以向市领导、部门直接提出问题,由部门指定专人回复。市政府门户网将建立对"问政海口"网络问政平台的链接,进一步拓宽网络问政渠道。三是建立"网上信访大厅"。(见图7-18)

图7-18 海口网旗下的"问政海口"

(3)全网整合

所谓全网整合,是指在前两种整合基础上进一步将草根性质的民间论坛、BBS、朋友圈、网络空间等诸多网络形式进行整合。不同的是,这种整合更可能是松散型整合,是技术性的关联,是平台之间的合作,而不涉及平台间的业务重组和合并。从整合目的来看,更多的是政府问政平台对民间各类议政平台的舆情把握和引导。从手段上看,常用的是技术手段和公私合作。从实现理想形式看,政府问政平台应该利用权威地位和公信力将自身打造成一个网络舆情的引导中心和舆情监管中心,利用公私合作机制,与民间网络平台共同实现公共舆情管理,其中以新浪、搜狐、网易、凤凰网等主要的综合门户,以腾讯为主的微平台,以天涯论坛、猫扑等为代表的论坛等,都是平台整合中的重要合作对象;同时,引进政民互动化管理,引导广大人民群众参与到问政平台的管理当中来,政府管理者与人民群众之间相互影响、相互作用、相互塑造。

案例一:纪检监察部门与人气平台新浪网合作,共同建立"网络监督专区"。点击该区,可以进入纪检监察部门的问政平台。(见图7-19)

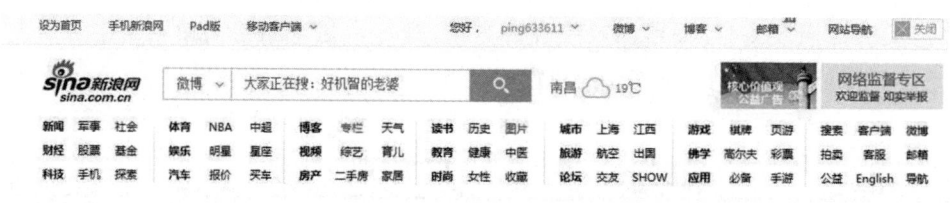

图7-19 新浪网上的"网络监督专区"

4. 系统与技术支撑

(1)问政平台建设的原则和设计要求

基于以上分析,问政平台应采取网站群的建站模式,真正实现"一站式"问政。为此,系统应采取统一部署、统一建设、统一架构、统一标准和集约管理的建设原则。

问政平台的设计要求。应用层应当包括且不限于以下系统:除了安全防护系统之外,关键的后台核心系统应有网站群管理平台、信息发布平台、论坛管理平台、留言管理平台、问政综合管理平台、联合检索系统、舆情监控分析系统、短信管理系统以及各种嵌入系统(嵌入系统的内容和种类要视平台整合的需要而定)等。其中,问政管理平台承载政民互动管理核心,应满足网民提问、评论和政府回复、公开的综合功能。可按集约管理、分级管理和属地管理等不同的需求,无限制创建栏目,每个栏目要具有办理、统计分析、考核等功能。舆情监控分析系统是问政平台的主要组成部分,也是全网整合的必要软件条件。该系统应具备全网或定向搜索、监测、分析功能,能自动采集数据、自动挖掘、聚类、分析整合数据,迅速获取舆情并自动报警。

(2) 网络问政平台建设的新趋势

随着媒体社交化、移动化发展趋势的明朗，公众通过移动通信、社交媒体等多渠道，随时随地、更便利地获取更多公共信息和服务的愿望越来越强烈。《2014年联合国电子政务调查报告》显示，数字渠道具有多样性和覆盖面广的特点，正为越来越多的国家所接受。报告还显示，2012—2014年，使用移动应用程序和移动门户网站的国家数量增加了一倍，接近50个国家经常性地使用这些程序和网站开展减贫工作、呼吁男女平等、推动社会共融发展、促进经济发展、保护环境以及进行灾情管理。2014年，使用社交媒体的国家数量与2013年同期相比增加了50%，有118个国家使用社交媒体进行在线咨询，70%的国家将其用于电子政务的开展。社交媒体和移动渠道依靠消费和非政府平台，通常不需要较高的资金投入，但其利益最大化的实现常常需要公共管理的强有力保障。政府官员必须利用多种渠道扩大在线服务的使用范围，包括弱势群体，实现社会共融。公共服务多渠道的方法同政府整体发展电子政务的路线图相似，需要制定重点突出的议程，在各方的有力推动下得以实现。通过巧妙融合和优化多种渠道来满足公众的不同需要，在统一的视角下分析不同渠道的优势，极大地改善公共服务。①

在我国，问政移动化、政务微博化成为当下的一个趋势。人民日报社出品，人民网舆情监测室发布的《2014年政务指数报告》显示，2014年经过新浪平台认证的政务微博达到130103个，较上一年年底新增近3万个，政务微博发展成为互联网行业"新常态"。报告认为，在互联网时代，必须重视新兴媒体在电子政府领域的效应，积极发挥新兴媒体的功能，让网络问政"最后一公里"能够顺利实现，从而让问政成为一种体现透明政府和民主政府的最好形式。在时效性上，政务微博比传统媒体有着得天独厚的优势。能在"第一时间"进行舆论的回应，从而在及时性和有效性上做足文章，让人们关注的问题获得最佳舆论口的支撑，从而不再出现各种"僵尸微博"的现象。以政务微博为代表的新兴媒体似乎能够填补这样的空白，以其特有的方式和方法帮助网络问政实现打通"最后一公里"的目的。②

(3) 云计算为平台整合助力

云计算是一种基于互联网的、通过虚拟化方式共享资源的计算模式，存储

---

① 王益民:《从〈2014年联合国电子政务调查报告〉看全球电子政务发展》，光明网，http://www.egovernment.gov.cn/art/2014/9/26/art_477_1759.html，2014年9月26日。
② 文昌鱼:《让新媒体打通网络问政"最后一公里"》，中国文明网，http://www.wenming.cn/wmpl_pd/yczl/201501/t20150130_2429040.html，2015年1月30日。

和计算资源可以按需动态部署、动态优化、动态收回,被认为是继 PC、互联网之后信息技术发展的最新趋势。如何既保障参与网站的积极性、多元化,维护网民的自由选择权,又能促进数据的有序集纳,还能实现党政社群部门"一站式回复",提高工作效率,这就要借助最新科技成果——云计算。在 2011 年 9 月 3 日的广东省委理论学习中心组(扩大)读书学习务虚会上,就党务政务系统应怎样应用云计算,省委常委、秘书长徐少华提出建议:运用云计算理念,建立网上办事大厅。①

运用数据云技术建构一个地区问政的整合平台。具体的做法是,推进各党政网站、各主流网站的网络问政频道、国内各大中型论坛(微博、博客等)建设,联合建立网络问政核心数据平台,各网站共享数据库资源。牵头网站指派专人审核数据,确保政治安全、信息安全,开设统一接口,数据库对各合作网站开放。在上述数据平台基础上,各合作网站调用数据,生成各自页面,"一个数据,各自表达"。对网民来说,还是在各家网站问政,但得到的答复、回复比以往更多、更快。该数据平台是一个开放的动态平台,其他相关网站如愿遵守共同的规则,即可加入。

"云端使用"。在"云端",网民通过 PC、手机、平板电脑等各类有线无线终端登录各合作网站的问政端口,可轻松参与问政。"随时随地,用各种方式"参政议政,再也不是口号。发帖统一到核心数据库,网民不用一条帖子在多个网站发布。

"一站式回复"。针对网民的各类问题和参政事项,党政社群部门网络发言人"一站式回复"网友提问。对同一条、同一类来帖,网络发言人只需在一家网站回复一次,就可在各联盟网站同步体现,大大提高工作效率。

5. 关于平台管理机制

功能比形式更重要。《科技日报》的一篇评论认为,我国网络问政实施多年,为顺应新媒体传播趋势,从政府网站到政务新媒体,再到政务微博、政务 App、政务微信等,政务平台的形式还在不断翻新。但相对网络问政平台的日新月异,我国不少地方的问政效果不尽如人意,关键的问题是功能比形式更重要。而作为政府部门,问政也是对自身工作的一次很好的问诊,是一件双赢之事。因此,问政平台不能拖个十天半个月才回复网民提问,长此以往,问政网民

---

① 南都报系网络问政团队:《借助云计算理念,建立广东网络问政"云平台"》,奥一网,http://wz.wen.oeeee.com/Content/79910.htm,2011 年 9 月 26 日。

的数量必然会下降。此外,若实在是精力有限,无暇顾及多个平台,那么大可不必面面俱到,一个平台要获得持久的生命力,功能恐怕比形式更重要。公众期盼的是这种新的形式,真的是一种从里到外的改变,真的能兑现承诺,而不只是玩概念而已。这就要求政务平台从功能上下功夫。①

因此,网络问政平台建设的根本点不全在于硬件基础的投入和软件系统的配置,更在于平台的管理理念和日常制度建设与落实。在整合影响网络问政绩效的众多因素中,平台的软硬件只是一个物质基础,是重要的前提条件,但真正使问政平台发生作用、实现平台建设的初衷、发挥问政功能的是使用者和管理者。归根结底,我们的网络问政事业发展还是维系在一支政治素质过硬、业务精湛、精诚合作的团队的手里,而这一切又都要靠平台制度的激励与约束才能达成。

从前文分析中知道,社会主义体制下的网络问政是最大限度地满足公民的知情权、参与权和监督权的理想途径,是执政党构建服务型、阳光型政府的必要手段,因此,打造先进的问政平台,必须要有先进的管理理念,必须符合广大人民的根本利益,必须符合国家治理和社会进步的前进方向。以服务人民、服务社会为理念指引,以党的群众路线为工作方针,以建构服务型政府为目标,是网络问政平台建设的管理理念。

(1)谁是管理者

要找到网络问政平台的管理者并不难。点击相关网站或微博平台的"联系我们",还有更简单的,看看平台页面的页眉或页脚标注。问政平台的管理者大致有以下几类:一是本级党委或政府的办公机构,如党委办公厅(室)、政府办公厅(室);二是党委或政府的下属机构,如党委宣传部门的网络宣传办公室、政府下属工业和信息化委、政府下属信息中心、电子政务办公室、信访厅(局)等;三是各相关的政府部门,如创设问政平台的政府自主管理部门。从观察来看,后两类的管理主体占主导地位。

这样的管理主体设置合理吗?按照我国行政体制来说,这一安排是体制内的惯例,但是,如果按照服务型政府和责任政府的理论分析,似乎又存在一些问题。责任政府理论认为,有权必有责,政府是对自己承担的职责负责任的政府。这不是一般意义上的责任政府,而是全心全意为人民谋利益的负责任的政府。

---

① 李玥:《政务服务平台:功能比形式更重要》,人民网:http://scitech.people.com.cn/n/2015/0109/c1057—26352621.html,2015年1月9日。

政府不但需要明确责任的含义,更需要明确政府究竟应当为谁负责,如何负责,负哪些责等问题。尤其在我国推进服务型政府建设的过程中,并行推进责任政府建设,就是为实现服务的总体目标保驾护航,从而保障政府行政的治理和治理要求。为此,中国共产党十七届二中全会通过了《关于深化我国行政管理体制改革的意见》,该文件要求,结合我国的国情和社会经济发展状况,以及改革开放的总体要求,我国政府要在2020年完善"政治责任",到本世纪中叶,全面完善政府的"人民责任"。

从责任政府的内涵看,我国全面开展网络问政,就是打造责任政府的重要步骤和具体途径。因为网络问政的服务目标是尽可能地满足人民的知情权、参与权和监督权,为此,哪些信息应公开,哪些政府权力要放开给公民参与,怎样参与,哪些政府责任领域可以由公民监督,公民又如何监督,这些问题不只是政府制定一个工作流程可以解决的,更要求有一个网络问政平台责任清单,之后还要有一个能承担此责任的政府部门具体执行和监督。显然,有些政府下属部门是难以担此重任的,如政府信息中心就是如此。一般而言,政府信息中心可以从专责信息化管理职责角度负责政府网络问政平台的基础建设和技术推广,但是平台建成后,如果还要它来管理政民互动、监督问政信息的流转和管理执行,就显然超出了政府赋予这个部门的职能。同样,政府下属的工业和信息化委员会、电子政务办公室等机构也是这样。

第三类管理主体也存在着责任监管缺位的问题。由政府的一个职能部门直接作为问政平台的运营管理主体有诸多好处,但是,一个最大的问题是,在平台运行中必然要涉及政民互动质量和运行的绩效考核问题,如果该主体一直处于被监管的真空地带,那可能会产生一系列管理失控的现象。管理部门不能同时扮演"裁判员"和"运动员"的双重角色。

对此,应在本级政府层面成立一个跨部门联合运营机构,以管理综合网络问政平台。为了提升网络问政的整体效率,政府可以考虑赋予该机构高一级的管理权能,即既能协调和组织涉及问政事务的跨部门业务流程,又具有考核相应部门绩效的权力。按照"集约管理、分级实施"的原则,该机构设一位总网络发言人,各相关部门分设网络发言人。

(2)流程管理与创新

平台、组织和管理组成了网络问政平台的基本结构。其中,管理要素主要包括政民互动的事前管理、事中管理和事后管理等。具体来讲,无论是政府问政、问计于民,还是网民问政、问事于官,都有一个从"问"到"答"的途径,只是两者的环节不一样。政府主动问政,其环节是一个"问—公布(宣传)—收集—反馈—评价"的过程;网民发起的问政,则是"问—登记—转办(交办或督办)—反馈—评价"的过程(后文还会进一步论述关于转办、交办或督办管理的制度创新思路)。不管哪种流程,问政质量和效率都取决于过程管理的绩效,其中,流程环节的管理绩效集中体现在对各"环节"时间的控制和对"反馈"质量与责任的要求上;流程上的"评价"是整个环节的闭合点,非常重要。问政平台引入(设置)网民"评价"或"满意度"功能,就是为了加强网络问政的事后管理,可以倒促政府提高网络问政绩效(说明:平台制度建设还将涉及其他多方面的举措,同时又关涉网络问政的程序机制建设和保障机制建设,本书将在后续篇幅中继续讨论)。

案例一:第三方平台——"政民零距离"背靠政府好"乘凉"①

北方网旗下的问政平台《政民零距离》主要设有"我向市长提建议""我有问题问区县长""我有问题问委办局领导"等三个栏目。其中,"我向市长提建议"主要倾听网友对天津发展、规划、建设方面或民生问题解决方面的建议或意见;"我有问题问区县长"则是网友将烦心事、堵心事或对区县发展的好建议反映给各位区县长的栏目;在"我有问题问委办局领导"版块中,网友可以将日常生活中遇到的麻烦、希望解决的问题告诉委办局领导,促使政府职能部门迅速为其排忧解难。《政民零距离》栏目取得成功,是因为有一套严谨、完善的制度做保障。

2009年,天津市政府两次发文,就"人民群众电子邮件和网上留言"的办理工作提出了要求。按照文件要求,《政民零距离》栏目规定,对每一条网民留言,办理单位都要在7天之内给出答复;一些难以解决的问题,办理期限也不得超过90天。一般而言,在该平台上,超过95%的部门的回复率达到100%。

案例二:认领制——为网络问政整合平台添动力

近年来,湖南郴州市高度重视网上群众工作,大力开展网络问政,创造性地推行"认领"制度,及时有效地办理和回复网民意见,从而进一步通达了社情民意,密切了党群干群关系,促进了各项工作。2014年1月至7月,郴州市有关部门登记受理网民留言16300余条,"认领"并回复16130余条,回复率、办结率、

---

① 《北方网〈政民零距离〉栏目介绍》,胶东在线,http://www.jiaodong.net/minsheng/system/2013/05/31/011920684_01.html,2013年5月31日。

群众满意度均超过99%。①

架设立体式问政平台,确保有"问"可发,为"认领"打下基础。"认领"的前提是网民群众有地方发问、能方便快捷地发问。郴州市按照多渠道、全方位的思路,在全市范围内构建立体式网络问政大平台。在各单位建立网民发问的直通平台,2011年郴州市下发《关于做好重点网站网民留言办理的通知》,明确要求市、县、乡三级党政主要领导以及市、县各职能部门在重要网站和地方门户网站首页,设立公开留言平台和邮箱,架设起纵向到底、横向到边的"大十字架"网络问政工作平台。利用各类网站建立网民发问的综合平台,整合全市120多家新闻网站、政府职能部门网站设立互动交流平台,整合市政府12345市长热线、市纪委行风热线等形成"一号通",整合各类政务微博开设政务微博厅,确保网络问政覆盖到经济社会各领域、城乡居民各人群。借力主流网站拓展网民发问的域外平台,郴州市将人民网"地方领导留言板"、新华网"发展论坛"、红网"问政湖南""百姓呼声"等100多家重点网站的留言板、论坛纳入网络问政平台体系,架起24小时"常在线"的网络"连心桥",最大限度地畅通民意诉求渠道。

明确一把手问政责任,确保有"问"能领,为"认领"确立主体。建立"认领"制度,关键是要解决"谁来认领"的问题。郴州市明确规定市、县、乡三级党政主要领导和市直单位"一把手"为网络问政第一责任人。主动向网民问政,依托问政平台,定期开展"郴州我的家,发展问大家"系列问计活动,发动广大网民就城市规划设计、民生保障以及干部作风等问题发表意见和看法。真诚向网民"求"计,各地各部门"一把手"主动参加各层面、各行业"网民座谈会""网民见面会"等互动活动,直接与网民面对面交流沟通,听取网民意见和建议。虚心请网民"督",各地各单位把网民作为科学民主决策和党风廉政建设的监督员,采取随时监督和现场监督等多种形式,使网民成为无处不在的"电子眼"。比如资兴、嘉禾、宜章等县市在公开选拔领导干部工作中,就主动邀请网民到面试会和公开竞职演讲现场,请他们参与监督。

实行链条式办理程序,确保"问"而必答,为"认领"打通渠道。网络问政关键在"答",有人认领和回应,网民群众就会受到鼓舞,就愿意将自己的意见上传到平台上去。郴州市十分重视网络问政的制度化、规范化建设,探索出了一套"登记—交办—办理—反馈—督办—归档"的链条式程序:市互联网新闻宣传管

---

① 李湘舟、任晓山、胡臣、刘骄、何庚文:《"认领"制度:郴州网络问政的创新之举》,《光明日报》2014年11月18日。

理中心负责对留言进行下载、整理、归类,初步确定认领单位和承办意见,进行编号登记,及时录入台账;登记后,送交市委办、市政府办,由两办下发交办函并提出认领交办清单;各认领单位收到交办函后,一般舆情在7个工作日内作出回应,重要舆情在3个工作日内作出回应,重大敏感舆情则实行"一三一"(1天内查看认领,3天内提出办理意见,1天内向网民反馈情况)快速办理程序;办理完结后,认领承办部门把办理结果形成书面材料,经两办主要领导审定后,再由网管中心在网上进行回复;对认领并办理完的问题,采取电话询问、网民评议、明察暗访等形式,对办理结果进行跟踪检查,不合格的发回重新办理。这些环节的严格执行,确保了每一条留言都能有办理、有回复、能解决。

建立"一条鞭"问责制度,确保"问"而有果,为"认领"提供保障。郴州市网络问政采取"一级抓一级、一级带一级"的工作推进机制,实行一条鞭子抽到底的工作问责制度,确保"留言"有人认、事情有人做、责任有人担。建立责任机制,各部门各单位明确一名领导班子成员分管网络问政工作,确定一名联络员负责办理留言的接收、结果上报等工作,按照"一条留言一个责任人、一个问题一个责任人"的要求,实行层级负责制,确保责任到位、落实到位。建立追究机制,市委办、市政府办每月对留言办理情况进行一次通报,好的予以表扬,不好的予以批评并要求说明情况,对因工作不力造成严重后果的,启动行政问责程序追究相关人员责任。建立考核机制,市委市政府、市委宣传部分别将网络问政纳入各地各单位年度综合绩效考核、宣传思想文化工作项目建设考核范畴,并不断加大比分权重。通过考核机制,推动全市各地各单位进一步重视网络问政工作,在人员队伍、工作经费等方面予以重点保障,从而形成网络问政的强大合力。

第八章　我国网络问政的程序机制研究

根据《现代汉语词典》的解释,程序是指事情进行的先后次序。人们在进行某项事务时,往往要先对其进行程序做事前规划和控制,这就是程序控制。程序的一般意义在于处理某种特定问题时,应当遵循的一种规则。这种规则具备一定的时间顺序,前后出现的行为之间存在特定的逻辑关系,程序一旦表现出来,不因任何外在的因素而改变,具有可被人们认识的客观性。现实工作和生活中,程序意识已经深入人心,程序设计和控制也已经被广泛运用,尤其在决策过程和审评过程中愈发被关注。因为程序是保障过程有序、结果公正的必要条件。以程序对法治的意义为例,程序的公正和正义往往是保障实体公正与正义的前提,法律学角度的观点认为,程序主要体现为"按照一定的顺序、方式和手续来作出决定的相互关系。其普遍形态是按照某种标准和条件整理争论点,公正地听取各方意见,在当事人可以理解或认可的情况下作出决定"[①]。

一般而言,程序的制定是为了有一个合理、合适的过程来保证结果的正确。为此,程序可以被视为一种解决机制和保障机制,是决定实体结果公正和正义与否的条件。在推进网络问政事业中引入程序概念,既要避免将程序视作追求网络问政结果的一个工具,可有可无,认为只要结果公正了,可允许程序上存在一些瑕疵;又要避免过分以程序为本位,认为有了程序就一定能够保证实体公正百分之百地实现。网络问政过程中,程序的公开和公正有重要意义,它不仅是网民问政的行动指南,能让网民清晰地了解什么领域公民可以参与,参与应遵循的路径和方法,参与的结果有何意义;更主要的是,网络问政程序的公开和公正,其本身就是指政府在网络执政和社会治理中,就涉及公共利益和公共决策的行政过程,进行透明化和规范化的管理,它是国家行政管理体制改革的题中应有之义。

---

① 季卫东:《法治秩序的建构》,中国政法大学出版社1999年版,第12页。

网络问政的程序机制应包括两个方面的内容：一是政府问政平台对网民舆情的回应和治理机制。它应促进政府及其部门主动探查民间声音，当然，也能帮助政府及其部门探测网络脉搏，发现网络杂音，主导意识形态。二是网民参与政府决策和社会治理机制。它应保障网民借助网络问政平台参政议政的权利，保证政府在重大公共决策和社会治理中有效施政，高效行政。

一、网络舆情的回应与治理机制

从1969年美军在世界上第一次开始尝试军事连接起，如今互联网已经全方位覆盖并无时无刻不在影响并改变着世界格局和我们的生活。从信息的获取和传播，到人们社交的方式与范围，再到生产方式的改变、与世界的沟通，目力所及，世界正在迅速地全面互联网化，所谓"互联网+"思维，才刚刚开始。[①]确实，当今社会许多人可以没有漂亮的外衣，但不能没有网络。网络改变了社会，改变了每个人。尤其是社会步入了自媒体时代，每个网民的手中都握有一个麦克风，随时可以为自己和他人发声。

(一) 相关概念阐述

随着自媒体时代的到来，网络的突发事件多了，网络言论的爆料更劲爆了，部分官员有这样的感觉：行政事务更多了，胆子更小了。的确，在网媒时代，政府在对社会事务进行管理服务的同时，对网络信息管理的工作量亦在加大，对辨析网络言论的工作难度亦在增加。一不小心，一则不起眼的网络信息就可能瞬间散播，形成网络事件。网络就是这样，它不再是虚无缥缈的一串字符，也不是关闭屏幕就消失的烟云，而是实实在在的世界，是社会生活的全部映射，是一个客观存在。这些存在最多的形式就是言论，即意见和观点。而且与线下不同的是，网络言论并不能自动消失，并且很可能被人转发或跟帖，进而引发轩然大波。李良荣教授说，这就是一个"新世界"。他发现这样一种现象：有一个人，他在现实生活里温文尔雅、彬彬有礼，但查看他的网络账号，会吃惊地发现他在网上的发言"很黄很暴力"。这个人展现出来的哪一面才是真实的呢？有人说网上是真的，现实生活是假面具。亦有人说现实生活是真的，网上不过是一种发泄而已。笔者认为两者叠加才是真的。互联网曾经代表了虚拟世界，但现在，

[①] 新京报编：《大变局：全球互联新未来》，中央编译出版社2015年版。

虚拟世界和现实世界越来越多地融合在一起,构成了"新世界"。这个"新世界"是人类历史上全新的世界,是人类赖以生存和发展的全新样态,是每个人工作和生活的全新实在,它的基本特征有待研究。与此相关联的国家与社会的运行方式也在调整,因此要寻求互联网与国家治理的新型关系。国家治理不是去治理一个虚拟世界,也不仅是治理一个现实世界,而是治理现实世界和虚拟世界结合在一起的这个"新世界"。[1]

1. 舆情与网络舆情

什么是舆情与网络舆情?舆情是我国当前的研究热点问题。有学者将舆情的概念定义为"民众的社会政治态度",此定义将国家的管理者与民众之间的利益关系作了突出强调[2]。也有人认为"舆情即民意情况,涉及公众对社会生活中各个方面的问题尤其是热点问题的公开意见(外露的部分)或情绪反应(既可能外露又可能不外露的部分)"[3]。而张元龙对舆情定义进行了进一步的完善,指出"舆情是社会民众在一定的历史阶段和社会空间内,对关乎自己切身利益的公共事务(事项)或自己关心的特定事件所持有的群体性情绪、意愿、态度、意见和要求的总和及其表现"。还有一些学者也有类似看法,如认为舆情是公众对中介性事件(突发公共事件、国家政策措施等)的认知、态度、倾向、行为的汇集。[4] 还有人认为,舆情是各种社会群体多种情绪、态度和意见交错的集合。[5] 针对网络舆情,有学者认为要从广义与狭义两方面概括[6],狭义网络舆情的概念定位于民众主体对公共事务通过信息网络公开表达的具有影响力的意见,包含民众倾向性意见,这部分网络舆情亦可称为网络舆论;不少学者注意到上述概念外延过于狭窄的问题,将该定义扩展为"社会公众通过互联网传播围绕自己关心或与自身利益紧密相关的各类社会现象与事件等表达出的所有认知、态度、情感、思想和行为倾向的集合"(谭伟,2003;苏云升、周如俊,2005)[7];从上述

---

[1] 李良荣:《"新世界"舆论法则:掌握传播主导权》,《中国社会科学报》2015年1月21日。
[2] 王来华、林竹、毕宏音:《对舆情、民意和舆论三概念异同的初步辨析》,《新视野》2004年第5期,第64—66页。
[3] 丁柏铨:《略论舆情——兼及它与舆论、新闻的关系》,《新闻记者》2007年第6期,第8—11页。
[4] 陈月生:《构建和谐社会需要准确认识和把握舆情产生的影响因素、表现特征及其规律》,《天津大学学报(社会科学版)》2008年第5期,第461—464页。
[5] 曾润喜:《网络舆情管控工作机制研究》,《图书情报工作》2009年第18期,第79—82页。
[6] 刘毅:《略论网络舆情的概念、特点、表达与传播》,《理论界》2007年第1期,第11—12页。
[7] 季丹、谢耕耘:《中国网络舆情研究的历史回顾与反思——基于CNKI、CSSCI高被引论文观察》,《上海交通大学学报》2012年第4期,第48—56页。

概念看,多数学者认为,网络舆情是通过网络传播的,是网民的某种倾向性的意见或态度。但是,本书认为,对网络舆情的定义不应仅局限于此,从信息传播的视角看,只要是网民通过网络表达的、有倾向性的信息,包括对事件的描述、评价、态度和情绪等,都应是网络舆情。因为网民围绕某一网络话题进行交流都是基于某一事件、某种观点而来的,部分消息源本身就是对事件进行描述,尽管这种描述也带有倾向性和态度,但对事件的描述本身构成了舆情的重要部分。

什么是舆论呢? 自古而今,学界对舆论的解释颇多,但是,舆论到底是什么? 从伏尔泰到卢梭,从李普曼到现在,似乎没有一个非常固定的看法。有学者从我国古籍中找到证据,"舆论"作为一个词组,最早见于《三国志·魏·王朗传》:"设其傲狠,殊无人志,惧彼舆论之未畅者,并怀伊邑。"其后见于《梁书·武帝纪》:"行能臧否,或素定怀抱,或得之舆论。"认为其中"舆论"即公众的言论,或公众的意见。[①] 但是,这些只言片语还不足以概括其内涵。从舆论学的角度,李良荣教授曾总结出两种看法:一种认为,舆论是指在一定社会范围内,消除个人意见差异,反映社会知觉和集合意识的、多数人的共同意见。也有学者认为,舆论是在特定的时间和空间里,公众对特定的社会公共事务,公开表达的基本一致的意见或态度。[②] 从《大不列颠百科全书》的解释看,所谓舆论,是社会中相当数量的人对于一个特定话题所表达的个人观点、态度和信念的集合体。[③] 总结起来,舆论的核心是"意见"和"态度"。但不同于舆情,舆论强调的是"公众的""多数人的",具有"共同意见""一致性"的特点。

关于舆情与舆论的关系。要准确地把握这两者的关系,首先必须要对舆情的功能有所界定。舆情不仅可以反映社会现实,还可以对社会产生能动的反作用。社会整体舆情环境的和谐程度会直接影响公众的情绪,进而影响整个社会的和谐程度。正确认识和把握舆情产生的规律、影响因素以及特征等问题,有助于和谐社会的构建。[④] 其次,舆情与舆论在一定的环境和条件下可能单向转化。张元龙指出,舆情可以进一步划分为显性和潜性舆情,显性舆情发展扩散到一定程度,演变为公众对某一特定公共事件大体一致的看法后,就完成了向

[①] 任贤良:《舆论引导艺术:领导干部如何面对媒体》,新华出版社2010年版。
[②] 李良荣:《新闻学概论》,复旦大学出版社2001年版,第49页。
[③] 徐慰曾、何得乐、阿去克、夏志厚:《不列颠百科全书(国际中文版)》,中国大百科全书出版社2007年版,第5—9页。
[④] 陈月生:《构建和谐社会需要准确认识和把握舆情产生的影响因素、表现特征及其规律》,《天津大学学报(社会科学版)》2008年第5期,第461—464页。

公众舆论的转化。① 曾润喜也认为,并非社会绝大多数民众广泛认同的态度与意见,而是当这种小群体意见产生集聚时很可能会趋向于大范围一致,当这种态度与意见被社会绝大多数人认同的时候,就可能转化成为网络舆论,因而对舆情的管控就是要使舆情不转化为舆论或转化为良性舆论。② 从分析来看,舆情与舆论两者有着紧密的联系,前者是后者的基础,后者是前者的发展。

2. 网络舆情与网络舆论

美国气象学家洛伦兹1963年发现,一个微小的初始条件变化可能导致一连串逐渐放大的改变,最终导致完全不同的结果,这就是洛伦兹提出的蝴蝶效应。一个形象的说法是,"一只蝴蝶在巴西轻拍翅膀,可以导致一个月后德克萨斯州的一场龙卷风"。形象化的说法本意是在说明天气的长期准确预报是不可能的,这就是所谓的蝴蝶效应。作为一种混沌现象,蝴蝶效应是指在一个动力系统中,初始条件下微小的变化能带动整个系统长期、巨大的连锁反应,有时更会导致不可预料的事情发生,即事物发展的结果对初始条件具有极为微妙的依赖性,初始条件的极小偏差,将会引起结果的极大差异。这也是非线性系统在一定条件下出现混沌现象的直接原因。③ 复杂混沌的系统是无法精确预计和完全控制的,虽然我们每个人都不具有传统意义上控制者的力量,但我们都拥有微妙影响的蝴蝶力量,即"无力者的力量"。

一条小小的舆情可能演变成一场网络舆论风暴吗?答案是可能。首先,网络是一个极具开放性的自组织,当网络社会受到一定的影响或干预,其内部结构可能从无序到有序并相互转化。而这一特性正好为蝴蝶效应提供了一个宏观环境。在网络传播中,网络言论运行轨迹本身就呈现一种典型的非规则状态,其传播路径在外在和本身各种因素影响下,往往解构了传统的线性模式,构成非线性不规则模式。其次,网络社会的去中心化特征明显。有别于传统媒介环境的作用机理,网络是现实社会的镜像场域,在把关人的角色不明显或弱化的情况下,网民对于某公共事件可以进行完全公开的、自由的意见表达,特别是在特殊的公共空间,话源的多元化和公共性,使得话语权之争成为必然。一旦某种观点、情绪占了上风,就很容易形成某种倾向性,继而导致网络舆情初始表

---

① 张元龙:《关于"舆情"及相关概念的界定与辨析》,《浙江学刊》2009年第3期,第182—184页。
② 曾润喜:《网络舆情管控工作机制研究》,《图书情报工作》2009年第18期,第79—82页。
③ 李若冰:《混沌理论视野下的网络舆论监督分析》,《重庆文理学院学报(社会科学版)》2010年第3期,109页。

达时的非线性不规则可能转变为规则的、一边倒式的舆论风暴,哪怕原来一些"沉默的"多数也会被影响或"被绑架",形成一股强大的力量。当管理者错过了最佳的引导时机,一场舆论漩涡会瞬间构成管控危机,演变成一场重大的网络事件。

"舆论是社会皮肤,将我们的社会整合在一起。"(伊丽莎白·诺尔-诺依曼,ElisabethNoelle—Neumann)回顾这些年来的网络公共事件,有太多舆情被当地主管部门有意无意忽略,最终导致了一场场难以收拾的危机。从 2003 年的 SARS 到杭州"70 码"事件,从周久耕"天价香烟门"到瓮安群体事件,再到"7.23 温州动车事故",等等。这些网络公共事件无不是从小小的舆情线索演化至重大的公共危机。舆情从发端到发育再到发展是有一个过程的(见图 8-1),这可能是一个有序递进的过程,也可能是一个突进的过程,但它不一定会发展成一场大的网络舆论。

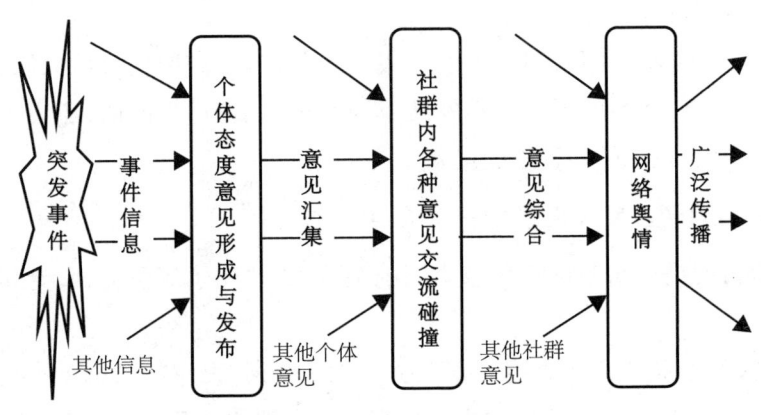

图 8-1　网络舆论的演进过程①

研究网络舆情的发展过程时,有学者发现,舆情的扩散大致有个体意见表达、社群意见碰撞和网络舆情形成三个时期。在不同时期又有五种作用机制,即形成机理、发展机理、变异机理、作用机理和终结机理,它们分别处于公共危机事件网络舆情演变周期的不同阶段。"形成机理是机理体系的出发点,网络舆情的形成是一切变化过程的基础,是舆情发展的始点,也往往会直接产生变异和发生作用。发展机理是机理体系的重点,网络舆情的发展体现在空间上横向的涨落和时间上纵向的涨落,其过程极易产生信息变异现象,其作用力也体

---

① 史波:《公共危机事件网络舆情内在演变机理研究》,《情报杂志》2010 年第 4 期,第 29 页。

现得较强。变异机理是机理体系的难点,信息变异导致舆情变异,从而产生很强的消极作用,其控制和应对也是最难的。作用机理是机理体系的关键点,网络舆情强大的影响最终是通过作用力体现的,它是网络舆情形成、发展和变异的集中点。终结机理是机理体系的结束点,无论作用力是大是小,产生效果是积极还是消极,网络舆情终会衰退,但同时也可能不会彻底消失,积淀在网民心中的态度、意见会在新事件刺激下再次萌发。"[1]其中,需要重点关注舆情转向的几个关键环节。在舆情发生时,及早发现和作出反应是防止舆情向纵深演变的第一道防火线。如果错过了初始阶段的引导,就需要全力对待舆情发展中的"信息变异"阶段。信息如果在传播中变异最易导致严重后果,如网民基于认知的同化可能会促进信息传播数量的几何倍增;信息如果被利用或误读,异化了的信息可能就会造成传播风向的突变,使舆情向相反的方向发展,进而产生难以预料的舆论危机。稳妥善后也是舆情应对的重要环节,它关系到舆情发展的最终结果和后续反映。

当然,只要掌握了网络舆情发生、发展的规律,研究舆情背后的原因,认真应对,积极引导,舆情就不会轻易发展成为舆论,处理得当的话,还会成为促进政治清明、社会发展的一种正能量。

3. 网络舆情与网络民意是一对"孪生兄弟"

要辨析网络舆情与网络民意之间的关系,需要先了解舆情、舆论和民意等概念。

舆情、舆论和民意在英语语言系统中是一个词,都用"public opinion"来表示。在汉语体系中,这三者的含义还是有一定区别的。不同的学者对舆情与舆论的定义从不同的角度给出了描述。从前文分析可知,舆情与舆论都包含有大众对现实生活中的各类社会现象、各种社会问题所表达的各种意见、态度和情绪的涵意,但是,经由媒介传播的言论可能不是舆论,而是舆情。相比舆情,舆论更强调公众相对一致的意见、态度和情绪,具有更强烈度和更长的持久度,并会对事态的发展产生重要影响。通常,各类真假信息,谣言和真相,理性和非理性因素可能都混在舆情当中,而舆论则是舆情传播在后期形成的带有共同倾向性的一种公众意见,个别人的意见不是舆论。因此舆论的第一特性是公众性,它是对舆论主体的界定。其次,公开性也是舆论的特性,它承载了公众公开表

---

[1] 史波:《公共危机事件网络舆情内在演变机理研究》,《情报杂志》2010年第4期,第42页。

达的意见和态度,是舆情传播发展壮大后的一种形式和程度,是态度和意见的统一体,是公众公开发表的意见和态度,而没有公开表达的意见和态度,一般不包含在舆论范围内。

相比与舆情的关系,民意与舆论似乎更近。从汉语言的角度理解,民意也是公众的意见、态度和情绪,也有一致性要求,只是不像舆论的烈度、一致性那么强。它也强调公众性,也将"公众"界定为民意主体。但是,与舆论不同的是,它不一定是公众的公开表达和传播出的意见和态度,那些掩藏在公众内心,尚未被充分传播出来的公众意见也可以是民意的一部分。还有,民意与舆论的显著不同点是,民意并不一定即刻反映并产生出显著的正面或负面后果。那些没有被挖掘出来,没有被广泛传播的民意可能会长时间潜藏在公众的内心,只有被某一事件导引或激发,才有可能被传播,进而爆发为舆论。

民意如果没有被充分反映,没有被充分传播,也没有产生不好的影响就认为它不存在,那就大错特错。民意可能被个别表达,那就是舆情,有可能被集中表达,那就是舆论了。但无论如何,民意是舆情的重要部分。有学者认为"舆情即民意情况,涉及公众对社会生活中各个方面的问题尤其是热点问题的公开意见(外露的部分)或情绪反应(既可能外露又可能不外露的部分)"[①],该定义不仅扩展了舆情内涵,也点明了舆情与民意的关系。实践中,我们往往能从个别的舆情苗头探知民意,得知公共利益的最大公约数,也能通过对民意的合理回应来引导舆论的方向,找到危机治理的钥匙。我国古代的执政者就已经十分关注民意了。《庄子·说剑》:"中和民意以安四乡。"文章注意到了民意与安定的关系。自古统治者就认识到民意在执政中的重要地位,唐朝唐太宗说:"民能载舟,亦能覆舟。"宋代苏轼在《徐州贺河平表》中说:"虽官守有限,不获趋外庭以称觞,而民意所同,亦能抒下情而作颂。"他强调了政绩与民意之间的辩证关系。

(二)基于网络问政平台的网络舆情回应机制

通过多面考察网络舆情治理的现状,我国网络舆情治理体系基本完备,治理机制初步形成,治理也取得一定成效,但是也存在一些亟待解决的问题。除了上述分析中提到的尽快推进新闻立法和网络传播立法之外,还有整合网络舆情治理体系,改变多、散、乱的治理主体结构,并在此基础上建立健全统一的网络舆情监测、分析、回应和处置机制。

---

① 丁柏铨:《略论舆情——兼及它与舆论、新闻的关系》,《新闻记者》2007第6期,第8—11页。

在讨论此问题之前,先看看某市一份关于网络舆情管理的公开文件。该文件就政府系统开展网络舆情管理工作的重要性这样写道:"随着互联网的不断发展,网络已成为广大人民群众反映民声、传递诉求、参与政务、实施民主监督的重要平台。从当前情况看,对网民的诉求表达、意见建议,有些地方和单位能认真对待、及时办理、合理引导;而有些地方政府和政府部门则不够重视,没有把网络舆情管理工作摆上应有的位置,甚至认为是党委宣传部门的事,事不关己,高高挂起;还有些统筹协调不力,没有建立舆情管理机制,使得政府舆情掌握不及时,处置不到位,从而导致有些舆情成为网络炒作的热点,在社会上造成了严重的不良影响。为及时处理网民意见建议,有效化解社会隔阂和各种矛盾,充分掌握网络舆情主动权,预防重大舆情事件发生,提升政府公信力,现就进一步加强政府系统网络舆情管理工作的有关要求通知如下……"①

该文件至少反映出几个信息:(1)该地政府系统中有些部门不重视网络舆情管理工作;(2)该地已由党委宣传部建立了网络舆情管理机构,但是其管理机制没有全面覆盖党政机构;(3)就网络舆情管理而言,跨系统、跨部门协作不够;(4)网络舆情管理与政府开展的网络问政平台没有整合。其实,结合上文分析,该地的问题在全国并不是孤例。这一现象,促使各地党政部门思考应如何健全网络舆情治理机制。要健全网络舆情治理机制,首先要从规划管理主体出发,建立一个跨党政系统的整合网络舆情管理平台,再统一制定标准的管理制度和运作机制。为此,可以从以下几个方面来构建一个基于网络问政平台的网络舆情应对机制。

1. 将网络舆情处置系统整合到综合问政平台中去

上一章提出了一个关于网络问政平台的跨部门、跨系统、跨类别(全网)三重整合架构的设想,其中,整合党政机构的网络问政平台是政府的内部整合,在此基础上对第三方平台的整合是跨系统的整合,而要将民间机构和个人平台整合进网络问政平台,就是外部的跨类别整合了。应该说,政府内部整合和跨系统的整合都属于体制内的整合,运用行政力量,执行起来还是比较好操作的。相比之下,进行外部整合要涉及民间机构和个人的网络平台,就不可能是一个无缝对接。因为这个整合的目的只是为了顺畅政民之间的互动渠道,而不需要

---

① 吉安市人民政府:《吉安市人民政府办公室关于进一步加强政府系统网络舆情管理的通知》(文号:吉府办字〔2014〕215号,吉安市人民政府网,http://www.jian.gov.cn/pubinfo/fgwj/qtlwj/201409/t20140916_9442457.html,2014年9月10日。

涉及业务流程的合并与再造,因此,这种整合只需像镇江市网络问政平台那样,将民间网络论坛链接到政府网络问政平台即可,根本无需数据后台的重组和软件系统的相互嵌入。

网络舆情管理机制是程序机制的重要组成部分。在此,有必要详细论述网络舆情管理在这三重整合中的地位和价值。其实,在整个网络问政平台中,网络舆情管理既是网络问政工作流程的重要程序,也是网络问政的主要工作内容。作为程序价值的存在,网络舆情管理环节往往决定了各级政府开展网络问政的实际成效,决定了网民主动参与网络问政的热度。个中缘由是,网络问政既包括政府问政于民、问计于民,也包括网民问事于官、监督政府。政事从何来,监督政府什么,网民关注什么,又是怎样关注的,这一系列问题都来源于网民通过各种网络渠道进行的咨询、发问、爆料和举报等传播行为。如果主动选择政府开设的网络问政平台进行问政,而且政府有关部门也主动、及时回复,使网民得到满意答复,网民自然就会对政府网络平台产生好感,并会形成问政的路径依赖,反之网民就会寻求其他网络渠道问政,因此,必须将政府主导的网络问政平台打造成为一个人气平台,这也是提出网络问政平台整合的原因所在。

但是,网络问政的现实实践与之相差甚远。不少政府的网络问政平台冷冷清清,而民间网络论坛和微平台红红火火。此情此景,个别地方政府不是即刻改变执政思路、迎难而上,而是对民间网络平台上的舆情视而不见、听而不闻,甚至不对政府的问政平台进行升级改造,任由网络舆情肆意传播,进而造成极其不利的舆论后果。那么,网络舆情管理模块要如何整合问政平台,进而完善网络问政的程序机制?解决方案可能也并不复杂,只要在政府主导的网络平台上植入一个网络舆情监测分析系统,除对问政平台内网民言论实行实时监测外,更要有针对性地对第三方平台和民间网络平台实行定区域、定主题的 24 小时值守制度,及时发现网民诉求、分析网民情绪、理解网民需求。

鉴于各地党群系统的宣传部门都建有网络舆情监测分析机构,那基于网络问政平台的舆情管理系统是否有必要与之整合或合并?这倒不一定。因为这两个主体的网络舆情管理目标各有侧重。党群系统侧重对重大网络舆情的监测、分析和舆论引导,重视意识形态的宣传和导向指引,而政府系统则更侧重从网络舆情管理中解决行政问题,满足民众需求。但是,双方应加强协作,建立起信息共享和任务分担的机制,共同构建和谐的网络空间。

2. 完善网络舆情管理的收集、分析、回应和处理机制

在 2015 年 3 月 18 日的国务院常务会议上,李克强总理对参会的国务院各

部门负责人说:"现代社会已经变为一个透明度很高的社会。现代社会瞬息万变,国务院推出的各项政策、文件,有时也难免会被'误读'。对于媒体关切,特别是一些重大关切,在座的各位部长们也要主动回应!""如果社会有疑问、媒体有问题,你却不回应,也不解读,那就很可能引发更多无端的猜测。要勇于主动面对媒体、及时回应社会关切!"他现场要求国办有关负责人尽快协调,建立起主动回应社会关切的机制。①

从总理讲话来看,国家已经充分认识到媒介传播变革给政府行政带来的深刻影响,并准备好主动迎接媒介变革带来的挑战。接下来,各级政府及其公务人员更应主动求变,依网施政。把网络舆情管理系统的监测、分析功能引入到网络问政平台,是对传统的网络问政思维和行政作为的一次改进,会促进政府网络执政的绩效。当然,不能指望仅凭增加一个软件系统来实现目标,还需要通过管理制度建设配套推进的方法。政府网络问政平台的一般运作方式是,网民发问—平台登记—转办(交办)—相关单位回应—平台回复网民(公布),对重点问题,平台直接督办,协调对应单位按时解决。网站平台增加舆情监测功能后,政府网络问政平台的运作方式要做些许改变,网民发问—平台搜索(全网定向或主题监测)—平台登记—转办(交办、督办)—相关单位回应—平台回复网民(公布)。围绕平台运作流程的改变,需要制定相关的工作制度和运作机制。

(1)建立和完善网络舆情管理的组织机制

首先,要建立一个强有力的组织管理机构。网络舆情管理作为网络问政平台上的一项功能,并不需要单为它成立一个独立管理机构,只需为原网络问政平台的管理机构增加一项权能,并配置相应的职数。其次,适当调整原有的工作程序和管理规章,对原有工作程序中可以发挥作用的环节和工作制度予以保留。具体而言,要给该组织增加的权能有全面监测、分析并上报舆情,指挥决策舆情的应对、处置,全面考核、监督政府本级及其分管部门舆情应对的绩效,负责组织、培训相关人员等。

建立网络舆情集约管理、属地(归口)责任承办、分级对待机制。所谓集约管理,指的是每一级政府建设一个综合网络问政平台,每个平台由一个中心机构集中管理;所谓属地责任承办,是指每条网络舆情按照"谁主管、谁负责"原则,由中心机构转办(交办或督办)给相关属地,由舆情信源属地负责办理,结果

---

① 傅旭:《李克强要求各部部长主动回应社会关切》,新浪新闻,http://news.sina.com.cn/c/2015-03-21/110531630515.shtml,2015年3月21日。

回复至中心机构;所谓分级对待机制,是指按照网络舆情的重要性和涉及部门面的宽窄,由中心机构分别决定处理方式,对属地性(条块性)强的按属地(归口)责任办理,如涉及多层级、多部门的网络舆情或复杂舆情,则由中心机构在第一时间向上级政府报告,再决定是协调处理,还是交办、督办。同时,重大舆情应加强与当地党委宣传部门的沟通协调,服从当地党委的指挥调度。

建立一支跨部门、跨层级的政府网络舆情管理工作队伍。该管理团队由政府本级及其组成部门和下属分管部门派设的专职网络信息员组成。部门和下属分管部门的网络信息员负责配合中心机构的统一调度,负责当地或部门的网络舆情监测、分析、上报、应对和处置工作。政府本级以及各下属部门的主要领导是政府系统网络舆情管理的第一责任人,应切实担负网络舆情管理工作的领导责任。

(2)建立和完善网络舆情的处理机制

网络舆情的处理机制具体包括网络舆情监测(收集)、分析预判、报告与处置机制。具体来说,中心机构与相关部门网络信息员应遵循24小时值守、每12小时为一阶段的全网监测、信息收集分析、初步预判的工作制度。按照网民咨询、民生诉求、监督举报等分栏目,重点定向、定主题对政府网络问政平台和第三方平台的实时信息进行收集、归类,加强对民间网站、论坛、微信、微博、博客的监测,及时对网络舆情进行分析研判,甄别正面或负面信息,形成网络舆情监测报告,分类、分属地(归口)转交监测信息和出具办理意见。建立重大舆情的处置机制,遇到重大舆情,及时上报主管领导。

(3)建立和完善网络舆情的回复(公布)机制

在按照《政府信息公开条例》做好政府信息公开工作的基础上,网络舆情的回复(公布)机制既是对于社会关注度高的重大政策措施调整和关系群众切身利益的重大问题,利用政府网站、政务微博、新闻发布会等形式,主动、及时、准确地发布信息的机制,又是网民通过各类平台具体问政、问事进行回复的机制。政府问政平台实行实名问政,一般事项进行个别回复,重大事项利用政府网站、政务微博进行回复;网民通过第三方平台和民间网络平台问政的,中心机构拿出回复意见,并通过各平台的"斑竹"及时跟帖、发布,如果涉重大事项,中心机构应通过政府网站、民间门户网站、政务微博或新闻发布会等形式公布结果(处理意见),以回应社会关切。政府公布了事实真相,可掌握话语主动权,切实控制和引导网络舆论的正确走向。

回复(公布)机制需要在现有网络发言人制度的基础上,建立跨系统、跨类别的网络发言人机制。具体做法是,政府网络发言人委托第三方平台和主要的民间网络平台上的相关负责人,以政府发言人的身份回应网民关切。在某些社会热点、焦点问题上,政府的重大决策、意识形态观点,可利用网络舆论领袖作出网络回应,及时、鲜明地引导话题走向。对已形成舆论态势的,则要根据舆论形成的过程和特点,作有目的的引导。当社会出现某一新问题时,社会群体中的个人基于自己的物质利益和文化素养,自发地、分散地表达出对这一问题的态度,持有类似态度的人逐渐增多,并相互传播,相互影响,这类态度渐渐凝聚成引人注目的社会舆论。政治领导集团或权威人物按照人们的意愿,提出某种主张或号召,并引起广泛共鸣,也可转化为社会舆论。这两类舆论的形成过程,实际上是在相互转化,它或先从群众中来,然后经权威方面传播到群众中去;或经过权威方面的组织和动员,再传播到群众中去。①

以下是对转办、交办和督办机制的反思。

为了进一步促进政府日常工作的即时化、制度化和规范化,亦为了进一步提高政府的行政效能和工作效率,建立健全为民、务实、高效的工作机制,政府要认真制定和执行交办和督办制度。在收集网络问政平台上的公民意见时,整理汇编、科学抉择后,由平台管理部门转办或交办给各责任单位,对公众反映强烈的问题,适时开展交办会,进行现场交办。转办、交办制要始终坚持"属地(归口)管理、分级负责;谁主管、谁负责;依法、及时、就地解决问题;对上负责与对下负责相统一"的原则。对那些公众反映特别大、社会影响面宽,或者久拖不决的问题(或意见)且有可能发展为重大的网络舆论,甚至是网络危机的事件,平台管理部门要采取督办制度,综合协调各相关单位(部门)的力量,共同回应网络舆情,解决网络事件。

在网络舆情的回应和处置实践中,相关部门过多地采用转办和交办制,忽视督办。因此,就容易产生这样的现象:网络问政平台往往在收集网络舆情后一转了事,或是一交了事,而责任部门在缺少监督的环境下,也就一接了事。这就是网络问政平台为什么产生那么多"机械"回复的重要原因。

对现行转办、交办和督办机制,应肯定其成效,也要尽量回避其制度的缺陷,尤其是强化督办制的作用和地位。为此,政府网络问政平台除了遵章执行督办制度的规范外,还要适时运用督办思维,对转办和交办事务适当跟踪督办,建立健全符合当地实际的网络督办机制。对承诺时限内未完成工作要求或未

---

① 崔景茂:《新编公共关系教程》,北京大学出版社2005年版,第74—75页。

达到工作标准的转办、交办单位,下发督办通知单(或提醒函),督促其落实工作。督办通知单(或提醒函)上应明确工作任务、工作时限和工作标准,承办政府(或部门)可按要求如实填写工作实况,及时向督办单位反馈,以此确保有件必办、有件必回、有件必果。在这方面定州市政府于 2013 年出台的《定州市政府领导批示交办事项督查专报制度》,有一定的借鉴意义。

此外,要在转办、交办制度中辅以问责制,对不及时办理交办单、累计被催办一定次数的单位予以通报,对执行缓慢、落实不到位的单位在网络问政平台上予以曝光。通过转办、交办和督办制度,政府才能更加深入地掌握交办事项的实际情况,发现并协调相关部门解决公众所反映的问题,提高公众对政府的满意度,并进一步转变政府职能,改变政府工作作风,提高政府工作质量、工作效能。

(三)网络舆情治理机制分析

1. 网络舆情与网络谣言之辨

进行网络舆情治理的目的之一,就是要将网络谣言从网络舆情中分离、辨析出来,并坚决治理,以清洁网络环境,畅通网络舆情。那么,什么才是网络谣言?如何从网络舆情中将网络谣言辨析出来?对于网络谣言的定义,一直没有统一的答案,从早期西方学者奥尔波特和波斯特曼(Allport & Postman,1947)的观点看,所谓谣言就是"一种通常以口头形式在人群中传播,没有可靠证明标准的特殊陈述"[①]。在此定义中,"没有可靠证明"界定了谣言的基本特征就是未经证实;还有研究者将谣言视为"黑色的""病毒的"或"精神癌症",是言论的一种病态形式。从中可以归纳出谣言的另一个属性,即谣言是一种负能量,是对人、对社会产生不良影响的话语。那么,网络谣言应该就是经由网络媒介传播的、未经证实的且有贬低他人、有违社会公德、破坏社会良好秩序的言论。

从概念的性质看,网络舆情是中性的,而网络谣言则偏负面。但在现实社会中,从网络舆情到网络谣言的距离却只有一纸之隔,或者说,网络谣言只是网络舆情的一个侧面。这是因为,在开放的网络环境中,传播和被传播的有倾向性的话语在没有被认真甄别之前,谁也不知道其真实性如何、传播者的目的何在。这样,网络谣言往往混迹其中,成为网络舆情的一部分。不同于传统的传

---

① 奥尔波特等:《谣言心理学》,刘水平、黄鹏译,辽宁教育出版社 2003 年版。

播环境,在网络环境中,传播的基本法则是"我的地盘我做主"。不仅是传者,受者也可以便捷地获取各种信息,同时,网络中海量的信息使得信息消费者可以随意过滤与自己相左的见解,也可以转发、评论自己喜欢的信息,这也使现代信息消费者核实信息真伪的成本变得巨大。尤其是自媒体日益兴盛的今天,这种自由传播机制为网络非理性话语的流行创造了极为有利的条件。如果缺少理性协商与对话,真相又被有意掩盖的话,偏颇的情感与极端意见会被无限制地宣泄。话题在网络环境下"燃点"更低,也就极有可能增加"群体极化",很容易形成网络群体事件。一旦谣言被传播,负面舆论已成型,危机爆发就在所难免。

不仅如此,去中心化的网络结构解构了传统的层级制,政府话语权被稀释并受到空前的挑战。网络新意见群体随着网络技术的运用逐渐生成,并获得了极大的话语权。"个别政府部门行为不公、信息不公开透明等公共问题被谣言所利用极易引起网民情感共鸣,在权威话语之外建构起强大的舆论压力。现实生活中,法律、行政、道德约束在'马甲'的掩护之下而失去了应有的约束力,网民对政府的不满情绪极易被任意放大,借具体事件而无限制地发泄出来,从而形成片面的、极端的谴责,由此引发舆论危机"。[①]

2. 网络舆情治理的意义

媒介的发达为公民言论表达提供了便利和可能,而勃兴的网络媒体在公民合理诉求中表现出了显著的外部性特征。如何在自由表达和合理管控中找到平衡,在发展和管理中找到合理的途径,这些不仅是各国政府在网络时代国家治理中面临的政治抉择,也是构建现代政府的题中应有之义。自斯诺登爆料"棱镜门"等西方民主政府的秘辛以来,社会各界普遍认为,监控、调查等社会舆情治理的主要手段已经将西方至高无上的"民主""人权"践踏得"体无完肤",即使是以"反恐"为名也不行。在文明程度相对较高的西方,为何也出现如此不堪的网络治理危机?难道网络真的如洪水猛兽?网络社会不是想象中的虚拟社会,不是与网民无关的另一个世界,而是现实生活的"映射"和"倒影",它最终还是应遵从现实世界的规范。当然,这里不是为某些西方政府的做法唱赞歌,更不是为网络监测辩护,而是应以何种观点和心态去看待网络。一切自由应以尊重为前提,所有开放应以法制为保障。

就我国而言,网络舆情治理更有现实意义。以党的群众路线为指导方针,

---

① 任贤良:《舆论引导艺术:领导干部如何面对媒体》,新华出版社 2010 年版。

以构建现代服务型政府为目的,对网络舆情进行合理合法的治理,可以为国家、社会管理带来多方面的红利:

其一,可以从日益繁盛的网络舆情研究中获取有益的网民见解和民间智慧。为政府部门的科学决策和社会管理服务提供网络力量。汉朝的王充所著《论衡》中有句名言:"知屋漏者在宇下,知政失者在草野。"古代尚且如此,对于处在现代化进程中的中国,社会公民和执政党一样,早已是共同建设社会主义国家的主体力量。为了一个共同的目标,共产党及其领导的政府更有必要进一步发挥广大人民群众的力量和智慧,而网络提供了这样一个平台。

其二,可以进一步完善政府的决策机制,倾听社会的声音,改善行政绩效。政府是为国家进步、富强,为人民福祉服务的,因此,倾听人民的声音、响应民间的诉求是政府决策和施政的出发点和落脚点。还有,政府管理部门及其工作人员在行政过程中是否合规合法,其成效如何,这不是只依靠管理部门内部评估就可以的,还需要行政的施为对象——人民——来评判和监督,而网络舆情可以从多个角度来反映群众的态度。

其三,在社会转型的今天,由于网络的介入,平时各种隐性的社会矛盾,往往以公共事件为载体,突然浮出水面,释放它们强大的负面能量,使各种社会矛盾尖锐化。对网络舆情的监测、探查是解决社会危机的好手段,是为了更加从容地应对社会矛盾。通过研究网络舆情而获得关于公共危机事件演变的过程,为政府监测、掌握、引导、管理网络舆论提供帮助,避免面对公共危机事件时不知所措和处置失当。政府通过加强对公共危机事件不同行为主体及其行为方式的认知,也会增强公共危机事件网络舆情管理的有效性。同时,复杂多变的网络舆情是网络媒介组织、众多的随机性网民、事件当事人和政府之间相互作用的结果,它们有着各自的行为动机和行动策略,在整个公共危机事件的发展中发挥着各自的影响力。通过网络舆情研究,公共危机事件朝着有利于自身利益的方向发展。公共危机事件使他们聚到一起,也使其在各自的网络平台上和现实空间中释放能量。

资料阅读:畅通和拓宽举报渠道,网络举报已占半壁江山①

群众前往来访接待大厅,只是向中央纪委举报的多种方式之一。据介绍,

---

① 姜洁:《中纪委:群众网络举报已占一半 署名举报大幅提升》,人民网,http://leaders.people.com.cn/n/2015/0324/c58278-26738587.html,2015年3月24日。

目前,向中央纪委监察部举报一共有四种渠道,分别是来信、来访、网络和电话。"采用任何一种方式进行举报,只要在中央纪委受理范围之内,都会被认真受理。当然,我们更加提倡实名举报。"中央纪委信访室有关负责人表示。

党的十八大以来,随着中央反腐力度加大,群众举报总量大幅攀升。中央纪委信访室一位负责办理群众来信的工作人员告诉记者,"某省的群众来信在2013年之前,每月不过几百封,目前达到了每月近3000封"。

中央纪委信访室采取多种手段,进一步畅通和拓宽举报渠道。近年,网络举报数量逐年攀升。打开中央纪委监察部网站,在右侧醒目的位置,可以看到"举报指南""我要举报""举报查询""其他举报网站"四个板块,举报者只需点击"我要举报"板块就可进入中央纪委监察部举报网站,轻松提交举报内容,既免去了到来访接待大厅的舟车劳顿之苦,也不用像写信、打电话举报那样耗费资金。如今,网络举报已占举报总量的近一半。

2014年12月9日,中央纪委监察部网站开通反腐败国际追逃追赃线索举报平台,接受海内外人士对党员和国家工作人员逃往国(境)外,或者向国(境)外转移涉嫌违法违纪资产等行为的举报。据了解,目前这一平台已经接到了不少有价值的举报线索。

中央纪委信访室有关负责人告诉记者,十八大以来,举报量持续增多,受到实名举报"优先办理、及时回复"的鼓舞,署名举报比例大幅提升。"这些都从一个侧面反映出群众对反腐败工作的满意度不断提高,对反腐败工作的信心不断增强。"

3. 我国网络舆情治理的现状

正是认识到网络舆情的重要性,近年来,我国各级党政机构和下属部门逐渐将网络舆情管理纳入到日常的工作范围,成立了相关机构或部门,组建了一支业务素质较强的网络舆情监测和分析队伍。通过相关的研究和运行,取得了较好的效果。我国各级党政机构和下属部门通过开展网络舆情管理工作,充分发挥互联网联系群众、沟通民意的桥梁作用,深入了解民意、体察民情、汇聚民智,妥善应对网络舆情,完善与网民的互动交流制度,正确引导社会舆论,促进解决民生问题,维护社会和谐稳定;有些地方还结合网络舆情管理,促进行政整改和工作作风建设。

当前我国网络舆情治理的实践形式主要有两种:一是以行政单位为治理主体的政府舆情管理体系和以司法为治理主体的法律规制,二是以民营网络平台为主体的行业自律。另外,第三方机构(主要是半官方的网络媒体和科研院所)也为网络舆情治理提供了智力支持和咨询辅助。

(1)以党政单位为治理主体的政府舆情管理体系

近年来,我国各级党政机关和事业单位已逐步形成了一个上至中央、下到乡镇,制度完备、人员齐全、规则严密的网络舆情管控组织系统。党委系统主要是以本级宣传部下属的网络宣传办公室为主体,成立网络舆情管理机构,也有部分地方还成立专门机构来管理网络舆情,如"杭州网络舆情监测应急中心"就是由宣传部门主管的事业单位;而不少政府也由本级政府办公室(厅)或应急办公室专门成立网络舆情监测管理机构来承担此职能。除了党委和政府本级外,其下属(或分管)的部门和事业单位一般也要求成立类似的机构进行本单位的网络舆情管理。

以党政单位为治理主体的政府舆情管理体系,是当前我国网络舆情治理体系中最重要的组成部分。这一体系分块或分条承担全国各地方、各部门网络舆情的监测、分析、处置和引导任务,为及时处理网民意见建议,有效化解社会隔阂和各种矛盾,充分掌握网络舆情主动权,预防重大舆情事件发生,提升政府公信力做了大量工作,取得了良好的效果,维护了全社会的和谐稳定,为改革开放事业保驾护航。目前,从中央、省、地市到区县级的各级机关基本上已经完成了以党政机构为主体的网络舆情管理体系的建构,各级党政机关的下属部门、事业单位,以及区县以下的乡镇(街道)一级的网络舆情管理机构建设还在推进当中。该体系取得较好效果的关键原因,政府的预算支持和行政力量的推动外,更得益于一套较成熟的管理制度和运行机制。

细究起来,当前网络舆情的治理主体还存在一定的属地(归口)协调问题,由此必然会引发一系列的监管和管理效率问题。党委系统有一套监管机构,同时,政府层面也设置了一套系统,这不只是重复建设的问题,也是各系统相互协调的问题;从各党政机关的本级到其下属部门(单位)各有一套监管体系,但上下级机构又存在着业务领导脱节或协同不力等问题。

2011年5月我国正式成立国家互联网信息办公室(国家互联网信息办公室不另设新的机构,在国务院新闻办公室加挂国家互联网信息办公室牌子)。从行政层面看,这是经国务院批准设立的互联网信息监管机构。其工作职责主要包括:落实互联网信息传播方针政策和推动互联网信息传播法制建设;指导、协调、督促有关部门加强互联网信息内容管理;负责网络新闻业务及其他相关业务的审批和日常监管;负责重点新闻网站的规划建设,组织、协调网上宣传工作;依法查处违法违规网站;指导有关部门督促电信运营企业、接入服务企业、域名注册管理和服务机构等相关部门做好域名注册、互联网地址(IP 地址)分配、网站登记备案、接入等互联网基础管理工作;在职责范围内指导各地互联网有关部门开展工作等。

(2)网络舆情的法律规制现状

我国法律体系中一直缺乏一部真正对新闻报道、言论出版进行规范和监管的正规法律,而代之以各种由政府系统自行制定的规章、制度、通知和文件等。这种由行政规制替代法制的现象是不符合现代国家治理精神的,此种现状也亟待改变。尤其在网络媒介"横行"的今天,言论市场的乱象和传播环境的复杂,急切地呼唤我国立法机关要尽快出台专门的法律,依法对传播领域的传播主体资格、传播行为、传播过程、传播结果、传播责任等进行严格的规范治理。

全国人大早在 1984 年就成立了"新闻法研究室",1985 年颁布了《中华人民共和国新闻法(草案)》,但正式的新闻法至今仍未问世。据《大众日报》报道,2014 年 11 月 26 日晚,原国家新闻出版总署署长、全国人大常委会教科文卫委员会主任委员柳斌杰,在出席首届报业集团高层座谈会前夕接受记者采访时透露,国家正在研究传播立法。柳斌杰认为,遵循依法治国方针,新闻传播也要有法治思维,走向法治轨道,否则,底线不清、边界不明,媒体不好把握。因此,哪些东西能传播,哪些不能传播,法制、道德、社会秩序的底线要明确。

对网络传播而言,从 1994 年以来,中国也先后颁布了一系列与互联网管理相关的法律法规,主要包括《全国人民代表大会常务委员会关于维护互联网安全的决定》《中华人民共和国电子签名法》《中华人民共和国电信条例》《互联网信息服务管理办法》《中华人民共和国计算机信息系统安全保护条例》《信息网络传播权保护条例》《外商投资电信企业管理规定》《计算机信息网络国际联网安全保护管理办法》《互联网新闻信息服务管理规定》《互联网电子公告服务管理规定》《政府信息公开条例》等①。它们在一定范围、一定程度上对网络传播作出了界定和规范。

如 2000 年 12 月 28 日,第九届全国人民代表大会常务委员会第十九次会议通过《全国人民代表大会常务委员会关于维护互联网安全的决定》,对利用互联网进行危害国家、社会、单位和个人的若干行为作出了界定,如其中第二条规

---

① 《中国互联网状况白皮书》,新华网,http://www.cs.com.cn/xwzx/05/201006/t20100608_2465250.htm。

定国家对利用互联网造谣、诽谤或者发表、传播其他有害国家、社会各制度的信息,对通过互联网窃取、泄露国家秘密、情报或者军事秘密,利用互联网煽动民族仇恨、民族歧视,破坏民族团结,利用互联网组织邪教活动,联络邪教组织成员,破坏国家法律、行政法规实施等行为依照刑法有关规定追究刑事责任。《中华人民共和国电信条例》和《互联网信息服务管理办法》不仅对互联网信息服务提供商的准入、义务、行为规范作出相关硬性的规定,也对网络用户的言论、行为规范有明确的条款。《中华人民共和国电信条例》第五十七条和《互联网信息服务管理办法》第十五条,对互联网信息服务提供者和个人不得作为的信息传播行为有明确规定,不得发布并传播含有下列内容的信息:(1)反对宪法所确定的基本原则的;(2)危害国家安全,泄露国家秘密,颠覆国家政权,破坏国家统一的;(3)损害国家荣誉和利益的;(4)煽动民族仇恨、民族歧视,破坏民族团结的;(5)破坏国家宗教政策,宣扬邪教和封建迷信的;(6)散布谣言,扰乱社会秩序,破坏社会稳定的;(7)散布淫秽、色情、赌博、暴力、凶杀、恐怖或者教唆犯罪的;(8)侮辱或者诽谤他人,侵害他人合法权益的;(9)含有法律、行政法规禁止的其他内容的。

《计算机信息网络国际安全保护管理办法》《互联网新闻信息服务管理规定》《互联网电子公告服务管理规定》等主要是在网络信息服务提供商的信息服务资格准入、信息传播与把关义务等方面进行了规范;而《政府信息公开条例》则只是对政府的政务信息公开行为进行了规定和规范。

尽管相关的条例、规定、办法众多,但总体而言还存在诸多问题待解决,首先是法阶普遍偏低,绝大多数条文是政府的部门规定,缺少正式法律条文的权威和强制力;其次是发源复杂,除了《全国人民代表大会常务委员会关于维护互联网安全的决定》出自国家立法机关外,其他基本上都由政府部门制定,而且这些部门又是各管一块,难以协调衔接、统筹规划相关的内容;最后是专门性强,各种制度只对应其单一的立法目的。

为了应对网络技术的发展和网络舆情环境的变化,相关政府机构又相继出台了一些规范网络传播行为的制度,如2011年以来,面对微博的迅猛发展,北京市出台了《北京市微博客发展管理若干规定》。该规定主要针对组织或者个人开展微博服务的审批,注册微博账号,发布微博信息等行为作出了相关规定。从该规定立法目的的表述来看,它的实质来自《中华人民共和国电信条例》《互联网信息服务管理办法》等法律、法规、规章,目的是以"科学发展、积极利用、加强管理、确保安全"为指导原则,结合北京实际,就微博客建设、运用和管理制定出的，包括目的依据、适用范围、发展原则、规划审批、行为规范、微博客用户注册、信息内容审核、政府部门责任、行业自律、社会监督、法律责任等规定内容。自此之后，全国各地相继出台了关于微博运营、传播的政府规范。

2014年8月8日，国家互联网信息办公室召开新闻发布会，发布《即时通信工具公众信息服务发展管理暂行规定》。规定自公布之日起施行，规范以微信为代表的即时通信工具公众信息服务。其中，要求即时通信工具服务使用者通过真实身份信息认证后注册账号。除新闻单位、新闻网站，其他公众账号未经批准不得发布、转载时政类新闻。"微信十条"明确规定，即时通信工具使用者应当承诺遵守法律法规、社会主义制度、国家利益、公民合法权益、公共秩序、社会道德风尚和信息真实性等"七条底线"。

2015年2月4日，国家互联网信息办公室（简称"国信办"）发布《互联网用户账号名称管理规定》，又称"账号十条"。主要对公众微博、微信等账号名称（包括头像和简介）进行规范，明确提出网上昵称不准违反法律、危害国家安全、破坏民族团结和侮辱诽谤他人等"九不准"条例。《互联网用户账号名称管理规定》自2015年3月1日起开始施行。从规定的内容看，只要在中华人民共和国境内注册、使用和管理互联网用户账号名称，都适用该规定，而该规定所称互联网用户账号名称，是指机构或个人在博客、微博、即时通信工具、论坛、贴吧、跟帖评论等互联网信息服务中注册或使用的账号名称。该规定强调互联网信息服务提供者应当落实安全管理责任，同时，对互联网信息服务使用者进行了严格的规定，如注册账号时，应当与互联网信息服务提供者签订协议，承诺遵守法律法规、社会主义制度、国家利益、公民合法权益、公共秩序、社会道德风尚和信息真实性等"七条底线"。尽管该互联网传播信息内容的规范仍主要延续过去的9条，但是，该规定更有针对性，尤其对网络言论的规范更明确、更具体。

针对使用暴力或者其他方法公然侮辱他人或者捏造事实诽谤他人的犯罪日益猖獗的情况，最高人民法院发布《关于审理利用信息网络侵害人身权益民事纠纷案件适用法律若干问题的规定》。该规定明确了个人信息保护范围的认定问题。第十二条写明："网络用户或者网络服务提供者利用网络公开自然人基因信息、病历资料、健康检查资料、犯罪记录、家庭住址、私人活动等个人隐私和其他个人信息，造成他人损害，被侵权人请求其承担侵权责任的，人民法院应予支持。"第十四条还明确了非法删帖、网络水军的责任承担："被侵权人与构成侵权的网络用户或者网络服务提供者达成一方支付报酬，另一方提供删除、屏蔽、断开链接等服务的协议，人民法院应认定为无效。擅自篡改、删除、屏蔽特定网络信息或者以断开链接的方式阻止他人获取网络信息,发布该信息的网络用户或者网络服务提供者请求侵权人承担侵权责任的,人民法院应予支持。接受他人委托实施该行为的,委托人与受托人承担连带责任。"第十五条明确:"雇佣、组织、教唆或者帮助他人发布、转发网络信息侵害他人人身权益,被侵权人请求行为人承担连带责任的,人民法院应予支持。"

2013年9月9日,最高人民法院、最高人民检察院出台《关于办理利用信息网络实施诽谤等刑事案件的司法解释》,对利用信息网络诽谤他人构成诽谤罪的两个要件"捏造事实诽谤他人""情节严重"分别予以了明确。根据解释,"捏造损害他人名誉的事实"或"将信息网络上涉及他人的原始信息内容篡改为损害他人名誉的事实",在信息网络上散布,或者组织、指使人员在信息网络上散布的,即可认定为"捏造事实诽谤他人"。同时规定:"明知是捏造的损害他人名誉的事实,在信息网络上散布,情节恶劣的,以'捏造事实诽谤他人'论。"

解释规定,具有下列情形之一的,应当认定"情节严重":(1)同一诽谤信息实际被点击、浏览次数达到5000次以上,或者被转发次数达到500次以上的;(2)造成被害人或者其近亲属精神失常、自残、自杀等严重后果的;(3)二年内曾因诽谤受过行政处罚,又诽谤他人的;(4)其他情节严重的情形。

随着近年来各种即时通讯客户端的爆发式增长,中国网民规模增长居世界第一,用户账号数量巨大。账号乱象和信息传播行为乱象也日益突出,有的假冒党政机关误导公众,如"中纪委巡视组";有的假冒媒体发布虚假新闻,如"人民日报";有的冒用他人身份,侵害个人合法权益;有的假冒名人包括外国元首,如"普京""奥巴马";有的假冒企事业单位和社会组织发布虚假信息;有的名称和头像包含淫秽色情内容,甚至公然招嫖;有的在简介中传播暴恐、聚赌、涉毒等违法信息,如"枪械军火商""乡村赌场";有的违背社会公德,宣扬低俗文化;有的公然分裂国家,破坏民族团结;有的宣扬邪教和封建迷信。[①] 这些现象急需政府出手治理和整顿,该规定出台正逢其时。

综合而言,相较于2011年以前,我国近年来出台的关于互联网准入管理和网络言论侵权、犯罪的立法条款相对更具体,措施更明确,责任更严谨,处罚更明晰。但就法治规范而言,这些规制可以为网络舆情治理提供一个法律保障,当然也存有诸多监管盲点和空白,还需要国家立法机关进一步加强新闻传播立

---

① 《国信办发布十条规定:规范互联网账号名称和头像》,新浪科技,http://tech.sina.com.cn/i/2015-02-04/doc-iawzunex9751070.shtml,2015年2月4日。

法、网络传播立法。新闻学教授展江一直在推动我国新闻立法工作,他认为新闻立法是整个中国改革的一部分,如果做得好,能对未来的转型起很大促进作用。

资料阅读:"立二拆四"非法经营案宣判——杨秀宇获刑四年罚15万

2014年11月18日消息,根据北京市朝阳区人民法院官方微博消息,北京市朝阳区人民法院今天上午9时30分,依法公开宣判被告单位北京尔玛天仙文化传播有限责任公司、北京尔玛互动营销策划有限公司,被告人杨秀宇、卢梅非法经营一案。一审判决结果如下:4被告均构成非法经营罪,杨秀宇一审获刑4年,罚金15万元;卢梅一审获刑1年半,罚金3万元;尔玛天仙公司被判罚金50万元;尔玛互动公司被判罚金20万元。杨秀宇表示接受法庭判决,卢梅明确表示不上诉,两公司当庭均表示回去考虑。

根据检方指控,被告单位尔玛天仙公司在2008年至2013年间,多次通过网络有偿提供删除信息服务和发布虚假信息服务,经营数额共计53万余元。此外,被告单位尔玛互动公司在2012年5月至2013年间,在杨秀宇决策下通过网络有偿提供删除负面信息服务,收取删除费用22万余元。

北京市朝阳区法院对该案有4项判决要点:(1)法院审理查明的事实。(2)被告单位尔玛天仙公司、尔玛互动公司,被告人杨秀宇、卢梅的行为均构成非法经营罪。(3)被告单位及被告人行为违反国家规定,且扰乱了市场秩序,符合非法经营罪的情形。(4)对被告人杨秀宇、卢梅依法从轻处罚。被告人卢梅不属于从犯,不构成立功。

据悉,本案2014年8月14日开庭审理,当时检方对杨秀宇的起诉书中共涉及7起指控事实,他涉嫌策划炒作数起网络新闻事件,其中包括网络上流传甚广的"干爹888万带我包机伦敦看奥运""僧人后海船震门"等事件。①

(3)民间网络平台、公共组织和第三方机构的辅助治理

治理理论是20世纪90年代兴起的观点。随着全球化时代的来临,人类政治过程的重心正在从统治(government)走向治理(governance),从善政(good government)走向善治(good governance),从政府的统治走向去政府化的治理。在治理视域中,治理是指一种由共同目标支持的管理活动,该管理活动的主体

---

① 《"立二拆四"受审 曾炮制"僧人船震"事件捧画家》,大河网,http://news.china.com.cn/live/2014-08/15/content_28191621.htm。

未必是政府,也不一定非得依靠政府的强制力来执行。而作为社会控制体系的治理,是政府与公共部门、私人部门和民间的合作与互动,是个人和机构管理其共同事务的诸多方式的总和。① 从这个意义上讲,治理是政治国家与公民社会、政府与非政府、公共机构与私人机构之间的合作,即强制与自愿的合作。治理是一个涉及多个治理主体的相互协调的过程。西方治理理论兴起有其背后的原因,主要是福利经济学的市场失效论与公共选择理论的政府失效论的泛起,这就使人们产生思考:市场失灵的,人们可以依靠政府来纠正。那么,如果政府存在缺陷又由谁来弥补呢?于是,学者们开始思考由政府和公民社会一起来解决问题,依靠政府和社会力量的良性互动来解决。② 从市场治理延伸到国家和社会治理,从西方的观点到我国的国情,需要对治理理论进行扬弃和再创新。

随着国家政治体制改革的深入,法治建设和民主建设取得明显进步,治理方式发生了重大变化。对此,俞可平先生提出:"善治(good governance)才是治理之道。"他指出:"善治的本质就在于它是政府与公民对公共生活的合作管理,是政治国家与公民社会的一种新型关系,是两者的最佳状态。"③

在网络舆情治理体系中,民间网络平台和公共组织是否能作为一种治理主体而存在?本书认为,在我国网络传播活动中,私人机构或个人已经成为传播平台以及信息传播活动的主体。网络是一个迄今为止人类最开放的媒介平台,私人机构或个人不仅仅是被治理的对象,也应该是参与治理的主体。如果网络治理将这几个主体排除在外,那无异于将其置于被管理的对立面,结果会适得其反。在我国数以百万计的网站,数以亿计的微博、微信账号,无数的朋友圈中,民间网络平台占绝大部分。这些民间私人机构和个人在网络生态中占据重要的种群地位,同时,有相当多的网络平台还为数以亿计的个人和组织提供网络服务,无形中,这些服务平台又成为一个个管理平台。因此,他们对行为的自我规范、自我约束是促进网络环境健康发展的前提和保障。按照相关政府规制,这类民间机构也应在传播价值链中履行信息管理义务。党的十八大报告指出,加强和创新社会管理,必须"引导社会组织健康有序发展,充分发挥群众参与社会管理的基础作用"。因此,在网络舆情的治理中,需要各传播主体的共同

---

① 孙柏英:《当代地方治理——面向21世纪的挑战》,中国人民大学出版社2004年版,第19页。
② 郭亚军、薛宽亮:《治理理论视野下的社会管理创新》,《人民论坛》2014年第11期,第147—149页。
③ 俞可平:《治理与善治》,社会科学文献出版社2009年版,第9—11页。

参与，这其中也应当包括一些相关的公共组织，尤其是与网络相关的公共组织自觉参与到网络治理当中来，共同为维护网络环境贡献力量。

目前，绝大多数网络平台服务商能做到遵守国家的政策法规开展信息服务，并能按照政府相关规制制定平台的自我管理规范。如新浪微博为维护其社区秩序，更好地保障用户的合法权益，其社区管理中心根据现行法律法规，制定了8章32条的《新浪微博社区公约（试行）》；猫扑社区制定了针对封禁、账号安全、违规昵称、违规发帖、大量刷屏、灌水以及恶意回复等行为的处罚规定；天涯社区制定了《天涯社区斑竹管理规定》《天涯社区规则》《天涯社区用户投诉管理规定》等自律规范。总的来讲，品牌网络平台在网络的自我治理和配合政府有关部门的行政管理方面做得比小的网络平台更好，综合型网络平台管理执行力度要比窄众化的网络平台更好，人气平台要比冷清的网络平台更好。

在网络公共组织自律和他律方面，自2002以来，中国互联网协会先后组织会员单位制定了各类网络服务自律公约，如2002年3月26日，中国130家互联网从业单位在北京签署了《中国互联网行业自律公约》，这标志着中国第一部互联网行业自律公约正式出台；由中国互联网协会主办，博客网发起，人民网、博客网、新浪网等19家提供博客服务的网站和博主代表共同签署了《文明上网自律公约》；2004年12月，中国互联网协会发布了《搜索引擎服务商自律规范》；2007年8月21日，由中国互联网协会发起的国内首份《博客服务自律公约》在京正式发布，人民网、新浪、搜狐、网易、腾讯、千龙网等十多家博客服务提供商共同签署了该公约；2009年，中国互联网协会发起了《微博客服务自律规范》，等等。此外，还有众多由各地方互联网协会发起和制定的各类网络自律公约（规定）。这些由公共组织牵头，团结广大网络服务商共同制定的自律规范，在很大程度上为网络治理贡献了正面力量，其中有相当一部分涉及了网络舆情的治理。

当前，从国信办不断公布的数据来看，涉及网络负面舆情、造谣、水军的案件还层出不穷，网络舆情治理任重道远。目前存在的主要问题是，网络论坛、微信、微博、博客、论坛、贴吧和即时通信工具等网络平台存在违规违法现象。其背后反映出部分网络信息服务提供商把关不严，没有履行对网络用户尽职审查和监测的义务。这些还有待相关部门进一步加大对网络服务商的培训、指导力度，以期达成网络和谐共治的目标。

资料阅读:国家网信办:"账号十条"将于 2015 年 3 月 1 日正式施行①

人民网北京 2015 年 2 月 26 日电 据中国网信网消息,国家互联网信息办公室有关负责人 2 月 26 日表示,新浪、百度、腾讯、阿里巴巴、陌陌、易信、天涯、凯迪等互联网企业积极响应,近日向互联网信息内容主管部门报送自查自纠报告,已处置微博客、博客、论坛、贴吧和即时通信工具等各类违法违规账号 6 万余个。

针对用户账号名称、头像和简介信息存在的各种乱象,新浪微博处置违法违规账号 5500 个,如假冒党政机关误导公众的"广东省委省政府""安徽省省政府",传播暴恐信息的"东伊运"等;百度贴吧处置名称宣扬低俗文化、头像包含淫秽色情内容的账号 23495 个;腾讯公司处置微信、微博客、QQ、空间四大平台中违法违规账号 25836 个,如假冒企事业单位发布虚假信息的公众账号"中国食品安全网",简介传播聚赌、涉枪等信息的"澳门赌场网""来现场试枪""售套牌车""开上海发票"等;天涯论坛、凯迪社区注销登记违法违规账号 447 个,如假冒媒体名义发布虚假新闻的"新华社""CCTV 焦点访谈""人民网"等。

此外,阿里巴巴成立账号名称管理专项工作小组,专项治理淘宝、来往、阿里旺旺、阿里云论坛、阿里妈妈、虾米音乐、手机助手等八大平台的用户账号名称。易信、米聊、陌陌等即时通信企业承诺,按照"账号十条"要求,切实推动互联网行业的健康发展,保障用户社交安全。

资料阅读:传播歪曲党史国史信息 133 个微信公众号被关闭②

日前,国家互联网信息办公室依法关闭"这不是历史"等 133 个传播歪曲党史国史信息的微信公众账号,并将加大网络执法力度,深入查处即时通信工具平台网民反映强烈的突出问题。国家网信办有关负责人表示,根据网民举报,微信平台中一批公众账号以"揭秘""真相"为噱头,打着"你不知道的历史""这才是历史""我知道的历史"等旗号,捏造事实,歪曲历史,混淆视听,大肆传播歪曲党史国史等违法和不良信息。国家网信办随即展开调查,依法关闭了 133 个相关微信公众账号。国家互联网信息办公室互联网违法和不良信息举报中心还公布了举报电话:12377,举报网址 http://net.china.com.cn,举报邮箱 jubao@china.org.cn。

---

① 《"账号十条"将于 3 月 1 日正式施行 各网站自查违规账号 6 万》,人民网,http://politics.people.com.cn/n/2015/02/26/c1001-26601403.html.

② 刘雪玉:《传播歪曲党史国史信息 133 个微信公众号被关闭》,《京华时报》2015 年 1 月 20 日,第 3 版.

此外，在网络舆情治理体系中，第三方机构尽管不是以治理主体的身份发挥作用的，但是，这些机构确实在治理进程中起到了重要的支撑作用。在我国，此类第三方机构由官方和半官方媒体的网络平台以及科研院所构成，如人民网舆情监测分析室、大江网舆情研究中心等一批依托报业集团下属门户网站的专门研究机构，如复旦大学传媒与舆情调查中心、中国人民大学舆论研究所、中国传媒大学网络舆情（口碑）研究所等一批依托高校和科研单位的专门研究机构。这些机构定期或不定期发布有关网络舆情的研究报告，为当地政府部门进行网络舆情管理提供舆情监测、分析等数据服务。如中国人民大学舆论研究所每年发布《中国社会舆情年度报告》蓝皮书；人民网舆情监测室每年都发布各类网络舆情监测报告，还与新浪微博联合发布年度、季度《新浪政务微博报告》；复旦大学传媒与舆情调查中心每年会发布各类网络舆情报告。

二、公共政策中的网民参与机制研究

2012年四川省什邡市投资超过百亿的钼铜项目，引发市民聚集。2012年6月30日上午，十几名市民到什邡市委集中上访，在工作人员劝解释疑后离开。7月1日晚，有近百名学生和百余名市民分别聚集在什邡市委门口和宏达广场两地上访示威，要求停建项目，聚集群众还在横幅标语上签名。7月2日上午，部分市民陆续在什邡市委、市政府门口聚集，示威反对钼铜项目建设，有部分市民不听劝阻强行冲破警戒进入市委机关，砸毁一楼大厅8扇橱窗玻璃、3个宣传栏、4个宣传展板。

就在什邡市政府发布通告的前3天，该钼铜项目在什邡开工。《四川日报》7月1日报道称，6月29日，四川宏达集团总投资104亿元的钼铜多金属资源深加工项目在什邡开工。据了解，该项目建成后将年产钼4万吨、阴极铜40万吨、硫酸180万吨，每年伴生回收黄金10吨、白银500吨，年销售收入预计达500亿元，利税超过40亿元，解决当地约3000人就业，带动相关产业发展超过400亿元，提供辅助就业机会近1.5万个。[①]

其实，宏达钼铜项目早在2012年年初就已经引起了环保人士的关注。2月21日，"什邡之窗"在网上信访栏目中就群众提出的关于"污染环境"的质疑进行了回复，称该项目是已经通过省发改委立项、国家环保部审批的拟建项目。之

---

① 《什邡钼铜项目引发市民聚集　特警使用催泪瓦斯及震爆弹》，凤凰网，http://news.ifeng.com/mainland/detail_2012_07/03/15729798_0.shtml?_from_ralated。

后几天,环保部网站上的《关于2012年2月28日拟作出的建设项目环境影响评价文件批复决定的公示》显示,钼铜工程总投资67.24亿元,其中环保投资9.6547亿元。①

从政府公布的数字来看,这样一个被宣称为利国利民的大项目,为何当地百姓会如此"愤懑"以对?从当地政府对事后的表态来看,是该项目的决策程序出了一点问题,也就是说,在项目立项之前,并没有引入公民参与机制,没有将民众的意愿和地方政府的决策意志相融合。

同年7月1日,四川省什邡市委市政府官方网站"什邡之窗"刊登了一封公开信,标题是《冷静,是我们幸福的需要》,介绍了该项目的环评情况。2日晚8时许,什邡市人民政府新闻办公室官方微博"活力什邡"发布微博,通报了宏达钼铜项目的有关情况。通报称,什邡市委市政府经研究决定,在2日中午由市长徐光勇、常务副市长张道彬,当面向聚集群众就宏达钼铜项目相关建设问题作出明确答复,责成企业从即日起停止施工,如大多数群众不理解、不支持项目建设就不开工。②

其实,近年来,多地发生的网络危机事件或多或少与政府决策有关,如启东的排海工程、厦门PX项目选址问题等。这些网络事件反映出政府在公共决策过程中忽视网络民意,而导致网络舆论激化、群体极化。此类事件一旦发生,其结果就是政府和民众的双输,教训是深刻的。

(一)公共政策与政策的程序正义

1. 公共政策概述

自1951年美国著名政治学家哈罗德·拉斯韦尔和拉纳提出了"政策科学"(policy science)以来,学术界围绕公共政策提出了诸多看法。关于什么是公共政策,美国伍德罗·威尔逊认为,公共政策是由政治家即具有立法权者制定的、由行政人员执行的法律和法规。对此,哈罗德·D.拉斯韦尔和亚伯拉罕·卡普兰的定义更宽,他们认为:"政策是一种为某项目标、价值与实践而设计的计划。"而斯图亚特·S.那格尔认为:"公共政策就是政府为解决各种各样的问题

---

① 李旨夜:《"什邡钼铜事件"归因分析及政府在群体性事件中的新角色》,《网友世界》2013年第9期,第57页。
② 《四川什邡称如多数群众不理解钼铜项目就不开工》,人民网,http://hi.people.com.cn/GB//n/2012/07/03/c231186-17202343.html。

所作出的决定。"①

国内学者陈振明认为:"可以将公共政策界定为国家(政府)执政党及其他政治团体在特定时期为实现一定的社会政治、经济和文化目标所采取的政治行动或所规定的行为准则,它是一系列谋略、法令、措施、办法、方法、条例等的总称。"②学者宁骚认为:"公共政策是公共权力机关经由政治过程所选择和制定的,为解决公共问题、达成公共目标以实现公共利益的方案。"③而我国的教科书普遍认为:"公共政策是公共权力机关经由政治过程所选择和制定的,为解决公共问题、达成公共目标以实现公共利益的方案,其作用是规范和指导有关机构、团体或个人的行动,其表达形式包括法律法规、行政规定或命令、国家领导人口头或书面的指示、政府规划等。"④

从上述概念的内涵看,公共政策应包含这几重意义:以公共问题的解决为价值取向,以政府和公共部门为制定主体,以公权力的权威为运行依托,以一定程序为制定过程的法律法规、行政规定或命令、指示、政府规划和计划等。

2. 公共政策的程序正义

(1)关于程序正义的定义和内涵

谈及程序正义,有必要追溯到其理论鼻祖——罗尔斯。他认为,程序正义相对于实体正义而言,与结果的正义不同,程序正义是指过程的正义,它的着眼点不是正义的具体内容,而是正义的普遍形式,是要求程序在规定的制定和使用中具有正当性。它与实质正义、形式正义共同组成了社会正义。

国内学者多对此作出了相应的吸收和概括,如有人认为,程序正义主要指程序的内在价值,即程序设计本身合理不合理、人道不人道,公平不是合理和正当的过程和方式所体现出来的正义。⑤ 程序正义理论告诉我们:程序代表最基本的正义,程序正义是实体正义的必要条件。程序正义能够以看得见的方式和形式充分展现实体正义,从根本意义上来讲,正义的程序是正当性实体或结果的必需保障。⑥

从程序正义理论发展过程来看,会使理解思路更加清晰。自亚里士多德以

---

① 肖金明:《为全面法治重构政策与法律关系》,《中国行政管理》2013年第5期。
② 陈振明:《政策科学——公共政策分析导论》,中国人民大学出版社2003年版,第50页。
③ 宁骚:《公共政策学》,高等教育出版社2000年版,第109页。
④ 严强主编:《公共政策学》,社会科学文献出版社2008年版,第6页。
⑤ 孙鹏雷:《程序正义与中国法制建设浅析》,《法制与社会》2008年第6期,第263页。
⑥ 闫丽彬:《行政程序价值论》,吉林大学出版社2005年版。

来,西方法律思想史上就对"正义"及其有关概念进行过理论探索,如所谓的分配的正义、均衡的正义以及矫正的正义,等等。它们强调的是,人们所应该获得的权益得到平等的维护,应得的义务得到平等的履行,应得的责任得到合理的分配,即"给予每个人以其所应得的对待""同等情况下同等对待"。从内涵来看,这些观念属于实体正义(substantive justice)的范畴,因为其重视的是结果的正当性。

程序正义作为一种观念,早在13世纪前后就体现在英国法律的制定之中,后在美国得到发展。在彼时的英国,人们就已经重视法律程序的重要性,相信"正义先于事实"以及"程序先于权利"。比如,任何人均不得担任有关自己的诉讼案件的法官,法官在进行裁决时应听取双方当事人的陈述等。受英国的影响,美国在其联邦宪法的第五条和第十四条修正案中确立了所谓"正当法律程序"(due process of law)条款。这可以说是对程序正义观念在法律中的承认和保障。

程序正义理论一直到20世纪60年代后才出现。当时,一些英美法学家也从"正当法律程序"出发,对法律程序的公正性和正当性进行探索,他们都认为,法律程序是为保障一些独立于判决结果的程序价值(procedural values)而设计的。1971年,美国法哲学家约翰·罗尔斯所著的《正义论》一书正式出版。书中,罗尔斯系统阐述了程序正义的理论体系,他认为,程序正义有三种形态:纯粹的程序正义和完善的程序正义、不完善的程序正义。比如,关于纯粹的程序正义,罗尔斯认为,正义研究的关键是要设计一个社会的基本结构,从而对基本的权利义务作出合理的分配,对社会和经济的不平等及相关的合法期望进行合理的调节。而要解决此类问题可以按照纯粹的程序正义来设计社会系统,以保证达到"结果都是正义的"的目的。按照罗尔斯的看法,"纯粹的程序正义"是指不存在任何有关结果正当性的独立标准,但是存在有关形成结果的过程或者程序正当性和合理性的独立标准。因此只要这种正当的程序得到人们恰当的遵守和实际的执行,由它所产生的结果就应该被视为是正确的和正当的,无论它们是什么样的结果。从这里看来,罗尔斯的纯粹程序正义并不只限于法律问题,而是涉及社会的方方面面,例如公平机会原则就是从纯粹的程序正义的角度保障分配的正义得到实现。完善的程序正义是指通过一定的程序能够最大限度地实现公正的结果。它具有两个典型的特征:"第一,对什么是公平的分配有一个独立的标准,这个标准是独立于并优先于随后要遵循的程序而被规定的;第二,设计一种一定能达到想要的结果的程序是可能的。"①完善的程序正义的功能在于最大限度地实现公正的结果。"不完善的程序正义的基本标志是,尽管有一种判断正确结果的独立标准,却没有可以保证达到它的程序。"②由此,不完善的程序正义的功能则只是提高实现结果最大限度接近公正的可能性,而不是完全保证结果的公正。

罗尔斯关于程序正当性的论述启迪了其后的研究者,在对一种至少会使一部分人的权益受到有利或不利影响的活动或决定做出评价时,不能仅仅关注结果的正当性,而要看这种结果的形成过程是否符合一些客观的正当性、合理性标准。

自美国学者罗尔斯发表《正义论》以来,有关程序正义的理论和学说不断出现。这些研究并不局限于哲学、伦理学的范围,而延伸到法学、哲学领域之中。在这一系列理论之中,美国学者杰里·马修(Jerry. L. Mashaw)的"尊严价值理论"颇为引人注目。1981年,他在《波士顿大学法律评论》上发表了《行政性正当程序:对尊严理论的探求》。他认为,在对公共裁决活动的正统性作出评判时,不仅要考虑实体结论的合理性,而且要考虑过程本身对参与者的影响。对于这种旨在揭示行政性正当程序独立价值的观点,他将其命名为"尊严理论"。"尊严理论"的核心观点认为,评价法律程序正当性的主要标准是它使人的尊严获得维护的程度。这种理论体现了法律程序本身的价值,是以人类普遍的人性为基础而提出的。"尊严理论"包含平等、自治或自尊等不同的价值要素,这些价值能否在法律实施中得到实现,完全取决于裁决过程采取什么样的形式和程序。

(2)公共政策议程的程序正义

程序正义的理论源于对法律程序的探讨,且多运用于法律领域的实践过程,但是,随着人类文明程度的提高和社会民主化进程的加快,尤其是程序正义本身的内在规定性,使得人们又不仅仅局限在法律程序问题上讨论程序正义,而是逐渐突破了这一相对狭小的窠臼,将理论视野延伸到社会、政治、经济等方方面面。其中,政府公权力的行使是研究者聚焦的领域,如对公共政策的制定、执行和评估考核等全过程如何践行程序正义、如何最终达成社会正义等。

近年来,关于公共政策程序正义的话题成为国内学者的研究热点。有不少

---

① 〔美〕约翰·罗尔斯:《正义论》,何怀宏等译,中国社会科学出版社 2006 年版,第 66—67 页。
② 同上,第 66 页。

人给出了自己的定义,但总的来看是大同小异。如学者李建华认为:"公共政策程序正义是指在公共政策的制定、执行、评价与终止的过程中,依照宪法与行政法规的要求,按照一定的顺序、方式与步骤作出政策选择的行动;如果说程序正义就是最好地实现正义结果的方法,那么,公共政策程序正义就是通过理性权衡,寻找并选择最有效地实现正义要求的公共政策的方法。"[1]学者许丽英和谢津麟是这样定义的:"公共政策程序正义是指在公共政策的制定、执行、监督、评价与终止的过程中,依照宪法与行政法规的要求,按照法定的顺序、方式与步骤作出政策选择与政策性的行动,以最有效的方式实现公共利益,并充分保障公民民主权利、尊重公民作为人而具有的尊严的制度性选择与行动秩序总和。"[2]从以上两个定义看,公共政策的程序正义基本内涵应包括这两点:一是公共政策程序正义的目标是为了实现政策的公平正义;二是公共政策的程序正义强调政策制定、执行、监督和评估的全过程要体现和保证公民的民主权利和尊严。

  从以上分析可以总结出公共政策程序正义的价值和意义。公共政策程序正义是保障政策实体正义的必要条件和制度保障。公共决策在本质上是"政治性的",是各个政治实体利用自己所掌握的政治资源,表达自己的利益和愿望,以实现自身利益最大化的过程。因此,公共决策过程就是各种利益主体之间的利益博弈和斗争的过程。事实上,公共政策的决策权力总是控制在某一部分政治主体手中,决策者的利益偏好与政策公正性、合理性与科学性之间会产生矛盾。[3] 既然如此,如何使公共决策体现更广泛的意志,符合更广泛人的利益呢?这就需要依靠"看得见的正义",有一个合理、合法的正义程序提供保障。换言之,公共政策的合法性不仅体现在公共政策自身的合法性上,而且体现在整个公共政策制定过程之中。按照程序正义原则制定出的公共政策是权力与智慧的有机结合,也是各种社会利益妥协与折中的产物。它更有利于保障公共政策的科学性与公开性,有助于实现预期的政策目标。

  正如 James E. Anderson 所说:"对于公共政策应该与公共利益还是私人利益保持一致这个问题,绝大多数人将选择公共利益。"[4]因为公共政策作为对社会利益的权威性分配,集中反映了社会利益,从而决定了公共政策必须反映大

---

[1] 李建华:《公共政策程序正义及其价值》,《中国社会科学》2009 年第 1 期。
[2] 许丽英、谢津麟:《公共政策程序正义与公共利益的实现》,《学术界》2007 年第 4 期,第 177 页。
[3] 顾友仁:《论我国政策过程中的程序正义》,东南大学硕士学位论文,2006 年。
[4] James E. Anderson. *Public Policy—making: An Introduction*, *Fifth Edition*, Hough-tonMifflin Company,2003:135.

多数人的利益才能使其具有合法性。因而,许多学者都将公共政策的目标导向定位于公共利益的实现,认为公共利益是公共政策的价值取向和逻辑起点,是公共政策的本质与归属、出发点和最终目的。

2015年3月25日,重庆各级公立医疗机构正式实施《重庆市医疗服务项目价格(2014年版)》,这引起了社会各界特别是血液透析患者的广泛关注。为此,重庆市卫计委、市物价局就重庆医疗服务价格调整一事联合回答记者提问。

在回答记者提问"为何暂缓执行《重庆市医疗服务项目价格(2014年版)》"时,市物价局负责人答:"在方案制定过程中,由于我们调查研究不够深入,听取公众意见不够广泛,对需长期治疗、经济负担重的特殊患者考虑不周。加之医改是一项系统工程,人多、面广、难度大,具体情况千差万别,致使出现血液透析患者的集中反映和社会舆论的广泛关切。经市物价局、市卫计委认真研究,决定暂缓执行新版医疗服务项目价格。"①

重庆案例从实践角度印证了这样一个事实,在涉及百姓的重大公共政策的决策中,公民参与具有重要意义,同时,也说明只有程序正义在先,才有政策的实体正义。

(二)公共政策程序正义的路径依赖——民主参与

公共政策所要解决的是大多数人所面临的共同问题,必须以公共利益为其价值取向。公共政策结果的正当性和合法性体现在其是否反映大多数人的利益和事物的发展方向,而公共政策程序正义主要指公共政策的来源与制定程序的合法性。作为一种形式的合法性,公共政策程序正义不仅要符合以公共利益为价值取向的法律程序,而且这种程序本身还必须反映大多数人的利益,才能使其具有内容的合法性,这就需要社会公众参与政策的决策、执行、监督和评估程序。因此民主参与就成为公共政策程序价值的关键。

将民主参与视作公共政策程序正义的关键价值,是由程序正义的本质所决定的。民主本身是一种价值取向,这意味着少数服从多数,同时尊重和保护少数人或个人的利益;民主又是一种形态,是以坚持公平、正义为基本原则的制度。正如科恩所说:"民主是一种管理体制,在该体制中,社会成员大体上能直

---

① 《重庆暂缓调整医疗服务价格 承认对特殊患者考虑不周》,环球网,http://health.huanqiu.com/healthindustry/2015—04/6075973.html。

接或间接地参与或可以参与影响全体成员的决策。"①在我国,民主就是人民当家做主,这意味着人民自己管理自己的事务。民主的决策程序使得公民有通过参与而表达自己观点的机会,这意味着他们不仅需要自由,而且需要一种自行决定个人命运的措施。就本文所论及的公共政策的民主参与而言,决策是否合乎正义的要求,政策执行是否公正,结果是否合理均取决于公民是否拥有参与决策制度、过程监督和结果评价的权利,他们的意见能否得到决策者和执行者的倾听,他们的合理要求是否得到正当的表达并被程序所吸收。

由民主带来的公平和平等等特性也体现于公共政策对决策、执行和评估等过程的重视,即对体现于过程中的程序正义的关注。当民主参与成为程序正义的基本形式时,它就可能转化为现实政策的实质正义。当然,程序本身不等于程序正义。只有对程序施加民主这一道德标准和要求,使其符合社会的道德规范时,才能称之为符合正义的程序。只有在这种符合正义的程序指引下制定和执行的公共政策,才能获得人民的认可,具备合法性,进而实现对社会实践的规范和引导。同时,充分的民主协商也是民主为公共政策注入合法性的红利。"公民参与可以使公民的声音在决策过程中得到表达,也使公民更了解决策制定过程,从而增强政府与民众的良性互动,提高公共政策的回应性,也增强程序本身的正义性。处于平等地位的个人参与决策过程,发挥各自的角色作用,拥有充分而对等的自由发言机会,可以使决定更加集思广益,更容易获得人们的共鸣和支持。"②这也是程序正义之价值所在。

(三)政策议程设置中的公民参与

公共政策中的公民参与,不单包括公民参与到公共政策的决策过程,还包括公共政策的执行与效果评估全环节。相对而言,决策阶段是整个公共政策最重要的环节。这不仅是因为它处于一项政策出台的初始始段,更在于它往往决定了一项政策的价值取向、资源整合的力度以及所牵涉的利益格局等,因而它对公共政策的后续执行、结果评价以及外部效应等多方面都具有重大的影响,甚至起到决定性的作用。如一些涉及国计民生的政策、法规,一些涉及环境保护的项目等,对国家、地方政府及人民有着重要意义。因此,在公共政策的决策阶段就启动民主参与机制,多方充分协商,公开、公正、科学决策是十分必要的。

---

① 科恩:《论民主》,商务印书馆 2005 年版。
② 谢金林:《决策民主:公共政策程序正义的制度保障》,《理论学刊》2009 年第 6 期,第 97 页。

肯定决策阶段的重要性并不意味着在公共政策的执行和事后评估阶段公民参与就不重要。其实，要保证公共政策取得成效，这两个阶段中公民参与同样重要。笔者认为，这两个阶段中的公民参与主要目的和任务是对公共政策执行过程和结果的监督和评价，是从公民参与的角度倒逼政策执行主体的行为，使之更加规范，过程更加透明，执行效果更符合政策的决策预期。此部分的公民参与，尤其是公民通过网络参与政治的部分属于网络问政长效机制中的保障机制范畴，本文将在第九章中详细讨论。

要讨论公共政策决策的公民参与，先要厘清公共政策决策的过程和环节。大体而言，一项公共政策的决策过程应包括且不限于这样一些环节：哪些公共问题应该引起政策部门的深切关注；如何进入到政府决策范围并确定必须解决的公共问题；决策部门如何正式提起并主导该政策议题的讨论；政府是否决定对其采取行动、何时采取行动、采取什么行动等。托马斯·戴伊在《理解公共政策》中将政策决策总结为一个"过程模型"，并指出它通常按如下顺序展开：问题的确定、议程设置、政策形成、政策合法化、政策贯彻。事实上，由于政府能力资源、财政资源等各种资源的有限性，决定了其不可能任何问题的确定都能如愿以偿。政策过程的每一个环节都至关重要。其中，议程设置是连接问题确定和政策形成的关键环节。① 因此，本书也将聚焦公共政策议程设置环节来探讨公民参与。

结合前文对公民参与理论的分析可知，公民通过特定的途径或手段（包括网络途径），参与到政治议程、政府决策和社会管理过程中，并影响相关的政治议程和政策议程的行为，都可以称之为公民参与。具体到公共政策议程环节的公民参与，就是公民通过自身议程来影响政策议程的过程。罗斯认为，政策议程的设定就是指"把不同社会群体的需求转化为（议程上的）项目，以及争夺公共官员注意力的过程"。约翰·金登认为："议程是罗列了一些主题或问题的清单，这些问题或主题是政府官员和政府以外与官员有密切往来的人们在任何给定时期内十分关注的问题。在官员应该关注的众多问题中，他们实际上真正认真解决的是其中的一些问题而不是另一些问题。因此，设定议程的过程就是将所有问题中真正成为关注焦点的问题筛选到列表中的过程。"② 总之，议程设置

---

① 托马斯·戴伊：《理解公共政策》，华夏出版社 2004 年版，第 13 页。
② 迈克尔·豪利特、M. 拉米什：《公共政策研究》，庞诗等译，生活·读书·新知三联书店 2006 年版，第 181 页。

是指对各种议题依重要性进行排序,以期将注意力集中到一些具体的问题,并解决之。

按照美国学者柯布及罗斯夫妇的观点,根据主体和性质的不同,政策议程的类型可以分为正式议程和公众议程。① 正式议程就是政府的政策议程。公众议程一般是社会大众关心,而且是政府管辖权限内的问题。但是公众议程并不必然成为政府的政策议程,只有那些经过了充分讨论,并被政府接纳,进入政府议程的公众议程才可以成为正式议程。王绍光教授在此基础上将政策议程划分为媒体议程、公众议程、政府议程三种政策议程,其中增加的媒体议程是指大众传媒频频报道和讨论的问题。公众议程一般经由媒体议程的介入,会引起社会大众更广泛关注的问题,就更有可能进入政府议程。② 基于此,公共政策议程设置就是指政府在具体的政策决策之前,需要对政府议程、公共议程和媒体议程按重要性、急迫性进行论证、抉择和取舍。

其实,随着民主社会发展,公民参与意识的提高,公众一直在有意无意中参与着公共政策议程的决策。王绍光教授曾对政府政策议程设置进行过模式总结。据他的分析,根据公民参与程度的高低和议题提出者的不同,政府政策议程设置共有六种模式。(见表8—1)

表 8—1 中国公共政策议程设置的模式③

		议程提出者		
		决策者	智囊团	民间
民众参与程度	低	Ⅰ关门模式	Ⅲ内参模式	Ⅴ上书模式
	高	Ⅱ动员模式	Ⅳ借力模式	Ⅵ外压模式

在由决策者提出议题的议程中,"关门模式"下,公民一般不参与或无机会参与议程的设置;在"动员模式"下,公民可以在政府发动动员的议题范围和沟通渠道中取得一定的参与机会。因为这种模式往往是基于政府"运动式"决策的需要,政民之间的互动都受到政府因素的影响,公民参与的效果并不确定。在由智囊团提出议题的议程中,公民很少或无机会参与议程的设置。由民间提出议题的议程可分"上书模式"和"外压模式"。在"上书模式"里,议程的提出者

---

① 王骚:《公共政策学》,天津大学出版社2010年版,第5页。
② 王绍光:《中国公共政策议程设置的模式》,《中国社会科学》2006年第5期,第85页。
③ 同上,第88页。

希望通过给决策者摆事实、讲道理来影响议程设置。在"外压模式"里,政策议程的提出者虽然不排除摆事实、讲道理的方式,但他们更注重诉诸舆论、争取民意支持,目的是对决策者形成足够的压力,迫使他们改变旧议程、接受新议程。"外压模式"的不同之处不在于"外",而在于"压"。其"压"力的实现有可能是借助舆论或媒体议程的设置。因此,在"外压模式"的政策议程模式下,推动政策议程设置的主要因素是多元化的。其中,焦点事件充当"导火索",媒体起到"扩音器"的作用,利益集团博弈则起到"政策平衡"的作用,而政府决策者才是"关键主角"。

还有学者翁士洪(2014)将政府决策中"参与—回应"模式分为六种:无互动模式、网民单向参与模式、政府单向动员模式、开放式决策模式、被动回应模式、主动回应模式和双向互动模式。[①] 学者王法硕(2012)考察公民网络参与的实际情况后认为,从议程发起者的身份将政策议程设置分为自上而下和自下而上两种模式。自上而下的参与模式是指网络参与由政府发起,政府在网络参与过程中始终占据着主导地位,政府鼓励公民积极参与到政策制定过程中来,达到公共政策吸收民意的政策目标,或是政府对公民自发的参与表示支持并积极引导,实现公民与政府的合作治理。在自下而上的参与机制中,参与的发起主体是普通网民。互联网上形成了强大的网络民意并沿着自下而上的路径对政策制定主体施加压力,试图对公共政策产生影响。在这种参与机制下,网络参与行为的发端一般是焦点事件的出现。焦点事件在互联网上引发热烈讨论,通过网络大量评论、转帖的方式将信息在网络上迅速传递,形成一定的网络舆论。[②]

尽管学者对政策议程设置模式的分类各有差异,但总体上并无根本区别,从政策议程的发起者、参与者的参与地位和参与效果等几个因素来看,影响公民参与效果的关键要素是政府的意愿和态度。无论何种政策议程设置模式,政府都应明确如何设置一套程序正当的参与机制,保障公民参与的权利,以达成政策实体正义的目标。公民在参与政府议程设置时,所处地位相对弱势,政府应重视与公民的互动热度以及为保障这种互动热度而制定运行机制。这里既包括政府是否主动回应公民的关切,政府决策部门在政策议程设置过程中自上而下地主动调查民意,向民众征集议题,主动号召公民参与议题的讨论,也包括

[①] 翁士洪:《参与—回应模型:网络参与下政府决策回应的一个分析模型》,《公共行政评论》2014年第5期,第109页。
[②] 王法硕:《公民网络参与公共政策过程研究》,上海交通大学出版社2013年版。

公民是否主动参与政府议程设置。

网络参与下的政府决策回应模式,是指在网络参与的背景下,政府就某事件或政策议题对网络民意作出回应,进行议程设置、调整政策或形成新的决策的过程与方式。这是政府回应的一种形式。政府回应,意味着政府就公众对政策变革的接纳和公众提出的政策变化要求作出反应,并积极采取相应措施解决问题。在研究网络参与下的政府决策回应模式时,要明确一些问题:在网络参与这一全新环境下,公共政策制定过程中,政府回应的主要过程是怎样的?回应过程中政府部门和网民间的互动模式是什么?哪些因素影响了各方的沟通效果?政府回应有何形态特征、机制逻辑和形成原因?

有关学者就这些问题进行了总结分析,学者翁士洪、顾丽梅在《网络参与下的政府决策回应模式》一文中,将中国网络参与下的政府决策回应模式归纳为四种,按照政府回应的程度由低到高排列如下:鸵鸟模式、杜鹃模式、蜂王模式、鸳鸯模式。相较之下,"网民参与度高,政府回应度高,即政府主导、政民高度互动"的鸳鸯模式最为理想。他们指出:"一旦问题出现,如果出现网民参与、政府不予回应的鸵鸟模式,或者民意先发、政府被动回应的杜鹃模式都将导致严重后果,造成政府形象不佳和公信力降低,政府主动、民意直接参与的蜂王模式可实现网络参与和政府决策之间从冲突走向协商。为预防事件发生,当前较为合理的是政府主导、提前公开方案的蜂王模式,虽有所成效,但还是没有更好地解决网民与政府这两个主体在政府决策中的互动和参与积极性不高的问题。而且更重要的是,良好的政府决策应该追求政策的稳定性和预见性。中国目前网络参与下的政府决策回应模式基本上都是非制度化、非常态化的,而且未能解决深层次的问题与矛盾,结果政府成了救火队,疲于应对各种危机事件与群体性事件。"[①]综上所述,网络参与下的政府决策回应模式仍处于不断进化发展的过程,中国政府要始终坚持建设好网络参与下的政府决策回应模式,以依法办事、与时俱进为原则,争取改进政府决策回应能力,努力化解网络所引发的社会和政治风险,引导公民进行规范、有序、健康的网络参与行为。

(四)我国公共政策制定的程序困境

随着改革开放的不断深入和社会文明程度的日益提高,党和政府也逐步将

---

① 翁士洪、顾丽梅:《网络参与下的政府决策回应模式》,《中国行政管理(社会管理)》2012年第8期,第37—41页。

推进公民有序的政治参与作为政治文明建设的重要任务。2000年10月,党的十五届五中全会通过的《关于制定国民经济和社会发展第十个五年计划的建议》明确指出:"加强民主政治建设,推进决策的科学化、民主化,扩大公民有序政治参与。"党的十六大报告重申:"健全民主制度,丰富民主形式,扩大公民有序政治参与,保证人民依法实行民主选举、民主决策、民主管理与民主监督,享有广泛的权利和自由,尊重和保障人权。"十七大报告指出:"坚持国家一切权力属于人民,要从各个层次、各个领域扩大公民有序政治参与,最广泛动员和组织人民依法管理国家事务和社会事务、管理经济文化事业。"党的十八届四中全会提出:"健全依法决策机制,把公众参与、专家论证、风险评估、合法性审查、集体讨论决定确定为重大行政决策法定程序,建立行政机关内部重大决策合法性审查机制,建立重大决策终身责任追究制度及责任倒查机制。"改革开放三十多年的实践表明,我国社会主义事业取得的成就是全方位的,辉煌不只体现在经济建设方面,与人民生活水平同步提高的还有社会文明和言论自由度,公民参与政治的深度和广度也大大提升。

同时,我们必须清醒地认识到,公民政治参与的方式和方法都涉及我国政治体制改革顶层设计,牵一发而动全身,不可能一蹴而就,还得"摸着石头过河"。有些经验和方法在过去是有用的,但现在可能就不再适用;有些观念过去是对的,新形势下就不一定正确。比如,我党自革命以来形成的以领导为核心的民主集中决策体制,在革命时期和早期的社会治理中,以集中为主,兼顾民主,这样可以应对各种危机状况,保证决策的效率。但是,在和平建设时期,尤其是公民参与意识普遍提高的今天,重集中、轻民主的领导体制就不利于社会团结和政策的执行。不少地方政府决策层往往过于注重决策的效率,而忽视了决策的民主,党和政府领导的态度在政策制定中往往起到决定性作用,直接导致一些地方在制定公共政策的过程中存在精英主义取向。对中国这个幅员广阔、人口众多且各地区发展不平衡的国家而言,一旦政府决策过程较为封闭,在一定程度上,不少涉及国家和民众重大利益的政策就可能存在"暗箱"。而公民及社会对政府政策制定影响力不足,在某些政策领域只能被动接受政府的决策,其流弊将不可控。

当下,我国大政府、小社会的行政体制还没有从根本上转变过来,服务型政府改革还在路上。尤其是地方政府权力过于集中,决策过程缺乏民意支持,导致许多利国利民的好政策、好措施都没有能够真正落地服务,转化为促进当地经济发展、服务百姓的良策。

还有学者注意到,我国政策决策具有"项目治国"特点(周飞舟,2012;张良,2013)。"项目治国"的实质是国家自上而下主导社会发展规划的一种管理体制模式。"项目制"是以项目的方式成为具有体制特征的治理逻辑。国家通过"项目制"将中央政府关注的重点政策、重要意图传达给各级政府,并通过"钓鱼式"项目工程引导、动员地方财政以项目资金配套的形式配合中央政府行动,中央政策执行在依靠科层官僚体制线条逐层运作之外,寻找到了另一种"条块统合"的运作方式。与此同时,地方政府与基层政府也可将项目资金和项目优惠政策作为项目捆绑、地方经济发展的融资平台,提高地方发展的主体性和能动性,即"项目制的地方化运作"。① 在中央集权加分级治理的总体模式下,"项目制"是我国行政运作的必然。尤其是在以经济建设为中心的国策背景中,"项目制"充分发挥了以政府为主导的经济发展模式的功能效率,有效地促进了我国经济的迅速发展。但是,以大招商、大发展为前提的政府决策往往过于侧重政府和地方的整体利益,忽视当地民众的集体和个人诉求,甚至是牺牲了部分人的利益,因而在政府与民众之间造成了不少的利益冲突,引发了一些重大的社会危机事件。

我国现有的沟通机制与人民逐渐提高的参政意识之间矛盾突显。据王绍光教授的研究,在当前的政策议程设置过程中,随着专家、媒体、利益相关群体和人民大众发挥的影响力越来越大,关门模式和动员模式逐渐式微,内参模式成为常态,上书模式和借力模式时有所闻,外压模式频繁出现,议程设置已变得日益科学化和民主化。但是,在当下的制度运行环境中,公民想要参与政治决策,仍存有不少自身素质的制约因素,公民的参政技能和公共议政环境建设还有待提高,问政渠道建设离公民参政的现实还有距离。随着我国经济实力不断提高,人民生活水平与人口素质也得到了同步的提升,人民利益的日益多元化趋势明显。多方面因素的促进,人民的民主意识和参政议政热情越发高涨,人民渴望真正的"当家做主"。尽管人民代表大会制度和人民政治协商制度在相当范围内解决了人民的主体诉求,在制度上为人民参政议政提供了政治途径,而且,党和国家也一直对政治体制改革保持着开明的态度,在不断努力地向民主政治的方向发展。但是,长期沿袭下来的政府行政体制中的某些制度设计和多年积淀下来的官僚作风,或多或少地给这种改革设置了障碍。

---

① 翁士洪:《参与—回应模型:网络参与下政府决策回应的一个分析模型》,《公共行政评论》2014 年第 5 期,第 125 页。

什邡钼铜项目正是人民参政意识与现有沟通机制矛盾突显的一个范例。事件爆发前，当地政府对于群众的质疑和意见，只是在网站上发布了文件，并没有与群众正面商议。之后，疑虑不仅没有消除，反而让群众产生了更多不满。项目开工建设前并没有召开通气会议，群众没有机会表达诉求。项目开工也就直接导致了当地民众情绪的爆发。

类似什邡钼铜项目的事件还有许多。在对我国 2007 年至 2013 年间公共项目领域内有公民网络参与的案例进行分析时，翁士洪通过对政策议程设置过程中的网民参与指数、政府回应指数、网民与政府互动、地方公信力指数、政府决策效果指数等指标进行统计后发现，103 个案例中，被动回应模式的占比最高，为 69.52%；主动回应模式的占比次之，为 20.95%；再次是网民单向参与模式，占 8.57%。政府单向动员模式和开放式决策模式下的案例非常少。从占比最高的"被动回应模式"来看，政府往往是在网络舆论达到高潮时才被动回应，而效果均不尽如人意。典型案例有宁波 PX 事件、乌坎事件、温州"7.23"动车事故等。①

当下，作为参与主体的公民素养问题也对公共政策议程设置过程产生了重要的影响。有学者曾总结过我国政策参与过程中的十大困境，其中，公民对参与政策过程认识模糊、参与公共政策能力有限以及参与群体集体非理性问题突出。② 经过多年的努力，尽管我国地方政府在参与程序规范和立法、公民参与的渠道建设等方面的发展仍存在一定的困难和制约，但是，在已有的法制构架和行政体系结构中，公民还是可以通过多种渠道和手段参与公共政策的决策的，除了可以通过人民代表大会和政治协商机构表达诉求，还可以通过县级以上政府正在建设并逐步完善的网络问政平台直通政府，满足公民一定的知情权、监督权和参与权，而且网络平台也成为公民直接参与政策议程最快捷、最方便的渠道。从目前的情况看，公民通过网络参与政策议程还存在几个问题：一是网民的代表性问题。当前，网民分布结构问题还比较明显，网民的数量在各阶层、各地域的分布还处于失衡状态。某些特殊群体的网络普及率不高，部分区域的数字化水平偏低的情况仍然存在。这也导致了网络社会"沉默的螺旋"现象出现。二是互联网开放性与网民参与的无序性并存。网络自由、开放等特性为某

---

① 翁士洪：《参与——回应模型：网络参与下政府决策回应的一个分析模型》，《公共行政评论》2014 年第 5 期，第 110 页。
② 孙永怡：《我国公民参与公共政策过程的十大困境》，《中国行政管理》2006 年第 1 期，第 43—45 页。

些网民无序参与提供了条件,无视正规程序,不按照规则参与问政,甚至恶意发布非法信息的现象时有发生,严重影响了网络参与的效果。三是公民参与的群体极化现象在非政府网络平台上时有表现。因对体制内的参与结果失望导致了有些网民依赖制度外的参与途径和手段,而部分民间网络平台因深受网民的喜爱,人气旺盛,甚至成为部分公民网络参与的主要途径。一旦相关政府部门缺少必要的监管和及时疏导,公民在参与过程中可能产生群体极化现象,有时,网民非理性群体心理会在瞬间推动一件重大网络事件。因此,为推进公民网络参与的良性发展,要推动公民网络参与立法进程,在保护公民网络言论自由权的同时,还要加紧对网民素质进行教育和培养。

(五)我国网络问政平台上公民参与公共政策议程的现状

随着数字化、网络化生活的普及,以网络为媒介的民主形式日渐注入政治生活领域。网络不仅是公民借以了解政府信息、参与政治的重要途径,也成为公共决策部门收集资讯的主要渠道、完善决策机制不可或缺的手段。

1995年美国学者马克·斯劳卡提出网络民主时,认为其是以网络为媒介的民主,或者是在民主中渗入了网络的成分。[①] 尽管网络技术有一定的负面效果,但应用网络改善政治形态却是未来的发展方向。事实上,随着这种带有明显技术特征的民主形式深入人心,它逐渐突破了传统民主在信息获取途径上和信息沟通方式上的局限,提高了民众政治参与的兴趣和能力,更赋予了广大公民民主的权利,使广大公民有机会直接参与到公共事务中去,推动政府改进治理上的不足。

1. 政府开门纳谏,公民参与政策议程效果初现

网络作为一种工具能不能改善民主,问题的核心就在于公共权力机关如何运用网络的技术和方法。我国各级政府很早就认识到网络民主的正面力量,并主动地引导公民通过网络参与到政府的决策中来,取得了很好的效果。

2002年,新华网开设"两会建言"栏目,在"两会"召开前后,都有大量网民通过网络向"两会"以及全国人大代表和政协委员建言献策。这一栏目为中国网民提供了通过网络平台参与现实政治的途径,能在网上"共商国是"。

2006年8月8日,湖南省委通过红网(www.rednet.cn)发布《寄语》,动员

[①] 〔美〕马克·斯劳卡:《大冲突:赛博空间和高科技对现实的威胁》,黄锫坚译,江西教育出版社1999年版。

全省民众参与为期 2 个月的"迎接党代会、共谋新发展"的献计献策活动。这是中国地方公共权力机关第一次利用网络征询民意制定重大决策的活动。湖南省委通过多种形式的网络平台提高公众公共政策的参与度,吸纳社会各界的意见,这对于构建良好的网络民主是一个新的尝试。在活动刚刚进行到 100 小时的时候,就收到直接提交的建议 594 条,电子邮件 292 封。截至 2006 年 10 月 23 日,献计献策活动办公室收到对策建议共计 9232 条,其中,发送自网络的比例近 50%。此外,活动办公室还接待献计献策来访者 166 人次,来电 84 个,活动的专题网站点击量达到 170 万次。参与群体显现出多样化的趋势:参与献计献策的来函者涵盖了社会各个阶层和群体,既有专家学者,又有工人、农民和在外打工者;既有领导干部,又有基层群众;既有离退休同志,又有在校学生;既有国企职工,又有民营企业家。献计献策在线提交来函地域也非常广泛,既有省内,又有省外甚至境外,其中省外、境外的来函占到了 10%。①

其实,类似湖南省的案例还有许多,如前文提到的广东网络问政平台上各类网民参政的栏目,江西省省委 2008 年开通的"问计网"等,都取得了较好的社会反响。

不仅是地方政府,国务院及其下属部门也是这样。自 2008 年全国人大会议期间,时任国务院总理温家宝与网民互动开始,以后的每届政府都十分重视通过网络与民沟通,尤其是借助政府网络问政平台征集网民意见,集思广益,取得了良好的社会效应。继人民网"直通中南海"开通以后,2014 年 3 月,中国政府网"我向总理说句话"栏目上线,为网友给政府直接建言提供了新渠道。公众只需用手机扫描版面上的二维码,即可给总理留言。栏目首页的卷首语中有这样一句话:"一些好的意见建议将被直接送到总理的办公桌上。"这引起了人们的极大关注。栏目开办以来,平均每个月接收网友留言近 1 万条,好的留言会被"原汁原味"地送到总理案头。② 不仅如此,2015 年全国人大会议召开之前,1 月 22 日,由中国政府网牵头,会同人民网、新华网、央视网、中国网、新浪网、腾讯网等联合开展了"2015 政府工作报告我来写"活动,至 3 月 15 日,活动共收到网民建言 7.9 万条,摘选送到报告起草组的代表性意见 1426 条。其中有 46 条建言被"直接"吸收。政府工作报告起草组成员、国务院研究室信息司司长刘应

---

① 转引自徐家良、万方:《公民网络参与的政府创新分析——以湖南"献计献策"活动为例》,《中国行政管理》2008 年第 5 期。
② 储信艳:《国务院接收 9 万条网友留言 部分直通李克强案头》,《新京报》2014 年 12 月 25 日。

杰介绍,"网民说得非常生动,将网民的话稍作修改后收入报告,使报告更鲜活,更能体现群众的语言、老百姓的语言"。他举例说:"'有权不可任性'这句最火的话,就是出自网友,网友经常在网上说'有钱不可任性'。"3月26日,在"原汁原味"吸纳的46条意见中,7家网站推荐了7位网友,走进中南海领取"2015政府工作报告我来写"活动纪念奖杯。① 普通网民的意见直接进入到我国最高行政机关的工作报告,这就是网络民主给我国政治文明建设带来的改革红利,也是公民议程影响政策议程的显著表现。

2. 基于政府网络平台的网民参与存在一定问题

理论上,政府网络问政平台、第三方平台和民间网络平台三种问政渠道都可以成为网民参与政策议程设置的途径。但从网络问政渠道选择偏好的调查来看,网民对政府网络渠道有更多期待,问政时更倾向于选择政府网络问政平台。同时,政府网络问政平台也是我国现行的行政决策体制中的重要一环,是政府决策议程设置过程中进行政民互动的主要渠道。因此,政府网络问政平台成为检视我国公民参与政策议程情况最重要的窗口。

从对55个地方政府门户网站"政民互动"频道进行调查的结果看,我国政府十分重视公民参与的渠道建设,政府门户网站基本开设了相关的栏目,方便公民通过正式的途径参与到政府决策中来。比如,绝大多数政府门户网站开设有"网上调查""意见征集""建言献策"和"在线访谈"等栏目,个别没有开设此类栏目的网站也设有"政府(首长)信箱",可供网民参与到政府公共政策议程中来。结合前文总结的数据,可以发现当前公民通过政府网络平台参与政策议程还存在以下亟待解决的问题。

(1)平台热度有待提升,未达公民参与预期

政府网站开设意见征集(或建言献策)、民意调查和在线访谈等栏目的初衷是开设政民沟通渠道,旨在探测民心、征求民意、开启民智和还政于民,就社会管理和涉及公众利益的政策议题决策广开言路,以提高行政决策的科学性和透明度。但从数据看,整体运行情况并不尽如人意。如在设置了"民意调查"栏目的49个网站中,真正启用栏目运作的只有25家;在这25家网站中,半年中平均开展民意调查也只有5次。在49家网站开设的"建言献策"栏目中,只有36家网站的"建言献策"栏目运作相对正常。对这36家网站统计显示,统计区间

---

① 邹春霞:《2015年政府工作报告"原味"吸纳46条网民建议》,《北京青年报》2015年3月30日。

中,政府门户网站主动向网民征集的议题共 370 条,平均每家约 10.3 条。

系列数据反映出,有部分地方政府对公民参与的重要性和必要性认识不深,接纳公民参与政策议程的主动性不够。如某市"问计窗"栏目中,主动问计于民的议题很久没有更新,这不止说明该栏目的运用效率不高,还说明了所谓"建言献策"其实是一种摆设。(见图 8—2)

图 8—2　石嘴山市党政门户网站

与"网上调查""建言献策"等栏目相对"冷清"的情况相比,网民自发在"政府(首长)信箱""投诉中心"等栏目上建言献策的热情却很高。数据显示,55 个网站中网民建言共 5476 条,占所有网民问政发帖量的 16%。

(2)政府政策议题设置欠规范

影响公民通过政府网络平台参与公共政策议程效果的因素,除了时间性因素外,政府在政策议程设置方面的开放性因素也很重要,比如,政府在什么政策议题上应主动调查民意？什么政策议题上应鼓励公民参与？从调查情况看,有这几个基本结论:一是各地政府开展的网络调查议题除了在数量上差异大外,议题类别分布亦无规律,且欠缺统一的行动标准;二是各地政府主动问计、问策的议题类别分布不平衡,如城建环保、社保民生、民主法制等方面议题是政府关注的重点,但也有部分议题鲜见于政府清单中。

此外,个别地方政府在某些政策议题上有避重就轻的行为或倾向,一些无关公众重大利益的议题反而时时上榜。(见图8-3)

图8-3 吕梁市党政门户网站

当然,有些地方政府也很重视政府议程设置的公开,并强调公民的参与,但是,对哪些议程应公开、如何公开、公民如何参与等并没有明确的规定,实际的操作性不强。如江西省人民政府网的有关资料显示:2014年1月28日江西省人民政府办公厅《关于印发江西省2014年法治政府建设工作要点的通知》中的第九点是,"各级政府要增强决策的公众参与度。凡是与群众切身利益密切相关的重大行政决策事项,决策机关应当通过政府网站、报纸、广播、电视等媒体公布重大行政决策方案草案,征求社会公众的意见,时间一般不少于20个工作日(市县政府、省政府各部门负责)"。①

(3)公民网络参与决策的程度不深

在关乎百姓生活和社会发展的基本议题上,诸如民生、环保、福利、经济等议题上引入公民参与决策,使政府决策过程透明,进而提高决策质量与效果有

---

① 江西省人民政府:《江西省人民政府办公厅关于印发江西省2014年法治政府建设工作要点的通知》,江西省人民政府网,http://www.jiangxi.gov.cn/zzc/ajg/sbgt/201409/t20140926_1075040.htm,2014年1月28日。

着重要作用。随着电子政府运作的逐步成熟,政府推出的问政平台、官方微博与微信等电子渠道越来越畅通,网民使用网络渠道参与到政治和行政事务的意愿日益增强。但是,不少地方政府的电子政务规划对公民参与政策议程缺少明确的规范和要求,以致公民参与政策决策的广度和深度并不尽如人意。一份针对全国36个主要城市和302个普通城市的有关公民网络参与的调查报告显示,在住房、教育、环保、医疗和交通等最能反映民生状况的行业政策参与中,94%以上的城市达到了电子信息阶段,82%的城市通过在线访谈、在线咨询和民意征集等方式使公民参与到政府的公共服务中来。但是,不管是36个主要城市还是302个普通城市,处于电子决策阶段的城市寥寥无几。302个城市中,电子决策程度最高的环保和教育两个政府部门的占比分别为11%和8%。① 也就是说,我国公民通过网络渠道参与公共政策决策的整体程度并不高。②

(4)公民网络参与政府政策议程的结果不公开

从"问"到"答"是我国开展网络问政制度的基本要求。"问"是保障公民参与权的前提,而"答"是公民知情权的保证。有"问"有"答"既是制度的闭环设计,也是实现问政长效机制的根本要求。从调查情况看,部分政府网络平台在运行中仍然存在一定问题。在所有样本网站中,公布"建言献策"结果的比例只有4.32%,而多数网站的栏目被预设为单向邮件投递格式,没有互动功能,网民的"发言"如同"泥牛入海",用户体验不佳;而"民意调查"的结果公布比率也只占总样本量的21.8%。因此,提高公民网络参与过程的透明度、公开结果是当前政府网络问政平台建设中应注意的问题,否则会影响公民参与的积极性,进而影响到公民参与政策议程设置的效果。

(5)"在线访谈"在网络参与中可以发挥更大作用

"在线访谈"栏目是一个与网民面对面沟通的良好平台,通过此渠道,政府可以就重大决策、行政措施的形成与执行、重点信息的公开、法规的宣传等议题与网民及时沟通,达到协调统一、团结共识的目的。调查发现,样本网站中,"在

---

① 国家行政学院电子政务研究中心:《2014年中国城市电子政务发展水平调查报告(EGDI)》。
② 在《2014年中国城市电子政务发展水平调查报告》中,国家行政学院电子政务研究中心认为,公民网络参与分三个不同的形式和阶段,即电子信息、电子咨询和电子决策。电子信息阶段是政府通过网络形式发布政务信息,有利于公民获取相关的信息来实现公民参与;电子咨询是公民通过多种电子反馈渠道对政府公共决策进行建言献策,实现地址咨询;电子决策是指政府通过与公民共同制定政策,通过公共服务来增强公民的权能,实现电子决策。网络参与从"被动型"向"主动型"转型,才能真正实现公众的权能,推动政府治理的民主化。

线访谈"栏目开办率达到69.1%,其中除6家网站外,总体上该类栏目受到政府的重视,栏目活跃度相对较高,尤其是部分政府网站的创新做法值得其他地区学习。如三明市在政府门户网站首页上主动推广该栏目,并将访谈议题征集与公民议程结合起来运作;淮南市实行常态化的"网管集中值班制",推动政府部门在访谈栏目中集中办公、集中受理网民问题。这些创新方法丰富了"在线访谈"栏目的功能,可以为公民网络参与提供一个更直接的沟通平台,这从部分地方网站上的较高网民参与度可以得到印证。

当然,此类栏目的运作也存在一些问题。如部分政府网站搬用重要新闻或领导公务活动视频来敷衍民众;政府网站栏目间的活跃度差距较大;部分政府网站的互动性不强,等等。

(六)基于网络问政平台的公共政策公民参与机制构建

伴随互联网技术的发展和信息传播方式的变革,社会公众对政府工作知情、参与和监督意识不断增强。党和政府清醒地认识到行政机关依法公开政府信息、及时回应公众关切和正确引导舆情的必要性和紧迫性。针对当前一些地方和部门仍然存在政府信息公开不主动、不及时,面对公众关切不回应、不发声等问题,政府要响应公众期望,要求各级党政机关因时应势,不断推出相关举措,做好政府信息公开工作,增强信息公开实效。继2006年国办发[2006]104号文、2008年《政府信息公开条例》颁布实施后,2013年10月1日,国办又发布了《国务院办公厅关于进一步加强政府信息公开回应社会关切提升政府公信力的意见》(国办发[2013]100号文)。这些文件从政府规制层面对网络问政所涉及的多方面进行了原则性的规定。与公民网络参与相关的条文如下:要"充分发挥政府网站在信息公开中的平台作用";"涉及群众切身利益的重要决策,要在政府网站公开征求意见";要"拓展政府网站互动功能,围绕政府重点工作和公众关注热点,通过领导信箱、公众问答、网上调查等方式,接受公众建言献策和情况反映,征集公众意见建议";要求"地方政府和部门负责同志主动到政府网站接受在线访谈";对"涉及公众重大关切的公共事件和政策法规方面的信息,充分利用新媒体的互动功能,以及时、便捷的方式与公众进行互动交流",等等。此外,国家领导人也十分重视政府与民众互动。2015年3月21日,李克强总理在主持国务院会议时,专门要求各部部长主动回应社会关切。现场还要求国办有关负责人要尽快协调,建立起主动回应社会关切的机制。① 这一切为公民网络参与提供了法制保障和行政力量的支持。

然而,有些文件只是对公民参与作了原则规定,对各级政府及其部门在具体行政实践中的行为规范的约束性和指导性不强,容易导致政府基层部门惰政。为保证公民参与和政府科学决策落到实处,在未来网络问政立法中,应就公民网络参与建构相关保障机制,具体包括几个部分:一是由政府主导网络问政平台的整合,确保公民网络参与渠道畅通;二是规范政府政策议程,确保公民网络参与的机会与程序公正;三是健全舆情收集与引导机制,促进公民意见的有效形成;四是重视政府反馈机制,完善公民参与机制的程序闭环。

1. 整合网络问政平台

鉴于本章已经就网络问政平台整合进行过探讨,本节就不再对此作分析和论证。这里要强调的是,由政府主导整合网络问政平台,对畅通公民网络参与渠道有着十分重要的意义。

2. 规范政府政策议程设置制度

要确保公民网络参与的机会和程序公正,必须规范政府政策议程设置制度。当前,部分地方政府在主动问计、问事于民中之所以存在这样那样的问题,关键是没有标准的政策议程设置机制为各级政府指引。制定政策议程设置机制的任务是要解决以下几个问题:什么部门可以提出公共政策议题?公共政策议题的主要来源如何?公共政策议题强制或非强制公开应遵循的标准和依据怎样?公共政策议题强制或非强制公开的渠道和方式是什么?政府通过网络途径如何收集公民意见?政府组织公民讨论和协商的程序如何?政府采纳公民意见的标准和程序是什么?政府在政策议程中吸收公众议程的结果反馈的流程与责任是什么?

绝对的权力就会产生绝对的腐败,不受约束的权力必然导致任性的结果和行为。为此,将权力关进"制度的笼子"是当下我国正在开展的行政管理体制改革的中心任务和执政价值取向。李克强总理早在 2014 年夏季达沃斯开幕式上致辞时就指出,政府要拿出"权力清单",明确政府该做什么,做到"法无授权不可为"。制定政府权力清单制度,就是依法公开权力运行流程;要实现阳光执政,还需要配套责任清单制度,使得权力在阳光下运行的同时,保障权利相等,

---

① 《李克强要求各部部长主动回应社会关切》,中国政府网,http://news.sina.com.cn/c/2015-03-21/110531630515.shtml,2015 年 3 月 21 日。

责权相互制约。只有这样,才能真正促进政府向服务型、责任型政府转型。2015年3月27日,中办、国办联合印发了《关于推行地方各级政府工作部门权力清单制度的指导意见》,标志着我国行政管理体制改革全面向纵深推进。

按照该文件精神,建立权力清单和相应责任清单制度的基本任务是,全面梳理和调整行政权力,建立权力目录,依法审核,以优化权力运行流程,提高运行水平;要做到权力清单的公开,建立相应的责任清单,强化对权力的监督和问责,以进一步明确地方各级政府工作部门职责权限,大力推动简政放权,加快形成边界清晰、分工合理、权责一致、运转高效、依法保障的政府职能体系和科学有效的权力监督、制约、协调机制,全面推进依法行政。具体到政府政策议程设置,其权力与责任清单制度应包括以下几个方面:政策议程事项清单、运行流程管理清单和责任清单。

政策议程事项清单指的是,在规定的时期内,各政府机关及其下属部门根据当地(或部门)实际情况以及行政管理目标,将具体事项纳入到政府的政策议程中,具体包括事项列入的标准、事项数量、事项的来源等,一一列入清单,并制定重大事项议程制度和临时事项议程制度。这一环节要重点进行政府机关及其部门的设置政策议程的确权工作,即结合各机关、各部门提出政策议程的权能,清理其工作目录,将权力清单报相关部门审核,审核其是否属于行政权力事项、是否属于部门职权范围、是否有法律依据、权力分类是否准确合理等。

运行流程管理清单是指政策议程设置的过程管理和流程规范,包括议题台账管理制度、挂号追踪以及销号核查制度,议题上报或提交决策制度,事项流程公开等。议题台账管理制度、挂号追踪以及销号核查制度要求责任机构要对每一政策议题进行专项、专人管理,从开始到结束的全流程追踪负责。议题上报或提交决策制度是指,责任部门要定期或不定期向决策部门领导报告事项的进展情况,遇重要情况、重大问题以及在职权范围内难以解决的问题,应及时报告;完成时限中的阶段性成果,完成结果以及提交决策的文本及依据等。公开流程是指,在《政府信息公开条例》的指引下,视政策议程在决策前、决策中和决策后的需要,及时通过特定的网络渠道进行公开,引导和组织公民讨论的过程规范。

责任清单是指相对权力清单而设定的责任考核和问责机制。不明确责任,不落实责任,制度就形同虚设。具体在明确责任主体、健全工作机构、加强督促检查、完善考核机制、强化责任追究等几方面制定相应的制度规范。

3. 健全网络舆情收集与引导机制,促进公民意见的有效形成

前文已就网络舆情收集与引导机制进行过研究。本节要说明强化政府部门对网络舆情的收集与引导,是事关公民参与政策议程的重要一环。针对党政部门在决策过程中地位强势、民间参与主体相对弱势的现实,政府规范对网络舆情的收集与引导,实质上就是在程序正义上提高政策的回应性,满足公民参与决策的要求,健全民主决策制度。

我国人民民主的要义是人民当家做主,人民是公共政策决策的主要参与主体,而且民主决策的过程就是要保证公民的意志和意见要体现到政策决策的结果中。因此,公民议程影响政策议程不仅是过程性的,即保障公民的要求都得到充分表达,公民意见在网络公共空间中的流动畅通,没有被人为地扭曲或过滤;同时也是结果性的,即民主不是各说各话,也不是"多数人的暴政",而是要有一个经过理性的公共讨论形成的合意。只有统一的民意或公民意见,才能促成公共政策议程的最终形成。按照哈贝马斯的观点:"民主政治的成功及其合理化取决于公民意见与意志的形成过程,取决于对这一交往过程及其预设的制度化,以及交往程序与公共舆论的互动关系,商谈过程中交往形式的制度化保证了按照这一程序所得结果的合理性。"①

为此,网络舆情收集与引导机制的应有之义是,收集网络舆情的目的在于"打捞沉默的声音",也在于探测民意,供决策部门参考,将散落在社会中有现实意义和社会价值的公民意见提交给决策层,推动政府政策议程的形成,同时,也利于政府部门及时利用各种网络渠道传递政府声音,回应社会关切,或是组织舆论领袖参与公共话题讨论,推进公共意见向理性和主流方向发展。落实到具体措施上,政府应充分发挥政府网络平台的主体优势,强化"网上调查""民意征集"等栏目的功能和作用;加大对第三方网络问政平台和民间网络公共平台的巡视和舆论引导力度,除了将"政府网络发言人"制度覆盖到这类平台上之外,还要培育一批专家、学者、信息员和资深的政论人士,及时就相关政策和重大事项向网民作必要的解释、教育工作,引导网络舆情的发展。

4. 政府应重视网络问政的反馈机制,完善公民参与的程序闭环

反馈是现代控制论的重要内容。反馈概念最初是在电子技术领域中提出来的,原意是把电子放大器输出信号的全量或部分量"回输"到放大器的输入端,以获得某种需要的性质。美国科学家维纳把它移植到控制论中。后学者将

---

① 谢金林:《决策民主:公共政策程序正义的制度保障》,《理论学刊》2009年第6期,第96页。

反馈原理延伸到社会、经济等新的研究领域之中,用之指导各种社会、经济实践。"在认识世界和改造世界的活动中,人们所预想的目标常常和实际达到的结果之间存在着很大的差异。采取反馈原理可以不断消除这种差异,提高认识、计划、方案、指标等的精确性,防止和克服盲目性。"①

"问"与"答"组成网络问政的完整流程。在网民参与政策议程过程中,可将议程设置主体的"问政"视为信息的输入,"答政"视为信息的反馈。有"问"有"答",流程可以持续;有"问"没"答",流程就不可为继,或者说是流程管理不完整。以上调查也表明,当前政府网络问政平台存在的问题之一,就是部分网站缺乏一个行之有效的反馈机制,导致网民参与问政的行为得不到回应,参与结果不明朗。这不仅影响了网民参与的效果和参与热情,更对政府公信力和权威形成了事实上的损害。

此外,人们通过观察反馈原理在生态系统平衡中所发挥的调解或平衡作用,认识到反馈的不同类型和作用。按作用机制来分,反馈可分正、负两种反馈作用。所谓正反馈,指的是生态系统中某一成分的变化所引起的其他一系列变化,反过来不是抑制而是加速最初发生变化的成分所发生的变化,因此正反馈的作用常常使生态系统远离平衡状态或稳态。而负反馈指的是,反馈的结果是抑制和减弱最初发生变化的那种成分所发生的变化。它能够使生态系统达到和保持平衡状态,是一种比较常见的反馈作用。

前文已从政治生态理论出发,对网络问政进行了生态学的分析,建构了网络问政的生态体系。如果从正负反馈机制的视角来考察公民网络参与过程,会发现在政民的互动之间,反馈机制同样起到了调解网络问政生态系统平衡的作用。当网民问政得到了政府的积极而正面的回应,那网民对此就会感觉满意,相应地就会反向抑制其反复提问或恶意提问的冲动,社会就会更加和谐;相反,如果网民问政得不到政府的积极回应或者答非所问,那么就会增加网民的不满,进而提升其反复提问或恶意提问的冲动,甚至会引发恶劣的结果,社会也就更加不和谐。

从启东事件中可以看出反馈机制在公民参与中的重要性。

日本大型造纸企业江苏王子制纸工厂污水排口拟设在江苏省启东市。当地民众对排海管道建设可能产生的海洋环境影响存有疑虑,民众通过互联网诉求的反对意见强烈。2012年7月28日清晨发生了市民聚集围堵政府群体事

---

① 钟月明:《反馈原理的研究及其意义》,《求实学刊》1986年第12期。

件,期间有部分群众作出过激行为。爆发这次群体事件的深层次原因就在于政府官员忽视了网络民意。截止群体事件发生之前,启东政府始终没有对群众诉求给出过彻底解决问题的答复。观察显示,民众反对王子排污其实由来已久,早在几年前民众就通过互联网进行过呼吁诉求,在官方对强烈诉求没有明确回应的现实情况下,启东民众申请就抵制王子排污进行游行活动,未被有关部门批准,此事在当地的百度贴吧等网络平台上引起轩然大波,许多网友言辞激烈,最终导致在28日爆发了围堵启东政府的群体事件。

题目为"启东人的求助信:呼吁停止南通王子造纸排污入海"的文章发布时间为2010年2月20日,该文对设计规模为日排处理废水15万吨的王子纸业排海工程提出质疑,担心影响启东渔民生计,文中还列举此排污口违反《中华人民共和国海洋环境保护法》第三十条,《中华人民共和国水污染防治法》第二十七条,以及《2004—2006年启东市城乡规划》和国务院关于江苏省海洋功能区划的设置规定。天涯社区的这篇帖文,在近两年半的时间里,点击阅读近12万人次,顶帖回复2200多人。文中愤慨地诉求:政府没有向全体启东市民说明污染的程度和危害,相关部门没有认真听取启东各方民众的意见,漠视民意。①

对此,应从顶层设计层面重视政策议程公民参与的反馈机制,将其视为网络问政的运行流程管理和问政绩效管理的重要内容。具体而言,完善公共政策议程的反馈机制应从三个方面进行。

一是升级流程管理,规范权力运行。目前,政府网站虽然已基本建立了网络问政流程的时限管理制度,但在调查中发现,这些时限规定主要是针对网络问政中网民投诉、咨询等问政需求的转办、交办和督办流程的,绝大多数网站没有对"意见征集""网上调查"等栏目的运作流程管理进行时限规范,导致大量网站上的此类栏目成为"僵尸栏目"或"作秀栏目"。对此,本书提出的流程管理"升级版",不仅是要用时限管理来规范政策议程设置中网民参与的政府行为,更是要从管理权限上重新进行流程管理设计,赋予政府网站平台更大的管理权限,统筹管理公民议政过程所涉及的各政府职能部门行为,监督各环节的执行过程和质量,实现网站内外一体化流程管理,有效地规范权力运行。

二是健全绩效管理,强化责任追究制度。进一步强化政府利用网络问政平台保障公民参与政策议程的权利和行为,从结果的绩效上倒逼政府部门加大公

---

① 秦汉:《试析新媒体语境下虚实交织的网络群体性事件发生机理及应对措施——以启东事件为例》,《青海社会科学》2014年第1期,第95—97页。

开、科学决策的力度。网络问政平台的管理主体部门定期或不定期地对各政府部门反馈结果进行检查,并将结果考核作为重点考核项目,采取内部通报和结果公示相结合的举措,将追究结果与绩效考核紧密挂钩,有效增强各级政府相关公务员的法治意识、责任意识。

三是增加网民反反馈流程环节,升级问政平台功能,提升监督效率。反反馈流程是指,在政府问政平台上增加一项网民对政府反馈结果进行再反馈和满意评价的功能项,把评价公民参与政府政策议程成效的权利(或部分评价权)交给公民。网络问政平台的管理主体部门将网民评价意见通报给相关单位,督促改进政府行政行为和绩效,有效地实现公民参与政事中实时提示、事后监督问责的目的。

第九章　网络问政保障救济机制研究

从实证分析的结论看，我国网络问政运行过程中所出现的问题，有的与缺乏有效的网络考核问责机制有关；有的与我国网络问政的两大主体的问政素养和网络媒介素养有直接关系；还有的与缺乏明确的参与权救济制度有关。就网民来说，我国网络发展速度太快，网络社会环境复杂，网民的网络素养参差不齐，尤其是我国网络民主的发育时间较短，部分网民的民主参与素养有欠缺，影响了他们网上问政的质量。就政府主体而言，部分领导干部和工作人员还抱有陈旧的官僚思想，缺乏运用网络媒体与网民打交道的基本技巧和领导艺术，这也导致网络问政过程中出现各种回复不当和"诳语"，严重影响了政府形象。

为此，本章将从网络问政的考核问责机制、问政主体的问政素养教育与培训机制及问政主体权利救济机制等三个方面进行研究，探讨网络问政的长效机制。

一、网络问政考核问责机制研究

建立政府公共服务网站，本意在于收集民意、解决疑难、消除隔阂。然而，目前我国政府网站还存在着虚设的现象。这不仅浪费了行政资源，也切断了政府与公众沟通的渠道。有关部门已经注意到"僵尸"政务网站、"僵尸"政务微博和微信给行政管理和政府形象带来的负面影响。正如国家信息中心网络政府研究中心副主任于施洋所评价的那样，"许多政府网站在硬件投资上舍得花钱，但对内容的重视远远不足。各种'僵尸'网站恰恰表明，一些政府部门对信息公开工作并不重视，并不是真正希望通过网站为百姓提供便利，只是做做样子给公众和领导看，反映了部分基层政府官员的庸政、懒政。"[①]

数据显示，截至 2014 年年末，主办者为"政府机关"的网站已达 5.9 万余

[①] 邓中豪、杜放、王存福：《多地政府网站成"僵尸" 长期不更新沦为摆设》，《北京青年报》2015 年 4 月 17 日。

个,全国超过90%的政府单位都建设了中文政府网站。调查发现,各地政府网站的建设费用普遍以百万元计。此外,维护费、改版费也高达百万元。与舍得花大钱进行投入形成鲜明对比的是,一些政府网站的内容却存在更新速度缓慢、错误百出的现象。①

为此,国务院办公厅于2015年3月27日印发《关于开展第一次全国政府网站普查的通知》,要求自3月至12月开展第一次全国政府网站普查。对普查中存在问题的网站,督促其整改,问题严重的坚决予以关停,切实消除政府网站"僵尸""睡眠"等现象,解决政府网站"不及时""不准确""不回应""不实用"等问题。

(一)关于行政考核问责机制

20世纪80年代,一场以经济、效率和效益为目标的企业管理变革悄然兴起,绩效管理理论正是企业管变革的重要理论。其后,我国政府在借鉴和吸收企业绩效管理理论、实践和方法的基础上,结合政府公共管理的实际情况,将绩效管理理念引入政府管理体系之中,逐步形成了政府绩效管理理论。政府绩效管理是公共管理过程中持续推动改善、发展的一个重要系统方法,是包括政府部门绩效计划与实施、考核、反馈与改进等流程的行为体系。在政府绩效中,经济绩效是核心,政治绩效是中枢,社会绩效是目标。作为公共管理过程中一种全新的管理工具和重要举措,政府绩效管理还是社会公众表达利益诉求、参与公共管理的有效渠道,对于政府提高行政效率和效能、提升服务质量和水平、树立自身形象和权威具有非常重要的意义。

在行政管理领域,考核也称作绩效考核,是针对特定的组织单位中每个职工所承担的工作,应用各种科学的定性和定量的方法,对员工行为的实际效果及贡献或价值进行考核和评价。作为行政管理的重要手段之一,考核的目的是提高组织或组织内员工的效率,最终实现组织的管理目标。

责任是社会分工的结果。事务的复杂,要求对它的管理必须分工,由分工合作来达成整体的绩效。合即协调,协调就要求个体维护整体秩序而承担起相应的属于自己的那份责任。否则会因某一或某几个岗位责任的缺失和责任的失守,导致全局的毁灭。关于行政问责制,学界的定义基本相同,如学者高小平

---

① 邓中豪、杜放、王存福:《多地政府网站成"僵尸" 长期不更新沦为摆设》,《北京青年报》2015年4月17日。

认为,行政问责制是指特定的问责主体针对各级政府及其公务员承担的职责和义务的履行情况实施的、要求其承担否定性后果的一种责任追究制度。① 如果从管理学角度看,问责制本质上应该是组织的设计,"是一种制度的创造,主要解决谁领导谁、谁对谁负责、谁问责谁的问题。问责的功能在于以系统的制度形式,促进政府及其官员凭借法律和政治赋予的权力、资源,忠实地履行相应的义务,而非对基层官员个人过错的追究"。②

考核与问责制原则上同属管理理论范畴。考核是绩效评价管理的定量方法和技术手段,其目的是加强管理的工具性和可测量性,以促进或达成管理目标;问责是制度管理的环节,是对权力的监督和制约,是制度管理的具体措施和结果,是制度建设的有机组成部分。从管理制度体系角度审视,考核是问责的前提和基础,只有明晰了具体职位对应的工作责任,明确了工作职责与相应的绩效目标,运用具体的方法和途径对相应的绩效进行评价,才能衡量工作质量的好坏和管理目标达成与否,才能对相应的工作成绩予以奖励或惩戒,激励或问责,以促进管理效率的提高,使管理制度更加完善。

按照大卫·奥斯本(David Osborne)在《改革政府》中关于政府效果评述的逻辑,无法辨别成功或失败,就无法奖励成功或惩罚失败,如果不能奖励成功,实际上就可能在奖励失败。按照这个逻辑,就政府责任而言,必然是履行责任者不仅得不到奖励,反而相对利益受损;而失责者却因为没有得到应有的惩罚而从中获利。长此以往,政府责任机关及其工作人员必然不再关注是否履行责任。所以说对失责行为的惩戒实际上是对守责行为的一种激励。问责效应具有两重性,在问责的同时,直接产生了惩戒和示警效应,间接产生了激励效应。从社会公平的角度来说,对失范官员的惩戒,有利于维护社会公共利益和社会总体公平。③

为了顺应行政管理的新情况、新问题,提高执政党治国理政的水平和能力,中国共产党陆续颁布了相关的管理规范,引进了问责制度。如 2004 年《党政领导干部辞职暂行规定》(中办发[2004]113 号)第四章第十四条规定,"党政领导干部因工作严重失误、失职造成重大损失或者恶劣影响,或者对重大事故负有重要领导责任,不宜再担任现职,本人应当引咎辞去现任领导职务。"2009 年 7 月,中共中央办公厅、国务院办公厅印发了《关于实行党政领导干部问责的暂行规定》,在加强

---

① 高小平:《深入研究行政问责制,切实提高政府执行力》,《中国行政管理》2007 年第 8 期,第 6 页。
② 北京市领导科学学会、北京市行政管理学会:《你可能被问责:领导干部问责知识与案例》,团结出版社 2009 年 12 月。
③ 王朋:《当前我国行政问责制存在的问题及对策研究》,山东大学硕士学位论文,2011 年。

法规制度建设、完善领导干部行为规范方面提出了系列重要举措,除强化监督问责之外,还特别强调"零容忍"管理。该规定对加强党政领导干部管理和监督,增强党政领导干部责任意识,更好地贯彻落实科学发展观,不断提高党的执政能力和水平,具有重要意义。在当前大力建设服务型政府的背景下,问责制度能使各级政府官员和公务员树立"有权必有责,用权受监督"的执政理念,把公共服务和社会管理放在更加重要的位置,努力为人民群众提供方便、快捷、优质、高效的公共服务。

考核和问责原本是行政管理过程中不同的环节,有着不同的任务。本书希望通过在行政管理体系中整合考核和问责的管理功能,使两者成为一个完整制度体系中的有机组成部分,相互联系,相辅相成,共同作用于行政管理绩效。对于网络问政来讲,其考核问责机制应包括一套有针对性的考核体系和与之相配套的问责制度。

行政考核体系应当包含考核主体、考核对象、考核内容、考核标准和考核结果等几方面。从行政问责的内涵来看,问责制应当包括问责主体、问责客体、问责范围、问责程序、问责后果等多方面的内容。如果将考核与问责综合起来,行政考核问责机制可能会非常复杂,但只要抓住考核和问责的主体来建构这个机制的话,还是可以捋清思路的。"主体不同,行政问责可分为同体问责和异体问责两类。同体问责是指执政党系统对其党员干部的问责或行政系统对其行政人员的问责;异体问责是指问责主体是本系统之外的单位或个人。"[①]同样,因考核主体不同,行政考核也可分为同体考核和异体考核。因此,网络问政中的考核问责机制也可依据主体不同分为同体考核问责和异体考核问责。所谓同体考核问责指执政党系统对其党员干部的问责或行政系统对其行政人员的问责;异体考核问责指由行政体系外的主体,如委托的第三方、社会或个人对客体进行的考核与问责。

(二)我国网络问政考核问责机制现状

1. 电子政务绩效评估如火如荼,网络问政的绩效考核制度环境逐渐形成

自"政府上网工程"被提出到电子政府建设的日渐普及,针对我国政府网站绩效的评估考核就一直相伴相随。2002年,计世资讯(CCW Research)在我国

---

① 王朋:《当前我国行政问责制存在的问题及对策研究》,山东大学硕士学位论文,2011年。

首次推出了政府网站的评估指标体系,并首次在全国范围内对政府网站进行综合评估,发布了《2002年中国城市电子政务网站评估研究报告》。广州时代财富科技有限公司2002年发布了《中国电子政务研究报告》。赛迪顾问有限公司2003年2月发布了《2002－2003年中国政府门户网站建设现状与发展趋势研究报告》,尝试从服务内容角度进行政府网站评估。此后,受国务院信息化工作办公室委托,中国软件评测中心联合中国信息化绩效评估中心,一直承担中国政府网站绩效评估工作,每年都发布《中国政府网站绩效评估报告》。评估对象包括四类政府网站:国务院部委及相关单位的部门网站、省级政府网站、地市级政府网站以及县级政府网站。

其实,多个地方政府都较早地开展了政府网站的绩效评估。最早的是北京市从2000年开始进行的政府网站评议活动,每年都确定评议的重点主题,成立了由市政府监察员、相关信息化专家组成的专家评议组进行综合考核,组织由人大代表、政协委员、普通网民构成的公众评议组参加打分评议;自2002年开始,上海市即针对50家市政府部门网站开展评议,2004年起将19个区县政府网站纳入评议范围;吉林省政府、江苏省政府也分别自2003年、2004年开始构建互联网站评议考核指标体系,每年组织一次全面的网站测评活动;山东省青岛市从2003年开始对全市12个区市网站进行评估,评估由两个评估小组对所有参评网站独立打分,汇总两个小组的评分结果后再取平均值,得到每个网站的最终得分,根据评估结果,得出总体排名,评出"年度青岛市优秀政务门户网站"。①

近几年,不少地方政府除对政府网站进行专门的绩效评估之外,还将电子政务绩效纳入到机关效能建设年度考评体系中去。如2011年6月8日,福建省人民政府办公厅、省机关效能建设领导小组办公室、省"数字福建"建设领导小组办公室下发的《关于印发2011年设区市政府及省直单位电子政务绩效考核实施方案的通知》(闽政办[2011]143号)中,就有关于网站绩效考核的相关内容。如江西省机关效能建设领导小组办公室下发的《关于印发省直和中央驻赣单位绩效管理工作效能建设指标体系的通知》,也将政府网站绩效纳入机关效能建设指标体系中,如"政民互动"绩效占1分分值,"在线服务及评价情况"占1

---

① 贾艳:《我国政府网站绩效评估研究》,《科技情报开发与经济》2008第18期,第160页。

分分值,与此相关的网站"功能保障要求"占 0.5 分分值。①

除了政府自身基于对行政机关绩效考核的需要所进行的考核外,中国软件评测中心、计世资讯、国家行政学院电子政务研究中心和国脉互联等第三方机构每年都会接受中央或地方政府的委托,发布全国或地方政府网站绩效评估报告。2009 年以来,政务微博风起云涌,新浪微博平台联合人民网舆情研究室每季度、半年度和年度都会发布全国政务微博运行报告;其他如复旦大学、武汉大学等研究机构也会有针对性地发布政务微博研究报告。可以说,我国已经形成了一个以政府网站为考评对象,以第三方评价机构和政府自身为评价主体的电子政务考核评估系统。

虽然目前还没有专门以政府网络问政绩效评价为主题的研究报告问世,但只要仔细研究一下各类已发布(公开)的电子政务绩效报告就会发现,其中许多研究报告已经包含政府网络问政的绩效评估了。如计世资讯 2002 年的报告中已经涉及了政府与公民互动的内容;广州时代财富科技有限公司 2002 年发布的《中国电子政务研究报告》的指标体系,除包含政府机关的基本信息、政府网站的信息内容外,用户服务项目、网上政务功能和电子政务推广等要素也是其评价的内容,其中的部分内容与现在的网络问政功能相近或相同;2008 年,《电子政务》杂志刊登的中国软件测评中心的《2007 年中国政府网站绩效评估指标体系设计》,将政府与网民互动(公众参与)绩效纳入到政府网站整体绩效评估之中,而且给予了 30% 的权重。具体指标有三项,即针对政府网站信箱类互动质量评估(分政府公开处理信件的质量与用户验证两方面)、政府网站访谈类互动质量评估(分政府发起访谈的次数与内容质量两方面)以及政府网站调查类互动质量评估(分调查次数与结果统计两方面)。②

资料阅读:中国政府网站绩效评估指标体系③

在众多以政府门户网站为评估对象的电子政务评价体系中,中国软件测评中心的《中国政府网站绩效评估指标体系》最具代表性,适用范围最广。

---

① 江西省机关效能建设领导小组办公室:《关于印发省直和中央驻赣单位绩效管理工作效能建设指标体系的通知》,http://www.jiangxi.gov.cn/ztbd/jgxnjs/ssfa/201306/t20130609_880388.htm。
② 张少彤等:《2007 年中国政府网站绩效评估指标体系设计——政府网站日常监测》,《电子政务》2008 年第 2 期,第 37 页。
③ 中国软件测评中心:《2014 年中国政府网站绩效评估总报告》,http://2014wzpg.cstc.org.cn/zhuanti/fbh2014/zbg/zbglist.html。

2014年版《中国政府网站绩效评估指标体系》(以部委版为例)是中国软件测评中心根据《中华人民共和国政府信息公开条例》《中共中央办公厅、国务院办公厅印发关于深化政务公开加强政务服务的意见》(中办发〔2011〕22号)和《国务院办公厅关于进一步加强政府网站管理工作的通知》(国办函(2011)40号文)等要求,在广泛征求意见的基础上,几经实践探索而最终形成的。分部委、省市、地级市、区(县)四个版本,但整体的设计模块大体相同,指标体系基本相近。

在总体框架中,"互动交流"和"舆论引导"两个模块可以被视为政府网络问政绩效评估的内容和范围。而相关指标体系见表9－1和表9－2：

表9－1　2014年政府(部委版)网站绩效评估指标总框架

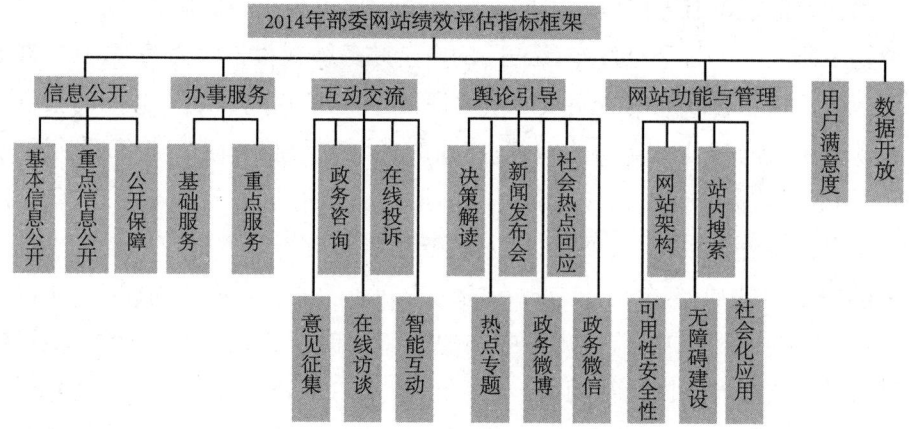

表9－2　互动交流指标

二级指标	三级指标	评估说明
政务咨询	渠道建设情况	本部门咨询电话、领导信箱等咨询渠道的建设情况。
	答复情况	政务咨询答复及时性、答复质量及处理态度情况。
在线投诉	渠道建设情况	在线投诉、监督投诉等投诉渠道的开通情况。
	处理情况	对在线投诉内容的处理答复情况。
意见征集	栏目建设情况	1.是否开通了意见征集栏目,通过开放式留言、选择式投票等方式征求公众意见建议; 2.栏目是否提供了意见征集的结果查看功能。
	征集内容	1.是否围绕政府的重大决策、公众关注热点和重点开展; 2.意见征集的时效性情况。
	征集效果	1.是否提供了已完成的征集结果或进行中的征集情况的查看功能; 2.是否提供意见征集情况的反馈和采纳情况。

续表

二级指标	三级指标	评估说明
在线访谈	渠道建设情况	1. 是否开通了在线访谈栏目,提供访谈直播功能; 2. 是否提供了访谈预告功能和往期回顾功能; 3. 是否提供了在线交流入口,方便网民参与互动。
	访谈效果	1. 访谈内容是否与当前政府决策、公众关注的热点重点事件相关; 2. 访谈嘉宾是否为相关主管部门的主要负责人; 3. 是否针对用户的互动需求进行了回复。
智能互动	实时交流	开展自动化、半自动化的实时咨询互动情况。
	知识库	整理汇编业务知识,构建知识库的建设情况。

表9—3 舆论引导指标

二级指标	三级指标	评估说明
决策解读	栏目建设情况	1. 网站是否开通决策解读栏目,对政策文件、规划计划的制定背景、依据、意图、实施路径等进行详细解读; 2. 是否关联了相关的咨询、访谈、新闻发布等栏目,对相关政策进行深度、实用化解读。
	内容建设情况	1. 网站是否及时提供本部门重大决策的解读内容; 2. 是否提供了文字、图片、视频、访谈等多样化的解读方式。
新闻发布会	栏目建设情况	1. 网站是否开通新闻发布会专栏; 2. 专栏是否具有有效内容。
	更新维护情况	1. 专栏能否持续、及时公开新闻发布会内容; 2. 网站是否以文字、图片或视频等方式,直播、录播、转播新闻发布会; 3. 是否提供了新闻发布会的预告功能和往期回顾功能。
社会热点事件回应	社会热点事件回应	针对社会热点、焦点事件,网站是否及时通过发布会、动态、公告、微博等方式予以回应,引导网络舆情。 (注:社会热点焦点事件主要根据百度搜索和人民网对互联网监测的大数据分析得出。)
政务微博	开通情况	1. 是否开通政务微博; 2. 微博帐号是否具有有效内容。
	更新维护情况	1. 微博是否持续进行内容维护; 2. 微博是否及时发布最新政府信息。
	微博影响力	基于博文数、关注量、传播量等综合因素的影响力。

续表

二级指标	三级指标	评估说明
政务微信	开通情况	1. 是否开通政务微信公共账号； 2. 微信账号是否具有有效内容。
	更新维护情况	1. 微信账号是否持续进行内容维护； 2. 微信账号是否及时发布最新政府信息。
	服务实用性	1. 微信账号是否基于用户需求整合服务； 2. 提供的服务是否与用户需求紧密结合,实用、易用。

尽管众多以政府门户网站为评估对象的研究报告在指标设计和评估内容上不尽相同,但是它们或多或少都将网络问政纳入评估范围。换言之,网络问政原本就是以政府网站为载体的电子政务的重要内容,只不过在评估考核中没有对网络问政作单独的界定。随着政务微博的兴起,各类以政务微博为评估对象的研究报告基本上是以政务微博的信息发布和政民互动质量为考核的主要内容,因而可以将其界定为以网络问政为核心的考核评估。

2. 网络问政问责制度体系不够完善

近年来,随着民主政治进程的深入推进,作为一种对权力进行规制约束的现代行政制度,行政问责制受到了全社会前所未有的关注。从2003年正式启动行政问责以来,我国从中央到地方已广泛开展了行政问责的实践,并取得了较好的成效。《中华人民共和国公务员法》《国家公务员暂行条例》《党政领导干部选拔任用工作条例》《党政领导干部辞职暂行条例》等一批全国范围适用的法规、条例相继出台,为行政问责的实施提供了基础性制度依据。同时,各地方政府也先后结合本地实际情况,依据上述法规条例制定了本地区的行政问责规定。2003年8月,湖南省长沙市出台《长沙市人民政府行政问责制暂行办法》,这是国内首个政府行政问责办法。2004年1月,天津市颁布《行政责任问责制试行办法》。2004年7月,《重庆市政府部门行政首长问责暂行办法》正式实施,将重庆市政府各部门的行政首长以及参照执行的部门副职、派出和直属机构的一把手纳入问责对象范围,将效能低下、执行不力等18种情形列为追究责任依据。2007年11月,吉林省公布了行政问责暂行办法,规定对没触犯法律或者违法但不构成刑事责任的,以及未构成违纪或者违纪但不够处分标准的44种行政行为进行问责。至今,各省(市)基本上已全面启动行政问责的相关办法。

尽管国家的法律法规到地方政府出台的各种行政问责办法都对行政机构

及其公务人员诸多行政不作为、乱作为有问责规定,对效能低下、执行不力的行政行为有硬性规范,但是部分规定还是过于宏观、宽泛,对某些行政行为和行政结果界定不甚细致,权责划分不甚分明,以致个别地方的行政问责仍流于形式。就网络问政而言,尽管理论上政府相关行为亦应属于行政问责制度规范的范畴,但因为这些问责制度中的细化条款没有与网络问政对接,致使不少地方对网站的行政行为问责停滞不前。

近年来,关于网络问政"流于形式"的新闻屡见不鲜。"从此前媒体报道的吉林省永吉县人民政府网站'满意度'调查只设立'满意'和'非常满意'两项,到北京天通苑派出所的网上满意度投票只有一个选项,在忽悠大众之余,也让民众心寒不已。按照规定,江苏省南京市网络问政平台应在 24 小时内回复网民留言,力求件件有答复、句句有回应,但仍然有市民早在 4 月 15 日就发了帖子,如今一个月过去了,多名网友在南京市"网络问政"平台发改委论坛上望眼欲穿,却没有获得一条官方答复。"①

中国社科院 2010 年 2 月 22 日发布的《中国地方政府透明度年度报告》显示,中国 43 个省会城市和较大城市的政府门户网站有半数以上不合格。部分网站只重形式不重内容,栏目空置。有的网站提供的信息陈旧甚至有误,如电话号码、电子邮箱地址有误。对此,有评论指出,究竟是什么把这半数甚至可能更多的地方政府门户网站变成了"摆设"呢?缺钱,自然不是;缺技术人才,当然也不是。根本问题出在政府部门自身。②

这种形式主义的现象不仅存在于过去,就在 2015 年 3 月至 12 月开展的第一次全国政府网站普查集中整治活动中,有记者浏览海南省某市各级政府政务网站发现,一些街道政务网站常年"沉睡",已四年未更新。此外,登录其政府门户网站,发现"市长信箱"里只有 3 页信件,最新收到信件的时间为 2010 年 4 月 26 日,且所有信件的状态均显示"作废"。此外,页面显示市长仍为前市长冀文林。直到 2015 年 4 月 10 日,该网站信件状态才从"作废"变成"待审核"、"已转办"、"已办结",市长也更改为现任市长倪强。③

网络问政的形式主义屡禁不止,剖析其中的原因,最重要的一点就是缺乏

---

① 林萧:《对"网络问政"也应建立问责机制》,《京江晚报》(第 10 版)2011 年 5 月 18 日。
② 夏熊飞:《政府网站成"摆设"是公权的傲慢》,《燕赵晚报》2010 年 2 月 23 日。
③ 张野:《海口政府门户网变"僵尸":市长仍为冀文林》,《海南特区报》,http://china.huanqiu.com/article/2015-04/6161305.html,2015 年 4 月 11 日。(说明:2014 年 2 月 18 日,据中央纪委监察部网站消息,海南省副省长冀文林涉嫌严重违纪违法,接受组织调查。)

有针对性的问责机制进行约束。

其实,各地方政府不仅重视网络问政这一新型的执政形式,也注重从制度层面规范和加强政府网络问政行为。近年来,各地各级政府针对网络问政平台陆续制定了网络问政工作制度或管理办法;为保障政务微博正常运行,陆续颁布了政务微博管理规范或政务微博发布厅工作指引。尽管这些制度为规范当地政府网络问政的行政行为发挥了重要的指导作用,但是这些制度中往往都缺少关于考核问责的条款。在众多网络问政规章中,《滁州市"网络问政"平台办理工作暂行规定》[①]算是内容比较齐全、规范性比较好的案例,其条款具体到网络问政工作实行的原则、问政受理内容、政府问政办理程序。对办理时限还有强制的规定,如"一般来信需在7个工作日内办结。情况特别复杂不能按期办结的,要先向来信人说明情况,并以书面形式告知市政府办公室,办理期限最长不得超过15个工作日"。关于问政责任,该文件也有相应的条款,如"重要办件及热点、难点问题,单位主要负责人要亲自阅批与研究处理,并对处理结果亲自审核把关";"在办理工作中认真履行职责,做到热心、诚心、耐心、细心。对受政策或客观条件限制暂不能解决的问题要做好解释说明工作,不得敷衍塞责、推诿扯皮或把矛盾上交";"严格遵守保密规定,不得将控告、检举材料等有关情况外泄;依法保障来信人、留言人的合法权益,不得公开控告人、检举人的姓名和身份",等等。但是,对于违反规定的行政行为,该文件并未提出相应的处罚。

另外,虽然各级政府已经建构起了相对完善的以门户网站为主体的电子政务绩效评估系统,而且有很多地方政府将网络问政考核纳入到行政绩效评估体系之中,但是,大多没有将网络问政考核与行政问责有机结合,打造一个完整的管理闭环。

有研究发现,当前我国政府绩效评估结果主要运用在以下五个方面:一是内部通报,尤其是向上级通报;二是提高评优比例,尤其是用于公务员的评优;三是与奖励挂钩,如表扬、奖金和嘉奖等;四是作为领导干部考核与任用的依据;五是作为行政问责的依据。研究发现,在考核结果运用的实践中,"奖重罚轻或问而不责现象比较普遍"。[②] 与重奖励相比,对绩效结果较差者的处罚明显过轻,甚至对连续两年绩效结果较差的,也只是通报批评、对领导班子成员进行

---

① 《滁州市"网络问政"平台办理工作暂行规定》,中国滁州网,http://www.chuzhou.gov.cn/art/2011/11/11/art_1001_46629.html。
② 薛刚、薄贵利、刘小康、尹艳红:《服务型政府绩效评估结果运用研究现状、问题与对策》,《国家行政学院学报》2013年第2期,第17—19页。

诫勉谈话和责令限期整改等。百姓将这种"问责"形容为"板子高高举起,实际轻轻落下"或举而不落,使被处罚者不痛不痒。总之,政府绩效评估活动"流于形式""为评估而评估""为政绩而评估"的现象还不同程度地存在。网络问政考核问责也存在同样的问题。

梧州市通过建立落实会商制度、分理制度、沟通制度、督察通报制度及人民网网友留言回复工作制度等机制,使网络问政取得了一定成效。"梧州零距离网"还因网络问政效果较好受到媒体关注。①《梧州市网络问政管理办法》第十五条将网络问政纳入到了每年度梧州市各级各部门的绩效考评指标体系中。规定言明,考评对象为"各单位网络问政的组织领导、制度建设等情况以及网络问政具体办理情况",考评办法为"市网信办会同市绩效办于每年年初对上一年的网络问政情况组织考评,采取平时考核与年终考核相结合的方式进行"。② 即便如此,对于考评的结果运用、考评之后的问责,该办法仍无明确规定。

除上述问题之外,政府机构网络问政考核问责实践中还存在考核问责信息不公开、权责划分不明确、对问责的监督机制不完善等问题。

(三)完善网络问政考核问责机制

提高网络问政绩效,关键在于完善网络问政考核问责机制体系,重点在于完善网络问政考核评价体系,强化问责制度建设,并将网络问政考核评价与问责制度进行有效的对接,打通网络问政监督管理的"最后一公里"。为此,本书建议,在电子政务绩效评估的大体系中,将网络问政模块独立出来进行考核评价,以突出网络问政在网络施政中的地位;依据现行的行政问责制度原则,单独制定网络问政问责规章制度,并以此思路完善现有的网络问政管理制度,制定统一的网络问政管理办法,以指导全国各级政府的网络问政工作。待条件成熟时,以网络问政立法的形式来巩固网络问政的成果。为此,要在拟制定的网络问政管理办法中,统一增加和完善有关考核问责的条款,并明确考核问责执行主体,以及考核问责程序、内容、范围和方式方法等。具体而言,完善网络问政考核问责机制可以从以下几个方面着手:

1. 建构一个多元化的考核问责主体体系。既要重视行政系统自身在网络问政考核问责中的主体地位,也要充分发挥行政系统外各主体的重要作用,建构一个多

---

① 吴凌平:《梧州网络问政纳入部门绩效考评》,《广西日报》2012年1月31日。
② 《梧州市互联网工作领导小组关于印发〈梧州市网络问政管理办法〉的通知》(梧网发[2014]1号)。

元化考核问责主体体系,各主体都能发挥各自的作用,承担相应的职能。

就考核环节而言,当前的考核主体已并存同体主体和异体主体,但各主体地位和作用还有待进一步调整。就同体主体来讲,针对当前由政府监察部门或机关效能考评机构担任行政系统内考核主体的现状,本书建议将政府网络平台运营机关加入到考核主体中去,由政府监察部门(或机关效能考评机构)和政府网络平台运营机关共同组成行政系统的考核主体,共同执行电子监察和网上效能巡察的职能。就异体主体而言,更要强化第三方专业评价机构的主体地位,定期或不定期委托第三方评价机构用相对独立的、科学、公正的评价数据来倒逼行政机关改善自己的工作态度和工作作风,考核网络问政绩效。同时,还要兼顾社会公众在网络问政绩效评价中的作用,建议在政府网络问政平台中统一加入网民评价政府网络问政绩效的模块,让网民方便地参与到政府绩效的评价之中。这三类主体各有作用,相互补充,共同承担网络问政绩效考核任务。同体主体主要注重日常的考核和巡视,异体主体主要在季度、半年和年终绩效考核中发挥作用。当然,在总考核分值中,各主体的评价所占权重应有一个合理的分配。较之于同体问责,异体问责更具有约束力,因此,异体主体的评价比重应大于同体主体。

就问责环节而言,应进一步强化同体主体的地位,赋予行政系统内问责机关更大的职权。同时,也要重视异体问责的辅助作用,给予行政系统以外的主体,包括人大、各民主党派、司法机关、人民团体、新闻媒体、公众等主体适当的问责权利。

2. 明确考核问责的客体。理论上,考核问责的客体应是各级政府及其公务员,但各级政府机构本身是由相关公务人员组成的,因此,政府机构可以作为被考核的客体,但是其责任应由负有直接或间接领导责任的主要领导者承担,各级政府首长及各职能部门的领导应是被问责的客体,其他履行职责和义务的公务人员应承担相应的责任。

3. 重新制定网络问政考核体系与问责制度。考核评价就是指挥棒。网络问政考核内容及相应评价标准组成的评价指标体系的科学性、完整性和倾向性都会影响网络问政中政府行为的偏好。问责是底线和保障。问责制度中哪些要问责、怎样问责都决定了网络问政中政府行为的质量。因此,严格界定网络问政考核问责的范围十分重要。

经历了十几年的探索与实践,当前我国已经基本形成了一套相对成熟的网络问政考核评估体系,尽管它只是作为政府网站绩效整体评估的一部分而存在。确定以政府门户网站、政务微博和政务微信为主要评估对象,以政民交流互动和舆论引导为一级指标,以政务咨询、在线投诉、意见征集、在线访谈、智能互动、政策解读、新闻发布、社会热点回应、政务微博运营和政务微信运营等十个方面为二级内容的评估指标体系。应该说,这套评估指标体系覆盖面较宽,考核对象也有相当的代表性,执行的复杂程度也很高,执行过程也有相当的科学性。但是,它不可避免地存在一定的局限。如它不仅没有将在网络问政实践中发挥重要作用的媒体问政平台列为评估对象,更没有顾及为数众多的民间网络平台。正因如此,就有理由将网络问政绩效考核从政府网站绩效评估体系中独立出来。同时,还应该进一步扩大评估指标覆盖的范围,如将民意调查、网民参与政风行风评议等内容纳入到二级指标体系中。

对于网络问政问责制度化问题,不仅要界定相关问责的范围,也应该认真规划问责的责任体系。关于问责范围,不仅要对所发生的重大网络事故进行问责,而且要对行政机关及其领导作出的错误决策与应对行为问责;不仅要对网络问政中滥用职权的行政作为进行问责,而且要对公务人员的故意拖延、推诿扯皮等行政不作为进行问责;问责不能仅局限于网络领域的群体性事故,对基于网络行政的社会管理、社会服务等领域的事故也要问责;不仅对犯错违法要进行追究,对能力不足、有损政府形象的小细节等方面也要问责。

关于问责的责任体系,问责的规章制度中应明确提出,政府机关及其公务员承担四个层面的网络问政责任:一是政治责任,即相关领导干部和公务员在开展网络问政时应向执政党和权力机关负责;二是行政责任,即相关领导干部和公务员要向上级行政机关和行政对接人负责;三是道德责任,即相关领导干部和公务员向受害者和公众负责;四是法律责任,即相关领导干部和公务员向相关法律规范负责,承担法律制裁后果。在问责的责任体系中,要明确问责的行政问责后果和法律追责后果。行政问责承担责任的主要方式有公开道歉、责令作出书面检查、通报批评、公开谴责、诫勉、引咎辞职、责令辞职、免职、撤职、行政处分、司法处理等;法律追责的后果包括所有有关行为触犯相关法律条款应承担的法律责任,如罚款、拘役、有期徒刑、无期徒刑和死刑等。

4. 健全网络问政考核问责程序机制。健全网络问政考核问责程序机制可从以下方面入手:一是健全绩效评估结果问责机制。绩效评估理应是加强管理的"助推器"。如果绩效评估流于形式,那基于评估的考核就没有了"话语权"。强化评估结果的使用机制是迅速提升管理绩效最有效的措施和"抓手"。只有考核问责追究到位,才能对部门或单位领导形成触动。当前,网络问政绩效评估中存在多个评估主体并存的现实,往往会出现评估时热热闹闹,数据满天飞,但是评估结果去向却不了了之的情况。不管是行政系统内的考核评估,还是第三方机构的评估,其评估结果运用情况才是衡量评估价值的"标尺"。如果仅仅是将结果用于向上汇报、系统内通报、年终评比和奖励等考核项目,那评估终将沦为"稻田里的草人"。本书认为,健全绩效考核制度,关键是要将评估结果与问责紧密结合起来,将问责作为行政考核的主要结果形式,以提高考评的威信力,真正对网络问政中的懒政庸政起到威慑作用。为此,应在网络问政绩效评估常态化的基础上,优化考评结果应用的制度化机制,明确考评结果与问责的责任体系的对应关系,梳理从考评结果到启动问责的程序化机制。

二是健全问责制度的法定程序。凡涉及质询、罢免、引咎辞职、责令辞职或辞退等问责结果的,要严格行政问责程序要求,如问责主体回避的规定、质询答复时限的规定、问责人员组成的规定、罢免通过人数的规定、问责客体申辩程序的规定、听证程序的规定、复议程序的规定等;凡涉及法律问责的,要严格按照相关法律程序处理。

案例阅读:只有问责,考核才能起效①

天门市每年要求至少15个职能部门的局长接受网络问政,否则将扣走全年绩效分的1/10。把网络问政纳入绩效考核,这在湖北省尚属首次。

自2010年开始,天门市在湖北省率先探索网络问政,推出部门"一把手"接受现场问政、市委书记网上直通专属版等创新做法。三年中,网上接受网民考问的职能单位"一把手"达80多个,其中不乏一些躲避网络的部门负责人。网友"坚决依法治国"反映,少数农村小学教师绩效工资没有及时发放,直指接受问政的市教育局领导"躲猫猫",敦促其抓紧落实到位。仅过2天,这一问题便得到了解决。

问政有了明显效果,但因为缺乏后续监督和相应的问责机制,以致常出现问政现场应承担的事情却难以落到实处的尴尬。

2012年,为解决执行力不强的问题,天门市推出问政与绩效、问责相结合的新政。

负责该市网络问政的网络舆情专版相关负责人表示,新政施行后,根据网

---

① 彭磊、张森:《湖北天门市网络问政挂钩领导绩效考核 一年问责处理94人》,《湖北日报》2013年1月7日。

上舆情热点,每月安排相关局长定期与网民互动,对网民建议实行7天限时办理制,其回复办理情况与治庸问责机制挂钩。去年,因执行不力被问责处理的人员达94人。目前,领导干部的考核也即将完成,预计春节前后能出结果。根据规定,年终综合考评不合格,相关领导两年不得提拔。

5. 合理引入网民参与考核问责的机制。尽管在现行的有关法律法规中没有明确公民参与政府及其公务人员的考核问责的程序性条款,但是,随着网络的普及以及公民网络参与政治和社会管理程度的加深,网民参与问责已经成为时代的要求。而且,网民参与考核问责是通过法定的渠道,让每个公民都能平等有效地参与国家的政治生活、监督国家机关的权力运行,是还政于民的具体体现,也是一种整合考核问责资源,补充同体问责效力的有力措施。

其实,政府网络问政平台早已经开通了相关渠道,如"民意调查""政风行风评议"等栏目,欢迎网民参与到公共政策议程和行政行为评价中来。但是让网民参与考核问责成为常态化的机制,这还需要制度设计做出如下完善:

一是要从制度层面确立公民参与考核问责的主体地位,完善网民考核问责的互动机制。首先要求各级政府建立固定的电子化渠道,如专门的电子信箱、热线电话、网站等互通途径,并广泛告知;其次,要固定时间,提前公布评价考核议题,便于网民对相关政府机构和党政领导干部阐发见解,参与评价,提出问责建议。这里的主角应是网民,对象是政府机构和党政领导干部。在互动过程中,两大主角应有机互动。二是要完善考核问责信息公开制度。建立网民问责新闻发布机制,配置专门的网民问责新闻发言人,制定网民问责新闻发布的具体规章制度,使网民问责处理过程、处理结果等事项能及时、透明地向社会公众公开,使网民的监督转化为对领导干部的压力,"从而完善每个领导干部的行为规范,有效防止个别领导干部在行使权力过程中的"不作为、乱作为、胡作为"。[①]

二、网络问政主体问政素养与培育机制研究

古人云"言为心声",即任何本质要透过外象来表达。韩愈《答李翊书》道:"道德之归也有日矣,况其外之文乎。"正所谓"取于心而注于手",作为政民互动和沟通的载体,政府与公民之间的问政行为都得依靠双方的交流话语,因此,各

---

① 董建新:《网民参与党政领导干部问责的对策》,《中州学刊》2011年第1期,第24页。

自的态度和价值取向基本上表现在交流的言语中。这既为民众从政府主体的语言表达角度观察网络问政运营管理状况提供了一个窗口,也为了解公民通过网络参政议政的素养与问题提供了依据。

(一)关于网络问政政府主体的媒介素养与培育机制

在讨论相关话题之前,先看看从政府网站和政务微博搜集到的一些案例:有网友向广东某政务微博提问:"今晚广湛高速会塞车塞到几点呢?"而该微博的回答令人大跌眼镜:"我又没有预知能力。怎么知道今晚的情况?"[①]此条微博一发出就引起了网友们的"拍砖",其随意轻浮的态度溢于言表,为民服务的态度令人心寒。再如河北外宣官方微博"微博河北"于2014年3月发布了若干微博,其中如"19时多""去年毕业,五年工资就48万了""被猪油蒙了心"等内容,着实让网友摸不着头脑。不仅如此,其微博中还出现了毫无意义的自言自语,如2014年3月31日发布的:"老编送上三个字:抓得好!(得字没用错吧,老编心里有点打鼓)。"类似无厘头的政务微博还不少。鹰潭市月湖公安人口管理大队曾于2012年12月27日发表了一篇微博,内容是"人生最幸运的事是什么?莫过于睁开眼睛发现自己还活着,嘻嘻。""江西治安"发布:"请问,老婆和母亲同时落水,应该先救谁?"这些微博内容怪异,着实让网友无法理解其意义。

公文类的政务微博内容也一再出现。如"九江县公安"就于2014年3月17日发布了一条这样的微博:"我局今天召开全县公安工作会议,总结成绩,展望未来,为更好地……,更好地……""西藏自治区旅游"在仅有的三条微博中,就有两条言之无物,自言自语。如"加大执法力度,营造良好环境""'2012冬游西藏'活动圆满结束"。这类程式化、公文化的语言,以及模糊空洞的话语,给人一种官僚主义做派的感觉。

1. 当前部分党员干部问政素养问题与原因分析

(1)政务沟通中存在"新八股文风"

无论是无厘头的网络用语,还是将开大会、作报告的语言体系用到政务微博上,要么是空话套话连篇,要么是不知所云。上述案例不禁让人联想到毛泽东同志在《反对党八股》中所列的"党八股"的情形,甚至有些还有过之而无不及。从少数政府网站政民互动频道和政务微博的话语表现看,它们没有适应新

---

① 尹安学、李烨池:《据称八成政务微博患"痴呆症" 漠视民意遭诟病》,《羊城晚报》2011年11月20日。

时代媒体环境的变化,语言贫乏,官样十足,与"八股"风格颇为相似,故本书谓之"新八股文风"。其主要表现为,有些"空话连篇,言之无物",具体表现为某些政府网站和政务微博说空话、打官腔,语言公文化、程式化;有些"无的放矢,不看对象";还有些不懂得将政治话语与新媒体话语有机融合,内容蹩脚、怪异,言语随意,不计后果。

一些网友对他们最反感的话语发表了看法,网友"峰言溵语"列出了一些官话套话,如"贯彻某某精神,落实某某计划;根据某某要求,做了以下×点……""金古奇人"对政府经常提到的"高度""重要""强调"等字眼十分反感。"退而思"指出,在政府的措辞中,掌声永远是"热烈"的,讲话永远是"重要"的,成绩永远是"巨大"的,问题永远是"一些"的,领导永远是"亲自"的,决策永远是"英明"的,反腐永远是"坚定不移"的,腐败现象永远是"个别"的。"大雄1919"认为,"新闻需要的不是形容词,需要的是动词。百姓不需要'重视、亲切',需要的是消除矛盾、解决问题。语言若只充斥着官话套话,政府工作也只会停留于嘴上而无法进一步指导和落实具体工作。"①

文风就是态度,是世界观、人生观、价值观的综合体现。1958年,毛泽东在《工作方法》六十条中指出:"学风和文风也都是党的作风,都是党风。"②按照毛泽东同志的论述,文风就是作风,作风就是政党执政水平的外在表现。因此,网络问政中"新八股文风"背后反映的是个别政府机关作为一级行政管理主体,尤其是其具体执行人——相关领导干部和相关公务人员,在运用网络执政时缺乏基本的网络媒介素养和驾驭网络媒体的能力。表面看来,这是某些工作人员缺乏与媒体打交道的技巧,其实深层次问题是他庸政、懒政状态在工作作风上的表现,是官僚主义和形式主义作风的表露。

正因为"八股文风"要不得,使不得,因此,毛泽东同志早就提出,要全党"抛弃党八股,采取生动活泼、新鲜有力的表达方式"。邓小平同志也一再倡导"讲短话、讲实话、讲新话"。③ 新时期以来,党和国家领导人江泽民、胡锦涛同志就"改进学风和文风,精简会议和文件"等都有过论述;习近平同志本人更是清新文风的倡导者和践行者,他语言朴实,形象生动。如"打铁还得自身硬""实干兴邦,空谈误国""鞋子合不合脚,自己穿了才知道""照镜子、正衣冠、洗洗澡、治治

---

① 《公众最反感官话套话出炉 能否让"有关部门"重视?》,万家热线,http://365jia.cn/news/2013-01-22/1B7275686AA4A65D.html,2013.1.22。
② 张波、董汉庭:《办公室要做倡导优良文风的表率》,《办公室业务》2010年第9期。
③ 雷青松:《切实改进新形势下党员领导干部的文风建设》,《中共桂林市委党校学报》2010年第2期。

病"等都是普通百姓熟识的语汇。① 2013年以来,中共中央在全国开展了群众路线教育实践活动,并提出,党的各级领导干部都应该率先垂范、勉力而为,克服"长、空、假"的不良文风,弘扬"短、实、新"的优良文风。②

(2)部分地方政府及其工作人员网络执政意识不强

当前,有部分地方政府及其领导干部对应用网络手段开展网络问政和进行社会管理存在认识误差,主要表现在:一是利用网络执政的意识不强。有些领导干部仍然习惯于传统的领导方式,不重视利用网络的现象仍然普遍,藐视、忽视网络执政,我行我素,以公事繁多、没有时间上网为借口回避网络问政。二是不能正确对待网民的网络问政。从现实中看,有些领导干部对网民反映的问题,或是惧怕,或是视而不见,或是掩耳盗铃,甚至有的进行围堵、封杀。三是"执网能力"不强。有的不懂网络,除了玩游戏外,从不上网;有的知识陈旧、思维僵化,不会打字,也不懂网络的各种功能;有的不愿主动倾听网络民意,也懒得回应或不屑于解释,对网络动辄采取排斥甚至指责态度;有的面对网络不会说话,不知道该什么时候说、该怎么说、该说什么;面对汹涌如潮的网络民意,有的领导干部束手无策,通常采取的做法是一拖、二堵、三删。四是应对网络问政的心理不适应。有的领导干部想为群众解决实际问题,但因基层干部权力、精力有限,根本应对不过来,弄不好甚至会招致误解;有的领导干部习惯了传统的、面对面、威严得体的工作方式;有少数领导干部害怕网络会使自己的权威、利益受损,甚至暴露违法行为。③

无论是文风问题,还是认识问题,都与部分党员干部的网络媒介素养和工作作风问题有着直接的关联。这两者互为表里,相互作用。在媒介环境发生改变的网络时代,有些人仍然抱残守缺,不肯对过去那些惯性的、陈旧的工作作风进行破釜沉舟式的自我革命,更没有认识到网络媒介,尤其是移动互联网对政治生态的推动作用和对公民民主意识和政治参与意愿的促进作用。他们没有主动去适应网络生态的变化,没有去积极掌握基本的网络传播规律和网络应对能力与技巧,一旦遇到网络突发舆情或是重大网络舆论,就进退失据。其主要表现如下:"一是'失语'。担心说错话,信奉'沉默是金',采取'鸵鸟政策',回避网络民意。二是'乱语'。没有深入调查研究就进行辟谣和否认,甚至出现说法

---

① 田文林:《习主席讲话为何群众爱听》,《人民日报(海外版)》2013年5月18日。
② 冯大庆:《我国政务微博的问题与管理制度》,《学习月刊》2012年第3期,第25—26页。
③ 黄明哲、王云燕:《有效提升领导干部"网络问政"能力的思考》,《求实》2010年第12期,第19页。

前后矛盾、不能自圆其说的情况,引发民众对政府的信任危机。三是'妄语'。对网民的质疑不予理睬,不主动检讨自己的问题与不足,而是意气用事,说'大话',放'狠话',甚至采取过激措施,以对抗的方式压制网络民意,激化民众的不满情绪。"①

2. 加强媒介素养培育,提升网络执政能力

保证广大政府网站和政务微博、政务微信都能运用清新的文风、接地气的作风与群众沟通,其根本途径是提高广大领导干部和公务员的网络媒介素养,与时俱进,转变其执政观念和工作作风。所谓网络素养,"包括对各种网络信息的选择能力、理解能力、质疑能力、评估能力、创造能力以及思辨性反应能力。"②除了在绩效考核和问责机制上进行硬性约束外,还有必要健全现有的电子政务管理人员培育机制,以达成干部提升媒介素养的目的,保障网络问政发挥长效。具体内容如下:一是转变文风,规范文体言行;二是完善人才培育机制,提升公务人员的网络素养,增强网络执政能力;三是净化政治文化,改善工作作风。

(1)转变文风,规范主体言行

针对当前政务沟通中的"新八股文风"现象,有必要明确统一政府用于网络政务沟通的话语表达体系,以规范政务管理人员的言行,增强政民互动的效果。当然,网络政务沟通涉及面广,话题丰富,除了统一必要的礼貌用语和规范用语外,对其话语表达体系进行硬性的规定似乎很困难,但可以制定原则性的要求,指导政务沟通行为。

政务沟通的三原则是群众性原则、党性原则和人性化原则。其中,群众性是宗旨,党性是原则,人性化是表象,三者相辅相成,和谐统一。下面以政务微博为例,谈谈网络沟通的规范化。

所谓群众性原则,是指网络政务沟通必须以服务群众为宗旨,以满足人民利益为最高准则,其话语表达要遵循"三贴近"原则,即贴近社会实际、贴近百姓生活、贴近群众思想。要求网络发言必须摒弃陈旧的话语体系,适应群众的表达,用基层群众熟悉的话语形式开展群众工作,为群众服务,与百姓沟通。③ 正如官员名博"蔡奇"在微博里说的:"不讲官话大话而讲白话、百姓听得懂的话,

---

① 方启雄:《网络问政面临的问题及长效机制建设》,《中州学刊》2013年第3期,第15页。
② 同上,第18页。
③ 王伟健:《群众围堵泰州豪华宴请是强势监督》,《人民日报》2013年4月24日。

否则谁听你的？最重要的是拉近与网民的距离。毕竟现在不是权势而是粉丝时代。"①"宜春多胜游"于2014年2月28日发布微博："三八荣耀归来,优惠人数不封顶,一分钟官方微博抢票,限女性哦～～"语言十分平易近人,没有官架子,让网友感到熟悉亲切。政务微博根据百姓感兴趣的事物进行相关内容的语言表达,可以更加贴近百姓,在信息传播上达到事半功倍的效果。"江宁公安在线"在其微博中发布了如"早上好！今天是中国传统节日寒食节,吃点凉的,很有必要,你今天打算吃点啥？""关注警察蜀黍,妈妈再也不用担心你被骗了！"等微博,用深入人心的广告语融入百姓中,获得了网友的认同。昆山公安利用在百姓中广为讨论的话题进行安全知识宣传："♯微提醒♯【千颂伊,你这样开车叫兽知道吗？】近日,韩剧《来自星星的你》红了炸鸡啤酒,咱也借个东风,让剧中的国民女神千颂伊来'演绎'下开车中的常规错误吧！亲们可没二千这么幸运,有都叫兽的保护,希望博您一笑的同时谨记安全驾驶(配图)。"这条微博不仅接地气,而且成功地普及了安全知识。

贴近群众的区域化表达偶尔为之,可增加与网民交流的亲切感。② 2014年3月20日,"南昌发布"发布了这样一条微博："地道南昌话跟我学,好玩又简单！♯趣味话题♯形容甜:先甜;酸:纠酸;辣:ho辣;咸:diang寒……算了,答案由你来说。""南昌发布"利用本地特色语言发微博不仅迅速拉近了与当地网友的距离,使网友产生亲切的地域归属感,而且还在微博中加入与网友的互动,体现出其希望像朋友一样与网友交流的意愿,从而吸引了众多网友的热情参与。

语言是态度和立场的反映。党性原则就是要求政务微博找准自身的政务定位,明确公职身份和言论职责,用合适的语言,坚定地传递党和政府的政策与观点。微博是民众聚集、微言大义的平台。③ 微平台上,多元观点汇聚,各种利益交织,有赞同,有反对,有交融,也有交锋。它要求政务微博在为民服务、解决实际问题时为党和政府发声,合规合法而非毫无原则。从这个角度讲,党性与群众性的宗旨是并行不悖的。学者沈阳在总结广东公安微博群成功经验时认为,该微政务"服务意识到位,切实解决民众关心的问题,是怀着诚意在沟通,从

---

① 程冠军:《"微政务时代"的官员抉择　浙江省委常委、组织部长蔡奇讲述微博之道》,《祖国》2012年6月16日,第22页。
② 毕秋敏、张名章:《政务微博应用的若干问题探析及发展思考》,《今传媒》2012年第6期,第16页。
③ 秋雨纷纷:《有"气场"的政务微博才能受欢迎》,新华网,http://news.xinhuanet.com/politics/2012－09/12/c_123706134.htm。

线上的集中讨论,到线下的高效解决合一""能够推动政务机制改良,疏通民意表达渠道,保障群众知情权,实现两个舆论场的统一。"①

值得一提的是,当下政务人员开博潮方兴未艾,但运营后的质量良莠不齐。官员微博应十分注重个人与政务身份的转化,对待重大问题用词要严谨严肃,在坚持原则的情况下鼓励官员的个性表达,这样才不会在身份的转换间迷失方向,引起群众的误会。2011年,就政府微博中是否可以发表带有个人色彩的政见问题,知名网友"御史在途"与云南红河"伍皓曾"爆发口水战,引发众多网友围观和讨论。其实,在个性与党性面前,官员微博坚守党性原则是第一位的,个性要受党性的约束。

人性化原则要求政务沟通要亲和,要有人文关怀。微平台是一个公共话语平台,在牢牢把握公职身份的基础上,学会个性化表达、人性化表达,是微语境的基本要求。政务微博要做到有效沟通,就必须了解受众,使用亲民话语,博文要做到简练、诙谐、轻松、直白。有时为增强与网民交流的亲切感,展现自身幽默,并不排斥适当使用网络语言,只要无损政府形象、不引起网友反感即可。最典型的例子就是外交小灵通,它曾在微博中发布了一条淘宝体的招聘启事,网友们称赞其"给力、亲民"。"九江特巡警"时常在微博中使用"有爱""给力""转起"等网络语言,很时髦,也引起了网友的共鸣。但也要注意,过度使用网络化、个性化的语言也会招致群众的反感。

要使微博更加亲民、人性化,可以尝试利用多媒体进行信息发布,如多使用文字配图片、视频、音频的手段,往往能达到事半功倍的效果。一些部门的微博账户,如果能够在文字中配发一些和本职工作、业务相关的多媒体内容,不仅能增加信息量,其转发量往往也会大大提高。② 哈尔滨铁路局的微博空间主要采用图文并茂的形式向广大群众提供铁路咨讯。江西省旅游局的官方微博"江西风景独好"非常懂得灵活运用多媒体,其发布微博的主要方式为图片、视频配文,介绍旅游景点和旅游美食时配上赏心悦目的图片和相关视频,让人耳目一新,且有身临其境之感。提供相关旅游攻略时都会配以相关链接,打破140字的内容限制,使旅游服务更加全面、人性化。

---

① 张迪:《广东多个政务微博内容单一语言亲和力不强》,《南方日报》2011年10月23日。
② 蔡旭:《政务微博在创新社会管理中的应用》,《广东省社会主义学院学报》2013年第1期。

资料阅读:走近"最认真、最幽默官方网站"①

网友"萧逸"问:国道×线××公路没有正式验收就被大车压出了波浪,坑深得可以养鱼。如果没人来管的话,我可以在那儿养我家小白(一条小泥鳅)了!

管理员李工答:该工程于2009年12月通过交工验收,需要一年后才能竣工验收。期间该路段如有相关工程问题,建设方要进行修复。你可以用"佳能"将路况拍下来,让我们也看看,也让建设方感到压力;小白让它和小蝌蚪去找妈妈好了。都是超载超限惹的祸!

这是从广西壮族自治区公路管理局网站的留言咨询栏目摘录的一段对话。不打官腔、语言幽默、回复及时,这家政府网站被网友称为"最认真、最幽默官方网站"。尽管网上咨询的问题各式各样,有的甚至可以说是稀奇古怪,但网站工作人员总是有问必答。"这些回答幽默风趣,通俗易懂,没有官腔",希望所有的政府网站都能这样做。

中国网事记者为此采访该局办公室杨主任。据杨主任介绍,网站于2007年建立,2008年开始设置留言咨询版块,近两年来,逐渐规范化、制度化,目前有5名工作人员专门负责维护和回复留言。

谈到开设"留言咨询"版块的初衷,杨主任表示,公路系统与社会经济和人们的生活密切相关。近年来,广西公路建设发展很快,老百姓反映的问题也很多,"我们想通过网络互动的形式,及时解答老百姓关心的问题,提供更好的服务,拉近和老百姓的距离。"

李工告诉记者,看到网友留言后,"对于我了解的问题,我就会马上回复;对于比较专业的问题,我会转给相关科室,得到回答后再回复给网友,一般不会超过1个星期;对于管辖之外的问题,我会尽量告诉网友该去找哪个部门。"

而事实是,网友的问题各种各样,有的和工作无关,有的只是抒发不满情绪,李工基本上做到了"有问必答"。"群众能够找到我们,能够给我们留言,就说明他们重视我们、信任我们。作为行业管理部门,我们应该力所能及地帮他们解决一些难题,让他们也感受到我们对他们的尊重和信任。"李工坦言。

对于幽默的语言风格,李工则表示这与个人性格有关。"就拿我来说,我这个人比较开朗,平时喜欢上网,不喜欢死气沉沉的。"李工说,上网的多是年轻人,这样的方式更通俗易懂,网友更容易接受。

---

① 《走近"最认真、最幽默官方网站"》,新华网,http://news.xinhuanet.com/politics/2010-08/10/c_12430935.htm,2010年8月10日。

"也有网友提出,政府网站回答问题应该规范和严谨,所以,我们在回复时会根据提问的内容和语言风格区别对待。如果涉及政策法规,就会严格根据相关政策法规介绍情况,如果涉及个人问题或遇到语言活泼的网友,我们也会用幽默生动的语言回答。"杨主任还透露,公路管理局已决定增加人员,继续加大留言回复工作的力度,更好地为网友服务。

在一些政府网站因信息更新不及时饱受网友批评时,这样一个政府网站何以得到网友青睐?接受记者采访的一些网友和专家表示,除了网站管理者能切实将服务的理念落到实处外,更重要的是,作为政府管理部门,能够放下架子、不打官腔,以网友更加喜爱的方式"说话"。

广西北海市委宣传部副部长梁思奇认为,在信息化背景下,网友在社会生活中发挥的作用越来越重要。如果政府部门仍旧习惯于"高高在上""板起面孔",不懂如何同网友交流,就很难与这个活跃的群体建立良好的沟通。要想让网友信赖,除了切实做好事做实事外,政府部门必须主动适应网友心理,学会说网友想听的话,说网友听得懂的话。

南宁市信息化工作办公室副主任戴双华认为,虽然目前很多政府网站在信息更新速度、与网友互动等方面已经有了很大改善,但"官腔太重"仍然是一个普遍问题。"事实上,很多干巴巴的教条式、罗列式的回答,对网友的帮助并不大,网友需要的是有针对性和指导性的个性化回复。"戴双华说,"有用才是检验政府网站的最佳评价标准。"政府网站应在严肃与亲民间找到一个平衡点,对群众反映的诸如环境污染、政府工作不力等问题,必须以严肃的态度给予回答,而对于一般性的问题,采用聊天式的生动语言可能效果更佳。

也有网友认为,政府部门不应过分强调语言的俏皮幽默,更应注重实际作用,切实为老百姓解决实际问题。公路管理局网站虽然"有问必答",但很多时候对于群众反映的问题只是以"已向相关部门反映"作含糊回应,或者让提问者向自己所在的单位或其他部门反映,存在"踢皮球"之嫌。

但无论如何,"最认真、最幽默官方网站"能被热捧的重要原因,其实就是政府服务观念的转变。

(2)完善人才培育机制,提升公务人员的网络素养,增强网络执政能力

网络不仅是公众获取资讯的渠道,更是公众传递自我信息和思想的途径、参与公共政策的工具。应当注意的是,网络世界已经成为各方利益主体争夺的舆论阵地和思想市场。每天,各种信息充斥屏幕,各色意见激烈交锋,各股舆论

风起云涌。客观上,它要求各级公务员要具备应对网络信息的辨析能力、对网络舆论的应对能力以及对网络突发事件的处理能力。从网络问政实践的角度看,网络政务质量的好坏与各级公务人员的素养成正比关系。因此,提高各级政府网络问政能力,从某种意义上讲,关键在于加强相关干部的网络素养,这也成为完善网络问政管理体系的核心问题。而这方面,各级政府部门也面临着实际的困难和问题,如不少处于领导岗位的干部工作年龄长,对新兴事物的学习兴趣下降,学习精力不够;新近加入公务员队伍的年轻人,虽学习能力强,可政治意识和责任意识不强;广大基层行政机构相关专业人才匮乏也是一个重要的制约因素。

要提升相关公务人员的网络媒介素养,增强政府网络执政能力,首先要完善网络发言人的培育机制。自2008年10月宁波市镇海区在全国首次推行网络发言人制度以来,我国大多数地方政府逐步建立了相关的制度。但是,从制度建立到完善并非一朝一夕之事,而是一个渐进累积的过程。各地网络发言人的素质不尽相同,他们遇到的网络问题也千差万别,需要实践的磨砺和专业的培训。

网络发言人的基本素质很重要。当初,宁波市人民政府公报《镇海区建立网络发言人制度》中就提到,网络发言人应"具有较强的政治素质、责任意识和一定的专业技术水平"。这也是各级政府对网络发言人的基本要求。但是,在实际操作中,可能有较强的政治素质和责任意识,有一定专业技术的人却不一定都能成为一名能应对各种网络舆情和重大网络事件的网络发言人。网络发言人除了政治过硬、责任心强之外,还要具备懂得网络传播的规律,能熟练掌握沟通技巧,谙熟受众心理等专业素养,不是一般的机构或部门领导干部可以胜任的,更不可以随意指派或委任。现实中,那些状况频出的政府网站和政务微博背后都有一名不合格的网络发言人。

为此,本书建议要从以下几个方面着手,打造一支高素质的网络发言人队伍:一是要强化对网络发言人的管理。应从招聘、选用、提拔等一系列环节入手,打造有较高素养和能力的网络发言人队伍。网络发言人必须专业化和职业化,将来应该有一批专业的新闻工作者转行到政府当网络发言人,逐步引进新闻专业的毕业生加以培养,并进一步加强网络发言制度与实践的研究工作,使政府网络发言人制度真正成为政府政务信息公开的有力保障。[①] 二是要加强对

[①] 张宏亮:《论政府网络发言人制度的建立与完善》,《领导科学》2010年第3期,第32页。

相关人员定期和不定期的专业培训。专业的培训可以采取"走出去"和"请进来"相结合的方式。网络发言人可以走进高校和党校课堂,也可以时常"走出去"与相关单位交流;机关单位还应不定期地邀请高校教师和媒体专业人士"进来""传经送宝"。政府部门要加强政务人员新媒体培训学习体系,邀请大学教授或一线的新闻工作者对微博管理人员进行定期的政务微博培训,或是聘请相关研究者为管理人员提供微博运营管理日常咨询和指导,使政务人员能提高自身的媒体运用能力,掌握运营管理网络媒体的方法;在各党校中也可开设微博使用管理、网络传播与心理等相关课程,引导政务人员综合地认知微博,灵活运用网络来使用微博。三是要"着力构建一个培养政府网络发言人的平台,应该将其视为一个完整的团队和制度,这个团队和制度能够以一种更专业的精神将既有的信息进行系统集成,只有提高信息服务质量,才能更好地影响和引导舆论。"①只要条件允许,单位全体公务人员,都应参加相关培训,掌握相关专业技能。此外,一个单位还要培养更多的网络评论员和网络信息员,共同为政府网络执政服务。

(3)净化政治文化,改善工作作风

通过分析文风与作风之间的表里关系可以知道,文风就是态度,是作风和价值观的表现。因此,影响政府主体网络问政素养的根本因素是相关党员干部的政治立场、价值观和责任意识,这些除可以通过培育机制习得和养成之外,还可以通过净化政治文化,从大生态环境的改善来影响问政主体的综合素质。

第六章从生态学的视角审视过网络问政生态图景,并认为网络问政生态子系统是政治亚生态系统的一部分。作为政治群落的组成部分,网络问政运行和发展不可避免地要受到各种政治因素的影响,譬如政治文化的促进和制约。按照法国学者莫里斯·迪韦尔热的论述,文化乃是一整套行为模式或角色,社会角色和行为模式的体系构成文化。作为行动动力和缘由的规范、意识、价值观体系及信仰均是由文化来确定的。同样,"政治生态场,场域中的生态因子不是形形色色的组织制度,而是由各种思想文化交织而成的,是一个机构或一项制度赖以存在的社会思想意识、文化心态和观念形态的总和,是社会成员在社会化过程中长期积淀而形成的一种稳定的价值取向或文化。这种由文化因子组成的政治生态场(文化场域)具有调节政治需求功能和抑制政治需求的巨大作

---

① 路月玲:《政府网络发言人制度的实践与反思》,《行政与管理》2010年第5期,第23页。

用,任何一种政治产品的形成均需要通过文化场域的转换才能走向现实。"①因此,文化场域对当代中国网络政治发展具有决定性的作用和影响,净化政治文化、促进网络问政健康发展成为当务之急。

具体到如何净化政治文化已超出了本书的研究范围,但至少应该了解,当前是哪些政治文化起到了负面影响,又应该弘扬哪些正能量。我国政治文化中的主流文化是健康的、积极向上的,但是有些贪腐现象、明哲保身、官僚主义等做法是要警惕、要防范和改正的。

需要指出的是,当前个别地方在政民沟通中尤其需要加强的是服务文化。不少领导干部还存在服务态度不过关的问题,这与当下我国追求的服务型政府的目标相背离。政府部门缺乏服务意识,对网民的问题或求助不能提供实质性的解答和帮助,经常出现"正在办理中"或"无可奉告"等语句,伤害了广大人民群众的感情。②

在《小康》杂志社与新浪网的联合调查中,就"您如何看待官方开微博?"这一问题,近40%的受访者表示喜欢"解决问题型"的官方微博,26.8%的受访者喜欢"互动型"的官方微博,极少数受访者能够接受官员在微博上大谈工作、发布政策,或者自说自话。③"新八股文风"反衬的是某些官员高高在上的优越感、淡薄的服务意识、胸无民众的装腔作势。其脱离群众、孤芳自赏的话语体系必然与微平台的自由、开放、个性化风格相冲突,严重阻碍政民沟通,甚至会引起网友的逆反心理,透支政群间的信任度。

作为为民服务、政民互动的政务窗口,政务沟通平台应将创造优质文风作为提升服务的重要手段。要改变言之无物和居高临下、自说自话的状况,用更加平实、亲切、真诚的文风贴近群众,更好地为人民服务。

(二)网民问政素养与培育机制

我们在大赞网民网络参与为政治文明发展和社会管理带来伟大成就的同时,也必须注意到网络参与中层出不穷的"伪参与"和"无序参与"现象。如上海交大新媒体与社会研究中心与舆情网联合发布的《2012年中国微博年度报告》显示,在2011年200多起网络谣言案例中,微博为谣言首曝媒体的比例最高,

---

① 夏美武:《政治生态建设的困境与出路》,《苏州大学学报(哲学社会科学版)》2012年第1期。
② 陈显中:《政务微博引导网络舆情的机制研究》,《宁夏社会科学》2012年第3期,第11页。
③ 新浪网、人民网舆情监测室:《2013年第一季度新浪政务微博报告》,第27页。

占总样本量的 28%。同时，在年度 24 起影响较大的网络反腐案例中，谣言误传的有 9 个，非谣言误传的有 15 个。① 2013 年 6 月 25 日，社科院发布的《中国新媒体发展报告（2013）》指出，2012 年 100 起微博热点舆情案例中有超过 1/3 的谣言。② 网络媒体，尤其是微博、微信成了谣言传播的集散地。2013 年 12 月 27 日，中国社会科学院发布第三部反腐倡廉蓝皮书——《中国反腐倡廉建设报告 No.3》。蓝皮书分析指出，互联网未必是"互信网"，大数据未必是"真数据"。网络谣言被传播，虚假数据被流传仍然是大概率事件。

这些现象反映出隐藏在一众网民之中的好事之徒有之，别有用心者有之，网络猎奇者有之。这些人将网络视作私人领地，以造谣、搬弄是非和泄露他人隐私为乐。他们正是行政和法律规制规范的对象。在网络信源的真实性无法被第一时间核实的情况下，当一些网络观点无法被公开证伪的时候，网民中有相当部分人由于缺乏理性的思考和正确的指导，可能在网络舆论面前偏离正常轨道。加之一些"大V""大牛"们的跟风转发，部分不明真相的群众因不懂网络传播的规律和特性，往往被动卷入一些网络事件之中，成为网络危机的推手，给政府工作、百姓生活造成巨大损害。因此，网络参与中的网民媒介素养和网络参政素质必须引起高度的关注。在加大网络立法和政府建章立制的同时，还要针对网民建立起一套行之有效的培育机制，提升网民的整体素养，促进网络问政事业的发展。

1. 网民问政素养问题及原因分析

根据 1992 年美国媒介素养研究中心的定义，媒介素养包括人们面对媒介各种信息时的选择能力、理解能力、质疑能力、评估能力、创造和生产能力以及思辨的反应能力。那么，网络素养应是指网民面对网络媒介各种信息时的上述系列能力。学者郭艺凡认为，网络素养应包含三个层次的内涵，即网络信息使用素养、网络交往素养和网络社会参与素养。③ 在网民参与问政时，网民的网络素养主要体现在网民对网络问政信息的选择、消费和生产能力；网民通过网络交往，与自己所属的某一特定群体进行交流互动，讨论公共事务，形成公共意见、促进事件得到解决的能力；网民通过网络渠道，积极参与网络事务的处理，

---

① 上海交大新媒体与社会研究中心：《2012 年中国微博年度报告》，上海交大新媒体与社会研究中心舆情网，http://yuqing.sjtu.edu.cn。
② 中国社会科学院新闻与传播研究所：《中国新媒体发展报告（2013）》，社会科学文献出版社 2013 年版。
③ 郭艺凡：《网民特性及媒介素养探析》，《中国广播》2014 年第 1 期，第 48 页。

与政府部门讨论解决问题的方法,从而促进公共政策决策和社会管理和谐的参与能力等。

具体而言,网民问政素养问题在问政过程中主要表现在这几个方面:

一是"网络暴力"危害网络问政。尽管国内外学界和业界还没有对"网络暴力"的内涵进行明确的界定,但是,在网上发表具有攻击性、煽动性和侮辱性的言论的频率很高。主要表现是针对某些话题,某些事件和人物进行的"人肉搜索""言语攻击"的行为。早期的网络暴力事件主要发生在社会公共领域,主要针对的是个人或单个事件,如"虐猫事件""女白领自杀事件""铜须门事件""史上最毒后妈事件""很黄很暴力事件"等。随着网络社会向纵深层次发展,"网络暴力"逐步向网络问政领域延展。一些网络事件被某些网民利用,这些网民甚至肆无忌惮地大放厥词,"唯恐天下不乱",引发一些不明真相的人跟风,一旦形成网络舆论暴力,加之政府应对不当,往往就会影响党和国家的公信力和形象。

2011年,河北大学校园内发生了一起车祸,肇事者李启铭系醉酒驾车,撞死撞伤各一名女生后试图逃逸,被拦下后嚣张地宣称"我爸是李刚"(李刚是事发地河北保定市某公安分局副局长)。在事件初始阶段,有关部门没有及时公开事情的真相和处理意见,有部分网民借该案中主要人物的特殊身份进行了有倾向性的意见传播,因此在很短的时间内,一件简单的个体事件立刻成为全民瞩目的公共事件,甚至改变了整个事件应有的走向。这就是网络"李刚门"事件。一起交通肇事案件,最终演变成一场来势汹汹的网上舆论事件,体现出网络舆论暴风般的力量。回顾整个事件发展的脉络,还是有很多环节值得我们去反思。

"李刚门"事件之所以从个体事件演变成为公共事件,关键是网络上出现了很多与李家有关的负面信息。从网上爆出"据说,李启铭在保定有五处房产",到"在保定市,李刚名下有两套房产,李刚之子李启铭有三套房产",再到其"岳父是河北省副省长",甚至到不久后央视的有关节目也被网民认定"李刚能量极大,央视道歉实为官方偏袒",云云。期间,弥漫于互联网的不信任情绪,在上述网络跟帖中显而易见。从"李刚门"事件负面信息传播的过程可以看出,多数人在负面信息的影响下失去了理性,也丧失了对这些信息进行分析、判断的能力。其中不乏很多暴力性的网络语言和行为,煽动了网民的负面情绪,让原本并不复杂的事情演变为难以预料的公共危机。虽然事件随着"主人公"受到惩罚而趋于平静,但是正常的网络交际秩序和政府的形象却受到了长久的影响。

二是网民"见风是雨",盲目跟风现象严重。网络谣言已经成为当下中国网络社会的一大毒瘤。它不仅影响了正常的社会秩序，搅乱了人们基本的认知，而且还严重地危及了政府开展网络问政的基础。网络谣言背后网民媒介素养的缺乏为网络谣言起到了"众人拾柴"的效应。当一则谣言被拆穿和处理后，人们往往注意的是一则谣言的产生和传播背后可能掩盖的别有用心的目的或一桩见不得人的交易，而少有人关心在网络谣言传播过程中有许多网民是被动地卷入，或被"善意"地利用。目前，有关部门陆续就网络谣言治理推出了系列法律和行政规制，取得了一定的成效。

三是政治参与中网民的协商精神有待提高。信息技术的发展和网络的普及赋予了公民政治参与的途径和手段，网络言论限制的放行给予了公民政治参与宽松的舆论环境，国家从政府层面鼓励公民通过网络参与政策议程和社会管理的政治意愿为网民参与营造了积极的政治氛围。但是，在这几年来发生的一些重大的网络危机事件中，如启东事件、瓮安事件、厦门PX事件等，网民的群体极化现象严重、过激行为特征突出，社会影响恶劣，国家损失巨大。如果说网民只有通过群体破坏行为才能达到他们所需的理想结果的话，还不如说，有部分网民想通过群体激化行为来迫使政府接受他们的政治意愿，一旦这种行为成为中国网络社会的常态，也就表示网络社会这种"病态"是常态。事实上，我国越来越多的网络事件容易演变成为网络危机正源于此。

之所以出现这三种问政素养问题，本书认为大致有以下三种深层次原因。一是相对于讲求政治等级秩序的几千年历史而言，通过网络开辟问政渠道的时间还是太短，各项政治参与的准备工作还显不足，尤其是公民政治民主教育内容的欠缺，公民的政治素养和民主理念与先进的治理精神不相匹配。一旦给予了公民广泛的参与权利，有些人可能不知道该如何正当行使。在网民参与的实践过程中，正是对民主协商的知识和规制不甚了了，才大大影响了我国网民参与的效果。二是网民的法律意识和网络伦理道德意识不强，错误地将网络言论自由与网络民主混为一谈，导致在网络问政过程中出现各种侵害社会、个人的言行。网络平台的一大典型特征是开放和自由，人人都是信息的制造者、传播者和接受者。加之许多网络平台没有严格执行实名制，对相关责任人的审查也不够严谨，自由出入和匿名发言的表现很容易让网络渠道转化为个人实现私欲的工具。在社会交往中，公民的言论自由权、隐私权、名誉权和肖像权本来就存在一定的模糊地带。网民在行使自己的言论自由权时一旦没有把握好尺度，就会构成网络的侵权和其他网络犯罪，如侵犯隐私、诽谤、煽动造谣、泄露机密等行为。三是网民的网络媒介素养不高。中国网民知识结构中有相当一部分人文化程度偏低,其中又以年轻者居多。这类人群对网络信息的判断力、辨析力不强。一旦某些具有爆燃点的信息经由网络迅速传播,网民在还没有充分了解事实的情况下很容易盖棺定论,如果再遭受一些别有用心的人的恶意渲染和错误的舆论导向,极易导致观点偏激化,产生干扰社会秩序的言行。当然,网民问政素养与网民所处的网络环境和网络文化息息相关。积极向上的网络文化能给网络问政注入正能量,相反,颓废的网络文化、无序混沌的网络环境会给网民问政素养带来负面影响。

2. 提高网民问政素养的方法与途径

(1)加强法治建设,培养网民的守法意识

网络社会本身是现实社会的一部分,这个社会同样需要社会规则来规制。网络社会素养的内涵包括网络基本应用素养、网络信息消费素养、网络信息生产素养、网络交往素养、社会协作素养、社会参与素养等几个部分。[①] 其中,公民的网络交往素养、社会协作素养、社会参与素养都是建立在一定的社会规则基础之上的。网民参与网络问政也应如此。

我国《宪法》保护公民的言论自由,同时也保障公民参政议政的权利。如我国《宪法》第四十一条明确规定:"中华人民共和国公民对于任何国家机关和国家工作人员,有提出批评和建议的权利;我国公民可以对任何国家机关及其工作人员的违法失职行为,提出申述、控告、检举,但不得捏造、歪曲事实进行诬告陷害。"据此,公民可以通过网络参与公共事务。公民享有言论自由应以遵守法律法规为前提。尽管我国现有法律中并无专门条款来规范公民的问政行为,但相应的一些法规,如《全国人民代表大会常务委员会关于维护互联网安全的决定》,对利用互联网进行危害国家、社会和个人的若干行为,对利用互联网造谣、诽谤等行为进行了规范。如《中华人民共和国电信条例》和《互联网信息服务管理办法》对网络用户的言论、行为规范都有明确的条款。其中就有规定:不得散布谣言,扰乱社会秩序,破坏社会稳定;不得侮辱或者诽谤他人,侵害他人合法权益;不得发布含有法律、行政法规禁止的其他内容。尤其是近几年来,国家互联网信息办公室先后发布了《即时通信工具公众信息服务发展管理暂行规定》和《互联网用户账号名称管理规定》。其中,"微信十条"明确规定,即时通信工具使用者应当承诺遵守法律法规、社会主义制度、国家利益、公民合法权益、公

---

① 彭兰:《网络社会的网民素养》,《国际新闻界》2008年第12期,第65页。

共秩序、社会道德风尚和信息真实性等"七条底线",对歪曲党史国史信息的违法违规行为,对突破底线、违反社会主义核心价值观的行为,执法部门应依法予以严厉处置。

法律法规制定颁布、公民了解其具体内容、公民将法律法规条款内化为行为准则并自觉遵守则是三个不同的层次。事实上,许多网民因各种原因,要么是不知法,要么是知法犯法,无论何种情况,政府和社会都有必要对网民进行持久的普法教育。在实际情况中,我国目前还缺乏一套针对网民的相关教育机制,不能全方位、实时、有效地开展相关法规教育和培训。因此,建议政府通过现有渠道对网民进行相关的普法教育,从传统的公民教育着手,如在中学、大学的课堂和教材中增添相关的教育内容;在加强对网络平台监管的同时,更要利用其作为上网入口的平台优势,对网民进行相关教育;建议政府强制规定,在影响较大、人流量较高的综合门户网站和各类专门网站上开设相关普法教育频道(或栏目),实时提醒网民规范自己的言行举止。

(2)强化政府—社会合作机制,净化网络环境

在我国,网络社会是一个相对开放的领域,有足够多的平台供网民获取资讯、进行公共交流和发表言论。但是,网络并不是一个不可控制的世界,从网络平台的网址接入到网民的 IP 地址,甚至是网民浏览的痕迹 cookie 都是可以用技术手段来监控和追踪的。国家之所以没有随意去屏蔽或封锁,是要在保护公民言论自由与社会优化管理之间找到一个恰当的平衡。换言之,维持网络社会的和谐与平衡是网络平台和网民共同的责任。政府不可能只靠强制手段来实现社会管理的目的,而是要引进共同治理的理念,和社会一道共同维护好网络空间。

如何让社会网站在商业化的浪潮下为净化网络环境出一份力?社会网站要配合政府切实落实好上网实名制,做到有法必依,遵法必行。此外,有学者还提出以下建议:一是社会网站必须履行好"把关人"的职能。在新媒体时代背景下,作为网络把关人的网络编辑和论坛版主可以借助其优势地位,用适当语言进行引导,强化网站与网民两者之间的合作交流。网络编辑作为网络中的把关人,论坛版主作为网民中的意见领袖,两者应当加强合作交流,在遇到争议性事件时,论坛版主应当密切关注网民的情况,从最原始的网民言论中了解其思想,及时与网络编辑沟通,让网络编辑了解更多、更真实、更基层的网民言论,对网民的思想动态有一个大致的把握,再进行进一步的引导。

二是与政府合作进行舆论监督。网站应当加强与政府的合作,才能更好地

进行舆论监督和引导。新浪网与人民网舆情监测室每三个月发布一次最近的网络谣言事件,在满足了公民的知情权之外,对这些事件进行反思,并从中获取经验。2013年9月5日上午,由人民网与人力资源和社会保障部中国就业培训技术指导中心联合主办的"CETTIC网络舆情分析师职业培训启动新闻发布会"在人民日报社举行,标志着双方携手推出的"网络舆情分析师职业培训"项目正式启动,网络舆情分析师作为一个新兴的职业正式在公众面前亮相。网络舆情分析师从事互联网信息监测、网络危机处置等工作,为各级党政机构、事业单位以及个人提供互联网信息监测、分析和咨询服务。网站应当重视这个新兴的职业,加强与政府之间的合作,为网民提供更加健康、干净的网络环境。

三是开展网络互动会议,引导舆论走向。为了减少网络暴力的出现,在社会上发生值得关注的事件时,门户网站可以进行由网络主持人主持的网络互动会议,既可以给网民们提供一个自由讨论的空间,又可通过主持人在其中进行引导。网站还应当适时改进论坛的讨论方式,如在遇到争议性事件时设置议题,设网络主持人和专家,事先预告,定期讨论,并重视后期整理和总结工作,使之更具有秩序,也更能使网民畅所欲言、理性思考。①

(3)构建公共领域,促进网民民主素养提升

所谓"公共领域",按哈贝马斯的定义,"是在国家这个公共权威的领域与市民社会这个私人领域之间的一个批判领域,在这个领域中,民众有能力对各种公共问题和国家政策进行批判性的思考。"②与西方宪政民主安排不同,在我国人民民主的架构之下,公民公开表达各种言论或者参与政治,是得到宪法和法律的基本保障的。公共领域本身并不成为民主体制的一项制度安排,国家治理权允让基本的公民权利及其法律的保障才使其得以开展。各种不同的言论穿梭在这个领域内,相互辩论、批驳,并借由传播媒体的帮助,言论的表达与论辩普遍性地扩张,而为公民全体所关注。也在这个领域内,公民透过自由结社,得以针对某项政治议题或政策,形成各种抗议或支持它们的行动联盟与社会运动。③

随着信息通信技术的发展,网络成为与人类生活息息相关的重要媒介,也无疑成为人类社会最便捷的公共领域,人们在此可以自由地交流各种社会问

---

① 郭思忱、毛梦璨:《网络暴民到网络公民》,《今传媒》2014年第4期。
② 哈贝马斯:《公共领域的结构转型》,曹卫东译,学林出版社1999年版。
③ 许纪霖:《公共空间中的知识分子》,江苏人民出版社2007年版。

题。网络的扩展和网民的激增使公共领域获得了重塑的活力,网络公共领域随之兴起并发展起来。网络交往主体在网络公共领域中进行话语交往,达成共识或者形成公共舆论,进而影响公共政策和政治过程,从而体现出话语民主的典型特征。网络公共领域的兴起和发展为话语民主的展开提供了更有利的平台和条件。[①]

基于民主理念引进时间不长,适合中国社会发展的民主实践形式还在探索之中,人们的民主素养和政治参与素质还有待加强等基本国情,对于正在自发形成的网络公共领域,政府应在加强培育的同时,注重对这一领域的治理和引导,出台完善详尽的网络传播法律法规,来规范人们的网络行为,促进网络环境的健康发展,使网络真正发挥公共领域的作用。我国仍然没有一部真正详尽、完善的关于网络传播的法律法规,因此有必要加大法制力度,推进法制进程,把当前分散的、碎片化的措施规范化、体系化。具体而言,政府要加大对网络谣言、网络暴力、网络色情等负面现象的打击力度,另一方面,要鼓励公民通过网络公共领域健康交往,正常、理性地参与政治;要利用政策议程设置的主体地位,发挥主体功能,鼓励、引导公民通过网络渠道加入到政策制定和社会事务管理的进程中来,加强政民互动和平等交流,提高公共政策决策的公开度、开放度。在政民互动的过程中,促进公民问政素养的提升。

(4)强化网民的媒介素养,提高网民问政质量

在纷繁复杂的信息面前缺乏理性思考,在网络舆论旋流中随波逐流,在网络群体性事件中"添砖加瓦",正是当前某些网民的写照。从网络问政中所暴露出的网民素养问题看,无论是面对谣言盲目从众心理,还是逆"沉默螺旋"的群体极化倾向,都与一部分网民的媒介素养问题有着紧密关联,尤其是网民的信息消费素养、信息生产素养。

网民的媒介素养不是在一朝一夕中"顿悟"的,而是在网络生活中潜移默化而成,因此网络环境对正在形成的世界观、人生观、价值观的青少年的影响不可小视。中国网民数量超过7亿,其中青少年占60%以上,其中还有相当部分的中小学生。因此,加强青少年网络素养教育,尽快把网络素养教育纳入义务教育课程,加大教学方法和教材的开放力度已是当务之急。在2010年全国两会上,有15名全国政协委员联名提案,建议大力加强未成年人网络素养教育,全面培养未成年人与信息化时代相符的道德规范和行为能力,建议各级教育行政主管部门对现有中小学网络课程内容进行调整,在不增加学生负担的前提下,

---

[①] 熊光清:《网络公共领域的兴起与话语民主的新发展》,《中国人民大学学报》2014年第5期。

积极推动网络素养教育进学校、进课堂,把网络素养教育作为义务教育阶段的课程教学内容,全面提高中小学生的网络应用能力和网络道德规范。

针对成年网民的网络素养的教育问题也不应忽视。成年网民已经形成了自己的世界观和人生观,很难改变固有的思维方式,因此,对他们的网络素养教育不应采取硬推销的方式,要结合法制教育、公民道德教育进行。《中华人民共和国侵权责任法》第三十六条规定:"网络用户、网络提供者利用网络侵害他人民事权益的,应当承担侵权责任。"这也是我国第一次以法律条文的形式就网络侵权问题进行明确规定。其他相关法律和行政法规的有关规定也对网民上网行为有一定的规范,有效预防侵权行为的发生,切实维护好他人和公共利益,规范好网络信息传播秩序。

三、网络问政主体的权利救济机制研究

2012年12月6日,罗昌平用实名微博举报了时任国家能源局局长刘铁男贪污受贿、学历造假、利益交换与生活作风等问题。而后,微博上掀起了舆论大战。随即刘铁男所供职的国家能源局新闻办公室有关负责人对媒体表示,罗昌平所言"纯属污蔑造谣",并"将采取正式的法律手段处理此事"。尽管在历经了大半年的重重曲折后,"谣言"成了真相,但对于一个利用微博,以个人名义举报副部级官员的新闻记者而言,面对刘铁男的公权私用和有关职能部门的滥用职权,其处境该有的艰难。正像大多数喜剧一样,举报对象的落马让事情有了"美好"的结局,这也成全了举报人"不诱于誉,不恐于诽"的美誉。

(一)网络问政权利救济的提出

无独有偶,新华社《经济参考报》记者王文志一年内两次向中纪委微博实名举报华润集团董事长宋林,称其"在华润收购山西金业资产过程中存在严重的渎职行为,造成巨额国有资产流失"。举报行为发生后,举报人王文志曾接到威胁电话,警告其"小心点儿""注意点儿"。举报对象宋林一再否认贪腐并声称"举报内容纯属捏造和恶意中伤","希望有关上级机构及相关部门尽快进行调查,本人亦将通过法律途径对一切造谣诽谤人士及机构追究民事及刑事责任"。① 距第二次举报仅过了一天,中纪委官方网站就宣布宋林涉嫌严重违纪违

---

① 《媒体谈宋林案看点:恐吓渐成问题官员惯用伎》,网易新闻,http://news.163.com/14/0418/15/9Q4GLJ5D00014JB5.html,2014年4月18日。

法被免职调查,让中国民众再次见证了民间网络反腐的力量。

与上述两个举报主体的结局有些不一样的是,2006年8月31日,重庆市彭水县教委借调干部秦中飞因一则针砭时弊的短信诗词,被彭水公安局以涉嫌"诽谤罪"逮捕。2006年5月,安徽五河县教师李茂余和董国平,通过手机向县领导发送了针砭时弊的"顺口溜"短信,表达对学校人事安排的不满,被定诽谤领导罪。五河县动用了公安局、电视台等部门处理此事,后两名教师起诉公安局。2007年1月1日,山东高唐县民政局地名办主任董伟因为在百度贴吧发帖称"没钱了,还搞什么建设",其中因有"孙烂鱼更黑"等语,被当地检察机关指控侮辱县委书记孙兰雨,被公安机关送进高唐县看守所。2007年7月18日,山东省普降暴雨,一个名叫"红钻帝国"的女网友因为发帖讨论济南暴雨伤亡而遭举报,警方以散布谣言为由对其进行治安拘留。2007年7月27日,因儋州市政府将学校迁址,两名教师网上发帖,以对唱山歌的形式发表反对意见,被儋州警方以涉嫌人身攻击、诽谤市领导为由行政拘留15日。

谣言与真相之间应有一条分明的界限,而分割线就是法律。法律既是公民行使权利的保障,也为公民的"不可作为"设置了一道屏障。再健全的法律体系也可能在对错之间留有模糊地带,因此,立法者必须为保障权利的实现设置完备的救济机制,使之成为权利保障的最后防线。我国遵从大陆法系的传统,救济的获得以侵害的事实、且须以实体权利的存在为前提。就上述所谓"因言获罪"的案例来看,对于公民因网络言论或网络反腐举报、申诉揭露等行为使得其言论自由或对国家机关及其公务人员的正常批评权受到侵害,是应当受法律、行政的救济措施保护的。"彭水诽谤案"经由舆论关注,秦中飞在关押29天后被"取保候审",随后,该案被认定为错案,秦中飞无罪,并获国家赔偿。"董伟案"的随后发展是,高唐县公安局以"情节轻微,不认为是犯罪"和"发现不应当追究其刑事责任"为由,对董伟案予以撤销,并赔偿董伟1756.86元。这些都或多或少得益于现有的救济机制。

(二)建构网络问政中的权利救济机制

权利救济是评判法律体系是否健全的重要标志。自改革开放以来,我国就权利救济已经制定了相应的法律。但是,当人民权利遭受来自公权力机关具有普遍效力的行为的侵害时,则明显缺乏相应的救济制度。"加快这方面的制度构建,是保护人民权利的必要,也是健全法律体系、实现中国'法治梦'的当务之急。"①

当前,我国网络问政实践中出现的公民权利受侵害的个案主要表现为,公民在处于相对弱势的情况下,其网络言论若涉及与公权力机构或其公务人员的对立关系,往往容易受到公权力机关的行为侵害,而相关法律或行政法规并不能及时予以纠正。因此,鉴于网民通过网络渠道行使正当的批评权、监督权时所处的不利局面,应尽快完善网络立法体系,建立法律救济机制,为弱势的一方提供必要的权利救济。

在网络问政过程中,公权力机关与公民之间组成了一对法律关系。因为公权力机构拥有法律赋予的对人民共同体事务的管理权,这就决定了公权力机构与公民间是一对不具有平等地位的法律关系。因而公权力机关对人民权利的侵害,与来自私主体对人民权利的侵害有很大的不同。后者的表现形式总是个案性质,受害人可通过个案诉讼或仲裁,援引有关法律,获得相应的救济。与此不同的是,公权力机关侵害人民权利的情形,既可能是个案,如非法征收、错捕、冤假错案,侵害的是特定人的权利,也可能是非个案,具有普遍性,如立法机关制定的法律,行政机关发布的具有普遍效力的行政文件,最高人民法院发布的非个案批复的规范性司法解释等,这些文件对共同体成员具有普遍的适用效力,其对人民权利的侵害就不是个案的,而是具有普遍性的。②正因如此,公权力机构对公民权利的侵害往往就更具广泛性,公民获得救济的途径也更少,救济结果的实现难度也更高。

救济机制制度化对法治国家的构建有着突出的现实意义。权利救济旨在通过某种积极方式的运用使受损权益得到恢复或者补救;救济的获得以侵害的事实且需以实体权利的存在为前提;权利救济的主要方法为法律救济,主要包括司法救济、仲裁救济和行政司法救济。③ 司法救济,又被称为司法机关的救济或者诉讼救济,指的是人民法院在权利人权利受到侵害而依法提起诉讼后,依其职权按照一定的程序对权利人的权利进行补救;仲裁救济是法院外的一种救济方法,是指根据当事人之间的合意即仲裁契约,把基于一定的法律关系而发生或将来可能发生的纠纷的处理,委托给法院以外的第三方进行裁决;行政司法救济是指行政机关作为救济主体为权利人提供的法律救济方式。从现代法

---

①② 柳经纬:《从权利救济看我国法律体系的缺陷》,《法律科学》2014 年第 5 期。
③ 于宏:《权利救济:含义与方法》,《法制与社会》2007 年第 7 期。

制的发展来看,行政司法救济的产生和存在的基础是近现代社会行政管理对象的复杂化而需要贯彻司法程序的公正性,主要包括行政复议和行政裁决两种形式。本节将从司法救济和行政救济两方面对构建网络问政中的权利救济机制做一点探讨。

(1)加快网络问政中的司法救济建设

近几年,公民因批评政府机构或举报官员而被提起公诉的案件屡见不鲜,有些人甚至被判刑责。如2006年重庆"彭水诗案"、2007年"稷山诽谤案"和"安徽五河案"、2008年河南"王帅案"、2009年四川"遂宁帖案"以及2010年宁夏"王鹏举报案"等都引发了舆论的广泛关注。综合分析发现,系列"诽谤官员案"有一个共同特征,即公诉案的被告人均因在网络公开发表针砭时弊、举报官员言论而依据刑法第246条之规定被予以公诉。该法律条款规定:"以暴力或者其他方法公然侮辱他人或者捏造事实诽谤他人,情节严重的处三年以下有期徒刑、拘役、管制或者剥夺政治权利。前款罪,告诉的才处理,但是严重危害社会秩序和国家利益的除外。"

从法律条款来看,这些公诉案件似乎并无不当,相关行政机关或公务人员也有理有据,但是结合《宪法》第二十七条和四十一条的规定,可以看出当下我国法律在保护公民言论自由,保障公民批评权、建议权和监督权方面的困境。

《宪法》第四十一条第一款明确规定:"公民对于任何国家机关和国家工作人员,有提出批评和建议的权利;对于任何国家机关和国家工作人员的违法失职行为,有向有关国家机关提出申诉、控告或者检举的权利,但是不得捏造或者歪曲事实进行诬告陷害。"第二十七条第二款规定:"一切国家机关和国家工作人员必须依靠人民的支持,经常保持同人民的密切联系,倾听人民的意见和建议,接受人民的监督,努力为人民服务。"这些宪法条款从基本政治制度和公民权利角度上确立了我国公民行使监督权的权利,同时也规范了公权力机构及相关工作人员均应接受人民监督,并不得打击报复的宪法义务。尽管《宪法》相关条款规定公民在行使公民权利时不得捏造和诽谤,但是只要公民对官员的批评与举报行为有一定事实依据,没有故意捏造与诬告陷害,就属于正当行使监督权。然而,现实中公民在行使舆论监督权时却常受到公权力的侵害,而《宪法》第四十一条和《刑法》第二百四十六条之但书中的"诽谤""危害社会秩序和国家利益"等罪名却往往成为个别官员在打压批评性言论中随意给人张贴的标签。

《宪法》是我国的基本大法,以规范国家权力、保障公民权利为根本任务。尽管《宪法》第四十一条中没有明确的关于监督权的表述,但从其语义分析,公民的监督权可以分为两部分：一是批评权和建议权，二是申诉权、控告权和检举权。从逻辑来看，第四十一条中的但书"不得捏造或歪曲事实进行诬告陷害"与申诉权、控告权、检举权联系在一起，而不是与批评权和建议权联系在一起。① 显然，在部分"因言获罪"的案件中，有些官员自诉所谓的名誉权、隐私权受到侵害的理由并不成立。另外，《宪法》第四十一条将舆论监督权的监督对象予以明确，限定为国家机关及其工作人员，这意味着公职人员的名誉、隐私等具体人格权的保护范围比普通公民要窄。② 当然，《宪法》第四十一条保护监督权的同时，也规定了救济手段。该条第二款、第三款规定"对于公民的申诉、控告或者检举，有关国家机关必须查清事实，负责处理。任何人不得压制和打击报复。由于国家机关和国家工作人员侵犯公民权利而受到损失的人，有依照法律规定取得赔偿的权利"。然而，我国当前并没有宪法诉讼制度，要真正落实相关的救济措施，在现实中还有一定困难。

另外，《刑法》第二百四十六条但书条款与公民监督权的不当限制也是当下司法救济中的一个难题。对于公民名誉权的保护，我国现行法律体系中《宪法》第三十八条、《刑法》第二百四十六条但书条款、《民法通则》第一百零一条和《侵权责任法》第二条第二款都有相关规定。尤其是"刑法第二百四十六条诽谤罪规定有利于保障名誉权，它是否不利于保障公民和媒体的监督权而抵触宪法第四十一条呢？若诽谤罪定得宽泛，就会妨碍监督权；若诽谤罪定得过于狭隘，监督权就可能被滥用。鉴于公民监督权与公职人员的名誉权容易发生冲突，法律如何平衡这种权利冲突？刑法第二百四十六条从刑罚角度对侵害名誉权的行为人进行制裁，其但书条款规定检察机关可以对'严重危害社会秩序和国家利益'的行为人提起公诉，无疑混淆了'名誉权'与'社会秩序和国家利益'两种法律价值之间的区别"。同时，该但书条款规定诽谤罪本是自诉罪名，"承担公诉职能的检察机关，为保护社会秩序和国家利益，可以代表国家主动对诽谤行为进行控告。问题是什么情形属于'严重危害社会秩序和国家利益'呢？其内涵难以界定，司法机关享有几乎不受限制的裁量权。在一系列诽谤官员而被公诉的案件中，公检机关以维护社会秩序和国家利益之名，实施跨省抓捕，将本属官员自诉的案件解读为涉及'社会秩序或国家利益'而启动公诉程序，对公民行使

---

① 侯健：《诽谤罪、批评权与宪法的民主制约》，《法制与社会发展》2011年第4期。
② 石毕凡：《诽谤、舆论监督权与宪法第四十一条的规范意旨》，《浙江社会科学》2013年第4期。

监督权构成严重妨碍"。① 因此,法学界就对该条款有存废之争。

对此,本书认为,在中共十八大四中全会所提出的"依法治国""依宪治国"的语境之下,为维护宪法法律权威、捍卫宪法法律尊严、保证宪法法律实施,应该健全宪法实施和监督制度,加强对违宪行为的追究,弘扬宪法精神。

有学者提出,在诽谤官员案中引进实际恶意原则和诽谤去公诉化。《宪法》第四十一条规定公民享有对国家机关工作人员的监督权,但"不得捏造或者歪曲事实进行诬告陷害",体现了制宪者对主观恶意的排斥——仅当批评者存在故意捏造或者故意歪曲事实等恶意,才不受宪法和法律的保护。"只有当公职人员名誉被侵害的情形同时引发了社会秩序的混乱和国家利益损失,才可启动公诉。"②另外,对于公民因行使监督权而受到侵害,依法可以获得国家赔偿或其他补偿。受害人还可以通过国家设立的司法援助站免费获得一些司法援助,利用民间公益组织来维护自己的权益。

(2)完善行政救济机制

《宪法》第四十一条规定:"中华人民共和国公民依法对于任何国家机关和国家工作人员,有提出批评和建议的权利;对于任何国家机关和国家工作人员的违法失职行为,有向有关国家机关提出申诉、控告或者检举的权利。"从字面解释来看,行政诉讼应是该权利的其中一种体现方式。作为救济措施,我国行政诉讼法规定,公民可以依据其第四十一条之规定对行政机关提起行政诉讼。按照相关规定,提起行政诉讼的原告必须是自身权益受到侵害的主体,假设行政机关的行政行为不当但公民并未受到权益侵害,公民无法根据行政诉讼法提起行政诉讼。但根据宪法,该公民还有检举等其他的救济方式。这是当前我国网民在网络问政过程中,当监督权受到侵害时很重要的救济措施。

在实际情况中,网民在依法保护自身相应权利不受侵害的实践中,也遇到了一些行政救济措施不够完善带来的尴尬,如重庆"任建宇案"。任建宇曾是重庆市的一名大学生村官。2010年8月17日,任建宇因多次发表"负面言论和信息",转发别人的微博以及在QQ空间里复制和点评了"一百多条负面信息",被彭水警方带走讯问至次日凌晨。任建宇回家后删掉了自己曾转发的一些微博和帖子,以及QQ空间里的一些文章。8月18日,他再次被警方带走,并以"涉

---

① 石毕凡:《诽谤、舆论监督权与宪法第四十一条的规范意旨》,《浙江社会科学》2013年第4期。
② 侯建:《诽谤罪、批评权与宪法的民主制约》,《法制与社会发展》2011年第4期。

嫌煽动颠覆国家政权罪"立案,并在当日转刑拘。9月17日,重庆市公安局提请逮捕任建宇。9月23日,重庆市人民检察院第一分院审查后认为,任建宇犯罪情节轻微,不构成犯罪同时不批准逮捕。同日,重庆市劳教委下达了劳教决定书,决定将任建宇送往涪陵劳教戒毒所,劳教期为两年。2012年8月15日,其父任世六向法院提起行政诉讼,要求撤销劳教决定。开庭前一天,重庆市劳教委以"处理不当"为由,撤销了任建宇的劳教决定。

既然已被认定"不构成犯罪同时不批准逮捕",可当事人还是被劳教,可见个别地方公权力的"任性"。在获得自由后,任建宇向重庆市三中院及重庆市高院提起了行政诉讼,要求撤销重庆市劳教委作出的《劳动教养决定书》,但诉讼请求均被驳回。这不能不引发人们的思考,就是公民在维护自身权利的实践中,因相关救济制度的不完善,形成了一些诉讼难和维权难的问题。宪法规定的监督权本是为了保障公民享有监督国家机关及其工作人员行为的权利,但"公民监督行为本身并无实质意义。实质意义在于公民通过行使监督权可以保证国家机关及其工作人员按照自己的意愿去行事,而最低限度的'意愿'就是自己的公民权不至于遭受国家机关及其工作人员的违法失职行为的侵害"[①]。

另外,公民监督权也可视为一种制约国家权力的手段性权利。除了批评、建议这两种监督权形态外,申诉、控告和检举等权利在权利主体行使其权利行为时,往往还要另外主张权利,如果另外主张的是宪法权利,公民首先就面临一个问题,即对"违法失职行为"的判断。然而,判断国家机关及其工作人员哪些权力行为侵犯了公民权利,这对普通公民来说不是件容易的事,尤其当公民仅知道自己享有哪些权利,而不知道这些权利在哪些方面是绝对不能侵犯的时候。[②]譬如,在"罗昌平举报案"中,被举报人为刘铁男,而对举报人作出回应的是刘所在的国家机关,并直指举报人是"诽谤"。尽管该机构因各种原因没有对举报人实施进一步的行政限制行为,但该"声明"本身足以对举报人构成"威慑"。如果类似的情况一再发生,那还有多少人敢于站出来行使公民的监督权呢?

在我国,"官本位"思想在某些地方还不同程度地存在,社会仍然存在着"民怕官"的现象。要减少行政权力的滥用,界定行政权力边界,不仅要依靠行政机关的自我约束和自我监督,还必须在加强规章制度建设的同时,完善行政救济机制。这一切还有待立法机构和法学界同仁的进一步努力。

[①][②] 何生根:《论我国现行宪法第四十一条的两个基本问题》,《西部法学评论》2013年第3期。

参考文献

图书与报告

[1]哈贝马斯:《公共领域的结构转型》,曹卫东译,学林出版社1999年版。

[2]安德鲁·查德威克:《互联网政治学——国家、公民与新媒体技术》,任孟山译,华夏出版社2010年版。

[3]阿兰·博耶:《公民共和主义》,应奇、刘训练译,东方出版社2006年版。

[4]陈家刚:《协商民主与政治协商》,《学习与探索》2007年第2期。

[5]密尔:《代议制政府》,汪瑄译,商务印书馆1982年版。

[6]科恩:《论民主》,聂崇信、朱秀贤译,商务印书馆1988年版。

[7]杨光斌:《政治学原理》,中国人民大学出版社1998年版。

[8]塞缪尔·P.亨廷顿:《变化社会中的政治秩序》,王冠华等译,生活·读书·新知三联书店1989年版。

[9]约翰·罗尔斯:《正义论》,何怀宏译,中国社会科学出版社2003年版。

[10]文森特·莫斯可:《数字化崇拜——迷思、权利与赛博空间》,黄典林译,北京大学出版社2010年版。

[11]马克·斯劳卡:《大冲突:赛博空间和高科技对现实的威胁》,黄锫坚译,江西教育出版社1999年版。

[12]刘文富:《网络政治——网络社会与国家治理》,商务印书馆2002年版。

[13]李斌:《网络政治学导论》,中国社会科学出版社2006年版。

[14]尼古拉·尼葛洛庞帝:《数字化生存》,胡泳、范海燕译,海南出版社1997年版。

[15]中国互联网络信息中心:《第27次中国互联网络发展状况统计报告(2011年—2014年)》。

[16]俞可平:《权利政治与公益政治——当代西方政治哲学评析》,社会科学文献出版社2000年版。

[17]赫尔德:《民主的模式》,燕继荣等译,中央编译出版社2008年版。

[18]蔡文之:《网络:21世纪的权力与挑战》,上海人民出版社2007年版。

[19]蔡定剑:《民主是一种现代生活》,社会科学文献出版社2011年版。

[20]杨正联:《公共政策语境中的话语与言说》,光明日报出版社2010年版。

[21]严强:《公共政策学》,社会科学文献出版社2008年版。

[22]邹庆国:《应对"网络问政"党政干部读本》,人民出版社2010年版。

[23]陈振明:《政治学概念、理论和方法》,中国社会科学出版社1999年版,第356页。

[24]中国社会科学院新闻与传播研究所:《中国新媒体发展报告(2011)》,社会科学文献出版社2011年版。

[25]许跃军:《政府网站与绩效评估》,浙江大学出版社2008年版。

[26]张向宏:《服务型政府与政府网站建设》,清华大学出版社2012年版。

[27]何明升:《虚拟世界与现实社会》,社会科学文献出版社2011年版。

[28]杨雪冬:《政府创新与政治发展》,社会科学文献出版社2011年版。

[29]叶海亚·R.伽摩利珀:《全球传播》,严宏毅译,清华大学出版社2005年版。

[30]吴丕:《政治监督学》,北京大学出版社2007年版。

[31]马杰伟:《媒体现代传播学与社会学的对话》,复旦大学出版社2011年版。

[32]熊培云:《重新发现社会》,新星出版社2011年版。

[33]上官子木:《网络交往与社会变迁》,社会科学文献出版社2010年版。

[34]朱颖:《新闻舆论监督与公共权力运行》,复旦大学出版社2011年版。

[35]詹姆斯·R.汤森:《中国政治》,顾速、董方译,江苏人民出版社2010年版。

[36]亚当·乔伊森:《网络行为心理学——虚拟世界与真实生活》,任衍具、魏玲译,商务印书馆2010年版。

[37]蔡前:《以互联网为媒介的集体行动研究》,江西人民出版社2009年版。

[38]张国良:《e社会传播:创新、合作与责任》,上海人民出版社2010年版。

[39]卢梭:《社会契约论》,周士良译,商务印书馆2010年版。

[40]任贤良:《舆论引导艺术领导干部如何面对媒体》,新华出版社2011年版。

[41]德雷克·格利高里:《社会关系与空间结构》,谢礼圣、吕增奎译,北京师范大学出版集团2011年版。

[42]保罗·莱文森:《软利器》,何道宽译,复旦大学出版社2011年版。

期刊

[1]蒋招华、何包钢:《协商民主恳谈:参与式重大公共事项的决策机制》,《学习时报》2005年第1期。

[2]季卫东:《法律程序的意义众》,中国社会科学1993年第1期。

[3]刘小年:《孙志刚事件背后的公共政策过程分析》,《理论探讨》2004年第3期。

[4]唐丽萍:《从代议民主制到参与式民主制》,《兰州学刊》2007年第3期。

[5]郭旭:《当代中国公民网络政治参与研究》,《学理论》2008年第8期。

[6]杨宪福:《网络问政的发展状况与应对措施》,广西社会主义学院学 2010 年第 6 期。

[7]贺晓丽,满在龙:《网络问政的技术路径、问题与推进策略》,中共青岛市委党校青岛行政学院学报 2011 年第 1 期。

[8]赵燕君、屈辉:《关于网络问政健康发展的几点思考》,《电子政务》2011 年第 7 期。

[9]敖翔:《网络问政的常态化与制度化建设》,《重庆社会科学》2012 年第 2 期。

[10]苏洁:《领导干部"网络问政"的语言艺术》,《领导科学》,2009 年第 11 期。

[11]曹劲松:《政府网络发言人的主体特征》,《传媒观察》2010 年第 7 期。

[12]王桂芳、周荣:《促进网络问政健康发展的思路》,《理论探索》2010 年第 3 期。

[13]汪玉凯:《网络问政应该成为一种制度》,《学习时报》2011 年 9 月 19 日。

[14]陈祥荣:《论网络问政的常态化和制度化建设》,《成都行政学院学报》2010 年第 6 期。

[15]赵红卫:《论"网络问政"及其良性发展的路径选择》,《法制与社会》2010 年第 15 期。

[16]陈衍泰、陈国宏、李美娟:《综合评价方法分类及研究进展》,《管理科学学报》2004 年第 7 期。

[17]曹萍、张剑:《基于灰色理论的政府网站绩效的综合评价》,华中农业大学学报(社会科学版)2008 年第 2 期。

[18]刘兴宇、王彤:《政府网站综合评价方法》,《情报科学》2004 年第 1 期。

[19]陈潭、王烂辉:《微博问政与公众政治》,《人民论坛》2011 年第 34 期。

[20]杜骏飞:《无法沉默的螺旋》,《新闻记者》2010 年第 5 期。

[21]高宪春:《新媒介环境下议程设置理论研究新进路的分析》,《新闻与传播研究》2011 年第 1 期。

[22]胡伟:《中国的民主政治发展应有顶层设计》,《探索与争鸣》2013 年第 2 期。

[23]黄月琴:《风险传播、政治沟通与公共决策的变迁》,《当代传播》2011 年第 6 期。

[24]李莉:《西方对话理论视域下的网络传播研究》,《新闻知识》2010 年第 1 期。

[25]刘静:《网络典论主要要素分析及政府引导策略》,《云南行政学院学报》2011 年第 5 期。

[26]乔欢:《基于"沉默螺旋"理论的网络信息行为研究》,《情报资料工作》2009 年第 2 期。

[27]薛子进:《谁要赶走 PX 项目》,《法人杂志》2008 年第 6 期。

[28]于永达、药宁:《政策议程设置的分析框架探索》,《中国行政管理》2013 年第 7 期。

[29]叶皓:《论政府的新闻议程设置》,《江海学刊》2009 年第 6 期。

[30]朱旭峰:《政策决策转型与精英优势》,《社会学研究》2008 年第 2 期。

[31]万斌、董石桃:《参与式民主和中国社会主义民主政治的发展》,《浙江社会科学》2011 年第 11 期。

[32]陈尧:《拥占性个人主义与自由主义民主——C.B.麦克弗森的政治学说》,上海交通大学学报(哲学社会科学版)2004 年第 1 期。

[33]于峰、卢瑾:《政治参与:参与式民主的核心》,《人民论坛》2011 年第 20 期。

[34]胡宗仁:《网络参与下的政府行为选择中国行政管理》,《中国行政管理》2010 年第 1 期。

[35]毕腾飞:《网络问政中的公民有序参与研究》,《中国市场》2011 年第 27 期。

外文文献

[1] H. Kevin, J. Hughes. *Cyberpolitics: Citizen Activism in the Age of the Internet*. Rowman&Littlefield Publisher Inc, 1998.

[2] Camp, J&Chien, YT. The Internet as Public Space: Concepts, Issues, and Implications in Public Policy. *Computers and society*, 2000, 9.

[3] Dahl, R. A. *Democracy and its Critics*. New Haven: Yale University, 1989.

[4] Starling, G. *Strategies for Policy Making*. Chicago: Dorsey Press, 1988.

[5] West, D. M. *Digital eovernment: Technology and public sector performance*. Princeton University Press, 2005.

[6] Elster, J. *Deliberative Democracy*. Cambridge: Cambridge University Press, 1998.

[7] Gutmann, A. &Thompson, D. *Why Deliberative Democracy?* Princeton: Princeton University Press, 2004.

[8] Jonga M, Lentz L. Scenario Evaluation of Municipal Web Sites: Develop and Use of an Expert—focused Evaluation Tool. *Government Information Quarterly*, 2006, 23(2): 191—206.

[9] Carnoy, Martin & Shear Derek. *Economic Democracy*. New York: Random House, 1980.

[10] Cunningham, Frank. *Theories of Democracy. A Critical Introduction*. London and New-York: Routledge, 2002.

致　谢

不是等到本书写到最后一页,我才想到要感谢的人。其实,一颗感恩的心一直存于我心。

写作是痛苦的! 尤其是对一直在广告业混迹的我,没有想到自己还会花几年时间研究网络问政这个严肃的课题。因此,我要阅读很多过去没有接触过的书,要学习过去不太擅长的研究方法,要请教过去好像与我没有太多交集的人。对我而言,本书的出版不只是我个人的成绩,更凝聚了所有给过我帮助的人的心血。在此,我向他们表达我最崇高的敬意和感谢!

本书是本人所主持的教育部人文社科规划项目《我国网络问政长效机制研究——基于网络问政行为偏好实证分析》和江西省教育厅人文社科项目《我国网络问政长效机制研究》的研究成果。在课题申请之初,因得到新闻与传播学院院长陈信凌教授殷殷的鼓励和真切的帮助,我才得以坚持下来,反复研磨修改,最终通过课题评审。陈院长不仅是我的领导,也是我的师长。他渊博的学识、严谨治学的态度都给了我潜移默化的影响,他永远是我前进路上的标杆。

可以说,对所有申请者而言,填写课题申请表是一种残酷的折磨。我们不仅要对自己的论点千锤百炼,生怕不能吸引评委的目光,还要对每一个字作反复推敲,争取用最少的文字论证自己心中那个宏大的观点。幸好,有深厚行政管理学背景的曾明教授为我指点迷津;我的良师益友谌贻庆教授教会了我管理学的理论与方法,让我受益匪浅。周云倩教授、黄建宁老师和杨欣老师都对本书相关课题的研究作出了无私奉献。我深深地感谢他们!

让我记忆深刻的是,我带过的那帮本科生和研究生,他们为课题的执行提供了很大的帮助。要对55个政府网站上的数以十万计的数据、750个政务微博的几万条博文内容和1600多个网民样本的数不胜数的问答结果进行统计,这是一件十分繁重且繁琐的工作。卢丹、覃丹丹、于奇、郑柳沛、方姗姗和郭文等同学,与我一起统计分析,度过了许多枯燥的日日夜夜,让我难忘而感怀。在这里也要好好谢谢他们！愿师生情谊永存！

　　说到家庭，最让我难以抒怀的是我的女儿。她正值中考最紧要的关头，可我总是以写作的理由来搪塞我疏于教导的责任，我实在是个不合格的父亲！我要感谢我的妻子，她承担了许多。她的支持和奉献是我一辈子的福报。

　　本书引用了许多专家学者的观点和理据，我在文中都一一作了引注。他们给了我相当大的启发，在此一并感谢！

　　合著者连旭老师一直用自己管理学专长为本书的写作默默地奉献。她在写作过程中亦得到了许多人的无私帮助，在此我代她再次向所有提供帮助的人致以真诚的感谢！

刘西平
2015 年 5 月

图书在版编目(CIP)数据

中国网络问政长效机制研究——基于网络问政行为偏好的实证研究/刘西平,连旭著. —北京:中国传媒大学出版社,2015.12

ISBN 978-7-5657-1502-0

Ⅰ. ①中… Ⅱ. ①刘… ②连… Ⅲ. ①电子政务-研究-中国 Ⅳ. ①D630.1-39

中国版本图书馆 CIP 数据核字(2015)第 227853 号

中国网络问政长效机制研究——基于网络问政行为偏好的实证研究
ZHONG GUO WANG LUO WEN ZHENG CHANG XIAO JI ZHI YAN JIU

著　者	刘西平　连　旭
责任编辑	赵丽华　唐　颖
封面制作	飞　翔
责任印制	阳金洲
出版人	王巧林
出版发行	中国传媒大学出版社
社　址	北京市朝阳区定福庄东街1号　邮编:100024
电　话	86-10-65450528　65450532　传真:65779405
网　址	http://www.cucp.com.cn
经　销	全国新华书店
印　刷	北京中科印刷有限公司
开　本	710mm×1000mm　1/16
印　张	20.5
版　次	2015年12月第1版　2015年12月第1次印刷
书　号	978-7-5657-1502-0/G·1502　定　价 78.00元

版权所有　翻印必究　印装错误　负责调换